2019 长沙县年鉴

CHANGSHAXIAN YEARBOOK

长沙县地方志编纂室 编

方志出版社
Publishing House of Local Records

图书在版编目（CIP）数据

长沙县年鉴．2019 / 长沙县地方志编纂室．—— 北京：方志出版社，2019.12

ISBN 978-7-5144-4028-7

Ⅰ.①长… Ⅱ.①长… Ⅲ.①长沙县—2019—年鉴 Ⅳ.①Z527.14

中国版本图书馆CIP数据核字（2019）第290676号

长沙县年鉴（2019）

编　　者：长沙县地方志编纂室
责任编辑：齐　笑

出 版 者：方志出版社
地址：北京市朝阳区潘家园东里9号（国家方志馆4层）
邮编：100021
网址：http://www.fzph.org
发　　行：方志出版社图书经销中心
电话（010）67110500
经　　销：各地新华书店
印　　刷：湖南宏图印务有限公司

开　　本：889 × 1194　1/16
印　　张：16
字　　数：368千字
版　　次：2019年12月第1版　2019年12月第1次印刷
印　　数：0001~1000册

ISBN 978-7-5144-4028-7　**定价：**180.00元

长沙县
年鉴 2019

《长沙县年鉴（2019）》编纂委员会

《长沙县年鉴》编辑部

地址
长沙县星沙街道望仙路598号
电话
0731-85059406
传真
0731-84392225
长沙县年鉴QQ群
20231126
电子邮箱
csxnj@sina.com

《长沙县年鉴（2019）》组稿人员

（按姓氏笔画顺序排序）

马小荃	王　川	王　翔	王飞跃	王仕民	王利娟
王洪勇	王婵娟	王博禹	毛　宇	毛　敏	文　婷
文星灿	方　婷	尹　涛	孔艳辉	卢　璇	田　甜
冯　辉	朱世朝	向剑锋	刘　欣	刘　恋	刘　超
刘姿君	刘瑞清	刘塑琪	刘曙山	江雨欣	阳迎军
纪　瑶	李　栋	李　胜	李　遂	李成竹	李志伟
李剑芳	杨　艺	杨　佳	杨　懿	杨素琼	吴　旭
吴　琼	吴红杰	吴赛君	何　彩	谷　佳	谷镁烽
邹　霞	汪　莉	沈建波	张　伟	张　阳	张　颖
张　玮	张柳平	张瑞波	陆　林	陈　杨	陈　展
陈卫星	陈丹丹	陈彩云	欧娜美	易爱玲	易添娇
罗月梅	罗眺晖	罗慧涓	周　思	周　湘	周小藤
周文萍	周正湘	周松田	周晓芬	郑　杰	郑仙芬
郑立键	屈　倩	胡　彦	胡　薇	胡金薇	胡映竹
姚朝霞	徐　泽	徐　婷	徐　赛	高资芳	唐　达
唐　姣	唐　微	唐天晴	唐雅妮	黄　成	黄艺芝
黄金雨	章　行	梁　婷	寇冠乔	彭　晶	蒋　洁
喻泽兰	舒　洁	曾　征	曾　妹	温让擎	谢晓琳
廖麓山	熊娅涵	黎　幸	黎　璇	潘　芳	潘少山
戴玉英					

编辑说明

一、《长沙县年鉴》以马克思列宁主义、毛泽东思想、邓小平理论、“三个代表”重要思想、科学发展观、习近平新时代中国特色社会主义思想为指导，坚持辩证唯物主义和历史唯物主义的立场、观点和方法，全面系统记述长沙县（含长沙经济技术开发区）自然、政治、经济、文化、社会、生态等方面情况。《长沙县年鉴（2019）》主要记述2018年长沙县各项事业的发展状况和主要成就。

二、本卷采用分类编辑法，分为“类目”“分目”“条目”三级结构层次，以字体、字号等版式设计区分不同层次。《长沙县年鉴（2019）》设特载、专文、大事记、长沙县概况、中国共产党长沙县委员会、长沙县人民代表大会、长沙县人民政府、中国人民政治协商会议长沙县委员会、群众团体、法治、军事、工业·园区建设、经济管理与监督、金融、城乡建设与管理、交通·邮政·通信、商贸·旅游、农业·水务、科学技术·教育、文化、卫生·体育、社会生活、镇街要览、人物、附录、人文拾萃26个类目。条目为记述的基本单元，标题以黑体字加【 】表示。

三、为发挥图片资料对文字的补充和辅助作用，力求图文并茂，本卷在卷首设置公益彩页，按内容分成系列，并适当选配随文图照。

四、为避免记述重复，本卷中凡县级以下由镇（街）管理的开发园区在“镇街要览”相关镇（街）中记述。

五、本卷专文由相关单位提供，大事记和长沙县概况系从各单位提供的资料中选辑。其他文稿均由各单位专人撰写，领导审核，年鉴编辑部编辑人员加工整理后再反馈原单位核对，最后由编委会定稿。统计资料由县统计局提供，未列入统计范围的，以各单位提供数据为准，请读者在查阅和引用时注意。

六、本卷所刊图片均由各撰稿单位及县委宣传部网宣办、星沙时报社等提供，因多方原因，部分图片的作者未能一一署名。

长沙县行政区划图

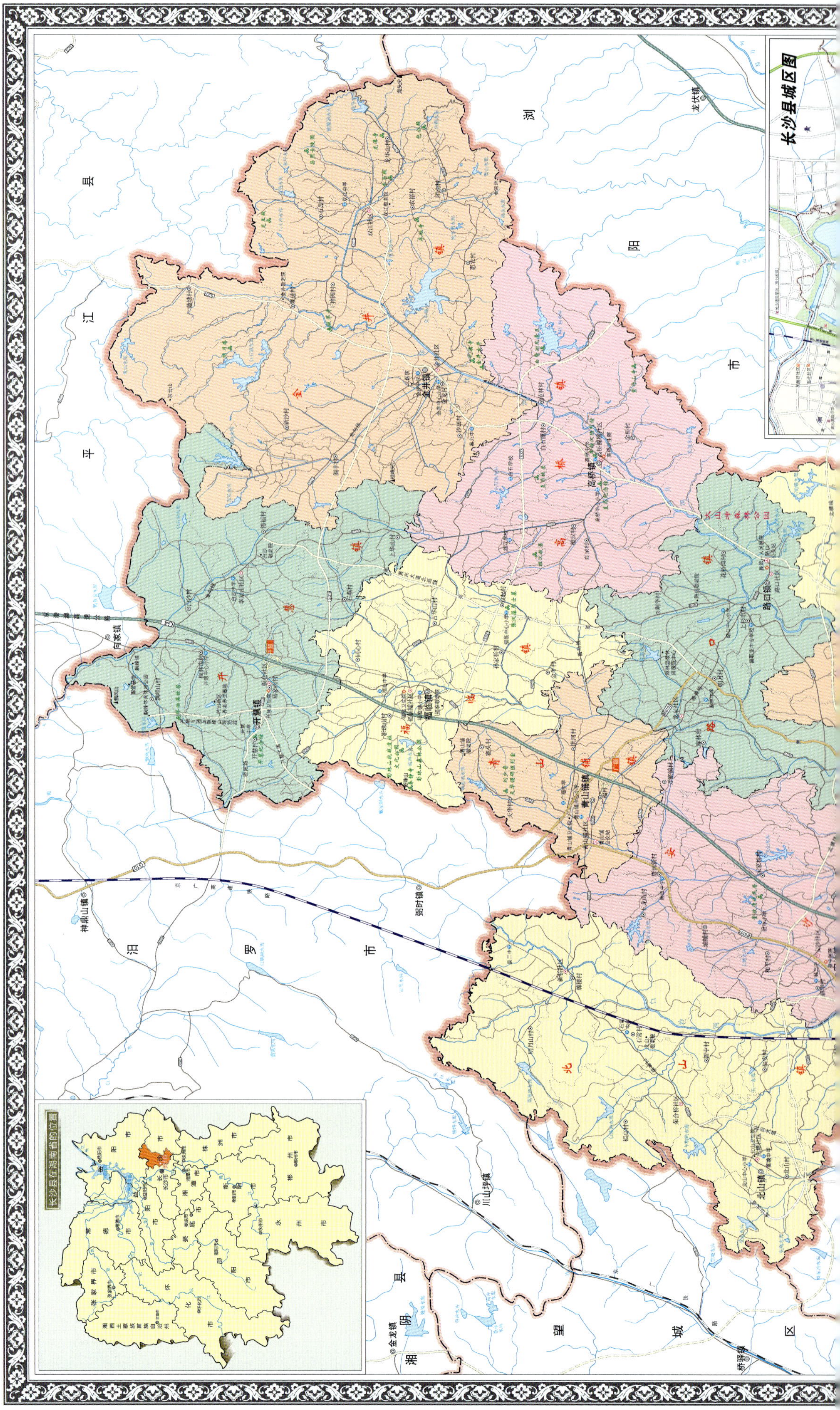
长沙县城区图
浏阳市
平江县
汨罗市
湘阴县
望城区
金井镇
高桥镇
开慧镇
福临镇
青山铺镇
路口镇
北山镇
长沙县在湖南省的位置

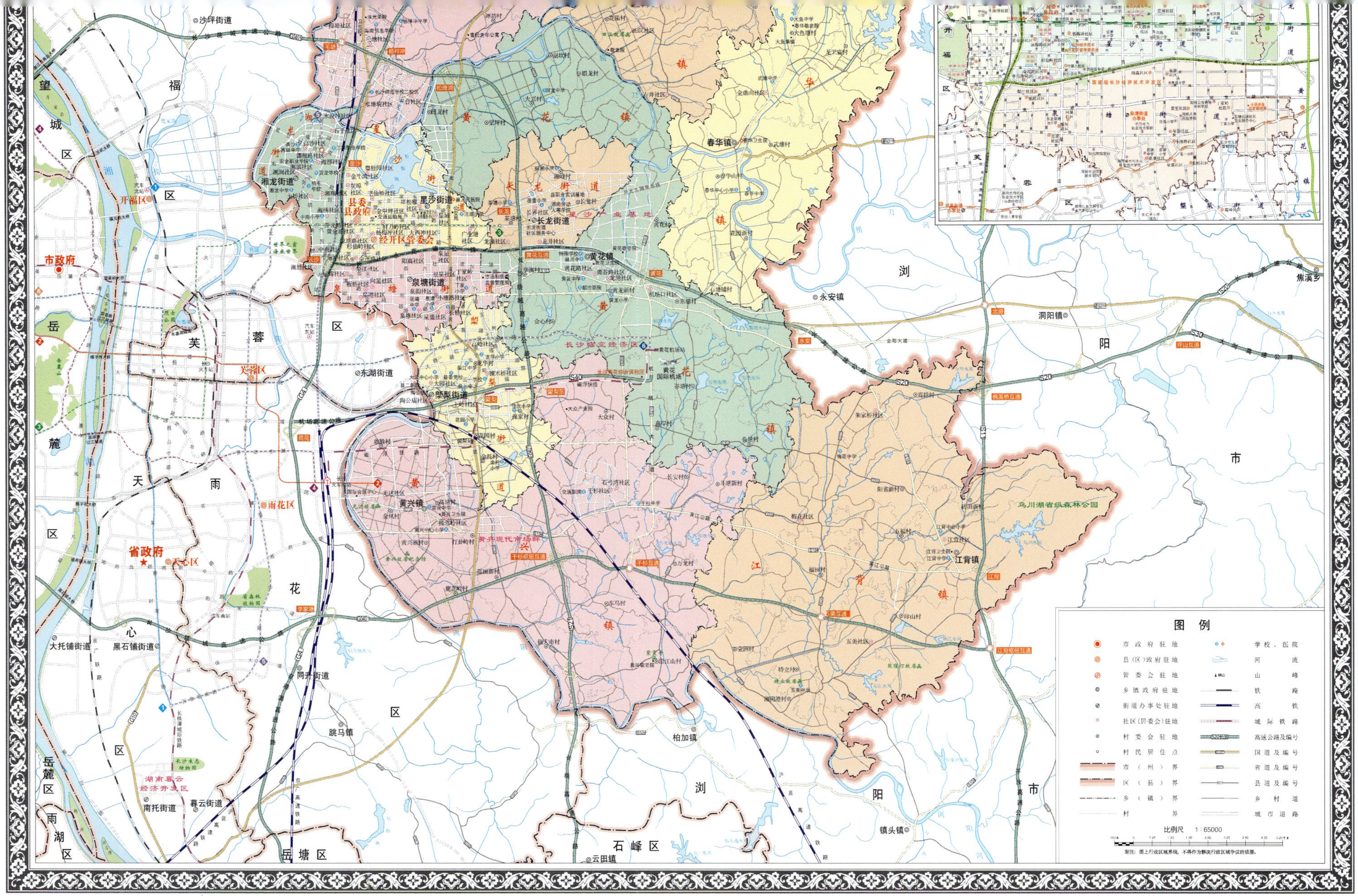

长沙县人民政府编制 湖南省民政厅监制 湖南地图出版社出版发行 湖南省行政区划系列图编号:4301212017043 审图号:湘S(2015)58号 统一书号:125530·243 定价:60.00元 2017年9月第2次印刷

强南富北 民

2

地域名片

全国十八个改革开放典型地区之一
全国书香城市（区县级）
中国最具幸福感城市（县级）

区域定位 湖南省会次中心

土地面积 1756平方千米

户籍人口 80.6万人

综合实力

第十八届全国县域经济与县域基本竞争力百强县第五位
“2018年度全国综合实力百强县市”第五位
“2018年度全国投资潜力百强县市”第四位

县 挺进五强

8年

国家级荣誉选录(2018年)

2月 • 长沙县获全国文明城市（县级）提名资格

3月 • 长沙县人民检察院获评“全国检察文化建设示范院”

6月 • 长沙县获评“全国法治县(市、区)创建活动先进单位”

9月 • 长沙县获评“四好农村路”全国示范县

11月 • 长沙县获评“中国最具幸福感城市(县级)”

• 长沙县人民检察院获评全国模范检察院

12月 • 长沙县人民政府网站获评“2017年度中国政务网站领先奖”和“中国外文版政府网站领先奖”，在全国区县级网站中排名第二位

• 长沙县扶贫助学新模式获评2018年全国民生示范工程

2018年长沙县·长沙

01 综合实力高位进位

成功挺进全国五强，提前三年实现目标

2018年12月16日，第十八届全国县域经济基本竞争力前100名和全国县域经济与县域综合发展前100名县（市）名单揭晓，长沙县位居第五，提前三年实现“挺进五强”目标；同时，在中国中小城市综合实力百强排名中跃升至第5位，连续7年稳居中西部第一。

02 经开区高质量发展

成功晋级全国20强，工程机械产业晋升千亿产业集群

长沙经开区高质量发展，综合发展水平挺进全国前20强，由2017年的第24名上升至2018年的第20名。2018年，长沙经开区工程机械产业产值突破1000亿元。这是继2017年园区汽车产业产值破1000亿元后，又一个千亿元产业集群。

03 党的建设全面加强

开展中共十九大精神宣讲进基层“百千万”工程，流动党员管理服务模式成功申报全国城市基层党建创新案例

2018年，党的建设全面加强，开展中共十九大精神宣讲进基层“百千万”工程，成立119个基层讲习所，组建千名宣讲员，全年开展3000余场讲习活动；开发星沙答题小程序，举行十九大知识竞答万人线上同台PK赛，建设“指尖上的讲习所”(暨线上讲习频道)。流动党员管理服务模式成功申报全国城市基层党建创新案例。长沙县委党校(行政学校)获评全省综合示范性县级党校行政学校，中组部确定其继续挂牌全国党员教育培训示范基地。

04 营商环境持续优化

开展“千人帮千企”活动，政务服务“2430”工程跑出全省最快审批速度,市场主体总数突破11.5万个

推进“千人帮千企大行动”，开展“降槛、让利、暖心”活动，累计帮扶资金3.2亿元，为企业解决各类问题296个。获批湖南省唯一一个企业开办全程网上办改革试点单位，市场主体总数突破11.5万个。在全省率先推出“2430”政务服务“最多跑一次”改革，梳理并实施“最多跑一次”政务事项997项，取消各类证明材料140项，346项政务服务事项即来即办，288项政务服务事项在镇街就近办，“2430”工程打造全省最快审批速度。

05 改革开放持续发力

跻身中宣部改革开放40周年“百城百县百企”调研范围，改革经验入选“百城百县百企”调研丛书

坚持改革、勇于创新，长沙县经济社会发展成就举世瞩目，被央视《新闻联播》《人民日报》等中央媒体重点推介。2018年11月25日，《人民日报》头版在报道长沙县改革开放经验时评价：“改革创新是长沙县的灵魂，求新求变的探索精神，汇聚了发展的澎湃动力。”

06 培育壮大“四新”经济

成立中部首个区块链产业园，建设全国首个区块链安全技术检测中心

推进国家知识产权示范园区建设,集成化引进一批国家级研究机构、重点实验室，搭建产学研用一体化创新合作平台，培育壮大“四新”经济产业集群。2018年6月，长沙经开区、长沙县成立区块链工作领导小组，并出台《关于支持区块链产业发展的政策(试行)》。8月26日，中部首个区块链产业园——星沙区块链产业园成立，首批10家企业也于当日签约入驻。10月24日，国内唯一一家区块链安全技术检测中心在长沙经开区成立，由长沙经开区承办的2018国际区块链大会在长沙国际会展中心举行。

开区发展十件大事

07 临空经济支撑开放崛起

获评全省发展开放型经济优秀县市区称号，长沙临空经济示范区引进重大项目30多个，黄花综合保税区新增进口药品口岸功能

2018年，长沙县实现外贸进出口总额66.9亿美元，占全省1/6,获评全省发展开放型经济优秀县市区称号。长沙县“二次创业”取得重大进展。临空经济示范区成功引进重大项目30多个、总投资超过400亿元，联通数字阅读基地、普洛斯空港物流中心、百联奥特莱斯等项目建成运营；黄花综保区新增注册企业近200家，新增进口药品口岸功能，口岸总数达到3个，保税加工、口岸贸易、跨境电商、供应链金融等产业全面发力，力争形成具有口岸特色的产业集群，形成辐射中西部乃至全国的集散中心。开通至北美、达卡、马尼拉等3条国际货运航线，黄花机场国际货邮吞吐量在2017年翻番的基础上再次翻番。

08 城乡一体全面提质

全面建设“一圈两场三道”，获评“四好农村路”全国示范县,获评国家级农村综合性改革试点县

加快各类基础设施、公共服务配套向农村、向北部、向城乡接合部延伸，完成北横线、G107调规、S210、金阳大道等干线公路建设。建成湘龙BRT站、松雅站等4个公交首末站，以及开元、光达等4个公交客运枢纽站。全面推行路长制，行政村全部通公交，再次获评“四好农村路”全国示范县称号。“一圈两场三道”项目中，自行车道新改建任务完成44.205千米，新改建农贸市场4处，湘龙街道农贸市场获2018年省级文明集市称号。建成停车场50个、历史文化步道1.7千米。长沙县将东八线沿线作为国家级农村综合性改革试点试验区域，探索符合长沙县农业农村发展的振兴战略。长沙县获评全国产茶重点县，黄花镇进入全国科学发展“百强镇”，金井镇获评国家示范农业产业强镇。

09 民生立县共建共享

连续12年获评中国最具幸福感城市(县级)，获批全国(县级)文明城市提名城市

新增学位19200个，长沙县“超大班额”全部化解，教育扶贫获选全国民生示范工程, 举办纪念田汉诞辰120周年系列活动,由省人民医院直接托管的县人民医院已开工建设。在全省率先全面消除集体经济薄弱村。长沙县图书馆获评“第七届全国服务农民、服务基层文化建设先进集体”，《长沙县历史文化丛书》出版发行。食安监管模式连续三年获评全国“民生示范工程”，连续3年获评“省安全生产先进县”。浏阳河长沙县段实现全面截污,生活垃圾无害化处理率或治理率达100%，全年空气累计优良天数303天。

10 依法治县成效显著

获评“全国法治县(市、区)创建活动先进单位”，县检察院获评全国模范检察院，县法院获评“全国优秀法院”

2018年，长沙县获评“全国法治县(市、区)创建活动先进单位”和“全省社会治安综合治理先进县”。长沙县组建普法讲师团开展“法律六进”，实现“一村(社区)一法律顾问”，建成县镇(街)村(社区)三级公共法律服务实体平台等。2018年初，长沙县司法局成为全省唯一一个被省委法治办推荐为全国司法行政系统“谁执法谁普法”示范点的候选单位。县人民检察院获评“全国模范检察院”“全国检察文化建设示范院”，县法院获评2018年“全国优秀法院”

辉煌 40 年

Brilliant 40 years

1978 年

中国开始实行对内改革、对外开放政策，揭开社会主义改革开放的序幕。

1984 年

1984 年，农村土地实行分田到户大包干。至 9 月底，全县已有98.3%的生产队土地承包期延长到 15 年。

1984 年，中央出台文件鼓励发展乡镇企业，长沙县确立“以乡镇企业为主体，以粮食生产和多种经营为两翼“的“飞鸟型“经济发展战略，大力发展乡镇企业，促进经济由农业为主转向工业为主。

1988 年

长沙县迈入全国乡镇企业“百强县”行列。

1992 年

邓小平南方谈话后，再掀改革开放高潮，长沙县决定以“开发开放促新县城建设，举全县之力建设星沙开发区”。

1996 年

新县城和开发区基本建成，顺利实现迁治，开发建设新县城和开发区，促进经济由内向内生型向外向开放型转变。

1997 年

长沙县率先在全省进入整体小康。

2000 年

长沙经济技术开发区被国务院批准为国家级开发区。

2003 年

通过“一区七园”的快速发展，促进经济由粗放型向集约型转变，长沙县成为湖南省第一个财政收入过10亿元的县（市）。

2008 年

在全国县域经济基本竞争力排行中上升到第37位，名列中部第一，成就“中部第一县”。被列为全国十八个改革开放典型地区之一。

2014 年

在全国县域经济基本竞争力百强县排名位列第9位，首次挺进全国十强。

2016 年

在县域经济基本竞争力和全国中小城市综合实力百强评比中分别位列全国第7、第6位，继续领跑中西部。

2018 年

在全国县域经济基本竞争力、全国中小城市综合实力百强评比中均列第5位，成功实现“挺进五强”的目标。

抓机遇　改革开放转型　缔造现代强县

再出发　二次创业成功　挺进全国五强

2001—2018年全国县域经济基本竞争力百强县（市）长沙县排名

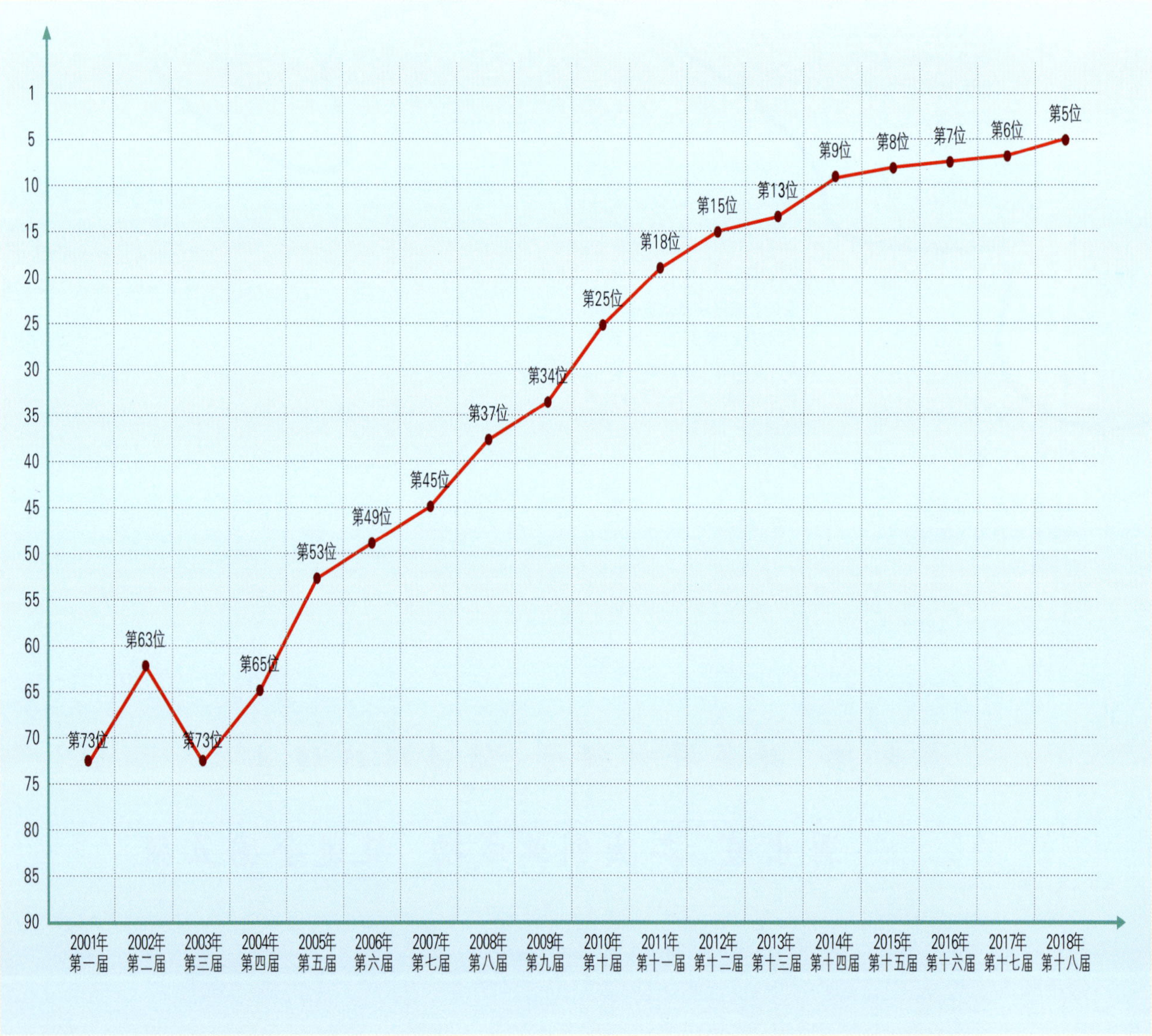

2008—2018年全国中小城市综合实力百强县（市）长沙县排名

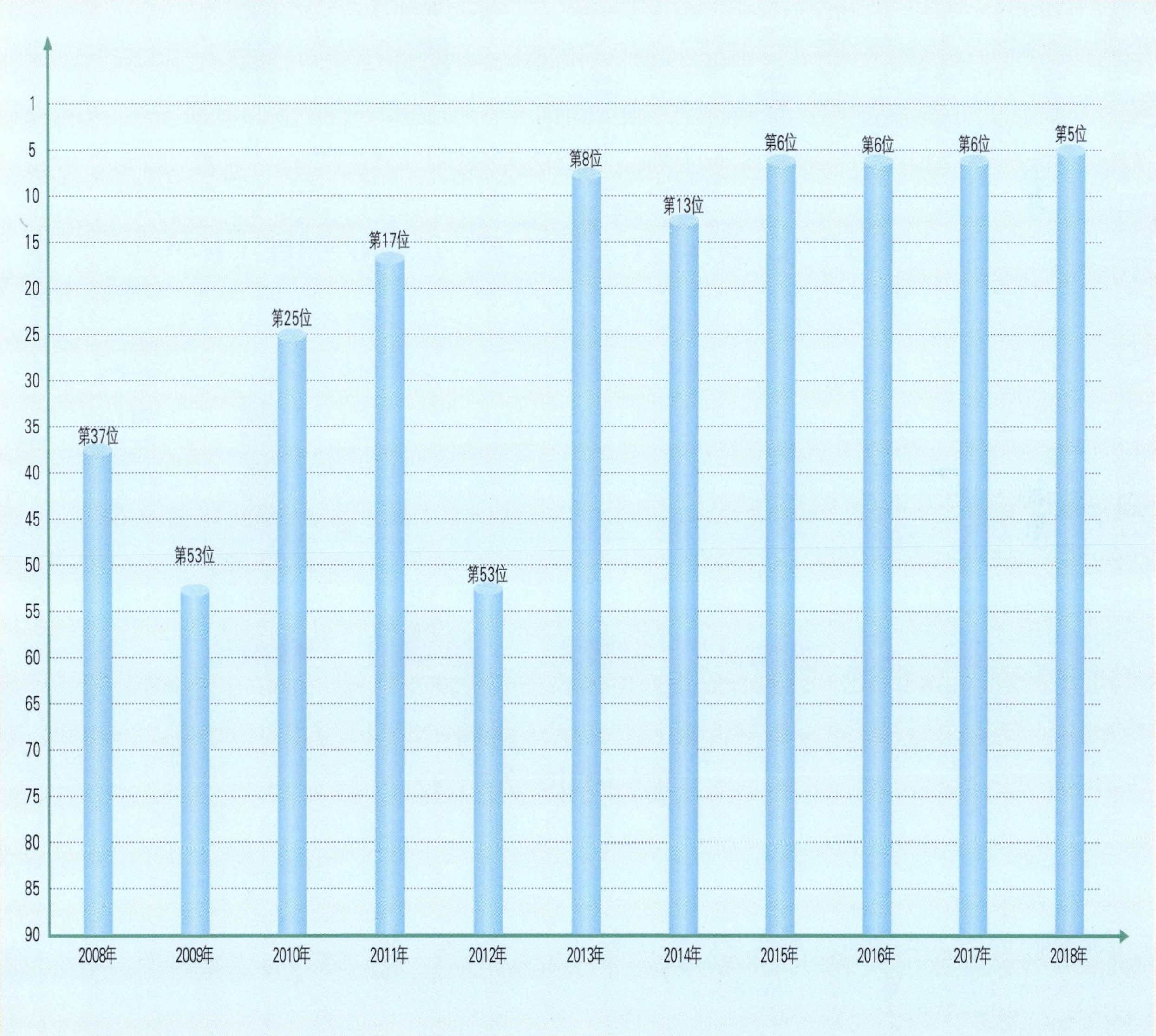

长沙县经济综合实力图示(1978–2018)

地区生产总值（亿元）

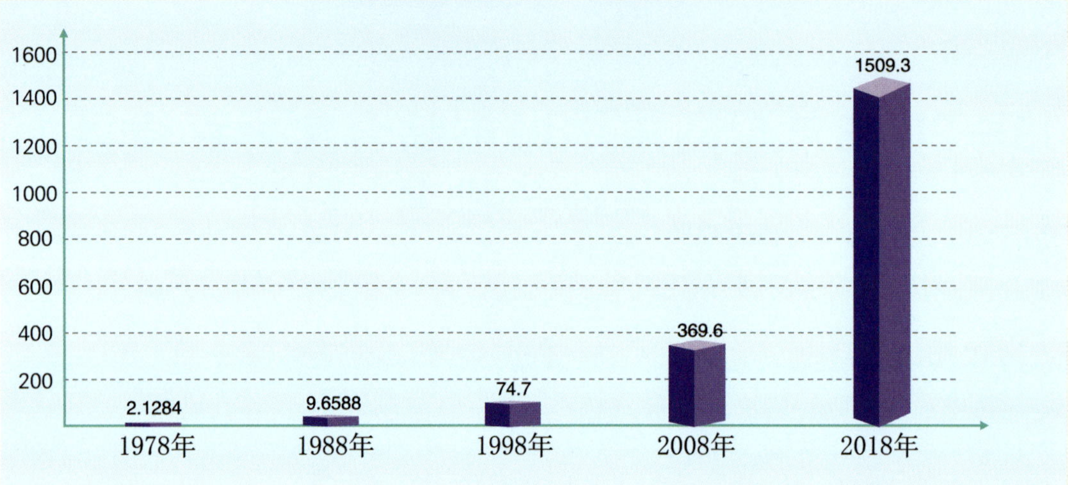

第一、第二、第三产业总产值（亿元）

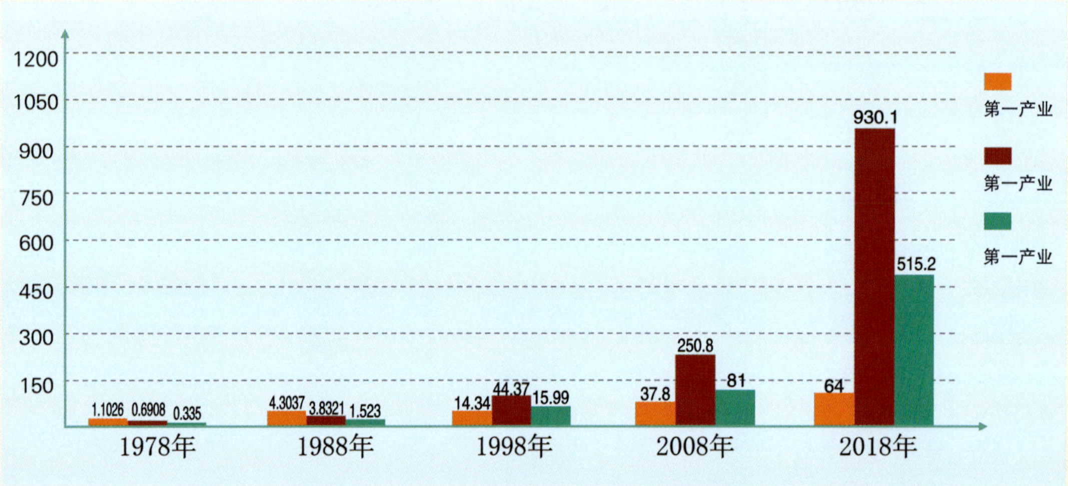

财政收入（亿元）

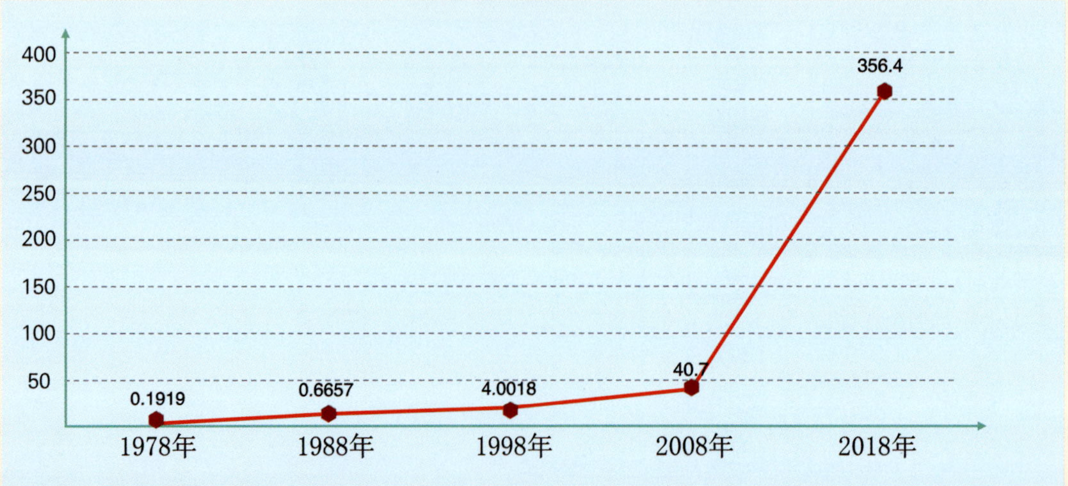

财政总支出（亿元）

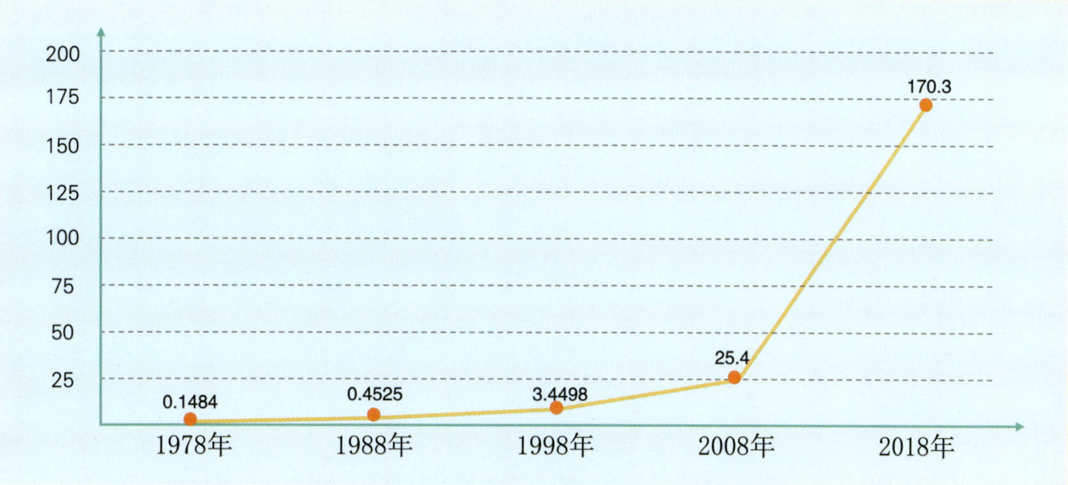

社会消费品零售总额（亿元）

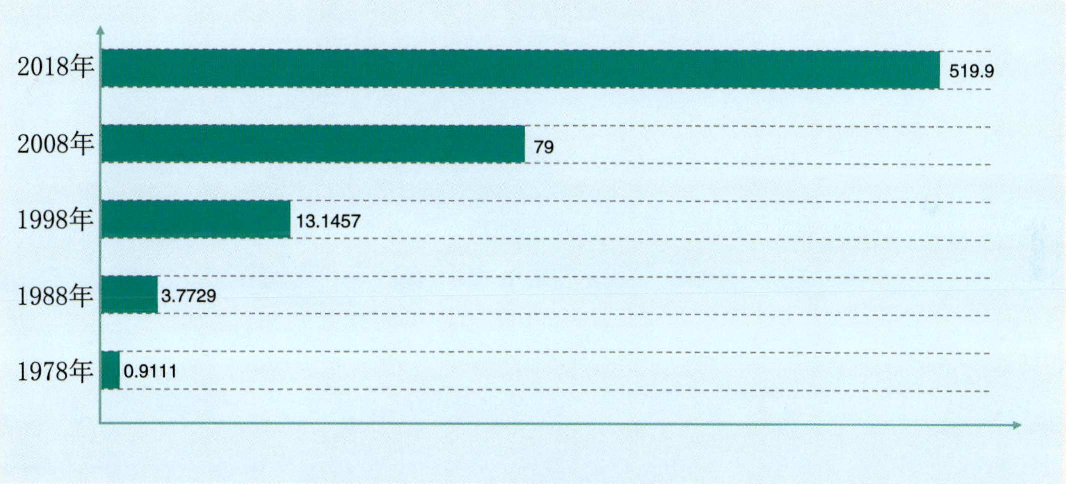

农民人均纯收入（元）

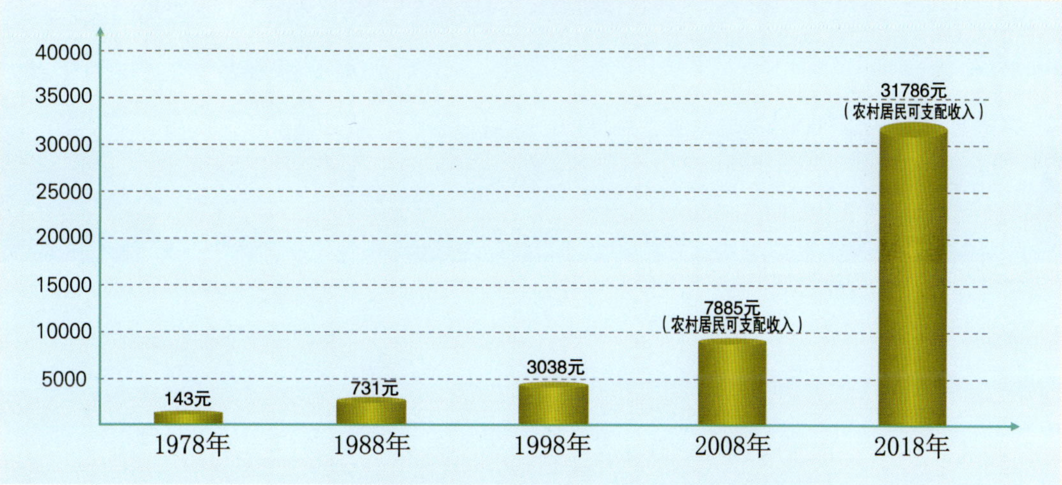

▲ 星沙夜景　（王深虎 摄）

▲ 发现松雅湖—《水上人家》（长沙县委网信办　提供）

▲ 2018年，建设中的空港城保税区（彭国明　摄）

▲ 2018年，空港城奥特莱斯 （彭国明 摄）

▲ 2018年，长沙百联购物公园 （彭国明 摄）

▲ 2018年，湘域国际广场 （彭国明 摄）

▲ 2018年1月11日，长沙新型轨道交通技术研发中心揭牌仪式暨中国铁建新型轨道交通装备产业园及试验线开工仪式（长沙经开区志办 提供）

▲ 2018年1月18日，长沙经开区、长沙县埃塞俄比亚（湖南）工业园招商推介会（长沙经开区志办 提供）

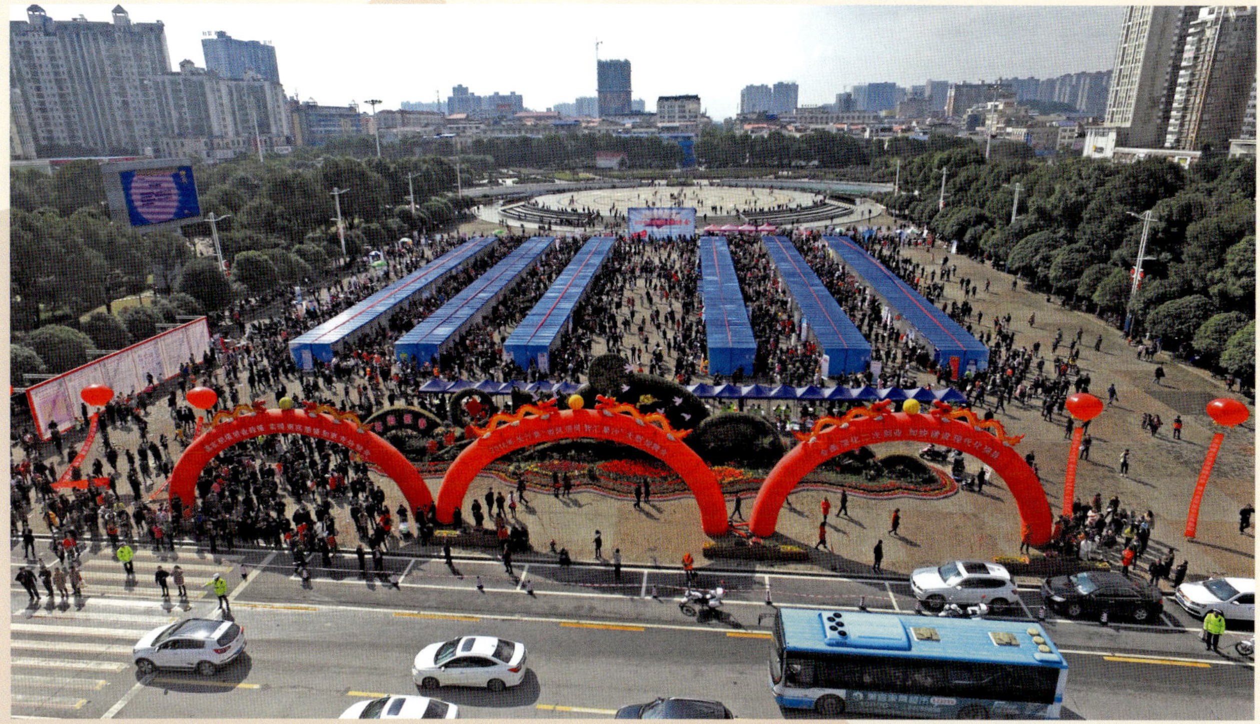

▲ 2018年2月28日，长沙县“春风送岗 智汇星沙”大型招聘会举行　　（唐湘宏 摄）

▲ 2018年5月8日，超级电容光伏路灯长沙市洞株公路示范项目新闻发布会暨中国超级电容产业联盟、中国照明学会战略合作签约活动举行　　（长沙经开区志办 提供）

2018年6月9日，高桥镇首届乡村美食狂欢节举行
（董静 摄）

2018年6月26日，长沙市重大产业项目集中开工活动举行，图为长沙经开区、长沙县蓝思科技黄花生产基地会场
（经开区志办 提供）

2018年8月26日，“链”上星沙，领航未来——区块链院士高峰论坛暨星沙区块链产业园项目签约
（长沙经开区志办 提供）

2018年8月28日，大陆集团智慧城市、智能出行示范共建项目签约仪式
（长沙经开区志办 提供）

2018年9月8日，长沙经开区铁建重工首台高端智能六行采棉机下线
（长沙经开区志办 提供）

2018年10月16日，广汽三菱研发中心和零部件产业园项目开工
（长沙经开区志办 提供）

2018年10月24日，区块链安全技术检测中心项目签约
（长沙经开区志办　提供）

2018年11月14日，长沙经开区广汽菲克全新Jeep自由光下线　（长沙经开区志办　提供）

2018年11月29日，长沙经开区承办2018国际区块链大会
（长沙经开区志办　提供）

总　目

Main Contents

目　录

特　载

专　文

大事记

长沙县概况

中国共产党长沙县委员会

长沙县人民代表大会

长沙县人民政府

中国人民政治协商会议长沙县委员会

群众团体

法　治

军　事

工业·园区建设

经济管理与监督

金　融

农业·水务

科学技术·教育

文　化

卫生·体育

社会生活

镇街要览

人　物

附　录

人文拾萃

索　引

在县委十三届五次全会暨经济工作会议上的报告

长沙县人民政府县长　张作林

（2019年1月3日）

一、砥砺前行，奋勇争先，各项事业发展迈上新台阶

2018年，全县上下深入贯彻落实省委“创新引领、开放崛起”和市委全面建设现代化长沙等战略，围绕“强南富北、民生立县、挺进五强”发展主线，坚持县区一体推进二次创业，经济社会实现持续健康发展。

一年来，我们坚持在挺进五强的征程上决战决胜，综合实力高位进位。预计地区生产总值增长10.5%，规模工业总产值增长10.5%，全社会固定资产投资增长15%，社会消费品零售总额增长9%；完成财政总收入350.03亿元，增长22.4%；在全国县域经济基本竞争力、中国中小城市综合实力百强排名中均跃升至第5位，分别连续5年和7年稳居中西部第一。项目建设高歌猛进，成功引进京东无人车、德国大陆集团中央电子工厂、山太飞机维修等一批重大产业项目，索恩格中国公司、铁建重工第二产业园、广汽三菱发动机等重大项目建成投产。“四新”经济蓬勃发展，成功举办了2018国际区块链大会，启动了院士工作站、研究院、中国工业与应用数学学会等平台建设，与国家互联网应急管理中心共同成立了全国首个区块链安全检测中心，一批知名企业落户星沙区块链产业园。

一年来，我们坚持在改革开放的征程上善作善成，二次创业加速推进。不断深化行政执法、三分式审理、国资国企等重点领域改革，“百村供销工程”三年攻坚行动全面启动，在全省率先推出“2430”政务服务“最多跑一次”改革，获评国家级农村综合性改革试点县。节约集约用地新模式被国务院点名表扬，获得1000亩新增建设用地计划指标奖励。“二次创业”取得重大进展，黄花机场晋级“国际四星级机场”，海关机场基础设施建设正式启动，临空经济区成功引进重大项目30多个、总投资超过400亿元，联通数字阅读基地、普洛斯空港物流中心、百联奥特莱斯等项目建成运营；黄花综保区新增进口药品口岸功能，口岸总数达到3个，保税加工、口岸贸易、跨境电商、供应链金融等产业全面发力，预计全年实现进出口额25亿美元，荣获全省发展开放型经济优秀县市区称号。我县改革开放经验被《人民日报》头版、央视《新闻联播》等中央媒体重点推介，入选庆祝改革开放40周年“百城百县百企”调研丛书。

一年来，我们坚持在强南富北的征程上群策群力，城乡发展全面提质。扎实推进旧城改造和“一圈两场三道”建设，G107调规公路、岳汝联络线、万家丽路与绕城高速互通建成，湘龙街道农贸市场获2018年省级文明集市称号。深入开展文明城市创建，成功通过国家卫生县城复审，顺利获得新一轮全国（县级）文明城市提名城市。特色镇街建设异军突起，星沙、泉塘获评全市“十强乡镇（街道）”，黄花镇进入全国科学发展“百强镇”，金井镇获评国家示范农业产业强镇，开慧镇获评全国十佳康养小镇，路口麻林老街、高桥金桥老街等一批特色古街初具规模。乡村振兴卓有成效，投入财政资金19.4亿元启动145个项目建设，获评全国产茶重点县、全省茶叶“千亿产业”十强县、全省粮食生产先进县，春华现代农业示范园纳入省财政重点支持项目，北山梅获国家地理标志产品保护，形成了以金井、开慧、高桥、路口、浔龙河为代表的5种农村集体经济发展新模式，果园“浔龙河”入选“新华社民族品牌工程·未来之星”。农村公共服务设施不断完善，北山、江背、果园等镇开通燃气，金井水厂投产运营，全县农村自来水通村率达85%，城镇污水集中处理率达91%。全域旅游蓬勃发展，以慧润为代表的民宿经济持续火爆，天华山、影珠山获评国家AAA级景区，全县AAA级以上旅游景区达7家，全年接待游客1300万人次，实现旅游综合收入140亿元，荣获全省美丽乡村先进县和旅游强县称号。

一年来，我们坚持在三大攻坚战的征程上敢作敢为，发展基础持续巩固。坚决打好防范化解重大风险攻坚战，“停、缓、调、撤”项目192个、调减资金25.41亿元，债务风险指标均在警戒线以下。统筹推进县内精准脱贫、县外对口帮扶两大战场，全县共投入产业扶贫资金1870万元，贫困户“两业”扶贫覆盖率达90%以上，贫困户户均增收4000元以上，建档立卡贫困户从4720户14033人降至211户548人。持续打好污染防治攻坚战，着力抓好环保督察整改，中央环保督察“回头看”、省环保督察信访交办件基本办结销号；铺排启动临空污水处理厂、挥发性有机物治理等项目200多个，大力推进“六控”和“十个严禁”，全年空气质量实现“两降一升”目标；全面推进“两河七口”截污提质，浏阳河长沙县段实现全面截污，在长沙市城区率先完成土桥撇洪渠黑臭水体治理，城西、浔龙河、江背工业园污水处理厂和黄兴片区污水管网建设全面完成；实施垃圾分类处置及资源化利用，农村“五治”有序推进，福临、青山铺、路口、北山等镇生猪养殖污染治理扎实有效，城镇生活垃圾无害化处理率、村庄生活垃圾治理率达100%。

一年来，我们坚持在民生立县的征程上共建共享，社会事业不断进步。“民生立县三年行动计划”稳步推进，总投资达5800万元的79个“微建设·微民生”项目有效实施，民生领域投入达134亿元。突出解决群众反应强烈的就学难、就医难、停车难等问题，北师大长沙附属学校一期、湖师大星沙实验学校等9所学校建成开学，改扩建中小学15所，职院办学规模和水平不断提升，扶贫助学新模式获评2018年全国民生示范工程；医药卫生体制改革、智慧医疗建设试点工作稳步推进，获评全国“万步有约”职业人群健走激励大奖赛健走示范城市，县妇幼保健院成功跻身“全国县级妇幼保健院百强”；新建停车场50个，县城停车位达到12.1万个。严格落实房地产调控政策，稳步推进公租房建设和棚户区改造，房地产市场实现稳健发展。田汉国际戏剧艺术小镇和田汉艺术综合体项目扎实推进，成功举办田汉诞辰120周年系列活动，长沙山歌、青山竹编、影珠山民间故事等非物质文化遗产得到深度挖掘，“福临之夜”“福乐会”“莲洁泉塘”等镇街品牌文化活动风生水起，荣获国家“第七届全国服务农民、服务基层文化建设先进集体”“一级图书馆”“全民阅读先进单位”等荣誉称号。扎实推进扫黑除恶、安全生产、信访维稳等工作，㮾梨镇成功通过省级安全生产示范镇验收，食品安全监管模式连续三年获评全国“民生示范工程”，县检察院获评全国模范检察院，长沙县获评全国法治县（市区）创建活动先进单位、全省社会治安综合治理先进县。

一年来，我们坚持在管党治党的征程上从严从实，党的建设全面加强。持续掀起学习贯彻十九大精神热潮，全面接受了省委政治考察，全县广大党员干部“四个意识”不断增强，“两个维护”更加坚定。顺利举办第三期青训营，建立健全科学用人、宽容失误等七大激励保障机制，干事创业热情进一步激发。“五化五星”党支部创建成效明显，城市基层党建稳步推进，构建了县、镇街、村（社区）、小区商圈楼宇四级党建服务体系，流动党员管理服务“全链条”机制成功申报全国城市基层党建创新案例，县委党校再次获评全国党员教育培训示范基地。在长龙街道探索建立全市首个镇街融媒体工作室，开创了意识形态管控新模式。坚持和完善人民代表大会制度，人大及其常委会认真依法履职，监督、决定重大事项和人事任免更好地体现了人民意志。政协政治协商机制进一步健全、民主监督渠道进一步拓宽、参政议政实效进一步增强。切实加强国防动员和人防建设，军民融合发展开创新局面，双拥成果不断巩固，开慧纪念馆、浔龙河童勋营获评省全民国防教育基地。充分发挥各民主党派、无党派人士服务发展的独特优势，积极做好民族宗教工作，县工商联获评全国工商联组织宣传工作先进单位。群团改革工作深入推进，工会、共青团、妇联、科协等群团组织职能进一步发挥，福临镇工会联合会、泉塘街道工会联合会分别获评省六好乡镇（街道）工会和模范职工之家。党风廉政建设深入推进，纪律监督、监察监督、派驻监督、巡察监督的全覆盖监督体系不断完善。全力做好中央巡视、省委巡视整改工作，“清风星沙”三年行动计划、“互联网＋监督”等工作统筹推进。各级党组织管党治党意识不断增强，风清气正的政治生态持续巩固。

回顾一年来的工作，有十项工作成果尤其值得载入长沙县的发展史册：一是成功挺进全国五强，提前三年实现进位目标；二是长沙经开区成功晋级全国20强，产业集聚、科技创新等方面全国领先；三是财政总收入首次突破350亿元大关，实现高质量发展；四是实现外贸进出口总额66.9亿美元，占全省的1/6，开放崛起取得突出成效；五是工程机械产业成功晋升千亿产业集群，经开区拥有两个千亿产业集群；六是黄花机场国际货邮吞吐量在去年翻番的基础上再次实现翻番；七是成立了中部首个区块链产业园，建设了全国首个区块链安全技术检测中心；八是在全省率先全面消除集体经济薄弱村，村级组织运转保障能力不断增强；九是跻身全市文化新地标的田汉文化园顺利开园，由省人民医院直接托管的县人民医院已开工建设；十是连续12年获评中国最具幸福感城市（县级），人民群众的获得感、幸福感全面提升。

习近平总书记在庆祝改革开放40周年大会上指出，改革开放是决定当代中国命运的关键一招，也是决定实现“两个一百年”奋斗目标、实现中华民族伟大复兴的关键一招。40年来，长沙县面对“千帆竞发、百舸争流”的发展态势，紧跟时代发展潮流，紧扣“全省率先、中部领先、全国争先”的发展定位，在始终保持高质量发展方向、争先进位发展目标、共建共享发展主线不变的同时，坚持解放思想、实事求是、与时俱进、勇于变革，积极争当改革开放排头兵和创新发展先行者，很多工作一直走在全省乃至全国前列，实现了从“落后农业县”向“三湘第一县”“中部第一县”“中西部第一县”和“全国五强县”的华丽蝶变。截至2017年底，全县地区生产总值、工业总产值、财政总收入、城镇居民可支配收入、农村居民人均纯收入，较1978年分别增长了673倍、4286倍、1489倍、113倍、291倍，县城建成区由原来的“有县无城”发展到现在的79.3平方千米。这些成绩的取得来之不易，是党中央、省委、市委正确领导的结果，是历届县委县政府坚持辩证思维“求稳”、战略思维“求全”、问题导向“求变”，始终保持“一张蓝图绘到底”“一届接着一届干”战略定力不动摇的结果，是全县各级各部门和全县人民同心同德、共同奋斗的结果。最近《人民日报》在报道长沙县改革开放经验时评价：“改革创新是长沙县的灵魂，求新求变的探索精神，汇聚了发展的澎湃动力”。在此，我谨代表县委，向历届决策者和全县父老乡亲们，向关心支持长沙县经济社会发展的各界人士，表示崇高的敬意和衷心的感谢！

二、立足新时代，瞄准新目标，高质量建设现代化强县

推动高质量发展，是党的十九大以来以习近平同志为核心的党中央审时度势，在科学判断中国特色社会主义已经进入新时代、我国经济已由高速增长阶段转向高质量发展阶段，为适应我国社会主要矛盾变化而作出的战略决策。最近中央经济工作会议指出，我国发展仍处于并将长期处于重要战略机遇期，要善于化危为机、转危为安，紧扣重要战略机遇新内涵，加快经济结构优化升级，提升科技创新能力，深化改革开放，加快绿色发展，参与全球经济治理体系变革，变压力为加快推动经济高质量发展的动力。可以说，高质量发展已成为当前经济工作的主题词，也是我们抓经济工作必须牢牢把握的大前提、大逻辑。从长沙县发展现实来看，目前虽然已经站在了全国五强县的全新高度、全新起点，但面对新时代、新形势、新要求，推动高质量发展仍然是我们的当务之急，如果我们只是“躺在功劳簿上睡大觉”，不再率先作为、率先突破，就很难搭上高质量发展的巨轮，更遑论实现全面建设现代化强县的梦想，甚至可能在新一轮激烈的竞争中被淘汰出局。因此，我们务必始终保持归零整装再出发的心态，继续发挥“首吃螃蟹”的探索精神，在世界面临百年未有之大变局中率先突围、逆势而上，坚定不移打好高质量发展的主动仗、跨越仗，保位进位，加快建设气质更好、活力更足、特色更优的高颜值现代化强县。

加快建设高颜值现代化强县，需要我们认真学习贯彻落实习近平新时代中国特色社会主义经济思想，按照今年中央经济工作会议提出的“五个必须”要求，科学确定目标路径，努力让创新成为第一动力、协调成为内生特点、绿色成为普遍形态、开放成为必由之路、共享成为根本目的，全方位全过程追求“五个方面的高质量”、着重处理好“五个方面的关系”：一是全方位全过程追求发展方式的高质量，着重处理好速度与质量的关系。一直以来，长沙县经济始终处于高基数上的高增长状态，但一些发展领域创新能力、产业结构、发展质量的提升与发展速度、经济总量的提升之间还存在较大落差，发展的协调性、可持续性和核心竞争力还不够强。我们必须坚持质量第一、效率优先，坚持增体量扩总量、增效益提质量两手齐抓，突出在好中求快、快中求优，争取又好又快、更好更快，加快打造现代化县域经济发展新模式，使长沙县真正成为具有国际竞争力的先进智能制造业基地和

创新型经济发展高地。二是全方位全过程追求改革开放的高质量，着重处理好政府与市场的关系。长沙县的发展得益于改革开放的持续发力，站在改革开放再出发的新起点上，我们务必充分发挥好市场与政府“两只手”的互补作用，突出制度供给、制度创新，以改革的“深刺激”“强刺激”释放活力、激发动能、推动发展。坚持“引进来”和“走出去”并重，主动融入国家全面开放新格局，积极顺应区域一体化发展新趋势，以改革开放的更宽领域、更深层次、更高境界，为长沙县新一轮发展注入更强动力、赢得更广空间。三是全方位全过程追求城乡建设的高质量，着重处理好南部与北部的关系。长沙县发展过程中最大的不平衡就是南北城乡之间的不平衡，这是我县新时代社会主要矛盾的突出体现。我们必须始终紧扣“强南富北”这一主线，坚持以城带乡、以工哺农、城乡融合，积极推进以人为核心的新型城镇化，全力推进乡村振兴战略，全域推进城乡融合发展，使长沙县的城乡品质整体提升，城乡功能更加完善，城乡治理更加精细，城乡服务更加精准，努力向世人展现出一幅更具国际气质、现代气息、长沙县气派的优美城乡画卷。四是全方位全过程追求生态环境的高质量，着重处理好保护与发展的关系。生态文明建设是转方式调结构、促进产业转型升级的内在要求，我们必须牢固树立“绿水青山就是金山银山”的理念，充分认识到保护与发展是既相互制约又相互促进的辩证关系，坚决克服只顾眼前、急功近利的短期行为，决不允许发展高耗能、高污染、高排放项目，不断巩固“用10%的土地产生90%的GDP，让90%的土地等生态资源得到有效保护”的发展成果。五是全方位全过程追求人民生活的高质量，着重处理好共建与共享的关系。共建是共享的基础和前提，没有高水平的共建就没有高质量的共享。在共建经济发展“蛋糕”的过程中，我们务必坚持以人民为中心的发展理念，坚持“民生立县”发展主线不动摇，着力解决结构性民生问题、实施普惠性民生工程、办好扶助性民生实事、满足多样性民生需求，让人民群众更多更好地共享改革发展成果。

2019年，全县发展总的指导思想是：高举习近平新时代中国特色社会主义思想伟大旗帜，紧扣新时代社会主要矛盾变化，全面贯彻落实中央和省委、市委经济工作会议精神，按照中央“五个必须”要求和省委“创新引领、开放崛起”、市委全面建设现代化长沙等系列战略部署，坚持稳中求进工作总基调，坚持“六个稳”的工作方向，坚持“县区一体”的工作理念和“强南富北、民生立县、挺进五强”的发展主线不动摇，持之以恒全面深化“二次创业”，坚持不懈打好“三大攻坚战”，更加突出供给侧结构性改革，更加突出高质量发展，为建设气质更好、活力更足、特色更优的高颜值现代化强县而努力奋斗，以新的优异成绩向中华人民共和国成立70周年献礼。

主要目标是：力争地区生产总值增长10%；规模工业总产值增长10%；固定资产投资增长12%；社会消费品零售总额增长9%；一般公共预算收入增长10%；城乡居民人均可支配收入增长8.6%。

三、牢牢把握工作重点，奋力续写经济社会发展新辉煌

2019年，是新中国成立70周年，是实施“十三五”规划承上启下的关键之年，做好今年工作至关重要。全县上下一定要自觉按照习总书记在庆祝改革开放40周年大会上提出的十个“始终坚持”、九个“必须坚持”要求，以改革创新精神，坚定不移贯彻落实新思想、新理念，重点抓好以下五个方面工作。

（一）坚定推进改革开放，以思想大解放开辟高质量发展新境界。“没有思想大解放，就不会有改革大突破”。要大力破除盲目乐观的自满心态、不敢攀高的畏难情绪、抱残守缺的思想束缚，敢于担当、攻坚克难、勇攀新高。要坚定不移突出改革攻坚。以提升县域治理体系和治理能力为目标，积极探索实施集成式改革，重点聚焦放管服、行政执法、国资国企、土地、财税金融等关键领域和环节，促进各项改革协同并进，力争改革有新试点、试点有新突破、突破有新水平。坚持以供给侧结构性改革为主线不动摇，着力在巩固、增强、提升、畅通“八字方针”上下功夫，推动产业链条由低端向高端延伸、企业产品由“受价权”向“觅价权”升级。持续深化供销综合改革，聚力打造中国（长沙）供销文化产业园。抓紧抓实机构改革，扎实推进黄花、黄兴扩权强镇改革，有效打通层级和部门壁垒，加快把长沙县打造成效率最高、环境最优、活力最强的发展新高地。要坚定不移强化县区一体。按照“六个一体化”要求，支持经开区体制机制改革，统筹推进县区深度融合发展。深入推进“腾笼换鸟”，变“项目等地”为“地等项目”，切实保障重大项目建设用地需求。支持经开区扩区扩园，全面理顺镇街与园区之间的管理体制，不断提升㮾梨、江背、星沙产业基地等园区的承载力。推动经开区与临空经济示范区、黄花综保区、现代农业示范区等平台互促互补，实现资源共生共享，形成整体竞争优势。要坚定不移推进二次创业。主动适应新形势、把握新特点，推动由商品和要素流动型开放向规则等制度型开放

转变。坚持适度、细节、舍得、精准招商的原则，以“四大行动”为抓手，扎实推进龙峰大道、临空北路等重大基础项目建设，全力推进山太飞机维修、机场综合配套服务区等重大项目落地开建，全速推动圆通速递、顺丰电商产业园、丰树长沙空港产业园等项目建成运营，高标准、高水平、高质量、高强度打造全国临空经济示范区典范。瞄准“领跑三湘、进位十强”目标，加快加工贸易SMT、海鲜、跨境电商、进口药品和水果等产业集聚，着力打造“四园三中心”，做大做强黄花综保区，力争实现进出口总额50亿美元目标。加快发展会展经济，着力构建会展中心、国际会议中心、国际交流区的互动新格局。

（二）***着力推进集成超越，以动能大转换构筑高质量发展新格局***。大力鼓励自主创新、培育发展新动能，善于集众家之长、众人之智、众创之力，创造性集成运用，带动创新成果向县区集聚，以集成化增创集约集群新优势。要坚持项目集成做优实体经济。坚持以项目促发展、以项目聚人心、以项目论英雄，继续开展产业项目建设年活动，集成化推进“五个100”产业项目建设。突出汽车制造及零部件、工程机械、电子信息、轨道交通等产业链招商、二次招商、集成式招商，加快建链补链、优链强链，提升产业链水平。运用集成式方法，坚决打好以化解政府债务为重点的防范化解重大风险攻坚战，切实做到坚定、可控、有序、适度。注重集成推进人工智能、工业互联网、物联网等新型基础设施建设，推动德国大陆集团智慧城市、智能出行示范项目早日见效，加快打造国家智能制造示范区。突出集成式畅通县域经济循环，加快形成市场和生产主体、经济增长和就业扩大、金融和实体经济良性循环。要坚持创新集成培优产业集群。扎实推进国家知识产权示范园区建设，集成化引进一批国家级研究机构、重点实验室，搭建产学研用一体化创新合作平台，培育壮大“四新”经济产业集群。积极推进先进制造业与现代服务业深度融合，加快推进京东无人车、博世新能源汽车热管理系统、德国大陆集团中央电子工厂等重点项目建设，培育汽车全产业链。按照“招大引强、建平台、促融合”的思路，扎实推进星沙区块链产业园建设，进一步抓好区块链安全技术检测中心、研究院、院士工作站、中国工业与应用数学学会等平台建设。要坚持服务集成创优营商环境。深入推进“千人帮千企大行动”，认真落实县区领导联系帮促企业项目制度，推动各项政策入企惠企。大力开展“降槛、让利、暖心”活动，力破“三重门”，助翻“三座山”，巩固“三去一降一补”成果。花更多时间和精力关心民营企业发展、民营企业家成长，在市场准入、审批许可、军民融合”特别是企业融资难等方面，通过集成式服务，加快建立公平、开放、透明的市场规则和法治化营商环境，充分激发企业和企业家主观能动性，增强微观主体活力，着力构建敢“亲”真“清”的政商关系，让民营经济创新源泉充分涌流、创造活力全面迸发。

（三）***扎实推进乡村振兴，以城乡大融合打造高质量发展新样板***。按照乡村振兴“二十字”总要求，加快推进农业农村现代化，高质量打造乡村振兴示范样板。要进一步优化城乡融合发展布局。紧扣“强南富北”发展主线，坚持乡村振兴和新型城镇化双轮驱动、新型工业与现代农业融合并进，统筹城乡国土空间资源配置和开发格局。科学规划产业发展、基础设施、公共服务、生态保护等生产生活生态空间布局，着力构建以星沙主城区、重点镇和其他小城镇为中心的生产就业圈，以农村集镇、集中居住区为中心的居民生活圈，加快形成城乡联动、开放协调、高效有序、梯次推进的乡村振兴发展体系。要进一步打造产业融合发展品牌。依托现代农业示范区平台，加快布局一批重大产业项目，围绕智慧强农、特色强农、质量强农、品牌强农、产业融合强农，不断做强做优现代农业产业链条，努力争创国家数字农业试点县。充分挖掘“三师”教育资源及文化优势，引入科研机构、高校研究所、国家重点实验室，加快打造集教育、科研、文化于一体的特色教育产业小镇。坚持农业与工商业、康养、旅游业深度融合发展，加快打造打响百里茶叶走廊、百里花卉走廊、有机蔬菜示范带、时鲜瓜果示范带、苗木花卉示范带、康养农业示范带“两廊四带”产业品牌，着力构建以春华、金井、开慧、高桥、江背、果园为代表的一批市县级乡村振兴示范镇。发掘培育一批“长沙县”字号有机农产品品牌、全域旅游特色景点和精品线路，力争新增1-3个优质农业企业和产品品牌，支持开慧故里创建AAAAA级景区、果园镇创建AAAA级景区。要进一步提升城乡融合发展品质。抓紧编制城乡融合发展专项规划，探索建立支持北部乡镇建设财政投入动态增长机制，加大北部道路交通网络投入建设力度，重点加快北横线、路青线、金开线道路建设，着力构建大纵大横的北部交通路网体系。加快推进电力630、气化湖南、集镇污水处理设施、农村安饮工程、自来水通村达组管网等城乡公共服务设施建设，持续开展农村人居环境综合整治，高标准推进农村“五治”三年行动，着力建设独具长沙县特色的美丽都市乡村、宜居宜业宜游乡村。抓紧完成40个合并村村庄规划编制，全面规范农村房屋建设，引导农民集中居住。以长龙片区为重点高起点推进县城东拓，持续推进“一圈两场三道”建设，推动建设一批办公楼宇、大型城市综合体等地标性建筑。

（四）深入推进绿色发展，以共抓大保护增创高质量发展新优势。牢固树立“绿水青山就是金山银山”的理念，坚持对北部农村及南部生态涵养区实施共抓大保护、不搞大开发，积极探索具有长沙县特色的绿色发展之路。要全力发展生态产业。坚持将生态、环保理念融入产业发展，严格执行环保准入制度、产业政策指导目录，积极培育壮大低碳产业，努力推动产业结构“调优调绿”。注重运用市场机制和经济手段，有序化解过剩产能，坚决淘汰“三高一低”企业。大力发展循环经济，积极推动传统产业绿色化转型、重点企业清洁化生产、工业园区生态化改造。推进资源全面节约和循环利用，深化节水、降耗行动，推广装配式建筑。要全面加强生态保护。围绕控污减排、改善环境质量的目标，坚决打好污染防治攻坚战。严格落实河长制湖长制，把“两河七口”截污提质综合治理和小微水体管护作为重点，细化治水管水护水举措，全力改善水质。深入实施“强力推进环境大治理、坚决打赢蓝天保卫战”三年行动，强化“六控”“十个严禁”治本措施，基本消除重污染天气。加快农业污染治理，深入开展农药、化肥使用量负增长行动，积极开展重金属污染耕地修复治理试点，深化畜禽养殖废弃物资源化利用，不断巩固养殖粪污治理成果。要健全生态监管体系。坚持谁污染谁治理的终身责任制，不断强化属地化管理、信息化建设和网格化监管全覆盖，健全环保信用评价、信息强制性披露、严惩重罚常态化制度，探索建立健全市场化、多元化生态补偿机制，积极推广“一治三清”等生猪养殖污染治理模式，推动全县生态产业化、产业生态化发展。

（五）务实推进民生立县，以人民为中心共享高质量发展新成果。始终同人民想在一起、干在一起，切实增强人民群众的获得感、幸福感、安全感。要突出社会保障共富。统筹推进脱贫攻坚和脱贫巩固工作，扎实抓好龙山县、沅陵县和科右中旗对口帮扶工作，确保小康路上一个都不能掉队。坚持以稳地价、稳房价、稳预期为目标，全面促进房地产市场平稳健康发展。实施城乡居民共同富裕计划，全面落实干部住房补贴和公积金缴纳政策。以创建国家食品安全示范城市为抓手，大力实施食品安全战略，促进食品安全形势持续好转。要突出公共服务添富。紧紧围绕群众最关心、最直接的就业难、就医难、就学难等痛点问题，突出抓好高校毕业生、农民工、退役军人等群体就业；全面开展国家健康促进县建设，深入实施“健康服务体系建设三年行动计划”，推进家庭医生签约服务和智慧医疗试点工作，加快县人民医院、县中医院、县精神病医院等县级医院建设，改扩建星沙、金井、北山等基层医疗卫生机构，为人民群众提供全方位全周期健康服务；持续推进学校建设三年行动计划，深化合作办学和集团化办学，以培养“工匠型”人才为目标优化职校产教融合和校企合作，提高优质教育资源总量，提升教育现代化治理能力。紧扣群众需求，优化公共法律服务体系，切实解决公共法律服务不平衡不充分的问题。不断加大对文化产业发展的支持力度，持续做强做优“五悦星沙”品牌，大力支持福临、高桥等镇街创建市级新时代文明实践所，不断完善覆盖城乡的公共文化服务体系。要突出全民共治护富。坚守“四个绝对不允许发生”底线，着力构建文明创建工作常态化机制，全面提升文明创建水平；以争创全省安全生产示范县为目标，全力深化隐患排查，确保不发生较大以上生产安全事故；持续开展扫黑除恶专项斗争，依法打击黄赌毒等违法犯罪，确保社会大局和谐稳定；深入推进“党建＋信访”“融媒体＋社会治理”“大数据＋网格化”等工作模式，建立健全以党支部为核心、群众自治组织为主体、社会各方广泛参与的新型社会治理体系，从源头预防和减少信访问题发生。要突出依法治县守富。健全党委依法决策机制，坚决维护宪法权威。坚持、维护和完善人民代表大会制度，始终把人大工作摆在事关全局的突出位置来谋划、部署和推进。充分发挥人民政协作为协商民主重要渠道和专门协商机构作用，推动协商民主广泛、多层、制度化发展。坚持厉行法治，让法律法规成为政府行政不可逾越的底线。认真落实党管武装制度，提升国防后备力量建设水平。巩固壮大最广泛的爱国统一战线，支持工青妇等群团组织工作。全面落实司法责任制，探索打造青少年法治研学品牌，努力让人民群众在每一个司法案件中感受到公平正义。

四、坚定不移全面从严治党，为高质量发展提供坚强保障

全面建设现代化强县，离不开党的坚强领导。全县各级党组织务必按照新时代党的建设总要求，坚决扛起管党治党责任，不断提高党的建设质量，为推动高质量发展提供坚强保障。

（一）突出政治建设，坚定政治立场。牢固树立“四个意识”，坚决杜绝“七个有之”，始终做到“五个必须”，自觉在思想上政治上行动上同以习近平同志为核心的党中央

保持高度一致，做到党中央提倡的坚决响应、党中央决定的坚决照办、党中央禁止的坚决杜绝，用实际行动维护党中央定于一尊、一锤定音的权威。严格执行新形势下党内政治生活的若干准则，严格落实党内民主集中制，全面规范“三会一课”、党员领导干部双重组织生活、民主评议党员等制度，推动党内政治生活制度化、规范化，增强党内政治生活的政治性、时代性、原则性、战斗性，全面提升政治敏锐性和政治鉴别力。

（二）坚定理想信念，勇于担当作为。持续推进“两学一做”学习教育常态化制度化，扎实开展“不忘初心、牢记使命”主题教育，真正让理想信念成为生命的灵魂、心灵的灯塔。始终把习近平新时代中国特色社会主义思想作为统领全县一切工作的根本遵循，充分运用各类载体推出更多群众喜闻乐见的讲习产品，注重从习近平总书记重要讲话里寻方法、找答案、破难题、推工作，努力把党中央和省委、市委的决策部署转化为长沙县的生动实践。全面落实党管意识形态责任制，加快建立意识形态领域风险隐患分级管控体系，稳步推进县级融媒体中心建设，积极组建全县新媒体联盟，重点加强“一报两台”“两微一端”等媒体管控，不断强化舆论引导力，传播汇聚正能量。

（三）建强基层组织，筑牢战斗堡垒。牢固树立“党的一切工作到支部”的鲜明导向，建立城市基层党建“四张清单”，以提升组织力为重点，突出政治功能，分领域分层级推进支部“五化”建设，严格按照“六个一”要求持续整顿软弱涣散基层党组织，推进“两新”组织实现“两个覆盖”，努力把基层党组织建设成为党的坚强战斗堡垒。深化拓展“党建+”的目标、内容、方式，切实把党建融入到经济社会发展全过程各环节，实现融合发展。严格落实村（社区）书记备案管理制度，制定完善村级组织运转经费保障新机制，统筹抓好村（社区）党组织书记“双述双评”。加强新时代干部队伍建设，认真落实全国干部教育培训规划，深入实施“智汇星沙”人才工程，不断完善年轻干部选拔培育管理使用“全链条”机制，持续打造“长沙县青年干部训练营”培训品牌，努力培养一支政治过硬、业务精通、敢闯敢干的干部队伍。

（四）持续正风肃纪，净化政治生态。牢牢抓住“两个责任”不放松，层层压实管党治党责任，建立健全村级纪检监督组织体系，不断推动巡察向村（社区）党组织延伸。坚持目标导向、问题导向，继续把纪检监察体制改革推向前进，持续保持惩治腐败高压态势。盯紧公权力运行各个环节，加强对公权力的监督制约，管好关键人、管到关键处、管住关键事、管在关键时，切实把权力运行的规矩立起来。持之以恒落实中央八项规定精神，坚决破除形式主义、官僚主义，继续推进“清风星沙”三年行动计划，让人民群众真正感受到清正干部、清廉政府、清明政治就在身边、就在眼前。

（略有删节）

名词解释：

1. 三分式审理：将案件进行繁简分流、事实分流、争点分流。

2.“2430”政务服务：企业开办2个工作日内完成、不动产登记4个工作日内完成、工业项目报建审批30个工作日内完成。

3. 一圈两场三道：15分钟生活圈，停车场、农贸市场，人行道、自行车道、历史文化步道。

4. 六控：控煤、控尘、控排、控车、控油、控烧。

5. 十个严禁：严禁渣土车、混凝土搅拌车、运砂车等各类车辆带泥上路，严禁违法倾倒渣土，严禁工地裸露黄土，严禁重污染天气下土石方施工，严禁燃烧散煤，严禁燃放烟花爆竹，严禁露天焚烧垃圾，严禁露天烧烤，严禁露天焚烧秸秆，严禁拖拉机等高排放车辆进城。

6. 两降一升：中度以上污染天数大幅下降、主要污染物浓度大幅下降、空气质量优良天数明显增加。

7. 两河七口：浏阳河、捞刀河长沙县段，杨家湾、双桥港、花园港、梨江港、榨山港、土桥撇洪渠、安沙哑河。

8. 五治：治厕、治水、治房、治垃圾、治风。

9. 四个意识：政治意识、大局意识、核心意识、看齐意识。

10. 两个维护：坚决维护习近平总书记在党中央的核心、全党的核心地位，坚决维护党中央权威和集中统一领导。

11. 五化五星：支部设置标准化、组织生活正常化、管理服务精细化、工作制度体系化、阵地建设规范化，实行百分制量化评分定星，共设立五个星级。

12. 两个一百年：到中国共产党成立100年时全面建成小康社会，到新中国成立100年时建成富强民主文明和谐美丽的社会主义现代化强国。

13. 中央经济工作会议五个必须：必须坚持党中央集中统一领导，发挥掌舵领航作用；必须从长期大势认识当前形势，认清我国长期向好发展前景；必须精准把握宏观调控的度，主动预调微调、强化政策协同；必须及时回应社会关切，有针对性主动引导市场预期；必须充分调动各方面积极性，形成全局工作强大合力。

14.六个稳：稳就业、稳金融、稳外贸、稳外资、稳投资、稳预期。

15.三大攻坚战：防范化解重大风险、精准脱贫、污染防治。

16.十个“始终坚持”：始终坚持解放思想、实事求是、与时俱进、求真务实，坚持马克思主义指导地位不动摇，坚持科学社会主义基本原则不动摇；始终坚持以经济建设为中心，不断解放和发展社会生产力；始终坚持中国特色社会主义政治发展道路，不断深化政治体制改革；始终坚持发展社会主义先进文化，加强社会主义精神文明建设；始终坚持在发展中保障和改善民生；始终坚持保护环境和节约资源，坚持推进生态文明建设；始终坚持党对军队的绝对领导，不断推进国防和军队现代化；始终坚持推进祖国和平统一大业，实施“一国两制”基本方针；始终坚持独立自主的和平外交政策；始终坚持加强和改善党的领导。

17.九个“必须坚持”：必须坚持党对一切工作的领导，不断加强和改善党的领导；必须坚持以人民为中心，不断实现人民对美好生活的向往；必须坚持马克思主义指导地位，不断推进实践基础上的理论创新；必须坚持走中国特色社会主义道路，不断坚持和发展中国特色社会主义；必须坚持完善和发展中国特色社会主义制度，不断发挥和增强我国制度优势；必须坚持以发展为第一要务，不断增强我国综合国力；必须坚持扩大开放，不断推动共建人类命运共同体；必须坚持全面从严治党，不断提高党的创造力、凝聚力、战斗力；必须坚持辩证唯物主义和历史唯物主义世界观和方法论，正确处理改革发展稳定关系。

18.六个一体化：发展思路一体化、机制体制一体化、要素保障一体化、基础配套一体化、社会治理一体化、干部使用一体化。

19.四大行动：环境整治、项目建设、征地拆迁、环境保护。

20.四园三中心：SMT产业园、电商产业园、海鲜产业园、药品产业园，高端水果集散中心、高端进口工业品国内分拨中心、展示交易中心。

21.五个100：100个重大产业建设项目、100个科技创新项目、100个重大产品的创新，引进100个500强企业、100个科技创新人才。

22.“四新”经济：新技术、新产业、新业态、新模式。

23.三重门：卷帘门、玻璃门、旋转门。

24.三座山：市场的冰山、融资的高山、转型的火山。

25.三去一降一补：去产能、去库存、去杠杆、降成本、补短板。

26.乡村振兴“二十字”总要求：产业兴旺、生态宜居、乡风文明、治理有效、生活富裕。

27.三师：杨昌济、徐特立、张百熙。

28.三高一低：高投入、高消耗、高污染、低效益。

29.一治三清：治污，清栏、清塘、清沟。

30.四个绝对不允许发生：绝对不允许发生政治事件、群体性事件、较大以上生产安全事故、恶性舆情事件。

31.七个有之：搞任人唯亲、排斥异己的有之，搞团团伙伙、拉帮结派的有之，搞匿名诬告、制造谣言的有之，搞收买人心、拉动选票的有之，搞封官许愿、弹冠相庆的有之，搞自行其是、阳奉阴违的有之，搞尾大不掉、妄议中央的有之。

32.遵守政治纪律和政治规矩五个必须：必须维护党中央权威、必须维护党的团结、必须遵循组织程序、必须服从组织决定、必须管好亲属和身边工作人员。

33.三会一课：支部党员大会、党支部委员会、党小组会，党课。

34.两学一做：学党章党规、学系列讲话，做合格党员。

35.一报两台：星沙时报，电视台、广播电台。

36.两微一端：微博、微信，新闻客户端。

37.四张清单：责任清单、问题清单、整改清单、考核清单。

38.六个一：拿一套整顿方案、定一名联点领导、派一支工作队伍、配一名第一书记、选一批帮扶项目、建一个坚强班子。

39.“两新”组织：新经济组织和新社会组织。

40.两个覆盖：党的组织覆盖和党的工作覆盖。

41.双述双评：既向镇街党委述职又向群众述职，既接受组织评价又接受群众评价。

42.两个责任：党委主体责任、纪委监督责任。

政府工作报告

——长沙县第十七届人民代表大会第四次会议

县人民政府县长　张作林

2019 年 1 月 17 日

一、2018 年工作回顾

过去一年，是全面贯彻党的十九大精神的开局之年。在县委的坚强领导下，在县人大和县政协的监督支持下，我们坚持稳中求进工作总基调，按照高质量发展要求，主动适应宏观政策调整，有效应对经济下行压力，统筹做好稳增长、促改革、调结构、惠民生、防风险等各项工作，迎难而上、扎实工作，“三大攻坚战”开局良好，改革开放力度加大，人民生活不断改善，经济持续健康发展，社会大局和谐稳定，朝着率先实现基本现代化的目标迈出了新的步伐。预计（下同）全年完成地区生产总值同比（下同）增长 10.5%；规模工业总产值增长 10.5%；财政总收入 350.03 亿元、增长 24.98%，一般公共预算收入 237.47 亿元、增长 10%，其中一般公共预算收入税占比 91.87%；固定资产投资增长 15 %；社会消费品零售总额增长 9%；城乡居民人均可支配收入增长 8.6%。在全国县域经济基本竞争力、中国中小城市综合实力百强排名中均位列第五，提前三年实现“挺进五强”目标。

（一）认真较真，打好“三大攻坚战”。坚决落实中央、省、市委决策部署，突出抓重点补短板强弱项，在精准发力上下功夫。风险防控有序推进。严格预算管理，“停缓调撤”项目 192 个、调减资金 25.41 亿元，国有企业平台整合成 2 家，置换政府债务 18.02 亿元，债务良性、风险可控，债务风险指标值均在警戒线以下。处置涉嫌非法集资企业 13 家，清退资金 1000 余万元，金融生态环境不断优化。精准脱贫持续发力。统筹县内精准脱贫、县外对口帮扶两大战场。全县脱贫力度不断加大，实施产业扶贫项目 173 个，新增贫困人口转移就业 153 人，贫困村产业扶贫覆盖率 100%，全县建档立卡贫困户脱贫 4509 户 13485 人，贫困发生率降至 0.1%。建档立卡贫困户危房应改尽改，贫困学生应助尽助，教育扶贫获选 2018 全国民生示范工程。积极开展沅陵县、龙山县、科右中旗对口帮扶，铺排扶贫项目 102 个、投入资金 1.1 亿元。污染防治成效凸显。中央环保督察“回头看”151.5 件、省环保督察 88 件信访交办件基本办结销号。着力打赢蓝天保卫战，大力推进臭氧防治、秸秆禁烧、渣土扬尘三大整治，创建绿色施工工地 53 个，整治“散乱污”企业 208 家，推广使用新能源汽车 1.5 万台，完成居民家庭餐厨油烟净化治理改造 2000 户，全年空气质量优良天数 303 天，优良率提高 3 个百分点。实现“河长制”全覆盖，全面推进两河流域及双桥港等 7 个主要支流排口截污，整改问题排口 22 个、黑臭水体 2 处，浏阳河长沙县段实现全面截污。建成城西、临空、江背工业园、浔龙河污水处理厂，扩规提质城南污水处理厂，城镇污水集中处理率 91%。星沙水厂取水口上移，集中式饮用水水源地达标率 100%。

（二）提质提量，培育经济增长极。自觉践行新发展理念，突出高质量高效益可持续，在精明增长上下功夫。主导产业不断壮大。工程机械产值突破千亿元，三一重工、铁建重工、山河智能跻身全球工程机械制造商 50 强，索恩格中国公司、铁建重工第二产业园、广汽三菱发动机等重大项目竣工投产。蓝思科技黄花生产基地、京东无人车、大陆集团中央电子工厂、博世新能源汽车热管理系统、山太飞机维修、田汉国际戏剧艺术小镇等重大项目集中落户，总投资 226 亿元，亩均税收强度和投资强度分别达 30 万元、300 万元。大陆集团中央电子工厂、广汽三菱研发中心及零部件配套园填补了湖南汽车产业链部分核心零部件生产空白。发展质量稳步提升。新增“四上”企业 224 家。研发投入 72.37 亿。新增国家高新技术企业 160 家、国家级智能制造示范企业 2 家、省级工程技术研究中心及众创空间 4 家、市级以上智能制造试点示范企业 76 家，高新技术产业产值 1800 亿元，占规上工业比重 75%。万元 GDP 能耗下降 3.5%。三一树根互联平台获工信部工业互联网平台创新发展工程，三一重卡开创了商用车制造与互联网深度融合的新模式，铁建重工隧道智能化注浆装备引领全国。实现外贸进出口总额 66.9 亿美元，增长

43.8%，占全省1/6、全市1/3，荣获“全省发展开放型经济优秀县市区”称号。联通数字阅读基地、百联奥特莱斯、新城吾悦、中茂城商业综合体以及普洛斯空港物流园建成运营，圆通速递、丰树空港物流园、奥凯航空等项目加快建设，服务业增加值增长11%，占GDP比重30%。平台效益加快释放。长沙经开区跻身全国经开区20强。成立中部首个区块链产业园和全国唯一区块链安全技术检测中心，天河国云、浪潮集团等15家知名企业成功落户。黄花机场T1航站楼完成改造，年旅客吞吐量突破2500万人次，国际货邮吞吐量实现翻番。临空经济示范区基础设施配套建设提速，黄花综保区新增注册企业近200家，成功获批进口药品口岸，开通至北美、达卡、马尼拉等国际货运航线，实现外贸进出口总额26亿美元。举办农交农博会、糖酒会等大型展会50余场。完成松雅湖公园及附属用地规划调整。“北山梅”获评全国农产品地理标志，春华现代农业示范园获批省级农业综合开发项目试点，获批全省十大现代农业产业集聚区，获评全省粮食生产先进县、全国产茶重点县。

（三）共建共享，增进民众幸福感。始终坚持民生至上，突出惠民生解民忧促民富，在精诚为民上下功夫。民生保障全力投入。全面落实“长沙人才新政22条”，县区高层次人才169名，占全市1/3。新增城镇就业17906人、农村劳动力转移就业4000人，新增创业主体8900户。城镇职工基本养老金、城乡居民养老保险基础养老金实现14连调，乡镇卫生院、社区卫生服务中心医保报销比例提高至85%。设立社会福利中心，启动高桥、江背敬老院建设，推进居家和社区养老服务改革试点。连续2年荣获全国双拥模范县，双拥优抚工作在全省推介。建成保障性住房5191套、危房改造1110户。民生工程全速推进。新建中小学校9所，改扩建学校15所，完成义务教育标准化学校创建42所，新增学位19200个，全县超大班额全部化解。合作办学、集团化办学深入推进，北师大长沙附属学校（一期）、湖师大星沙实验学校等建成开学。新增28所普惠性幼儿园，20所小区配套幼儿园完成移交，清理无证办学机构259家。由省人民医院直接托管的县人民医院开工建设，长龙街道社区卫生服务中心建成投用，县妇幼保健院跻身全国百强。实施国家基本公共卫生项目，启动“智慧医疗”建设试点。成功举办纪念田汉诞辰120周年系列活动，田汉文化园顺利开园。开展群众文化活动262场、大型体育赛事20余场，获评全国文化志愿服务典型。公共安全全面加强。强力开展扫黑除恶专项斗争，坚决有效打击犯罪，连续6年命案全破，破获各类涉恶刑事案件85起。推进社会矛盾大排查大整治，一批信访突出问题得到解决，获评全省社会治安综合治理先进县，群众安全感和满意度进一步提升。完成重大事故隐患整改30处，生产安全事故总量和死亡人数实现“双下降”，连续3年获评省安全生产先进县，榔梨街道跻身省级安全生产示范镇街行列。全领域、全过程防控非洲猪瘟，全县未发生疫情。食品安全监管模式连续3年获评全国“民生示范工程”。荣获全国（县级）文明城市提名。连续12年获评“最具幸福感城市（县级）”。

（四）协同协调，助推城乡一体化。强化城乡建设统筹，突出强基础优环境促和谐，在精细管理上下功夫。设施功能更加完善。出台乡村振兴战略规划，坚持以乡村振兴统筹“富北”战略，投入各类资金23.8亿元，推进173个“富北”项目建设，乡村振兴制度框架和政策体系基本形成。全面建设“一圈两场三道”，建成15分钟生活圈22个、停车场50个、历史文化步道1.7千米，新改建农贸市场4处、人行道41.36千米、自行车道37.92千米。提质改善15个社区人居环境。G107调规公路、岳汝联络线、万家丽路与绕城高速互通实现通车。行政村全部通公交，再次获评“四好农村路”全国示范县。白石洞水库加快建设，金井水厂投入运行，星沙水厂、榔梨水厂、黄花水厂并网供水，全县农村自来水通村率85%。完成三叉河、乔里河、金井河等中小河流治理，水渡河闸坝改造工程荣获中国水利工程大禹奖。临空、北山、盼盼路110KV变电站建成运行，改造农网46个行政村，电力“630攻坚”取得阶段性成效。完成北部十镇燃气特许经营权授权，北山镇、江背镇、果园镇浔龙河步入管道燃气时代。城乡面貌更加靓丽。科学编制星沙新城片区战略规划、临空经济核心区风貌控制导则、26个合并村村庄规划等重点规划。开慧故里国家AAAAA级景区创建加快推进，影珠山、天华山获评国家AAA级景区，浔龙河入选新华社民族品牌工程，开慧村入选“中国传统村落名录”，民宿“慧润模式”在全国推介。全年接待游客1300万人次，实现旅游综合收入140亿元。整合资金分批次、有计划、有重点打造特色镇，果园镇获“国家级新型城镇化标准化”试点，黄花镇进入全国科学发展百强镇，金井镇获评国家示范农业产业强镇，开慧镇获评全国十佳康养小镇。人居环境整治工作在全省推介，获评省美丽乡村先进县。新增绿化面积61.69公顷，建成区绿化覆盖率39.95%，人均公园绿地面积9.84平方米。完成农村土地综合整治3.5万亩，增减挂钩复垦土地1793亩。城乡管理更加精细。坚持以网格化建设促进精细化管理，城市管理、民生服务等事项处置率99%，通过国家卫生县城复审。建成盾构土资源化利用场和11处渣土消纳场。多措并举打响“反炒房”攻坚战，商品房网签均价为6772元/平方米。强力开展交通秩序大整治行动，道路交通事故死亡人数实现5连降，连续6年较大及以上交通事故零发生，超限超载率控制在0.49%以内，农村道路交通安全工作在全省推介。加大违法用地、违章建筑整治力度，拆违控违80.1万平方米。“数字长沙县”地理空间框架项目成果发布。纳入国家农村综合性改革试点，全力推进农村集体产权制度改革，率先全省消除集体经济薄弱村。全面推进农村“五治”，生活垃圾量首次实现负增长，完成改厕4151座，小微水体管护实现全覆盖，移风易俗成为新风尚。

（五）从严从实，树立政府新形象。着力加强政府自身建设，突出转作风严纪律提效能，在精勤务政上下功夫。依法行政扎实推进。主动接受县人大及其常委会、县政协的监督，认真办理落实人大代表建议130件、政协提案126件。修订《长沙县人民政府重大行政决策程序规定》《长沙县人民政府法律顾问管理办法》，严格执行政府规范性文件和重大决策合法性审查制度，推行重大公共决策第三方评估机制，依法行政和防范风险能力不断增强。建成覆盖全县的三级公共法律服务实体平台，县法治文化主题公园建成开园，获评全国法治县创建活动先进单位。行政效能有效提升。重点推进“放管服”改革，梳理并实施“最多跑一次”政务服务事项997项，取消各类证明材料140项，346项政务服务事项即来即办，288项政务服务事项在镇街就近办，“2430”工程打造了全省最快的审批速度。向高铁新城委托37项县级经济管理权限。黄花镇纳入全省经济发达镇行政管理体制改革范围。扎实开展“千人帮千企”活动，实现规模企业帮扶全覆盖，累计帮扶资金3.3亿元，为企业解决各类问题332个。深化“证照分离”改革，市场主体总数突破11.5万个，平均每天有65户市场主体产生。加强行政执法、三分式审理、供销综合改革等重点领域改革。高质量完成第四次全国经济普查省级综合试点和单位清查工作。工作作风持续改善。坚决执行中央“八项规定”精神和省、市、县委各项廉政规定，严格落实党风廉政建设“一岗双责”，认真抓好中央、省委巡视问题整改，全面整肃思想、严明纪律。扎实开展财政预算执行、政府投资、民生保障和领导干部经济责任等审计监督，全力筑牢重点领域风险控制防线。不断提高干部教育的时效性和针对性，扩大干部教育培训覆盖面和影响力，县委党校（行政学校）被评为全省综合示范性县级党校（行政学校）。坚持厉行节约、量力而行，严肃财经纪律，严控行政成本，“三公”经费支出有效控制。

与此同时，人民武装和国防动员、老龄、老干、史志档案、物价、人防、民族、宗教、机关事务、气象、慈善等工作取得新进展，对台、外事、侨务、接待、工会、妇女、儿童、青少年、科协、残联、红十字等各项事业实现新进步。

各位代表，“看似寻常却奇崛，成如容易却艰辛”。过去一年，我们敢于动真碰硬，坚决打赢“三大攻坚战”，攻克了一批制约发展的难事；我们坚持项目为王，千方百计把实体经济抓上去，狠抓了一批事关全局的大事；我们突出民生至上，持续提升百姓幸福感获得感安全感，办成了一批惠及民生的实事。这是县委正确领导的结果，是县人大、县政协有效监督和大力支持的结果，是全县广大干部群众团结一心、努力奋斗的结果。在此，我代表县人民政府，向全县人民，向辛勤工作在乡村、社区、企业等基层组织和单位的广大干部员工，向人大代表、政协委员，向各民主党派、工商联、人民团体和各界人士，向所有参与、支持和关心长沙县建设与发展的海内外朋友，表示衷心感谢并致以崇高的敬意！

我们清醒地认识到，县域经济发展质量和效益还不高，科技创新能力还不够强，实体经济特别是中小微企业生产经营仍然面临不少困难；土地等资源要素日益趋紧，污染防治任务十分艰巨；基础设施、民生改善、公共服务、社会治理等领域还存在不少短板和薄弱环节；少数部门和工作人员还未适应新形势，担当意识不强、主动作为不够、工作效率不高，等等。对此，我们将进一步增强忧患意识，抓住主要矛盾，直面问题，勇于担当，在今后工作中认真加以解决。

二、2019年形势和目标

2019年是新中国成立70周年，是实施“十三五”规划、全面建成小康社会的关键之年，做好今年的工作至关重要。放眼全球，当前世界经济缓慢复苏，增长依旧乏力，贸易保护主义、孤立主义、民粹主义等思潮不断抬头，外部环境发生明显变化，不确定因素明显增加，经济运行稳中有变、变中有忧，但经济全球化仍是不可逆转的时代潮流，和平与发展仍然是当今时代的主题。纵观国内，经济下行压力加大，部分企业经营困难较多，长期积累的风险隐患有所暴露，但经济发展健康稳定的基本面没有改变，支撑高质量发展的生产要素条件没有改变，长期稳中向好的总体势头没有改变，我国发展仍处于并将长期处于重要战略机遇期。对外扩大高水平开放，对内强化逆周期调节、实施“六稳”举措、更大规模减税降费，势必为地方振兴实体经济、扩大内需迎来“窗口期”。审视全县，我们仍处于产业深度调整期、新旧动能换挡期，改革、发展、稳定中面临不少新矛盾新问题，建设现代化经济体系、实现高质量发展的任务十分艰巨。但湖南省“创新引领、开放崛起”战略纵深推进，“产业项目建设年”活动成效明显，长沙市22条产业链建设取得重大进展，县内“最多跑一次”改革引领营商环境再优化，智能制造迈上新台阶，开放型经济强势增长，乡村振兴全面起航，新旧动能加速转换，抗风险能力和经济韧性不断增强，持续发展的基础更加坚实，稳中有进的态势更加明显，高质量发展正当其时。

实现高质量发展，要有百倍的信心，直面问题不回避。信心来源于从中央到地方最优政策组合带来的最大整体效果，信心来源于自身40年来改革开放的沉淀积累和良好发展态势，信心来源于全县上下干事创业的激情智慧和思想共识。历史证明，前进的道路不可能一帆风顺，尤其是在加快转型的关键期，我们要有决胜的信心和全国“五强县”的担当，敢于直面问题，善于解决问题，用发展的办法攻克发展中的一个个堡垒。

实现高质量发展，要有百倍的定力，咬定目标不放松。牢牢把握高质量发展这个根本要求和鲜明导向，持续向改革要动力、向创新要活力，坚持精明增长、精准发力，盯紧盯牢三大攻坚战、项目建设、实体经济、乡村振兴、营商环境等工作重点，多做打基础、补短板、利长远、惠民生之事，保持战略定力，坚持发展耐心，紧扣用好国家发展的重要战略机遇期，闯出一条符合新时代要求、具有长沙县特点的高质量发展之路，打造全省乃至全国高质量发展的示范样板。

实现高质量发展，要有百倍的干劲，为民初心不改变。始终坚持以人民为中心的发展思想，顺应和满足人民对美好生活的向往，坚持精诚为民、精勤务政，办实事不图虚名，求实效不做虚功，扎实推进乡村振兴，大力补齐民生短板，持续优化公共服务，织密扎牢民生保障网，让更多改革发展成果惠及人民群众，让更多人民群众共享改革发展成果，让发展更有温度，让幸福更有质感。

2019年政府工作的总体思路是：高举习近平新时代中国特色社会主义思想伟大旗帜，紧扣新时代社会主要矛盾变化，全面贯彻落实中央和省委、市委经济工作会议精神，按照中央“五个必须”要求和省委“创新引领、开放崛起”、市委全面建设现代化长沙等系列战略部署，坚持稳中求进工作总基调，坚持“六稳”工作方向，坚持“县区一体”的工作理念和“强南富北、民生立县、挺进五强”的发展主线不动摇，持之以恒全面深化“二次创业”，坚持不懈打好“三大攻坚战”，更加突出供给侧结构性改革，更加突出高质量发展，为建设气质更好、活力更足、特色更优的高颜值现代化强县而努力奋斗！

2019年全县经济社会发展的主要预期目标是：地区生产总值增长9%；规模工业总产值增长9%；社会消费品零售总额增长9%；固定资产投资增长11%；一般公共预算收入增长9%，税收占一般公共预算收入比重90%以上；实际利用外资增长10%；研发与试验发展经费支出占地区生产总值比重4.5%以上；单位地区生产总值能耗下降3.5%以上；城乡居民人均可支配收入增长8%以上；城镇登记失业率控制在4%以内。

三、2019年主要工作

为实现以上目标任务，我们将重点做好以下七个方面的工作：

（一）致力于打好“三大攻坚战”。坚持问题导向，强化精准施策，向“三大攻坚战”聚焦发力，为高质量发展优环境、打基础。坚决打好防范化解重大风险攻坚战。进一步规范政府举债行为，严格落实防范化解地方隐性债务风险实施方案，建立政府性债务全口径监管机制和应急处理机制，严控新增政府债务，做到坚定、可控、有序、适度。坚持化解政府债务与扩大有效投资相统筹，增加补短板、调结构、增后劲的有效投资，带动扩大社会投资。加快推进平台公司市场化转型，全面完成政府融资平台“撤并转”，理清政府与市场的关系，实现公司发展与项目建设可持续。创新金融监管手段，规范新金融发展，开展非法金融活动风险专项整治，坚决维护金融市场秩序和群众合法权益。坚决打好精准脱贫攻坚战。坚持脱贫攻坚、脱贫巩固“两手抓”，严格落实“三走访三签字”，将建立产业发展长效机制作为第一要务，将作风建设贯穿工作始终，以乡村振兴成效巩固脱贫攻坚成果。紧扣“两业”扶贫，研究出台扶持政策，支持市场主体介入，因地制宜培育特色产业、特色品牌、特色基地，发展10个以上产业扶贫长效项目。开发公益性岗位，帮助贫困户就地就近就业创业，巩固提升贫困户抗风险能力。保持教育、医疗等专项扶贫政策力度，综合实施保障性扶贫政策，防止贫困人口返贫，关注帮扶收入水平略高于建档立卡贫困户群体。统筹做好沅陵县、龙山县和科右中旗对口帮扶工作。坚决打好污染防治攻坚战。全力做好中央环保督察“回头看”反馈问题整改，确保整改到位不反弹。强化全民共治、源头防治、最严执法，建立县内环保督查常态机制，落实网格化监管，系统精准治理大气（噪声）、水、土壤等突出环境问题，推动生态环境质量持续改善，以更好实效迎接新一轮中央环保督察。严格落实“六控十禁”，坚持铁腕治霾、科学治霾、协同治霾，确保 PM2.5、PM10 年均浓度持续下降，力争空气质量优良率再提高 1 个百分点，基本消除重污染天气。严格落实省总河长令，巩固提升“两河七口”截污成果，全力打造样板河湖和小微水体管护示范片区，推动水质持续向好。启动供排水专项规划和星沙主城区雨污分流建设规划编制，积极推进县区供排水一体化。强化土壤污染管控和修复，扎实开展农药零增长、化肥负增长行动，落实耕地休耕任务，巩固种植结构调整成果，推广绿色防控、测土配方施肥和畜禽养殖废弃物资源化利用等技术，切实保障土壤环境安全。

（二）致力于县区融合兴产业。巩固深化县区一体，扎实推进功能区联动，释放产业发展的最大整体优势。以智能制造引领产业升级。深化供给侧结构性改革，加快园区体制机制创新，充分发挥振兴实体经济的主阵地、主战场、主力军作用。做好“破旧”“立新”两篇文章，全力支持经开区扩区扩园，促进黄花“三区一园”融合发展，增强榔梨、江背、安沙工业园和星沙产业基地的承载功能，为转型升级和持续发展开拓空间。协同推进智能制造、智慧园区、工业互联网“三位一体”，全方位、全角度、全链条改造升级传统产业，力促大陆集团智慧城市、智能出行示范项目早日见效，加快打造国家智能制造示范区。抢抓汽车产业向无人驾驶、人工智能等新领域转型变革机遇，加快推进京东无人车、广汽三菱研发中心及零部件配套园、博世新能源汽车热管理系统、大陆集团中央电子工厂等重点项目，大力提升产业核心竞争力。积极迎战 5G 时代，全力建设蓝思科技黄花生产基地，辐射带动上下游产业链，做大电子信息产业体量。以长沙科技新城为载体，依托山河智能、华天光电、云箭集团等企业，打造高品质军民融合发展平台。以临空经济支撑开放崛起。坚持规划先行，整合临空、黄花、黄兴、榔梨片区规划，出台临空经济示范区发展规划、长沙航空城城市设计。建设龙峰大道、机场高速北辅道、临空北路、远大东路，加快打造现代综合交通运输体系。围绕构建临空偏好型产业发展新格局，着力推进航空服务、外贸经济、总部经济、高新技术、生物医药等集聚区建设，新引进项目 200 个，完成投资 50 亿元以上。推动顺丰电商产业园、丰树空港物流产业园等项目竣工投产，加快圆通速递、湘域国际广场、百联购物公园等项目进程，力促山太飞机维修、机场综合配套服务区等重大项目落地开建，打造电动航空产业园。瞄准“领跑三湘、进位十强”目标做强做大黄花综保区，建成进出口商品展示交易中心，新建一批标准厂房、标准仓库，引进优质运营商，打造多功能外贸综合大楼。推进区港一体化，争取 1210 保税备货模式在综保区率先落地，逐步做大供应链金融，力争跨境电商业务形态和外贸业绩放量增长。促进加工贸易 SMT、海鲜、跨境电商、进口药品、进口水果等产业集聚，着力打造“四园三中心”，力争综保区外贸进出口总额超 50 亿美元。坚持国际化视野、开放型理念，绘制黄兴会展经济区发展蓝图，力促长沙国际会议中心、海吉星二期、中南邮政物流建设，辐射带动周边酒店、餐饮、广告等衍生业态，办好中非博览会、工程机械展等重大展会，全力打造国际中高端会议承办地、新型会展业集聚区。以最优要素配置提升发展效益。紧盯主导产业和战略新兴产业，坚持招商引资与引才、引智、引税并举，突出以商招商、以企引企，提前介入综合体“二次招商”。紧扣生产性服务业扩张和生活性服务业提质，研究出台现代服务业“十二大产业”可行性方案，着力补齐园区基础设施和服务配套短板，不断提升“三生融合”水平。强化政策要素供给，用好用足楼宇经济政策，制定出台商贸流通业培育政策和总部经济政策，培育打造现代服务业集聚新区。持续落实“长沙人才新政 22 条”，盯紧园区、企业和创新平台的人才需求，着力引进“高精尖缺”人才，筹建县区人才公寓 12415 套，形成人才驱动转型发展的源动力。创新推动土地供给，坚持盘活存量、优化增量并举，全面清理已批未供和闲置土地，扎实开展第三次土地大调查。围绕城市空间布局和产业园区定位，优先保障产业功能区用地，促进土地开发利用与城市空间调整、经济地理优化高度契合。用好用活乡村振兴发展基金、临空产业基金，探索引入社会资本合作设立产投基金、创投基金，鼓励企业上市，提高企业直接融资能力，提升金融服务实体经济水平。

（三）致力于扎实推进乡村振兴。坚持农业农村优先发展，保持发展定力，统筹发展时序，以乡村振兴成效加快实现富北梦想。持续改善人居环境。坚持把改善农村人居环境作为实施乡村振兴的第一仗，将农村“五治”推向纵深，促进村容村貌大提升、生态大修复、土地大集约。开展乡村振兴战略示范镇村创建，重点打造市级示范镇 1 个、示范村 16 个，县级示范镇 5 个、示范村 16 个。深入推进农村“厕所革命”，新改扩建无害化厕所5000座，实现农村旱厕清零。全面推行城乡垃圾分类减量，推广“互联网+回收”新模式，创造全省领先的垃圾分类特定运输处理标准化体系。支持果园、金井创建国家卫生乡镇。强化乡村规划引领，完成40个合并村村庄规划编制，坚持一户一宅、建新拆旧，着力整治“空心房”。持续推进白沙河、胭脂港、榨山港等中小河流生态治理，着力整治画田撇洪渠、楂角塘、积佳塘黑臭水体，实现小微水体“五无”目标。启动新划定禁养区内畜禽养殖退出工作，强力推进畜禽粪污整治，确保畜禽粪污综合利用率达85%以上、规模养殖场粪污处理设施装备配套率达100%。建设脱甲、葛家山、毛塘铺等5座污水处理厂，提质福临、青山铺等8座乡镇污水处理厂，实现所有乡镇污水处理厂达到一级A排放标准。扎实开展移风易俗“十个一”工程，建设县级新时代文明实践中心和3-5所镇街新时代文明实践所，积极倡导“婚事新办、丧事简办、它事不办”，坚决遏制大操大办、铺张浪费现象，为群众松绑减负，让新时代乡村文明蔚然成风。不断壮大集体经济。坚持党建引领，加大制度、政策、资金、项目等要素供给，鼓励探索村级集体经济发展新途径、扶持新模式、运行新机制，完成1800亩城乡建设用地增减挂钩，力争到2020年所有村集体经济组织实现年经营收入15万元以上。打造县域有机公共品牌，探索建设有机农业示范园，支持现代农业企业做大做强。加强农村工作队伍建设，培育新型职业农民2000名，选派科技特派员85名。发挥好农民主体作用，重视培育家庭农场、农民合作社等新型经营主体，关注解决小农户生产经营难题。着力培育富民产业。深化农业供给侧结构性改革，突出优质、特色、绿色等调整优化农业结构，全力打造都市现代农业示范区。以产业链思维推动农村一二三产业融合，重点建设春华、金井省级现代农业产业示范园，开园运营浔龙河生态艺术小镇，积极推进山河健康谷、慧润·农科新城科研基地建设，启动建设中国中部稻作公园。大力发展茶产业，实现茶园面积9.6万亩、综合产值30亿元，打响“长沙绿茶”公共品牌。加快智慧农业建设，推进数字技术与农业发展深度融合，争创国家数字农业试点县。实施“优质粮食工程”，创建省级农产品质量县。持续做大农村电商，做优北部农村创客。深入挖掘“三师”文化内涵，着力引入科技、文创、教育三大产业。深化文旅、农旅、茶旅融合，鼓励引进社会资本兴办旅游产业，推进开慧故里国家AAAAA级景区创建，加快影珠山、温泉小镇大型文旅项目招商，打造60家民宿示范户，全力创建国家级全域旅游示范区。

（四）致力于加大深化改革力度。勇扛历史责任，不负时代重托，继续弘扬敢闯敢试、敢为人先的改革精神，让更多改革成果落地生根、服务发展、惠及人民。充分激发市场活力。加快推进农村集体产权制度改革，完成集体经济组织成员身份确认及股权量化。深化不动产登记改革，探索推行“交房即交证”，实施全域自然资源统一确权登记，推进农村宅基地和集体建设用地确权登记。完善农村土地“三权分置”，建设土地流转三级管理服务平台，新建农村土地合作社40家。全力建设国家级农村综合性改革试点县，推进供销合作社综合改革、粮食收储制度改革。全域推行“证照分离”改革，强化事中事后监管。始终坚持“两个毫不动摇”，全面落实阶段性降低社会保险缴费费率、养老保险过渡费率试点、小型微利企业减半征收企业所得税和个人所得税专项附加扣除等减税降费政策，鼓励民间资本参与重大工程建设和国有企业混合所有制改造，构建民营经济生命周期政策服务体系，真金白银、真心实意为企业解难题、减税费、降成本，营造法治化营商环境，让民营经济创造活力充分迸发。切实增强自身内力。全面完成政府机构改革，打造优化协同高效的机构职能体系。推进黄花镇、黄兴镇行政管理体制改革，促进基层治理体系和治理能力现代化。持续推进行政执法改革，将执法力量下沉一线，向综合化、网格化执法转变。深化财税体制改革，加强全口径预算统筹，建立财政绩效评价体系。按照“对标杭州、全国一流”标准，纵深推进“最多跑一次”改革，健全“帮代办”三级体系，实现办事流程再简化、审批速度再提升、营商环境再优化。深化政务集成服务改革，服务事项全部纳入“政务一网通办”平台，实现“应上尽上、全程在线”。全面提升创新能力。健全以需求为导向、企业为主体的产学研一体化机制，支持企业建设技术研发中心，强化科技成果转化应用，全面提升自主创新能力和效率，实现专利申请5600件，新增省级工程技术研究中心及众创空间6家，高新技术产值突破2000亿元。实施“质量强县”工程，力争培育2-3家省长质量奖、4-5家市长质量奖。加大工业设计、检验检测等平台引进力度，紧盯世界500强、中国500强企业及核心关键零部件企业，瞄准美国、欧盟等国际行业标杆，在四大产业链建设上再获新突破。积极抢占区块链产业发展先机，搭建完善研究院、院士工作站、安全技术检测中心等平台，加快中国工业与应用数学学会落户，支持天河国云、浪潮集团等入驻企业成长见效。力争在数字创意、人工智能、智慧交通、泛物联网等前沿领域取得突破，引进新兴业态领军企业，抢占未来产业发展制高点。持续加大对小微企业及创新创业载体扶持力度，培育更多“小巨人”“独角兽”“隐形冠军”，鼓励优势企业拓展海外市场。

（五）致力于增进公共服务均等化。聚焦关键领域和薄弱环节，着力解决公共服务不平衡不充分问题。提质基础设施。统筹城乡规划，高质量编制国土空间规划，做到全域一本规划、一张蓝图、一绘到底。持续推进“一圈两场三道”建设，建设15分钟生活圈11个、停车场6个，新改建农贸市场3处、人行道38.03公里、自行车道22公里、历史文化步道1公里。圆满完成新三年造绿大行动，因地制宜建设和改造公园、小游园。支持轨道交通5、6号线建设、3号线试运行、4号线载客运营，提质改造盼盼路、东五路，建成湘龙西路、东六路下穿长永高速，建设明月路、东一路、东三路3座人行天桥。启动江（背）干（杉）高速、机场大道（S210）辅道、X024（青山铺至开慧联络线）、S319（金井至东八线）等道路建设，提质改造金五线、朱梅线，全面完成自然村通水泥路任务。新建城乡公交候车亭30处，建成青山铺公交枢纽站。强力推进电力“630攻坚”，完成高桥35千伏变电站扩建等13个项目，开建路口110千伏变电站等18个项目。加快实施北部十镇管道燃气工程，完成百江、冰宇液化气站迁建，强化能源供给和价费管理。逐步解决村组、乡村旅游区域等移动信号偏弱问题。筑牢民生底线。把稳就业放在突出位置，全力做好贫困人口、高校毕业生、农民工、退役军人、城镇困难人员等群体就业工作，新增城镇就业1.5万人、农村劳动力转移就业3800人。落实特困人员供养制度，继续提高城乡居民基础养老金待遇，建成高桥、江背敬老院。积极探索社区嵌入式等养老模式，加快养老产业发展。完善社会救助、社会福利、慈善事业、优抚安置等制度，健全农村留守儿童和妇女、老年人关爱服务体系，开展残疾精准康复服务。统筹推进捞刀河（城区段）水系综合整治、浏阳河敢胜垸防洪圈、椞梨水环境综合治理（三期）工程，筑牢水利工程安全屏障。建成白石洞水库大坝（一期），实施农村饮水巩固提升工程，加快自来水通村达组管网建设，实现新增自来水入户1万人、水质达标率100%。扩建星沙、椞梨、黄花水厂，全面提升城市供水安全保障能力。全力实施省、市重点民生实事工程和“微建设·微民生”项目。改造棚户区576户，完成生态移民367户。全面完成1-6区旧城改造，对全县57个老旧小区启动“专改公”。坚持“房住不炒”定位，以稳地价稳房价稳预期为目标，维护市场秩序，强化质量监管，促进房地产市场平稳健康发展。优化服务供给。持续推进教育提升三年行动计划，提升教师队伍和师德师风建设水平，让孩子们就近享受优质教育资源。新建华阳小学、骏豪小学、龙峰小学、北山中心小学，改扩建实验小学、县三中、梨江中学等16所学校，统筹安排新高考需改扩建学校，建设28所农村标准化学校，提供校园免费直饮水。加大小区配套幼儿园移交力度，扩大公办、普惠性幼儿园覆盖面，每镇办好2所公办园。全面开展国家健康促进县建设，深入推进“医联体”和“智慧医疗”试点，全力建设县人民医院、中医院、精神病医院，维修改造9所基层卫生医疗机构。加强乡村医生、全科医生培养，为群众提供全方位全周期健康服务。深入开展爱国卫生运动，有效防控重大疾病和重大疫情。实施文化惠民工程，深入推进“五悦星沙”等文化品牌建设。建好县新华书店文化阵地，建设5个“悦读空间”，提质改造村（社区）综合文化服务中心，整体运营田汉文化园，修缮缪伯英故居，建设百熙文化园，举办首届全民运动会。加大免费场馆开放力度，让群众享受更多文化体育公共资源。

（六）致力于夯实社会治理基础。做实做细做深社会安全稳定工作，加快打造共建共治共享的社会治理新格局。健全治理体系。以创建全国文明城市为统领，以精细化管理为导向，科学制定城市管理考核办法，确保城市管理常态长效。深化街道管理体制改革，推进资源配置下沉，将街道工作重心转向优化公共服务。推进网格化管理与城市公共管理融合，实现城市基层社会治理全网覆盖、人网联动。创新“三社联动”服务，规范发展社会组织，加强专业社工和志愿者队伍建设。加快物业管理改革，构建社区、业委会、物业企业三方共治体系，不断提升小区物业服务水平。坚持节约集约用地，加大违法用地和违章建筑整治力度。深化城区交通秩序综合整治，优化交通组织，畅通交通微循环，深挖停车潜能，有序推行路内停车收费，突出解决学校、商场、地铁周边行车难、停车难问题。统筹做好民族、宗教、国防动员、退役军人服务和工青妇等群团组织工作，更好凝聚力量、服务发展。严密治安防控。继续深入开展“扫黑除恶”等专项斗争，依法严厉打击违法犯罪行为。完善治安防控体系，因地制宜开展“城市快警”和“互联网＋群防群治”建设，推进“雪亮”工程，推行“一村一辅警”，构建重点区域快速反应圈。全面推行“党建＋信访”工作模式，主动回应群众诉求，化解信访积案和历史遗留问题，再创建一批“零上访镇（街）、零上访村（社区）”。制定禁毒三年工作规划，注重宣传实效，规范社区戒毒社区康复工作，强化重点人员、物品、场所管控，保持打击毒品违法犯罪高压态势，助力长沙创建全国禁毒示范城市。维护公共安全。突出“防事故、保平安、创示范”，落实“三个责任”，构建“四张网络”，完善应急管理和防灾减灾体制机制，加强重大风险研判和防控。深入推进“打非治违”及各类专项行动，构筑三级安全风险防护体系，确保风险有效管控、隐患及时清零，杜绝较大及以上事故发生，争创省安全生产示范县。建成安沙中心消防站、星沙产业基地消防站，坚决遏制重特大火灾事故发生。全面落实“路长制”，加强G107、S207、黄兴大道等重点路段隐患整治，实施农村公路安保工程，重拳治理超限超载。加强北部农村交警中队、“两站两员”建设，增设80个电子警察，实现道路交通安全“一不两降”目标。开展校园及周边环境综合治理，创建省平安校园先进县。精准实施综合监管，确保食品药品和特种设备安全。

（七）致力于加强政府自身建设。始终将团结和谐、担当作为、民生为本、管理规范、廉洁高效作为根本要求，努力打造人民满意政府。加强政治建设。坚持用习近平新时代中国特色社会主义思想武装头脑、指导实践，牢固树立“四个意识”，坚定“四个自信”，坚决做到“两个维护”。定期向县委报告工作，自觉接受县人大及其常委会法律监督、县政协民主监督和社会舆论监督，广泛听取社会各界意见建议，办好办实人大代表建议议案和政协提案。逐步建立提请人大讨论决定重大事项、重大决策前向人大报告工作制度和应报事项清单。落实“三重一大”决策机制和决策合法性审查机制，坚持重大事项社会评估、决策咨询制度，切实防范重大行政决策风险。持续推进“七五”普法和政府法律顾问制度，全面深化法治宣传教育。坚持依法统计、依法治统，重视统计宣传培训和人才队伍建设，做好第四次经济普查。加强能力建设。着力提高学习能力，大兴调查研究之风，在学习和实践中察实情、找思路、想办法，始终站在老百姓的角度做决策、定政策，不断增强应对复杂环境、处理复杂问题、应对突发事件的能力。坚持县政府班子成员带头讲担当、领任务、促发展。改进督查方式，提升督查实效，继续推行第三方评估，确保事事有着落、件件能办成。始终保持奋发有为、勇于担当的精神状态，发扬马上就办、办就办好、滴水穿石的工作作风，以钉钉子精神，确保各项工作善始善终、善作善成。加强作风建设。始终把纪律和规矩挺在前面，切实履行党风廉政建设“一岗双责”，严格落实中央“八项规定”精神，坚决反对形式主义、官僚主义，扎实开展“提篮子”“红包礼金”等专项整治，严肃整治群众身边的腐败作风问题。强化行政审批、招投标、土地出让、涉农资金等重点领域和关键环节的监督，加强效能监察、审计监督和专项巡查，切实把“制度的笼子”扎紧扎牢。牢固树立过“紧日子”思想，压减一般性支出，严控“三公”经费，稳妥推进事业单位公车改革。健全激励约束、容错纠错、澄清关怀机制，旗帜鲜明给敢于担当的干部撑腰鼓劲，严肃整治懒政庸政怠政，持续营造风清气正的良好干事创业氛围。（略有删节）

名词解释：

1．“四上”企业：指规模以上工业企业、资质等级建筑业企业、限额以上批零住餐企业、规模以上服务业企业这四类规模以上企业的统称。

2．人才新政22条：即《长沙市建设创新创业人才高地的若干措施》，从人才引进培育、人才创新创业、人才体制机制创新、人才服务保障等方面明确22条政策措施。

3．农村“五治”：即在农村开展治厕、治垃圾、治房、治水、治风工作。

4．放管服：简政放权、放管结合、优化服务的简称。

5．一圈两场三道：“一圈”指15分钟生活圈，“两场”指停车场、农贸市场，“三道”指人行道、自行车道、历史文化步道。

6．2430:2个工作日企业完成开办，4个工作日实现不动产登记，30个工作日完成社会投资工业项目施工许可证审批；

7．六稳：稳就业、稳金融、稳外资、稳外贸、稳投资、稳预期。

8．并转：即政府融资平台公司撤销、合并、转型。

9．六控十禁：“六控”为控尘、控煤、控车、控油、控排、控烧；“十禁”为严禁渣土车、混凝土搅拌车、运砂车等各类车辆带泥上路，严禁违法倾倒渣土，严禁工地裸露黄土，严禁重污染天气下土石方施工，严禁燃烧散煤，严禁燃放烟花爆竹，严禁露天焚烧垃圾，严禁露天烧烤，严禁露天焚烧秸秆，严禁拖拉机等高排放车辆进城。

10．1210：为海关监管方式代码，全称“保税跨境贸易电子商务”，简称“保税电商”，俗称“备货模式”。一般而言，其流程是：商家将商品批量备货至海关监管下的保税仓库，消费者下单后，电商企业根据订单为每件商品办理海关通关手续，在保税仓库完成贴面单和打包，经海关查验放行后，由电商企业委托物流配送至消费者手中。

11．SMT：电子元器件表面组装技术（表面贴装技术）（Surface Mount Technology 的缩写），是目前电子组装行业里最流行的一种技术和工艺。

12．四园三中心：重点打造加工贸易产业园（含 SMT 产业园）、跨境电商产业园、海鲜产业园、进口药品产业园等“四园”及进口高端水果集散中心、进口工业品国内分拨中心、进出口商品展示交易中心“三中心”。

13．十二大产业：即现代物流、电子商务、信息消费、现代金融、科技服务、会展经济、文化创意、临空经济、旅游休闲、商贸商务、健康服务、养老服务。

14．三生融合：即生产、生活、生态融合发展。

15．五无：即无垃圾、无违建、无淤泥、无损毁、无污染。

16．“十个一”工程：即成立一个红白理事会；出台一部《村规民约》；签订一份承诺书；发布一组公益广告；开展一次宣讲讨论；成立一支劝导队；推评一批先进典型；公布一张红黑榜；建立一套工作机制；举办一场专题晚会。

17．三师：张百熙、杨昌济、徐特立。

18．小巨人：指业绩良好、极具发展潜力和培育价值处于成长初期的小企业。

19．独角兽：指估值在 10 亿美元以上的初创企业，独角兽企业被视为新经济发展的一个重要风向标，在高科技领域，互联网领域尤为活跃。

20．隐形冠军：指在国内或国际市场上占据绝大部分份额，但社会知名度很低的中小企业。

21．电力 630 攻坚：指《长沙市电网供电能力提升三年行动计划（2018—2020 年）》，明确电网“主干网架”提质、“骨干网架”补短、“城乡配网”升级三大工程建设，确保到 2020 年，长沙电网建设改造投资规模达 150 亿元，满足 1000 万千瓦负荷下安全供用电需求。

22．专改公：即由专变供电改成公变供电。

23．医联体：指区域医疗联合体，是将同一个区域内的医疗资源整合在一起，通常由一个区域内的三级医院与二级医院、社区医院、村医院组成一个医疗联合体。

24．五悦星沙：即悦艺星沙·群众文化品牌、悦动星沙·体育运动品牌、悦读星沙·全民阅读品牌、悦耀星沙·文博保护品牌、悦享星沙·文化市场品牌。

25．三个责任：指安全生产镇街属地责任、部门监管责任、企业主体责任。

26．四张网络：即安全生产责任网、法治网、宣教网和合力网。

27．一不两降：即不发生一次死亡三人及以上较大道路交通事故，一般道路交通事故数、死亡人数同比下降。

28．四个意识：指大局意识、核心意识、政治意识、看齐意识。

29．四个自信：即道路自信、理论自信、制度自信、文化自信。

30．两个维护：即坚决维护习近平总书记核心地位，维护党中央权威和集中统一领导。

31．大：即重大事项决策、重要干部任免、重要项目安排、大额资金的使用，必须经集体讨论做出决定的制度。

责任编辑　周进银

专 文

Special Articles

传承——解析长沙县持续高质量发展之一

长沙县围绕“强南富北、民生立县、挺进五强”这一发展主线，全县经济社会发展呈现出良好态势，各项事业生机勃勃。图为星沙　　（中共长沙县委宣传部 提供）

2002 年，建设中的通程广场

（中共长沙县委宣传部 提供）

11 月 25 日，《人民日报》一版刊发“百城百县百企调研行”专栏通讯《长沙县——求新求变谋长远》。

为隆重庆祝改革开放 40 周年，中宣部组织“百城百县百企调研行”，聚焦一批具有代表性的地区和企业，报道其改革开放探索实践和经验，展现 40 年来特别是党的十八大以来改革开放的伟大征程。有着“中西部第一县”之誉长沙县入围调研名单。

在发展速度、开放程度明显不及沿海发达地区的中西部，长沙县持续保持高质量、高速度发展态势，综合经济实力在全国百强县中已位列第 5。长沙县凭什么领跑中西部？这是一些中央媒体资深记者也长期感到好奇的问题。

今日起，本报推出系列报道，解析长沙县持续高质量、高速度发展的原因，敬请垂注。

改革开放 40 年，仿佛弹指一挥间！长沙县 1978 年财政收入不到 1919 万元，2017 年达到 285.9 亿元；1978 年城乡居民人均可支配收入 327 元，2017 年人均 36977 元。成功实现从“农业大县”到“工业强县”，再到国家“经济强县”的跨越式发展。

回望 40 年波澜壮阔的发展历程，长沙县始终坚持发展不动摇，始终坚持为人民服务的宗旨不动摇。

一份初心永不变

党的十一届三中全会后，长沙县迅速展开四级干部大讨论，将全县思想统一到“以经济建设为中心”的工作重心上来。尊重经济规律、用经济手段管理经济，按自然规律和经济规律办事成为共识。

1984 年，长沙县确立“飞鸟型”经济发展战略，即“以乡镇企业为主体，以种植业、养殖业为两翼”，带动经济全面发展。

长沙县每个时期的政策内容有所不同，但紧扣的都是当地特色，紧扣的是时代脉搏，紧扣的是人民群众的需求和呼声！

邓小平同志南巡讲话发表后，举全县之力建设开发区成为长沙县的重要决策。由此，兴工强县和工业化发展提速发力。

2004 年 1 月，长沙县首次提出“领跑中西部，进军五十强”。实施领跑战略后，长沙县在全国县域经济基本竞争力与科学发展百强县中的排位连年晋级。两年后跨到 49 位。2014 年跃居第 9，2015 年挺进八强，2016 年名列第 7，去年第 6，连续多年稳居中西部第一。

近年来，长沙县通过深入实施“千亿企业、千亿产业、千亿园区”发展战略，跑出了一条创新驱动、绿色引领、协调有序、积极开放、共同富裕的高质量发展道路。

不久前，中小城市发展战略研究院和中城国研智库发布 2018 年中国中小城市科学发展指数研究成果，长沙县位居第 5。

“回顾长沙县波澜壮阔的发展史，是一部改革开放在基层的实践史。改革开放的浩荡春风，让这片土地焕发出前所未有的激情与活力。”面对“百城百县百企调研行”采访团一行，长沙经开区、长沙县负责同志说。

长沙县是全国 18 个改革开放典型地区之一。40 年来，发展的方法在变，但方向一直不变；发展重点在变，但蓝图始终不变。

一届届决策班子和党政部门成员在变，勇攀高峰的战略定力却从未改变；

无论宏观发展环境怎么变，敢为人先、锐意创新的精神从未改变；

无论工作方式方法怎么变，发展为民的出发点和落脚点始终没有改变！一份初心永不变！

一张蓝图干到底

一张蓝图干到底，县城建设是最为具象的见证。

1993 年，长沙县委、县政府把握邓小平同志南方谈话和靠近省会的天时地利，顺应人民盼望兴建县城之人和，将新县城、长沙经开区的建设定址星沙。两年后，一座新城在黄土地中拔地而起，长沙县结束了1933年市、县分设以后“有县无城”的历史。

为便利百姓办事，提高行政效率，长沙县近年将县直机关集中到新建的政务中心办公。1995 年搬进新的办公区后，县委县政府驻地再未变更。

从 1998 年的第一次修编，到 2002 年再度修编，长沙县城不断提质扩容，升级为一座“城在林中，房在绿中，人在景中”的生态宜居型现代化新城。这张蓝图，融入了长沙县人民对未来的期许，凝结进国务院审定的长沙市总体规划中。县城由小到大，功能不断健全，城市现代化程度和管理水平不断提升，规划有微调和扩编，但框架和方向没有根本性变化。

2008 年，长沙县作出了实施星沙新城产城融合、推进园区经济向城市经济转型的战略选择，确立了“三湘门户之城、山水宜居之城、活力创新之城、善待乡村之城”的县城定位，通过产业发展、城市建设、社会治理三个维度的有机融合，以空间资源高效利用支持产业优化升级，实现城市的有机增长和社会经济的持续发展。

党的十八大以来，面对经济发展新常态，长沙县按“五位一体”总布局，坚持协调推进“四个全面”“四化两型”等战略布局，以“三个共同”“三个共享”“三个率先”为追求，围绕“强南富北、民生立县、挺进五强”发展主线，坚持创新引领，奋力开放崛起，扬优势、补短板、强保障、惠民生，率先在湖南省实现全面小康，成为享誉全国的经济强县和文明、美丽、幸福之城。

建设长沙空港城，发展临空经济，是落实省委“创新引领、开放崛起”战略，助推长沙东部开放型经济走廊建设的发力之举，也是长沙县实现产城融合的新载体。通过前期充分研究、论证和借鉴外地先进经验做法，2016 年 12 月 26 日，长沙县成立了“二次创业”指挥部，开启以临空经济为龙头、为平台的“二次创业”新征程。2016 年起黄花综保区等重点工程快速启动，2017 年 5 月 17 日，第七个国家级临空经济示范区——长沙临空经济示范区成功获批设立。围绕黄花国际机场建设成区域性国际航空枢纽的目标，顺应长沙航空客货量猛增的趋势，立足中部、面向世界，集“特色航空产业高地，现代服务知识新城，绿色生态休闲田园”于一体的“中部空港第一城”正在全速建设中。

11 月下旬，长沙县策划了一场改革开放 40 周年摄影图片展，回望过去，城市面貌有天翻地覆的变化，但规划的主线一直脉络清晰。

一个地方的发展，有一条基本原理，就像跑接力一样。一棒接着一棒跑，就能跑出加速度，跑出高质量，跑出连贯而持续的稳步发展。

“一张蓝图干到底，一届接着一届干。”改革开放40周年，历届县委、政府班子就是这样一棒棒接力，跑出了从“三湘第一县”到“中部第一县”，再到“中西部第一县”“全国五强县”的加速度。

（原文载于2018年11月26日《湖南日报》，作者：李治）

突破——解析长沙县持续高质量发展之二

11月26日，2018中国幸福城市论坛在广州举行，现场发布2018年中国城市幸福感调查报告，长沙县连续第12年荣获最具幸福感的县级城市。

一边是草木葱郁、碧波荡漾的松雅湖湿地公园，一边是鳞次栉比的高楼和霓虹闪烁的商业综合体，一边是整齐密布的现代化工厂，一边是充满生机与活力的社区公园和体育场……谁也想不到，40年前，长沙县县城这块地方还是一片荒山野岭。

如今的长沙县就和其县城的发展历程一样，展现出来的是一种从荒山野地中的突破，不断改革创新，突破藩篱，向着发展的梦想前进。

平台突破厚植产业基础

1992年10月8日，几把挥动在当时长沙县望新乡的铁锹划破了乡村的宁静。这里即将诞生一个新的平台，为长沙县未来城市、经济、工业格局打下基础。

当时还在长沙市开福区潘家坪的长沙县委、县政府，受邓小平南巡讲话的启发，有了一个大胆的构想——建设一个开发区，搬迁新县城，以开发建设促县城搬迁，以县城搬迁带动对外开放。

此后的两年间，各路大军从四面八方挺进这里，原本沉睡的土地被唤醒了，一个国家级开发区的创业故事也由此开始书写。

1994年，经省政府批准，星沙开发区更名为长沙经济技术开发区。1996年1月30日，长沙县治迁址星沙，“有县无城”成为历史。2000年，长沙经开区正式获批国家级经开区，长沙县有了“国字号”产业平台。

近年来，长沙经开区企业数量和质量持续上升，拥有三一集团、上汽大众、广汽三菱、山河智能、蓝思科技、博世长沙等一大批重点企业。截至今年10月，世界500强企业在长沙经开区投资的企业达35家。不仅有德国博世等世界500强企业，还有上汽大众、广汽菲克、蓝思科技等数十家国内知名企业。

2016年以来，长沙县进入区县一体的全面融合期。产业园区与城市的融合，让长沙县的改革突破进入了更高的层次。至2017年，长沙经开区技工贸总收入达3100亿元，完成规模工业总产值2348.5亿元。聚集了188家规模以上企业，其中世界500强企业35家、上市公司27家。

突破的脚步永不停歇。2017年5月，长沙临空经济示范区成功获批，长沙县提出以“二次创业”的劲头，依托长沙黄花国际机场，全力发展临空经济，新的产业平台承担起长沙市“东引擎、东高地”的历史使命，融入“一带一部”，连通世界。

长沙临空经济示范区创建一年多，已引进厦门航空、圆通速递、联通数字阅读基地、百联奥特莱斯购物广场等航空服务、物流、高端服务业领域的重大项目30余个。

40年砥砺前行，长沙县迄今培育了长沙经济技术开发区、临空经济示范区、现代农业创新示范区、黄花综合保税区等四家国家级园区。近年来更是坚持发展新理念，厚植产业基础，通过深入实施“千亿企业、千亿产业、千亿园区”发展战略，走出了一条创新驱动、绿色引领、协调有序、积极开放、共同富裕的高质量发展道路。

瓶颈突破顺应发展需求

改革开放农村家庭联产承包责任制全面实施后，长沙县面貌焕然一新，农业连年丰收，农民温饱问题逐步解决，但却带来“卖粮难”和劳动力大量剩余等问题。

当时县委主要领导经过调研后，提出了“以乡镇企业为主体，粮食生产和多种经营为两翼”的“飞鸟型”经济发展模式。不过，这与当时“以粮为纲”的方针有冲突，最后经过全县多次讨论，1984年7月召开的全县乡镇企业工作会议上，大家统一了思想，正式提出“飞鸟型”经济发展战略。

1992年，长沙县三次产业结构比例为40.4：42.9 ：16.7，以工业为主的二产业首次超过一产业，并在三次产业中逐步占据主导地位，县域经济由“农业大县”成功转型“工业大县”。

一个农业县转变为“三湘第一县”到现在成为“全国五强县”，思想解放之后，体制机制就跟着突破，发展的氛围就形成了。

每到重大瓶颈突破之际，长沙县往往都有“大胆假设、小心求证”的改革原则和逢山开路、遇水架桥的勇气。

2016 年，长沙县在十三届县党代会上确立了新时期的发展主线——强南富北、民生立县、挺进五强。围绕这一发展主线，全面实施“改革活县、产业强县、民生立县、生态美县、协调兴县、依法治县”六大发展战略，瞄准更高层次、更高水平的目标。

对于当时已经是全国县域经济十强县第八位的长沙县而言，是突破瓶颈的再出发。此后，朝着转型发展的方向，长沙县勇立潮头，交出了一份县级城市深化改革的最新“答卷”和鲜活样本。

当年开始建设的长沙黄花综合保税区堪称长沙县新时期改革发展的代言者。2017 年 6 月 25 日，在一片黄土地和荒山坡上开建的综合保税区正式封关运行，彼时离兴土动工建设还不到 9 个月。

湖南省“创新引领开放崛起”战略目标提出后，在省市加强领导和具体部署下，长沙县“二次创业”的激情奔涌而出。长沙黄花综合保税区 2017 年完成进出口报关 11.9 亿美元，实现进出口额 7.69 亿美元，仅用半年时间跃居湖南省 7 个海关特殊监管区第二。

今年前 10 个月，黄花综保区共完成进出口报关 22 亿美元，实现进出口额 16.69 亿美元，其中出口 12.2 亿美元，进口 4.49 亿美元。新增注册企业 168 家，总数达到 276 家。

建设者们把梦想和激情，用脚步压实在这片规划面积 1.99 平方千米的黄土地上；把情怀和憧憬，洒向了飞机呼啸声声的蓝天与白云。

自我突破增进民生福祉

改革，既有自上而下的顶层设计，又离不开自下而上的基层创新。

2016 年 4 月 21 日，长沙县在全省率先正式成立行政执法局，将原本分散在 23 个不同行政机关的行政执法权统一收编、统一执法。

新成立的长沙县行政执法局以信息化建设促进执法的规范化，开发了 12 个取得国家专利的“互联网 + 行政执法”平台及软件，实现了中央提出的“行政执法公示”“重大执法决定法制审核”“执法全过程记录”三项制度。严格实行车辆、文书、证件、服装“四统一”和办公、执法、审批、培训“四集中”。

自此，长沙县构建起“县级层面 7 个专业分局 + 镇街层面 10 个属地分局 + 多个镇街执法中队”的基层监管网络，执法监管实现了无缝隙覆盖、高密度巡查、网格化管理。

长沙县行政执法局成立以来，全局共立案 1.5 万起，到位罚没款 1.6 亿元。未发生一起行政复议被撤销或行政诉讼败诉案。

长沙县一直坚定推行 9 个专项改革和 29 个自主改革项目，除行政执法“23 合 1”以外，农村水利综合改革、畜禽养殖废弃物资源化利用、法院“三分式”审理模式等重点领域和关键环节的改革经验在全国推介。

以企业开办、不动产登记和工程报建等老大难问题为突破口，长沙县创造了多项审批提速纪录。不久前，国家市场监管总局办公厅发文批准全国 53 个地区开展“企业开办全程网上办”试点，长沙县为湖南省唯一一家试点单位。

企业开办压缩在 2 个工作日内完成，企业登记压缩在 1.5 个工作日内办结。不动产登记所有业务在 4 个工作日内办结，查封登记、异议登记可即时办理……2018 年 5 月以来，长沙县梳理并公布了全县 997 项“最多跑一次”政务事项，占全县 1043 项总政务服务事项的 96%；将 288 项政务服务事项下放至镇街就近办；取消各类证明材料 140 项；346 项政务服务事项即来即办；全面推广部署“互联网 + 政务服务”平台，10 月底实现 80% 的事项网上可办。

所有的改革，归根到底都是自我突破。最终的指向都是为了高质量的发展，为了提升广大人民群众的幸福感和获得感。

“高就业、低房价，就学有学位、就医有床位、停车有车位，农村便捷像城市，城市绿化像农村，这就是我们的幸福。”决策者如是说。

（原文载于 2018 年 11 月 28 日《湖南日报》，作者：熊远帆、李治）

布局——解析长沙县持续高质量发展之三

一个地方的发展，就像下一盘大棋，布局至关重要。交通如何布局？城乡如何布局？产业如何布局？人口居住如何布局？布局，决定着大势走向，也决定着发展速度和质量。

长沙县从长沙经开区和县城选址着笔，科学谋划，合理布局，形成以星沙为主的工业板块。其后不断拓展园区发展空间，大力发展产业集群，并推动产业协同发展，城市乡村齐头并进，保持了持续高质量发展的态势。

区位布局均衡南北步幅

“这是一块宝地，要大胆规划，迅速开发。”26年前，省、市、县三级负责人多次眺望长沙县望新乡一大片荒地。它距长沙火车站、黄花国际机场均只有8千米，京广线、107国道、319国道等交通大动脉在此交会——这就是今天的新县城和长沙经开区。

1992年10月8日，星沙开发区暨新县城建设奠基典礼举行。长沙县高起点制订“六区一场一园”的发展规划，将县城与开发区融为一体，构筑起县城和开发区的新型城市骨架。

沐浴着改革开放的春风，开发区在20平方千米的土地上疾行，到2007年，长沙经开区先后引进项目453个，工业总产值达到414.5亿元，每平方千米实现工业产值达38亿元。

一头突飞猛进，另一头徐徐前行，南北经济发展不平衡现象日趋明显。如何精准布局，再次成为决策者思考的新命题。2008年，长沙县提出“南工北农”战略，以长沙经开区为龙头，将县城及南部城郊定位为工业和城市服务型区域，大力发展工业经济；将北部乡镇定位为农业生态型区域，以国家现代农业示范区为龙头，重点发展现代农业，两端齐头并进。

2014年，长沙县将“南工北农”的发展战略升华为“功能分区”战略，实现了“各美其美”的发展态势。

沿着历史应有的逻辑前进，区位布局也在奔跑中调整。2016年8月14日，中共长沙县第十三届代表大会提出加快推进“强南富北”发展战略。这个战略，虽然只在原来的基础上改了两个字，却是长沙县呼应时代发展的新要求，充实和调整了布局的内涵。

从“南工北农”到“强南富北”，初心未变。“长沙县的南边和北边要共同发展，甚至要优先北边农业乡镇进一步的发展，来达到面上的整体平衡。”决策者如是表述。

纲举目张。此后，城市资本向农村延伸、城市公共服务向农村覆盖、城市基础设施向农村延伸、城市现代化文明向农村辐射的脚步不断提速。

产业布局协同全面增长

2018年10月11日，德国大陆集团与长沙市政府举行全面合作项目签约仪式，为长沙整车制造及零部件产业再添一位重量级成员。大陆集团将在长沙经开区投资新建中央电子工厂。

吸引又一世界500强企业入驻长沙县的魅力是什么？这里有完整的汽车制造产业链。长沙县已吸引了上海大众、广汽菲克、广汽三菱等整车生产项目，博世长沙、住友轮胎等多家世界知名零部件企业相继落户。

长沙县不仅仅是国内拥有最完整车系制造能力的地区之一。改革开放以来，培育了工程机械、汽车制造及零部件和电子信息三大产业集群。

党的十八大以后，长沙县加快在黄花国际机场的布局。2016年，长沙临空经济示范区和长沙黄花综合保税区建设进入实质性阶段。经过不到一年的紧张冲刺，前者拿到了国字号批文，成为全国第7个、中部第1个临空经济示范区，后者正式封关运行。

2018年国庆节以来，百联奥特莱斯、吾悦广场等一批新现代综合商业体开业，这是长沙县现代服务业持续发展的标志。此外，长沙县以空港新城等功能区为载体，重点培育包括公路货运物流、航空物流、生产性物流、农产品及消费品物流等现代物流业。大力推进全域旅游，浔龙河生态艺术小镇、湘丰茶博园获批AAA级景区，旅游人次突破1000万，收入突破100亿元。

反观第一产业，长沙县以现代化农业示范区为平台，在北部乡镇重点建设有机茶叶、优质稻、甜糯玉米、特种红薯、罗代黑猪等一批优势农产品基地，打造了“金井”“湘丰”“高桥银峰”等中国驰名品牌。重点发展茶叶、粮油、蔬果、食用菌等农产品精深加工业，农产品加工产值已过100亿元。通过推动农业供给侧结构改革，逐渐构建出“一区两廊三带”现代农业发展格局。农产品远销63个国家和地区。

在二次创业的号角声中，长沙县三大产业全面发展，

2017年地区生产总值1431.1亿元，财政总收入285.9亿元，不仅巩固了“三湘第一县”的地位，而且保持多年稳居中西部第一的优势。

人居布局统筹城乡发展

清晨，朗朗读书声从北师大附属学校浔龙河校区传来。名校来了不进县城进乡镇，让乡村的孩子在家门口就能分享城市的优质教育资源，这寄托着长沙县就业下乡、学位下乡、医疗下乡“三下乡”的人居布局构想。

长沙县的决策者清醒地认识到，城市越长越大，人口渐多、交通拥堵、大气污染等“城市病”也逐渐显现。既要让人民群众享受城市化的便利，又要避免过度城市化的弊端。

2016年“强南富北”战略确立后，长沙县通过全面深入推进城乡统筹发展策略，形成了以城带乡、以工促农，城乡一体、融合发展的新型城乡关系和发展方式，成为湖南省统筹城乡一体化发展的先导基地，全国城乡融合发展先行示范区。

2017年，长沙县全力推进富北战略，投入各类资金21.2亿元，在乡镇推进田汉大道、白石洞水库、春华中学等重大项目30余个。制定县域特色镇培育发展规划，整合资金分批次、有计划、有重点培育打造特色镇，星沙、湘龙、泉塘、春华蝉联全市“十强十快”镇街，果园、开慧获评全省美丽示范乡镇，金井获评省级卫生镇。整域推进美丽乡村建设，白沙村获评全国美丽乡村示范村，浔龙河村、葛家山村获评全国文明村。

当人流开始反向从城市来到乡村逐梦，长沙县也在不断将资本引入乡村，把富民增收作为改善农村人居环境的最终目标，结合“乡村振兴”战略，以产业链思维推动农村一、二、三产业融合，全域打造“农业强、农村美、农民富”的宜居宜业乡村，形成了以农业产业化带动发展的金井模式，以旅游业带动发展的开慧模式，以资本下乡、市民下乡、产业下乡带动发展的浔龙河模式。

城乡一体化，城乡一盘棋，长沙县已基本形成城乡共建、城乡联网、城乡共享的基础设施和公共服务设施网络，形成了“农业强、农村美、农民富”的发展局面。

每一个带着露珠的清晨，鸟鸣啁啾，鸡犬之声相闻。一幅现代版的“清明上河图”、人居和乐图，都在1756平方千米的大地上徐徐展开。

（原文载于2018年11月30日《湖南日报》，作者：陈新）

落实——解析长沙县持续高质量发展之四

11月30日，长沙县将各大银行、担保公司和34家企业请到一起，对“融资难”问题进行现场对接，解企业“燃眉之急”。

自长沙市发动“千人帮千企”大行动以来，长沙县一直在行动！落实，创新干，用心干，是长沙县改革开放40年始终不变的特质。

上下同心讲实干

11月21日，夜已深。长沙黄花综合保税区内仍然呈现出一派热火朝天的生产景象，货物装上卸下，车辆来往不息。

针对区内多家企业晚上加班赶全年任务进度，综保区深入推进“千人帮千企”大行动和外贸企业“破零倍增”行动，帮扶队员深入企业加班现场，现场了解企业“提速度、降成本、增效益”情况，确保项目快入驻、快投产。

这是长沙县无数个平凡而繁忙夜晚中的一个剪影。不少个灯火通明的夜晚，长沙临空经济示范区内常有县委、县政府班子成员忙碌的身影。长沙县发动“二次创业”以来，仅主要负责人两年就深入建设和生产现场230余次。

班子带头干，部门协调干。在长沙经开区，区县一体化运作，近年来突出项目建设和产业链建设，全面开展“奋战100天，腾地8000亩”行动，变项目等地为地等项目，项目要素保障不断加强。2017年共引进投资100亿元以上项目3个，蓝思科技扩产、京东无人车、广汽三菱发动机及整车技改等重大项目相继落地，以高质量项目支撑了经济高质量发展。近期，拿出了推进智能制造发展的若干试行政策等举措，实打实帮扶企业。

11月23日下午5时，长沙博能科技股份有限公司2万平方米的厂房内机器轰鸣，一片繁忙景象。总经理张咏刚从长沙县政府回来，给公司带来了一个利好消息：“3500万元融资搞定了！”

这家企业位于长沙县㮾梨街道，年产值2亿多元，专门为各大型石油化工企业提供塔盘、填料、塔内构件等设备。

市场份额井喷式增长，博能需要购买100亩土地用于新建厂房，需要更多的流动资金来运转更大的“盘子”。为此，张咏为“拿地”和“拿贷款”跑了很多地方。

在长沙市“千人帮千企百日大行动”启动后，全县各基层快速反应。长沙县㮾梨街道帮扶队员也第一时间来博能公司，摸清症结并向上反馈。多方协调之下，贷款和拿地都有了着落。

比学赶帮创氛围

岁月静好，是因为有人负重前行；成就巨大，是因为有人贡献、牺牲。

在长沙危险废物处置中心建设工作中，北山镇党政领导组成两个群众工作组，对北山村和金星村农户进行逐一走访，共计走访1234户，与群众同吃同住，与群众打成一片，耐心倾听群众想法，每户都建立了民意台账。群众工作队队员廖术武走访了项目所在地的5个村民小组210多户中的160多户，耐心细致地为大家解释危废项目并无危险。他的真诚努力逐步解开了群众的心结，赢得了群众的信任。这样的好干部，长沙县数不胜数。

党的十八大以后，长沙县坚持“分类考核、绿色发展、社会评价、人事同考”的考核原则。超常运转，比学赶帮，自发自觉成为新时期干部作风新风尚。

绩效考核是“指挥棒”，科学合理的考核是营造工作氛围的重要抓手。长沙县将全县所有镇街划分为城市发展型、工业和综合发展型、农业生态型三种考核类型。在考核指标设置上注重经济运行质量的提升，不同类型的乡镇各有侧重。对城市发展型街道，考核分值重点倾向财政收入、城市建设与管理、现代服务业，弱化工业招商、工业经济等考核指标。对工业和综合发展型乡镇，考核分值重点倾向财政收入、工业发展、社会事业管理。对农业生态型乡镇，考核分值重点倾向生态环境保护与建设、农业产业化。这套“绿色政绩考核模式”获评中国“政府创新十佳经验”，中央改革办《改革情况交流》专刊推介，长沙县获评“全国政府绩效管理示范基地”。

用人导向是形成良好工作氛围的有效保证。长沙县突出“面向一线锻炼干部、面向基层选拔干部、面向未来储备干部”理念和“注重品德、注重一线、注重实绩、注重公认”选人用人导向，从经济发展一线、项目建设一线、征地拆迁一线、综治维稳一线选拔了一批品德过硬、实绩突出、公认度高的干部。与此同时，建立为担当者担当机制，今年已为10多名有不实信访举报的干部澄清事实、消除影响，为15名干部免责或从轻、减轻处理，推动形成比学赶帮的工作氛围。

高效精准显成效

落实的速度，体现执行力。

几个月前还是黄土地和荒山包，几个月后成了极具现代气息的通关大楼。2016年9月，黄花综合保税区正式开工建设，2017年5月实现封关运行，刷新了全国海关特殊监管区建设速度纪录。目前已引进圆通、顺丰、邮政、DHL等一批国内外知名物流公司。

2018年国庆节期间，长沙县居民的朋友圈被长沙百联奥特莱斯购物广场刷屏，170余个国际国内知名品牌在这里汇集，一大批广受消费者追捧的品牌正式入驻。国庆试运营期间，其开业率达到90%，年底将全面开业，年营业额预计将超过10亿元。百联奥特莱斯提前100天实现竣工，提前160天开业试运营，成为重点项目建设的优质样板。长沙县落实的质量，往往呈现出精细、精准、精彩的效果。

落实的成效，凸显出基层创新性和创造性。在换届选举中，中央把综合分析研判作为一个重要环节。长沙县结合乡镇换届工作，运用大数据理念和资源整合方法落实中央省市换届选举要求，对全县镇、街道领导班子和班子成员进行换届专项分析研判，推动实现班子配备、干部选用的精准化和科学化。

黄超原为2011年湖南省选大学生村干部，先后在长沙县安沙镇毛塘社区、长龙街道龙湘社区、湘龙街道潇湘路社区以及湘龙街道城市管理服务中心工作，由于村官身份，发展受限，工作积极性有波动。

2016年，上级决定从乡镇事业编人员、优秀村干部、大学生村官中择优选配乡镇班子成员。长沙县无论是在比选方案制订，还是在数据比对上，都贯穿“五维评价”理念。通过对量化指标排名后三位的直接取消入选资格，大大限制了人为因素的干扰。最终，黄超升任为乡镇副职。以黄超为代表的6名人选脱颖而出后，组织满意、干部服气、群众称赞。

“落实，以人民为中心是最终目标和最高标准！”长沙县一名班子成员这样表示。

（原文载于2018年12月2日《湖南日报》，作者：李治）

责任编辑　周进银

2018 年长沙县大事记

1 月

3 日 在 2017 年中国优秀政务平台推荐及综合影响力评估中，长沙县人民政府网站获评“2017 年度中国政务网站领先奖”和“中国外文版政府网站领先奖”，在全国县级政府网站中排名第二。

9—11 日 中国人民政治协商会议湖南省长沙县第九届委员会第三次会议召开。

10—12 日 长沙县第十七届人民代表大会第三次会议召开。

15 日 长沙县监察委员会挂牌，长沙经开区党工委书记、长沙县委书记曾超群为长沙县监察委员会揭牌。

18 日 长沙经开区、长沙县埃塞俄比亚湖南工业园招商推介会举行，毅荃服饰埃塞公司刺绣项目等 5 个项目与埃塞俄比亚湖南工业园运营管理公司签约，投资总额 4380 万美元。

30 日 人社部基金监管局副局长汤晓莉一行到长沙县开展城乡居民养老保险经办机构内部控制部级直查。

2 月

6 日 长沙县党建服务中心揭牌仪式举行。

是日 百年气象站“黄花站”揭牌仪式举行，中国气象局党组成员、副局长沈晓农等出席仪式。

27 日 国家旅游局副局长王晓峰率队到长沙县调研旅游市场综合监督工作。

3 月

6 日 长沙市委副书记、代市长、湖南湘江新区党工委书记胡忠雄到长沙县调研长沙临空经济示范区及高铁会展新城会展片区建设。

12 日 湖南省委常委、市委书记胡衡华，市委副书记、代市长、湖南湘江新区党工委书记胡忠雄和市五大家领导，到长沙临空经济示范区，与当地干部群众一道参加义务植树活动。

13 日 共青团湖南省委书记汤立斌率队到长沙县，就基层团组织建设和共青团“四缺”（缺编制、缺人员、缺经费、缺场所）问题开展调研。

15 日 湖南省委常委、市委书记胡衡华，市委副书记、代市长、湖南湘江新区党工委书记胡忠雄到长沙经开区，专题调研三一集团项目建设工作，就众智新城项目推进问题现场办公。

是日 湖南省住房城乡建设厅党组书记、厅长鹿山率队到长沙县，调研农村房屋改造和农村人居环境改善工作。

20 日 湖南省政法委副书记杨光荣率队到长沙县就扫黑除恶专项斗争、涉法涉诉信访、执法监督、司法改革等工作开展督查调研。

23 日 “海外华文媒体走进田汉故里”大型外宣采访活动在长沙县启动。

27 日 由中国田汉研究会、田汉著作编辑委员会编辑出版的《田汉画册》首发式在长沙县举行。

28日 纪念田汉诞辰120周年座谈会在田汉故里——长沙县举行。中国文联办公厅主任邓光辉，京剧表演艺术家、中国戏剧家协会原主席尚长荣，中国雕塑家学会名誉会长、中国美术家协会雕塑艺术委员会原主任、雕塑家盛杨，田汉长孙、田汉基金会理事长田钢，中国田汉研究会会长周光等参加座谈会。

4月

3日 全国人大常委会委员、全国人大农业与农村委员会副主任委员杜德印率全国人大调研组到长沙县，就构建现代农业体系、深化农业供给侧结构性改革工作的情况开展调研。

15日 2018相约长沙最美乡村暨长沙县首届“春华春色”文化旅游节在春华镇启动。

5月

14日 全国政协原主席贾庆林一行到县考察黄兴纪念馆、浔龙河生态艺术小镇。

16日 索恩格汽车部件（中国）有限公司位于长沙经开区的新工厂正式开业。

18日 “爱无疆·智无界”——三一重卡上市发布会在长沙三一工业城举行。

23日 国家应急管理部政策法规司一行到长沙县调研机构改革期间安全监管执法工作。

是日 国家生态环保部督察组一行到长沙县，督察集中式饮用水源地环境保护专项整治情况。

28日 原国家副主席曾庆红一行到县考察湘丰飞跃基地、锡福村民宿、慧润露营基地，调研乡村振兴工作。

6月

7日 湖南省第四次全国经济普查省级综合试点动员大会在长沙县召开。

11日 长沙经开区管委会与京东集团签署无人车总部项目协议，京东集团拟投资100亿元在长沙经开区打造一个以自动驾驶为核心的人工智能生态圈。

11—12日，中共中央政治局常委、国务院总理李克强到长沙经开区企业博世长沙、三一集团进行实地考察。

15日 长沙临空经济示范区专题招商推介暨中国空港经济区发展蓝皮书（2018）发布会举行，24个临空偏好型项目成功签约。

是日 全省“四好农村路”暨城乡客运一体化现场推进会在长沙县召开。

26日 2018年全市重大产业项目集中开工活动（长沙经开区、长沙县会场）在长沙经开区举行。蓝思科技黄花生产基地等11个区县项目集中开工，预计总投资229.34亿元。

7月

2日 长沙县、长沙经开区举行城市党员“我的初心使命”红色志愿服务活动启动仪式，庆祝中国共产党成立97周年。

19日 长沙县举行中共十九大精神宣讲“百千万”工程暨北山镇新时代乡村讲习所揭牌仪式。

20日 国家税务总局长沙经济技术开发区税务局、国家税务总局长沙县税务局挂牌。

21日 长沙—北美定期洲际全货机航线通航。

8月

26日 由长沙经开区、长沙县主办的“链”上星沙，领航未来——区块链院士高峰论坛暨星沙区块链产业园项目签约仪式举行。

是日 国务院第十八督查组组长、中科院副院长张涛率队到长沙县，就新型农业经营主体发展、基层农技推广体系建设、精准脱贫等乡村振兴有关工作开展督查指导。

9月

5日 湖南省国家卫生县城复查组领导和专家到长沙县实地复审，并举行长沙县国家卫生县城周期复审暨省城乡环境卫生整洁行动中期评估汇报反馈会。省复审专家审核组宣布，长沙县正式通过国家卫生县城省级复审。

17日 全省统一战线深化同心美丽乡村创建推进会在长沙县举行。省委常委、省委统战部部长黄兰香出席并讲话，省委统战部常务副部长谭平主持会议。

19日 《长沙县历史文化丛书》首发仪式举行。丛书分历史、山水、人物、民俗、文艺5卷10册，共200余万字，系统介绍长沙县历史沿革、名人志士、河流山川、民风民俗和文化遗风等。

28日 2018长沙金融服务节开幕式暨长沙县金融服务产业项目建设活动月启动式在长沙县举办。

是日 长沙县第十七届人大常委会召开第十九次会议，表决通过县人民政府关于提请杨应龙、康勇任命县人民政府副县长的议案。

29日 长沙市委常委、市纪委书记、市监委主任蔡亭英率队到长沙县，就落实安全生产重大事故隐患治理“一单四制”“打非治违”“强执法防事故”行动、“压实企业安全生产主体责任年”活动以及各重点领域专项整治工作情况开展检查。

10月

11日 长沙市人民政府与德国大陆集团举行全面合作项目签约仪式，德国大陆集团分别与长沙市人民政府、湘江新区管委会、长沙经开区管委会签署协议。

16日 广汽三菱研发中心和零部件产业园项目在长沙经开区开工建设，发动机项目正式投产。省委书记、省人大常委会主任杜家毫宣布项目开工并考察发动机工厂。

23日 湖南省农村人居环境整治培训班在长沙县开班。

24日 国家互联网应急中心与长沙经开区签约，成立全国唯一一家区块链安全技术检测中心，将联合星沙区块链产业园开展区块链代码审计、安全检测、风险监控等工作。

26日 黄兴故居省级“海峡两岸交流基地”揭牌仪式在长沙县黄兴故居纪念馆举行。

30日 石学敏院士工作站和国医大师传承工作室落户长沙市中医医院（长沙市第八医院）。是日，中国中医药研究促进会针灸康复分会湖南省针灸学会学术年会同时举行。

11月

1日 万家丽路与绕城高速（北三环）互通“万家丽北”收费站开通运营。

2日 2018湖南首届民宿业发展研讨会在长沙县拉开序幕。

3—4日 为期两天的2018国际电动航空论坛在长沙县举行，中国民用航空局适航司副司长张森出席论坛。

5日 长沙市城区国有中小学校幼儿园整治工作推进会暨长沙县配套幼儿园移交签约仪式举行。

19日 “不忘初心·弘扬光达让衔精神”活动在许光达故居举行，并举行“许光达故居”重新开放暨“党性和公仆意识教育基地”授牌仪式。

25日 《人民日报》头版刊登长沙县改革开放工作经验文章《长沙县——求新求变谋长远》。

26日 2018中国幸福城市论坛在广州举行，现场发布2018中国城市幸福感调查报告，长沙县获评“最具幸福感城市（县级）”。

29日 2018国际区块链大会在长沙国际会展中心召开，大会以“集智 链新 赋能”为主题，围绕区块链战略布局与政策导向、产业动态与应用实践展开深入交流与研讨，中国、美国、挪威、加拿大等国内国外院士、专家学者和企业代表共600余人参会。

12月

1日 中国工程院院士、长沙理工大学教授郑健龙率专家评委组，对数字长沙县地理空间框架建设项目（简称“数字长沙县”）进行验收。

6日 全省农村地区道路交通安全管理工作现场会在长沙县召开，研究部署全省农村道路交通安全有关工作。

13日 自然资源部党组成员、副部长王广华率队到长沙县调研不动产登记工作情况。

16日 中郡研究所发布《2018县域经济与县域发展检测评价报告》，长沙县排名全国第五位。同时，在中国中小城市综合实力百强排名中跃升至第五位，连续七年位居中西部第一。

17日 “为时代喝彩”长沙县庆祝改革开放40周年合唱比赛总决赛暨“悦生活·星沙文化云”服务平台上线仪式举行。

29日 商务部完成2018年国家级经济技术开发区综合发展水平考核评价工作，长沙经济技术开发区综合排名第20位。

责任编辑 周进银

自然地理

【区域位置】 长沙县位于湖南省东部偏北，湘江下游东岸，湖南省会长沙市近郊。东邻浏阳市，南接长沙市雨花区，西毗长沙市芙蓉区、开福区、望城区，北靠岳阳市。地处北纬28° 02′ 04″ ~ 28° 39′ 51″，东经112° 58′ 23″ ~ 113° 30′ 09″之间。2018年，全县总面积1756平方千米。

【地质地貌】 长沙县属长衡丘陵盆地的北部，地处幕阜山、连云山与大龙山余脉的南端，株洲隆起带的北缘。龙华、乌川诸山雄峙于东，陶家排、炭盆坡横亘于南，影珠、明月两座大山蜿蜒于西北，兴云、飘峰两山耸立于北。北山镇域内的明月山最高峰，海拔659米。地势由北、东、南三面逐渐向中西部倾斜，呈不规则“畚箕”形状。域内有变质岩、沙砾岩、灰岩、红岩、红土、砂页岩、花岗岩七种岩层及岗地、平原、山地、丘陵、水面五类地貌，以岗地平原为主。

【自然资源】 矿产资源较丰富，经探查已发现钨、锡、镍、铍、铌、钽、钴、钼、铜、铅锌、金、硅、煤、高岭土、石灰石、萤石、花岗岩、独居石砂等20多个矿种。已发现矿产地113处，其中大型矿床1处、中型4处、小型62处、矿（化）46处。已被开采利用的主要与建筑材料有关的砖瓦黏土、硅石、石英砂、建筑石料等非金属矿种，占全部矿产地的80%，其余大多数矿种因产地规模小尚未开发利用。域内矿产资源总体特征以花岗岩、高岭土、砖瓦用页岩等非金属矿产主，金属矿产地多小型、矿化点。县境西北部北山—青山铺—福临镇一带广泛发育花岗岩，是全县花岗岩矿的重要产出地；鼎功、福临一带高岭土资源较丰富；中部春华山、黄花、黄兴、干杉至江背的广大地区砂、页岩发育区，域内主要砖瓦用页岩矿开采区；东南部江背镇河田一带产石灰岩；北部与平江县交界的中低山区，分布有钨、金及多金属矿；路口镇麻林桥发现有地下热水资源。野生动物有兽类10种，鸟类48种，蛇类10多种，其中穿山甲、果子狸、猴面鹰、白鹇、虎皮蛙国家二级保护动物；野生植物有药用植物120余种，木本植物80多种。其中银杏、杜仲、福建柏等为国家二级保护植物，水杉为省一级保护植物。“罗代黑猪”“北山梅”为国家地理标志保护产品，“金井”“湘丰”茶叶为“中国驰名商标”。森林总蓄积435.29万立方米。

【水文·气候】 长沙县地处洞庭湖尾闾，湘江东岸，域内河流众多，属于长江流域，洞庭湖水系，录入水利普查名录河流111条，总长847.68千米。其中县内流域面积200平方千米以上河流3条：捞刀河、浏阳河以及捞刀河支流——金井河，全长141.94千米；县域内流域面积100 ~ 200平方千米以上河流5条：榨山港、三叉河、麻林河、白沙河和双江口河，全长122千米；县内流域面积50 ~ 100平方千米河流4条：草塘塅河、浔龙河、金脱河、青山河，全长67.29千米；县域内流域面积10 ~ 50平方千米的河流38条，全长310.38千米；其余小河59条，全长206.47千米。浏阳河发源于浏阳市横山坳，全长222千米，集雨面积4237平方千米，河流坡降0.573‰，在长沙县域内集雨面积597.4平方千米；捞刀河发源于浏阳市的石柱峰，全长141千米，集雨面积2543平方千米，河流坡降0.780‰，在县内集雨面积1204.8平方千米。捞刀河在长沙县域内主要支流有白沙河和金井河，白沙河河流长46.5千米，流域面积320平方千米，在长沙县域内集雨面积190.5平方千米；金井河河流长63.0千米，流域面积726平方千米，在长沙县域内726平方千米。汨罗江发源于江西省修水县的黄龙山梨树蜗，全长253千米，集雨面积5543平方千米，河流坡降0.46‰，在长沙县域内集雨面积83.6平方千米。

长沙县地处东亚季风区，属亚热带湿润气候。由于位居盆地内部，距海较远，受冬夏季风转换，地势向西北倾斜等因素影响，全县气候春温变化大，夏初雨水多，伏秋高温久，冬季严寒少。具有两个主要特征：一是水热充足，生长期长。年均气温17.6℃，全年无霜期260天，日照时数1510.9小时，热量充足。年均降水量1472.9毫米，在省内居中等略偏少，降水集中在春夏两季。多雨期与高温期一致，生长期长，对农业生产有利。但降水年际变化大。二是气候温和，四季分明，夏冬季长，春秋季短。春季从3月中旬到5月中下旬，为期70天左右，期间气温升高很快。春季天气阴雨潮湿，降水量占全年40%以上。夏季从5月中、下旬至9月下旬，约132天，季节长、气温高为夏季突出特点。秋季从9月下旬至11月中旬，近60天，是全年最短季节。冬季从11月下旬到次年3月上旬，期约3个半月。冬季为全年降水最少季节。2018年，全县年均气温18.3℃，年内最高气温38.2℃，最低气温-3.8℃，年降水量1307.6毫米。（县水务局、县国土局、县农林局、县气象局）

人文历史

【文化遗存】 长沙县文物古迹较多，域内有距今4000年前的黄兴镇鹿芝岭遗址，有新石器时代至商周时期遗址12处，有宋元时期的南阳城遗址和明代的俄阳遗址（城址），有始建于南朝梁代的陶公庙，建于唐代的铁炉寺，有建于清代的河图观，另有众多摩崖石刻。黄兴镇黄兴故居、江背镇徐特立故居为全国重点文物保护单位；开慧镇杨开慧故居、缪伯英故居，高桥镇李维汉故居、柳直荀故居，黄兴镇许光达故居，果园镇田汉故居等为省级文物保护单位。至2018年年底，全县有全国重点文物保护单位2处，省级文物保护单位11处，市级文物保护单位27处，县级文物保护单位16处。

【历史名人】 长沙县人民勤劳、勇敢，具有光荣的革命传统。两千多年来，他们用勤劳、智慧和血汗哺育和繁荣这块土地。近代以来，不少仁人志士忧国忧民，推翻“三座大山”，建立新中国赴汤蹈火，英勇斗争，辛亥革命元勋黄兴、无产阶级革命家李维汉、毛泽东夫人杨开慧、坚定的共产主义战士柳直荀、无产阶级教育家徐特立，开国大将许光达、解放军后勤工作创始人杨立三、中国共产党第一位女党员缪伯英等前辈先贤均在此出生和成长，也是党和国家领导人朱镕基和李铁映的家乡。袁守谦、黄杰、李默庵、张辉瓒等一批国民党著名将领也诞生于此。

长沙县人文荟萃，代有贤才。唐代书法家怀素，研习“狂草”如痴如醉，有《苦笋》和《自叙》传世。清代李文炤，乡里授徒，潜心著述，撰有《周易本义拾遗》等书。管学大臣张百熙，上溯古制，参考列邦，所著《钦定学堂章程》，开中国系统教育先河。一代经学大师王先谦，终其一生，著、编、校、注、辑、刊各类书籍50余种，3200多卷。黄萱祐创建隐储女子学堂，首开湖南女子入学之禁。民国时期，彭海坤创办开物乙种农业学校，为长沙县培养出第一批农业科技人才。杨昌济治学严谨，教育有方，抱“欲栽大木拄长天”宏愿，培养出毛泽东、蔡和森等人。姜济寰三任长沙县知事，发展教育事业，培养革命青年，与毛泽东等发起成立“俄罗斯研究会”，宣传革命真理。李国钦发现钨矿，首创《炭化钨冶炼法》，获国内外殊荣。戴庆祥技艺超群，精研《冷热水淬钢法》，所创捞刀河剪刀与北京“王麻子”和杭州“张小泉”齐名。剧作家田汉毕生从事新文化运动，创作话剧、歌剧、戏剧剧本130多部，所作《义勇军进行曲》歌词，慷慨激昂，唤起十百万中国人民齐心抗日，中华人民和国成立后定为国歌。郑家溉潜心书法，成一代书法名家，抗日战争时期长沙沦陷后，拒任日伪维持会长，以身殉国。当代法学家周鲠生，潜心国际法研究，所著《国际法》将中国倡导的和平共处五项原则提升《现代国际法》的基本准绳。（年鉴编辑部）

人口·语言

【人口】 2018年年末，长沙县户籍户数27万户，户籍人口80.6万人，同比增加20680人。全年出生12258人，人口出生率15.3‰；死亡6347人，人口死亡率8‰；人口自然增长率7.4‰。出生人口性别比107.5。常住人口108.9万人，其中城镇人口74.5万人，城镇化率68.4%。（县统计局）

【语言】 长沙县属湘方言区长益片，与省会长沙市方言大体一致。因地形狭长，南北相距远，东西相距近，相邻市县方言差别较大。随着经济社会发展，人口流动，逐渐形成以“黄花话”为代表，“金井话”“福临话”“江背话”“北山话”并存的长沙县方言，有20个声母（包括零声母）、40个韵母、6个声调。长沙县方言在词汇方面差异极小，只有少数名词和代词呈现地域差异；语法上具同一性，与普通话大体一致。

（年鉴编辑部）

建置·区划

【建置沿革】 秦王嬴政二十六年（公元前221年），析黔中郡南部部分地区置长沙郡，湘县为郡治。西汉高祖五年（公元前202年），改湘县为临湘县。新朝始建国二年（公元10年），临湘县为抚睦县。东汉光武帝建武元年（25年），废抚睦县，复置临湘县。东汉末年，析临湘县东部之地置浏阳县，此为浏阳置县之始。隋文帝开皇九年（589年），改长沙郡为潭州，改临湘县为长沙县，隋炀帝大业三年（607年），又将浏阳、醴陵两县并入长沙县。唐高祖武德四年（621年），析长沙县东部部分地区复置醴陵县。中宗景龙二年（708年），又析长沙县东部部分地区复置浏阳县。五代后汉隐帝乾祐三年（950年），析长沙县东南部部分地区设龙喜县。宋太祖乾德元年（963年），裁龙喜县入长沙县，置常丰县。开宝六年（973年），裁常丰县入长沙县。太宗太平兴国二年（977年），析长沙县西北部部分地区入宁乡县。哲宗元符元年（1098年），析长沙县东南部分地区置善化县。1912年4月，裁善化县入长沙县，并入长沙府。1933年8月，析长沙县城区及东屯渡等城郊之地，置长沙市，长沙县隶属长沙市，县治亦设长沙市。1939年12月，长沙市并入长沙县。1942年2月，复置长沙市。1950年4月，长沙县隶属长沙专区（1952年9月改名湘潭专区）。1959年，改隶长沙市，至2018年无变化。

【行政区划】 清初，沿袭明代区划，长沙县辖15里3厢。道光二十四年（1844年），并为10都、4坊、1厢。坊厢下设甲，都、坊以地名、地物命名。1914年，废都甲，设乡镇，全县辖万寿、尊阳等11镇。1930年，全县设10个区。乡镇下设都，全县有71都。都下设团，全县设658团。1933年，设长沙市，市、县分治，长沙县下辖区、乡、镇未变。1939年，长沙市并入长沙县，辖38个乡、6个镇。1942年恢复长沙市。1949年8月，长沙县全境解放，分为6个行政管理区，原乡、保、甲未变。1950年3月，废除保甲制度，全县划为15个区、181个乡、1个镇。1951年，划出县境内湘江以西的、以东部分地区设望城县。1952年，全县行政区划调整为16个区、1个区级镇、247个乡、3个乡级镇。1956年，全县辖45个乡及榔梨镇。1958年，全县45个乡并为15个人民公社及榔梨镇。1959年，望城县和长沙市郊区并入长沙县。1977年，划出望城县后，全县辖41个公社及榔梨镇。1996年7月，捞刀河镇划入开福区，全县辖13镇7乡。2015年1月，暮云街道、南托街道划入长沙市天心区，跳马镇划入长沙市雨花区。至2018年，全县辖5个街道和13个镇。

（年鉴编辑部）

经济社会发展

【概况】 2018年，长沙县地区生产总值1509.3亿元，按可比价格计算，同比增长9.6%。其中第一产业增加值64亿元，增长3.3%；第二产业增加值930.1亿元，增长9.8%；第三产业增加值515.2亿元，增长10%。按平均常住人口计算，人均生产总值14.2万元，按现行汇率折算2.1万美元。全县三次产业结构比例4.2 ：461.6 ：434.2，与2017年的5.3 ：464.2 ：430.5相比，第一产业所占比下降1.1个百分点，第二产业下降2.6个百分点，第三产业提高3.7个百分点。第一、二、三次产业对经济增长贡献率1.5%、72.8%、25.7%，分别拉动GDP增长0.1%、7%、2.5%。全年城镇新增就业17906人，各类城镇下岗失业人员就业再就业3968人，帮助就业困难人员再就业1557人。全县城镇登记失业率3%。

【农业】 农林牧渔业总产值104.5亿元，其中：农业产值73.2亿元，林业产值4.2亿元，牧业产值18.7亿元，渔业产值2.4亿元。全年农作物总播种面积12.29万公顷，全年粮食产量49.9万吨，蔬菜产量100.3万吨，水果产量7.1万吨，肉类总产量7.6万吨，水产品产量1.4万吨。新建高标准农田1266.67公顷，高标准农田2.16万公顷，农业机械化水平79.3%。新增1家国家级龙头企业，12家市级重点农头企业，全县各类新型农村合作经济组织2055家。全县有规模以上农产品加工企业47家，规模以上农产品加工企业销售收入同比增长2.7%。

【工业和建筑业】 全县规模以上工业增加值同比增长10.2%；工业总产值同

比增长10.6%，其中规模以上工业总产值同比增长10.6%。规模以上工业企业销售产值增长8.5 %；利润总额增长22.6%，利税总额增长10.3%。工程机械、汽车及零部件、电子信息三大支柱行业规模工业总产值同比增长11.2%，汽车及零部件产业产值同比增长5.8%，电子信息产业产值同比增长16.7%，工程机械产业产值增长16.1%。全县有资质以上建筑业企业99家，建筑业总产值478.8亿元。其中省内产值303.9亿元，省外产值174.9亿元；竣工产值221.8亿元。房屋建筑施工面积2863.4万平方米，房屋建筑竣工面积714.4万平方米。

【固定资产投资】 全年固定资产投资同比增长15.3%。其中，第一产业完成投资占全社会固定资产投资比重0.4%；第二产业完成投资占全社会固定资产投资比重37.5%；第三产业完成投资占全社会固定资产投资比重62.1%。全年亿元以上投资项目387个，投资额692.5亿元。其中，亿元以上非房地产项目268个，投资额518亿元。房地产开发投资177.4亿元，其中：住宅投资92.2亿元，商业营业用房投资40.6亿元。商品房新开工面积434.1万平方米，商品房施工面积1412万平方米，竣工面积175.2万平方米。全年商品房销售面积307.2万平方米，其中住宅销售面积172万平方米。

【国内贸易】 全年社会消费品零售总额519.9亿元。其中，限额以上企业零售额增长6.7%，限额以下企业零售额增长10.9%。按销售单位所在地分，城镇零售额306.8亿元，农村零售额213.1亿元。按行业分，批发行业41.7亿元，零售行业459.3亿元，住宿行业6.5亿元，餐饮行业12.4亿元。中西药品类同比增长15.1%；日用品类增长34%；机电产品及设备类下降66%；粮油、食品类增长23.1%；服装、鞋帽、针纺织品类增长11.1%；汽车类增长6.1%；石油及制品类增长27.8%，烟酒类增长6.3%。

【对外贸易和旅游】 全年进出口总额71.5亿美元，占全省的15.4%、全市的36.9%。其中进口32亿美元，出口39.6亿美元。在进口总额中，机电产品152亿元，汽车零件30.2亿元，高新技术产品46.1亿元。在出口总额中，机电产品161亿元，高新技术产品57.5亿元。全年到位外资8.4亿美元，引进市外境内资金形成固定资产投资203.9亿元，引进省外境内资金99.3亿元。旅游总收入140亿元，接待游客1300万人次。年末全县有星级酒店3家，其中五星级1家；新增2家AAA级旅游景区，年末全县有AAA旅游景区6处，AAAA级以上风景区1处。

【交通和邮电】 全年公路通车里程6236.7千米。全年公路客运量5027万人，旅客周转量36138万人千米；公路货运量2219.2万吨，货物周转量116042.3万吨千米；行政村客运（公交）班线通率100%。邮电通信业务总量16.4亿元；年末全县移动电话用户146.3万户，本地电话用户14.5万户（不含移动公司），互联网络用户34.6万户。

【财政和金融业】 全年财政总收入356.4亿元，同比增长24.7%；一般公共预算收入240.4亿元，税收收入220.8亿元。全年公共财政预算支出170.3亿元，同比增长5.7%。其中教育支出21.9亿元，医疗卫生支出9.8亿元，社会保障和就业支出14.2亿元。全年金融业增加值46.04亿元，同比增长4.2%。年末金融机构人民币存款1183.7亿元，居民储蓄546.3亿元，各项贷款余额1160.5亿元。金融机构网点数288个，职工总人数6282人。

【科学技术和教育】 全社会研究与发展（R&D）活动经费72.3亿元，同比增长10.7%。全年新增国家高新技术企业98家，年末总数330家。全县专利申请量和授权量各为6258件和3571件。其中，发明专利申请量2125件，发明专利授权量479件。全县有各类全日制学校214所(不含幼儿园)，其中职业中专9所、普通高中9所、乡镇农校14所、初级中学37所、小学144所、特殊教育学校1所。有幼儿园301所，其中公办幼儿园44所。全县在校中小学生152275人，在园幼儿49653人。其中：普通高中14587人，职业高中22941人，初中30253人，小学84366人，特校128人。初中入学率100%、初中巩固率100%；小学学龄人口入学率、巩固率均100%；免除11.4万人次学生杂费，义务教育阶段学生杂费免除率100%。对各级各类贫困学生资助金额1900万元。

【文化、体育和卫生】 全县文化设施面积143.9万平方米。拥有文化站20个、文化馆1个，公共图书馆1个，电影院15个，档案馆1个。全年送戏下乡90场、电影3425场。广播综合人口覆盖率和电视综合人口覆盖率均100%。有线电视用户5.5万户，有线电视入户率15%。体育设施面积178万平方米；各类体育场地1713个，其中：标准体育馆4座，标准运动场90个，标准游泳池4个；各种训练综合用房203个。开展大型群众体育活动18次，全民健身运动参加人数40万人次。各类卫生机构538个，其中医院、卫生院40个，卫生防疫和防治机构1个，妇幼卫生保健机构1个，社区服务中心（站）6个。卫生人员8301人，其中执业医师、执业助理医师2570人，注册护士4210人，卫生防疫和防治机构卫生技术人员77人，妇幼卫生机构卫生技术人员527人。各类卫生机构拥有病床5340张，每千人拥有病床数5.8张，每千人拥有卫生技术人员数9人。

【环境、节能和安全生产】 全年环境污染治理投资额9亿元。全县城镇生活垃圾无害化处理率100%、污水处理率98.6%。全年环境空气质量二级以上天数303天。全县林木绿化率49.8%，城市建成区绿化率36%，森林资源蓄积量增长4.1%；城市建成区绿化覆盖率39.9%。全年全社会用电量69.4亿千瓦时，同比增长19.4%。其中，工业用电量39.2亿千瓦时，增长15.5%。规模工业综合能源消费量60.5万吨标准煤，同比下降15.4%，单位规模工业增加值能耗下降23.2%。全年发生各类生产经营性一般事故（不含火灾事故）11起，死亡12人；其中工矿商贸领域发生生产安全事故2起，死亡2人；道路交通、建筑施工等其他行业领域发生生产安全事故9起，死亡10人。全县亿元GDP事故死亡率0.008，道路交通事故万车死亡率0.625。

【人民生活和社会保障】 城乡居民人均可支配收入40226元，其中：工资性收入27229元，经营净收入5416元，财产净收入5448元，转移净收入3132元。城乡居民人均消费支出27569元，食品烟酒支出占比27%。其中，城镇居民人均生活消费支出32648元，食品烟酒支出占比28%；农村居民人均生活消费支出20929元，食品烟酒支出占比24.8%。城乡居民文教娱占比18.6%。全县企业职工基本养老保险、城镇职工基本医疗保险、失业保险参保人数各为19.5万人、19.2万人和16.1万人，分别同比增长8.8%、19%、1.4%。拥有各类养老机构24个，社会福利收养性单位床位数5115张，收养1710余人。全县救助总人数23.5万人次，14.9万人纳入低保范围，其中城镇低保对象6069户、10649人；农村低保对象65170户、138777人。（县统计局）

责任编辑　周进银

中国共产党长沙县委员会

Changsha County Committee of the CPC

综 述

【概况】 2018年，中共长沙县委深入贯彻落实省委“创新引领、开放崛起”战略，围绕“强南富北、民生立县、挺进五强”发展主线，坚持县区一体推进二次创业，高质量建设现代化强县。全年地区生产总值同比增长（下同）9.6%；规模工业总产值增长10.6%；固定资产投资增长15.3%；财政总收入350.03亿元，增长24.98%，一般公共预算收入237.47亿元，增长10%，其中一般公共预算收入税占比91.87%；社会消费品零售总额增长8.4%；实际利用外资增长10%；外贸进出口总额增长53.8%；城乡居民人均可支配收入增长8.8%。

全面加强党的建设。持续掀起学习贯彻中共十九大精神热潮，全面接受省委政治考察，全县广大党员干部“四个意识”不断增强，“两个维护”更加坚定。坚持“政治过硬、实绩突出、干群公认”导向，运用大数据思维和系统方法，深入开展机构改革前班子情况调研和优秀年轻干部专项调研，通过民主测评、深度访谈、实地走访，再整合绩效考核、信访举报、日常考察等数据，运用结构分析、比较分析、民意分析等方法，对领导班子和干部形成分类意见，为精准科学选人用人提供可靠依据。县委先后研究讨论干部7批次，涉及调整111人次，提拔重用干部46名，全年没有破格提拔领导干部。进一步拓宽选人用人视野，扩大干部初始提名权，明确单位党组织等九大提名主体可实名推荐干部。明晰干部推荐提名责任，单位推荐干部要求党组织书记在书面推荐材料上亲笔签名，纪检负责人对推荐提名对象党风廉政情况做结论性评价；个人推荐干部需写明推荐理由、与被推荐人关系、被推荐人适合岗位等情况，并亲笔签名。深入实施“青年干部成长工程”三年行动计划，举办第三期青年干部训练营，该县发现培养选拔优秀年轻干部的经验做法被中组部《组工信息》推介。“五化五星”党支部创建成效明显，城市基层党建稳步推进，构建县、镇（街道）、村（社区）、小区商圈楼宇四级党建服务体系，流动党员管理服务“全链条”机制申报全国城市基层党建创新案例，县委党校再次获评全国党员教育培训示范基地。在全省率先全面消除集体经济薄弱村，村级组织运转保障能力不断增强。在长龙街道探索建立全市首个镇街融媒体工作室，开创意识形态管控新模式。坚持和完善人民代表大会制度，人大及其常委会认真依法履职，监督、决定重大事项和人事任免更好地体现了人民意志。政协政治协商机制进一步健全、民主监督渠道进一步拓宽、参政议政实效进一步增强。切实加强国防动员和人防建设，军民融合发展开创新局面，双拥成果不断巩固，开慧纪念馆、浔龙河童勋营获评省全民国防教育基地。发挥各民主党派、无党派人士服务发展的独特优势，做好民族宗教工作，县工商联获评全国工商联组织宣传工作先进单位。群团改革工作深入推进，工会、共青团、妇联、科协等群团组织职能进一步发挥，福临镇工会联合会、泉塘街道工会联合会获评省六好乡镇（街道）工会和模范职工之家。党风廉政建设深入推进，纪律监督、监察监督、派驻监督、巡察监督的全覆盖监督体系不断完善。全力做好中央巡视、省委巡视整改工作，“清风星沙”三年行动计划、“互联网＋监督”等工作统筹推进，风清气正的政治生态持续巩固。

重要会议

【长沙县实施乡村振兴战略工作推进会】 7月20日，长沙县召开实施乡村振兴战略工作推进会。会议强调，实施乡村振兴战略，是中共十九大作出的重大决策部署，是新时代做好“三农”工作的总抓手。全县上下要深化认识、细化措施、强化担当，以发展新型农村集体经济和整治农村人居环境为着力点和突破口，推动乡村振兴战略在长沙县落地生根、开花结果，确保工作走在全省全国前列。会议要求，全县要进一步加强党的领导、提高政治站位、抓好工作重点，更加紧密地团结在以习近平同志为核心的党中央周围，以习近平新时代中国特色社会主义思想为指导，进一步落实党中央和省、市、县的部署要求，奋力打好乡村振兴开局战。县委、县人大、县政府、县政协等有关领导，县直相关部门主要负责人，各镇（街道）党政主要负责人和分管负责人，以及全县所有村、社区的主要负责人参加会议。

【县委常委会会议】 2018年，长沙县进行31次县委常委会会议（含县委常委扩大会议）的会务和纪要拟定、印发工作，县委常委会会议以习近平新时代中国特色社会主义思想为指引，坚定维护以习近平同志为核心的党中央权威和集中统一领导，深入贯彻落实中央和省委、市委有关会议、文件精神和工作部署要求，及时认真传达学习习近平总书记重要讲话精神，着重研究落实“三大攻坚战”、乡村振兴、安全生产、扫黑除恶专项斗争、信访、社会稳定、巡视巡察、党的建设、党风廉政建设、意识形态、全面深化改革、优化营商环境和民营经济等工作。每次常委会会议的第一个议题固定为传达学习习近平总书记重要讲话精神和上级有关会议、文件精神，全年县委常委会会议共研究“三大攻坚战”相关事项超过7次，研究安全生产事项4次，研究实施乡村振兴战略工作3次，研究全面深化改革工作5次，多次研究党建和意识形态工作。

（罗眺辉　文星灿　李　胜）

组织工作

【概况】 2018年，全县有基层党组织1875个。其中党（工）委48个〔县直单位党（工）委16个、镇党委13个、街道党工委5个、国企党委4个、“两新”组织党委7个、学校党委3个〕，党总支268个，党支部1559个。全县党员43788人，男性党员30626人，女性党员13162人；其中农村党员25696人。

基层党建。实施“党建+”模式，全面提升党建工作对经济社会发展的渗透力、推动力和贡献力，“党建+”模式获中央政策研究室《学习与研究》推介。探索推行“党建+信访”工作模式，《组织人事报》重点报道。推行“抱团发展”和“产业带动”模式壮大新型农村集体经济，57个村均取得15万元租金收益，全省率先全面消除集体经济薄弱村。推进党建O2O服务模式，获第四届全国基层党建创新最佳案例，构建“一中心四片区”党员教育培训体系，市委办公厅《内情参考》专题推介，县委党校再次获评“全国党员教育培训示范基地”。全省出台《关于加强城市基层党建引领社会治理创新的意见》，全省建成首家集领导治理、枢纽调度、教育管理、特色展示四大功能于一体的县级党建服务中心。以“四分法”推进“五化五星”党支部创建，创建县级示范化“五化五星”党支部100个，流动党员教育管理服务“全链条”机制被中组部《党建研究》第10期推介。全省出台发展党员政治审查十条措施。制定下发《关于选派干部驻村开展2018—2020年精准扶贫工作的通知》，向12个省定贫困村和61个贫困人口达100人以上的非贫困村派驻150名驻村干部，推进抓党建促脱贫攻坚、促乡村振兴。全面推进软弱涣散基层党组织整顿工作。推进组织部门参与扫黑除恶专项斗争工作。投入1370万元新建或改扩建18个村级组织活动场所和社区办公服务场地。推进两新党建“聚力工程”，通过推进党建工作进章程、“五化五星”党支部创建等举措做实基础工作，在1096家非公有制经济组织中组建党组织279个，覆盖681家非公企业，覆盖率62.14%；在311家社会组织中组建党组织47个，覆盖172家社会组织，覆盖率55.3%。建立两新组织党务工作者人才库，选优配强两新党组织书记，对300余名党组织书记和近3000名党员分层级进行全员培训。开展“两争一创”三年行动计划，打造一批两新党建示范点。

【干部管理】 2018年，县委研究讨论干部7批次，涉及调整111人次，提拔重用干部46名。直接调训干部3567人次，其中县委党校主体班19期2467人次，异地培训班22期1100人次；全县各部门单位在县委党校举办培训班58期，培训干部12190人次。举办第三期青年干部训练营。统筹规范考核工作，坚持考少考精考重点，评定一等班子34个，二等班子43个；一等班子成员138人，二等401人，三等1人，四等3人，有效发挥绩效考核鼓励先进、鞭策后进、治懒治庸作用。完成任前档案审核12批次322人次（其中提拔重用人员任前档案审核5个批次38人次；法院、检察院等级晋升任前档案审核3个批次26人次；新选调、转业、录用公务员的入职任前档案审核4个批次258人次）。探索开展拟提拔重用科级领导干部报告个人有关事项38人次。在全省县级组织部门中率先完成干部档案信息化建设，全年接收整理10034份档案材料。

【人才工作】2018年，发放高校毕业生租房和生活补贴1234万元，发放留学归国人员租房和生活补贴50万元，发放职业技能晋级补贴128万元。建立领导干部直接联系服务高层次人才制度，协调解决高层次人才购房及子女就学、配偶就业等38例。搭建科技创新平台，新增市级院士专家工作站2个。加强名师名医建设，评选出市级首席名校长2名，名校长3名，卓越教师49名。打造"星沙工匠"品牌，涌现"全国技术能手"赵兵等优秀工匠。选派109名科技特派员深入基层开展服务，助推乡村振兴。推荐入选省100位科技创新人才、121创新人才培养工程、湖湘青年英才31人；入选全市ABCD类人才数量171人。

（黎　幸）

宣传工作

【概况】2018年，长沙县委宣传部出台《长沙县意识形态工作联席会议制度》《长沙县网络意识形态工作责任制考评办法》等文件，压紧压实各级党委（党组）书记履行意识形态工作的责任。严格规范属地网站和新媒体管理，加强新媒体日常巡查执法，清朗网络空间，查处网络谣言事件20余起。广泛建立舆情综合预警机制。成立意识形态领域分析研判小组，实行较大敏感舆情一小时报告制度，针对意识形态存在的薄弱点、风险点定期进行系统排查。启动中共十九大精神宣讲进基层"百千万"工程，成立讲习所119个，组建宣讲员500余人，开展讲习3000余场。举办各类全民悦读活动366场，县图书馆获评"全国全民阅读先进单位""国家一级图书馆"。在各级各类媒体刊发报道8000余篇。入选中宣部"庆祝改革开放40年·百城百县百企调研行"。开展"海外华文媒体田汉故里行"大型外宣采访活动。出台《长沙县、长沙经开区新闻宣传和舆论引导联席会议制度》《长沙县突发事件和敏感舆论引导工作调度协调机制》，健全以县委宣传部、各镇街（部门）、村组（网格）为单元的三级信息畅通机制。抓好县级融媒体中心建设，打造以"新闻+政务+服务+商务"为模式的融媒体中心。县广播电视台稳步推进"智慧广电"信息化管理平台和"星视界"掌上电视建设，电台FM102.2官方微博粉丝36万；星沙时报官方微信矩阵粉丝数突破100万，"掌上星沙"APP用户数超过50万。

治理网络空间。打造网络舆情"12345工作法"，出台《长沙县网络舆情应急管理工作机制》。处置涉县网络舆情100余起，指导相关单位做好舆情处置150余起。重点抓好网上群众工作部整合平台开发建设工作，印发8期《每月通报》、37期《每周清单》，受理各类网络问政3万余条。联合公安开展涉网络游戏信息内容专项整治行动和网络谣言查处，查处属地涉嫌赌博类网站4家和游戏类网站5家。开展清朗专项整治行动，及时上报有害信息40000余条。

弘扬文明风尚。连续12年蝉联全国最具幸福感城市（县级市）。建立"不文明行为"专项整治举报平台，多措并举提升市民文明素养。文明村镇、文明单位、文明家庭和文明校园四个方面同时发力，推动全国文明城市（县级）创建工作的开展。开展"拒绝车窗抛物，我遵守、我监督"、"文明礼让"等系列活动。全年开展志愿服务活动1200余场次。朱豫刚获评"中国好人"，熊壮家庭荣获全国"五好家庭"称号，朱豫刚、张远银、何天利获评"湖南好人"。出台《长沙县开展整治婚丧陋习推进移风易俗的实施方案》《长沙县农村精神文明建设工作方案》，召开长沙县农村精神文明建设暨文明家庭展评活动。

完善公共文化阵地。建设村级文化广场15处，市级示范性村级综合文化服务中心20处，全县建成图书馆分馆13家。启动全省首家"悦生活 星沙文化云"平台。每年开展文化活动260场次，常年参与文化活动的群众10万人。新增春华皮影、青山竹编2个市级非遗项目。举行纪念田汉诞辰120周年座谈会，打造"田汉大舞台"等品牌群众文化活动，开展"田汉小戏骨"培训、举办"田汉戏剧周"等，推动优秀戏曲文化的传承。镇街品牌文化活动风生水起，非物质文化遗产得到深度挖掘。

【庆祝改革开放40周年系列活动】长沙县入选中宣部"庆祝改革开放40年·百城百县百企调研行"范畴，中国社会科学院专家团队先后两次深入20余家单位和企业实地调研考察，撰写《兴产惠民高质量发展领跑中西部》调研报告，长沙县改革经验被中宣部列入《改革开放与中国县域发展》丛书。全方位立体式呈现长沙县改革开放40年的发展与蜕变，在《新闻联播》报道长沙县依靠“创新”走向世界，《人民日报》、央视等中央、省、市主流媒体刊发报道40余篇。举办庆祝改革开放40周年大型图片展、改革典型案例征集、原创音乐会、摄影展等系列庆祝活动。

2018年12月28日，县委统战部组织召开长沙县民营企业家座谈会

（廖麓山）

【纪念田汉120周年诞辰系列活动】3月12日，在《湖南日报》《长沙晚报》发表纪念田汉120周年诞辰的文章；举办“田汉与国歌”主题研讨会、纪念田汉群众文艺晚会；3月27日，衔接中国田汉研究会编辑《田汉画册》，并举办首发式；邀请专家编撰《田汉的一生》；参加中国文联、文化和旅游部在人民大会堂召开的纪念田汉120周年诞辰座谈会。举办“中国·长沙·田汉戏剧周”活动，大力弘扬发展戏曲文化，着力培养“小戏骨”，打造“田汉大舞台”群众文化，将田汉文化品牌发扬光大。（曾　征）

统一战线

【概况】2018年，中共长沙县委统一战线工作部深化学习宣传贯彻落实中共十九大精神主题活动，组织举办各类培训班、实践考察7期次。承办全省统一战线深化同心美丽乡村创建推进会，果园镇浔龙河村获批首批省级“同心美丽乡村”，新创建市级示范点2家，创新组建小橘灯公益平台并吸纳志愿者1000余人。加强党外干部队伍建设，出台《长沙县党外科级领导干部综合评价办法（试行）》，新提拔党外科级领导干部2人，其中正职1人。强化新的社会阶层人士统战工作，支持县新社联成立广州、青岛、杭州、武汉等城市分会和英国伯明翰、美国加州、南亚等境外分会，打造新的社会阶层人士实践创新基地，创建全省首支由县级新的社会阶层人士社团组织主导的专业应急救援队。组织开展“民族团结进步行”系列活动并捐资助学100余万元。坚持依法管理宗教事务，全面贯彻新修订《宗教事务条例》，健全落实三级网络两级责任制，深化“平安和谐寺观教堂”创建活动，加强网络宗教管理，推进网络舆情源头治理。建立健全民族宗教代表人士数据库并实现动态管理。组织学习宣传“惠台31条措施”等文件精神并开展研讨交流；全面启动“双百”扶贫三年计划，组织侨界人士捐献款物近100万元，为侨资企业争取扶植资金30万元。连续3年举办海峡两岸亲子家庭联谊品牌活动，支持援建巴基斯坦老战士徐罗生参加中国援巴烈士亲属访问团赴巴开展访问祭扫活动，接待港澳台海外参访团31批次共500余人次，黄兴故居纪念馆挂牌省级“海峡两岸交流基地”。创新合作平台，创建黄兴海峡两岸青年农创基地。

组织召开民营企业家座谈会，连续4年举办中小企业领军人才素质提升研修班。推进法治建设，开展“法律知识进商会”活动，为会员企业提供法律咨询和服务；创新成立县检察院驻县工商联检察联络室、基层商（协）会检察联络工作室，科学建立“检察联络室+商会+优化”工作机制和县检察院县工商联联席会议制度，民营企业合法权益得到有效保障。加强基层基础建设，30家镇街商会、行业商（协）会全部创建为“四好”基层商（协）会，创立互联网研究院。创新创优服务举措，开辟全省首家政务中心服务实体经济专窗，企业开办、登记、印章刻制、发票申领并联办理等时限大大压缩。县工商联获评“创新中国”县级工商联工作特别奖，“五好”创建工作经验在全国工商联组织工作会议上推广。县工商联、湖南安沙国际建材城置业发展有限公司被全国工商联分别授予民营企业调查点“先进基层单位”“示范企业”荣誉称号。

【党外代表人士队伍建设】3月27日，《长沙县党外科级领导干部综合评价

办法（试行）》（长县统发〔2018〕4号）印发。该《办法》是根据中共十九大、中央统战工作会议和《中国共产党统一战线工作条例（试行）》等会议与文件精神，紧密结合长沙县党外干部工作实际与特点而制定，旨在加快构建一个完整、科学的综合考核评价体系，切实强化党外干部队伍重点是党外科级领导干部队伍建设，不断巩固新时代统一战线团结奋斗共同思想政治基础。

【长沙县民营企业家座谈会】 12月28日，县委统战部组织召开长沙县民营企业家座谈会，学习宣传贯彻落实习近平总书记在民营企业座谈会上的重要讲话精神。县委副书记、统战部部长杨莉主持会议。县政协主席王益枝，县委常委、纪委书记、监委主任胡维龙，县政协副主席、工商联主席张小春出席会议。20个职能部门单位负责人和14位民营企业家代表参加会议。会议认真组织学习传达习近平总书记的重要讲话精神和省、市民营企业家座谈会精神，深入分析研究当前经济发展形势。与会企业家立足自身实际，畅所欲言，直抒心意，真实反馈民营企业在发展中遭遇的问题障碍，并提出意见建议。各职能部门单位结合自身职能职责，针对民营经济发展有关问题，与民营企业家进行深入交流，并提出系列解决方案和方法举措。会议强调，要深入贯彻习近平总书记的重要讲话精神，全面落实亲清新型政商关系要求，着力推动六项重要政策举措落地落实，创新建立解决民营经济发展问题的组织机构和机制制度，力促非公有制经济“两个健康”，积极助力现代化强县建设。

（廖麓山）

机构编制

【概况】 2018年，长沙县成立县委深化机构改革领导小组，县委书记任组长，印发《中共长沙县委办公室关于成立县委深化机构改革领导小组的通知》《县机构改革方案》《长沙县机构改革工作实施方案》《长沙县黄花镇行政管理体制改革方案》《关于核定长沙县部分机构编制事项的通知》等文件，推进机构编制法制化、规范化进程。完成全县党政机关及事业单位中文域名注册数据核对工作。建立全县各单位编外人员（不含劳务派遣人员）信息数据库。全年取编及调动划转人员1890人次；办理销编人员700人次。深化简政放权，全年取消行政许可5项。对应取消5项行政许可，在林区经营（含加工）木材审批；制造、修理计量器具许可证核发；建立城市社区有线电视系统审批、机动车维修经营许可、农业机械维修技术合格证核发。以县政府名义向高铁新城委托授权37项县级经济管理权限。对接公安局，承接市公安局下放“大型群众性活动许可（展览、会议审批权）”。拟赋予黄花镇部分县级经济社会管理权限56项。开展“减证便民”专项行动，取消54项证明材料。完成第二批县政府部门行政审批中介服务事项清理工作，发布《长沙县人民政府关于公布清理规范的县政府部门行政审批中介服务事项的通告》（长县政发〔2018〕15号），其中取消11项，规范调整35项，保留32项。根据《长沙县县本级行政审批项目目录》，梳理出65家承担行政职能事业单位（不含行政执法类）。

【“最多跑一次”】 构建“五办”审批服务体系。梳理并公布全县997项“最多跑一次”政务服务事项，占全县1043项总政务服务事项96%。梳理《长沙县最多跑一次审批服务“就近办”事项目录》，288项政务服务事项在镇（街道）就近能办，50项政务服务事项在村（社区）可办。提升审批效能，346项政务服务事项即来即办。全县取消各类证明材料140项。启动“三集中、三到位”改革，县政务大厅进驻30个部门单位849项事项，占总政务服务事项81%。县政务大厅分类设置联合窗口、主题窗口、服务实体经济专窗。设立全省首个“联合窗口”，群众办事由原分散10处集中在1个窗口平行受理87个事项；推行政务服务“2430”工程，率先全省设立“商事登记”“不动产登记”“工程报建”三类主题窗口，实现开办企业2个工作日内完成、不动产登记4个工作日内完成、社会投资建设工业项目施工许可30个工作日内完成；设立全省首家“服务实体经济专窗”，集政务咨询、效能投诉、联审联办、重点项目全程代办、特殊事件急件急办等功能于一体，实现对企业的“兜底”服务。

（何　彩）

纪检监察

【概况】2018年，长沙县对做好中央和省委巡视移交问题线索的办理工作，严肃查处“蓝天保卫战”中履职不力的问题，严肃纠正脱贫攻坚中工作不力、作风不实等问题。县人大、县检察院、县委组织部、县委政法委、县编办等如期完成县监察委员会组建和挂牌。调整优化内设机构设置、职能权限配置、人员编制配备等，监督执纪一线人员比例88.17%。出台《关于进一步规范案件审查和审理工作衔接暂行办法》《执纪监督审查主办人制度（试行）》《执纪监督审查协作工作制度（试行）》等文件。对接全省“互联网＋监督”系统，完善党员干部廉洁指数评价体系，打造“清风星沙”综合平台，建立健全领导干部廉政档案，实现对人对事的监督、反馈、评价、分析和管理五大功能。全年第一至第四种形态分别占67.7%、24.2%、6.3%、1.8%，其中谈话函询325人次，监督执纪向“管住大多数”进一步拓展。严把“党风廉政意见回复”关，出具结论性意见3691人次。坚持发现问题与整改落实相结合，全年分三轮对北山镇、县委党校等19个单位党组织开展常规巡察，发现“六个围绕”方面问题546个，移交问题线索223件。聚焦群众反映强烈的拆违控违等问题，对黄兴镇开展专项巡察。配合市委巡察组对江背镇进行专项巡察，对金井镇进行联动交叉巡察。开展违反中央“八项规定”精神突出问题专项治理，全县自查自纠违规配备办公用房2825.54平方米，补缴违规公款吃喝费用145万元。严肃整治违规收送红包礼金问题，全年党员干部主动上交红包礼金86.24万元，查处问题15起、处理21人。开展“一桌餐”“私房菜”等无证无照餐饮单位专项治理，督促主责部门责令停业12户、依法取缔无证无照餐饮单位29户、对非法经营立案2人。开展“纠‘四风’、治陋习、树新风”专项治理，查处党员干部违规操办婚丧喜庆事宜问题10起、处理12人，通报“四风”问题典型案例28起54人。从严查办一批重点领域和关键岗位典型案件，全县立案329件329人，挽回经济损失1643.22万元，其中副科级以上干部26人。办理留置案件5起，指定监视居住3起，移送司法机关处理10人。针对日常监督和调查中发现的执行政策有偏差、日常管理不严格、制度建设不到位、履行职责不担当等方面问题，下发监察建议书7份。开展“3·23”廉洁从政警示教育活动、组织旁听职务犯罪案件庭审、拍摄警示教育片、举办“初心”主题文艺晚会等形式。推进“脱贫攻坚作风建设年”活动，牵头成立联合检查组，采取“四不两直”等方式开展监督检查，查处扶贫领域腐败和作风问题12起、处理25人。深化“雁过拔毛”式腐败问题专项整治，处理党员干部129人。强化扫黑除恶监督执纪问责工作，及时处置涉黑涉恶腐败及“保护伞”问题线索25件。针对重复访越级访突出问题，通过集中走访、提级办理、重点约谈、公开答复等措施，约谈党委书记、纪委书记28人次，化解信访积案12件。聚焦基层群众反映强烈的虚报套取、挪用冒领，弄虚作假、贪污受贿，办事不公、优亲厚友等问题，查处村（社区）违纪违法党员干部105人。完善一体化片区协作机制，出台《长沙县纪检监察干部考核评价办法》，办理纪检监察干部问题线索20件，问责2人，组织处理3人。

【长沙县监察委员会成立】 1月12日上午，长沙县第十七届人民代表大会举行第三次全体会议，县委常委、县纪委书记胡维龙满票当选为长沙县首届监察委员会主任。下午，长沙县十七届人大常委会第十二次会议任命3名县监察委员会副主任和5名县监察委员会委员。1月15日上午，长沙县监察委员会成立，长沙经开区党工委书记、长沙县委书记曾超群为长沙县监察委员会揭牌。

【县纪委十三届三次会议】 2月27日，中共长沙县第十三届纪委第三次会议召开，出席全会的县纪委委员23人，列席453人。长沙经开区党工委书记、县委书记曾超群出席会议并讲话。县委副书记、县长张作林主持会议。全会认真学习贯彻习近平新时代中国特色社会主义思想，深入学习贯彻中共十九大和中央纪委二次全会、省纪委三次全会、市纪委三次全会精神，总结2017年纪检监察工作，部署2018年任务，审议通过县纪委常委会的工作报告《忠诚履职，敢于担当，坚定不移把全面从严治党引向深入》。

【党员领导干部廉洁从政警示教育大会】 4月4日，长沙县、长沙经开区2018年党员领导干部廉洁从政警示教育大会召开。长沙经开区党工委书记、长沙县委书记曾超群出席并为与会人员讲授廉政党课，长沙经开区党工委副书记、管委会副主任张庆红传达长沙市2018年党员领导干部廉洁从政警示教育大会精神，长沙县委副书记、县长张作林主持大会。会议旨在贯彻落实习近平新时代中国特色社会主义思想和中共十九大关于全面从严治党重大决策部署，传达市警示教育大会精神，强化广大党员干部特别是领导干部廉洁自律意识和拒腐防变能力，推动县区全面从严治党向纵深发展。会上，与会人员集中观看警示教育片《忠诚与背叛》，曾超群以“全面从严打造更加良好的政治生态”为主题讲授党课。 （田　甜）

党校教育

【概况】 2018年，长沙县委党校举办各类培训班114期次，培训1.6万人次，其中主体班19期，接待新乡市委党校、洪江市委党校等来校考察交流。组织骨干教师深入各机关和企事业单位、乡镇街道、农村社区，宣讲习近平新时代中国特色社会主义思想和中共十九大精神等，宣讲200场次。全年开发《谦恭儒将许光达》《乡村振兴 有“人”才兴》等主体班教学专题及微宣讲专题16个，基层宣讲突破200场次。全建业老师参加全省“党的十九大精神进网络”微课程、“学而习讲堂：为了美好生活需要——党的十九大精神进基层”微宣讲比赛均获一等奖。《功名利禄淡如水——许光达大将的让衔精神》现场教学视频入选全省第一批党性教育精品课。全年在县级以上刊物共发表文章13篇（其中国家级5篇、省级4篇、市级1篇、县级3篇），参加省、市党校系统理论研讨会获奖7篇，其中《关于农村党员教育培训和教材需求的调查报告》一文获省党校系统理论研讨会一等奖。完成中组部指定课题《关于农村党员教育培训和教材需求的调查报告》，参与长沙市委课题《关于增强基层党组织学习本领的研究》《以科学管理制度增强“造血”功能发展壮大新型村级集体经济》课题入选长沙县党建和组织工作重点课题。另外，省级课题立项3个、结项3个、市级课题结项2个。完成许光达精神党性教育教材《追寻》样稿，在教材编写方面实现零突破。创新推动干部培训工作，深度阐释最新政策精神，深刻挖掘身边先进典型，开发县域红色资源，开展党性教育、改革创新、美丽乡村建设等方面特色培训，获评“全省综合性示范县级党校”。

【全省贫困村暨民族地区和革命老区村党支部书记集中轮训班】 4—6月，县委党校举办6期全省贫困村暨民族地区和革命老区村党支部书记集中轮训班。轮训以学习贯彻习近平总书记扶贫开发战略思想为中心内容，围绕“抓党建促脱贫攻坚”教学目标，采取现身说法、现场教学、讨论交流等教学方式，采取书记讲给书记听方法，建立“乡村治理、土地流转、农村专业社合作模式和党建+”等多个教学基地，开发“农村党建与精准扶贫”“国歌精神的当代价值”“用生命诠释忠诚——杨开慧精神的时代价值”“许光达大将的‘让衔精神’及当代启示”等党性教育课程，打造农村支部书记培训班不可复制特色培训品牌，使前来培训学员真正学到知识与本领。学员们反映，这次培训突出“实战”“实景”，用大白话讲大道理，用鲜活现场阐释新鲜经验，看得直观，听得过瘾，很解渴，很受用。

【获评“全省综合性示范县级党校行政学校”】 2018年，县委党校以创建综合示范性县级党校为抓手，办学基础设施全面改善、管理制度科学运行、教学科研硕果累累、教学管理严格有序、后勤保障高效便捷，各项工作得到社会各界普遍赞誉和省委组织部及省委党校评定工作组高度认可。9月，评定工作组对县委党校近五年工作进行全面检查和实地考察，最终获评“湖南省综合性示范县级党校行政学校”。

（吴赛君）

老干部工作

【概况】 2018年，长沙县有离休干部34人，县处以上退休干部140人。组织离退休干部代表参加长沙县人大政协会议、长沙市形势报告会、县委中心组学习等。组织老干部就近参观全县经济社会展，4月10日，组织22名正县级离退休干部代表参观路口镇经济社会发展情况；5月31日，组织100多名老干部参观果园镇浔龙河村和田汉文化园；10月10日组织100多名老干部参观新政务中心、图书馆、档案馆；11月21日，组织部分正县级退休老干部及离休干部代表参观石燕湖生态公园；11月29日，组织100多名老干部参观望城铜官窑。全年春节慰问离休干部（南下干部）、副县级及以上退休老干部190余人。看望住院老干部70余人次，对10名离退休干部病故进行吊唁，并协助家属处理善后事宜。困难帮扶重病、家庭生活困难、家庭意外变故等情况老干部家庭和遗孀，全年帮扶资金20万元。5月，对长期住院的10多名离休干部和7名南下干部进行集中走访。对全县48名特困离退休干部进行困难帮扶，发放帮扶资金6.9万元，视情况对无固定收入离休干部遗孀给予1000～2000元不等帮扶资金。

【组织主题活动】 长沙县“银发之声”巡讲小分队长期深入基层宣讲210余场次，听众5.4万人次。开展创建市、县“发挥五老作用”示范阵地活动，21个基层“五老”志愿团队申报。开展“歌唱幸福生活·传承红色基因”主题教育、“不负使命，有为担当，励志成才”演讲比赛等。暑假开展“大学带小学，家乡学子情”主题活动，组织引导各镇（街道）开办学生暑假免费辅导班，打造关爱青少年儿童的爱心工程，全县34个村（社区）开班66个，参加辅导班的学生2005人。县老年书画协会带领基层分会开展春节送春联活动，共送春联2000余副，深入基层开展书画“五进”活动、廉洁书画展、“学雷锋颂党恩”主题活动等。县老年保健协会发放健康知识宣传资料3000余份，组织健康讲座40余场次。（王洪勇）

精神文明建设

【概况】 2018年，长沙县文明创建工作坚持以“创建为民、创建惠民、创建利民”为宗旨，以“让城市更美好，让市民更满意”为主题，以突出“提升城市品位，提升市民素质，提升群众对城市的获得感、幸福感和自豪感”为重点，开展文明城市、文明村镇、文明单位、文明家庭、文明校园创建活动。健全常态长效机制，完善文明城市创建的考核、督查、讲评机制，坚持“一月一暗访，一季一讲评”，年内召开一次文明委（扩大）会议和三次文明创建推进会。出台《长沙县2018年创建全国县级文明城市工作实施方案》《长沙县2018年文明创建工作奖惩问责办法》，印发《长沙县创建全国县级文明城市绩效考核办法》，对镇街和县直部门单位文明创建工作实行绩效考核。制定《长沙县文明创建实地测评点标准及责任分解表》。聘请第三方机构依照《全国文明城市测评体系》，对主城区各街道社区每季度进行暗访。2018年，长沙县再获“全国县级文明城市提名城市”荣誉称号，连续12年获评“中国最具幸福感城市”，金井镇朱豫刚获评“中国好人”，青山铺镇熊壮家庭获评全国“五好家庭”称号，朱豫刚、张远银、何天利分获6月诚实守信、8月见义勇为、10月敬业奉献的“湖南好人”，长沙县城管局、望新集团获评省级文明单位。

加强宣传，开通长沙县文明网和“微文明”官方微信，率先全国征集创作首个县域文明卡通形象“星星”“沙沙”，累计印发20万册《市民文明手册》，设立“讲文明树新风”公益广告牌及“遵德守礼”提示牌5000余块。开展公益广告集中整治行动，文明创建公益广告合格率100%。在107国道唐田站、青松老年公寓、春荷山庄等三个点设置帮助外出务工人员返乡的“骑兵驿站”，服务线上“骑兵”返乡务工者5000多人，发放各种物资8万多元；文明办分为两组，发扬崇德向善精神，走访慰问全县范围内的全国、省、市、县各级道德模范，慰问金额72000元。开展“拒绝车窗抛物，我遵守、我监督”“垃圾不落地，星沙更美丽”等系列活动，建立“不文明行为”专项整治举报平台。

广泛开展志愿服务活动，志愿服务常态化。每季在全县大型商场、医院、公园等场所打造5个示范点；开展文明礼让活动，与红十字会联合主办“志愿服务进农村，红十字在行动”专项活动；组织开展第三届“践行雷锋精神·共建文明家园”公益项目展评活动，全年开展志愿服务活动1500余场次，注册志愿者11万人。推进未成年人思想道德建设，组织各学校开展“扣好人生第一粒扣子”主题学习教育实践活动200余次。开展“传承红色基因”系列教育活动58次；组织中小学校开展中华经典诵读和戏曲、书法、国画、中华武术进校园等活动46次。以“我的中国梦”为主题，开展“我们的节日”系列活动，成立“美德少年”评选活动领导小组，开展优秀榜样评选活动，在未成年人中树立一批身边学习榜样。全县乡村少年宫实现全覆盖，为农村孩子提供最佳活动场所，为未成年人营造健康成长的良好环境。

【文明单位创建】 新申报市级文明标兵单位7家，市级文明镇2家，市级文明村9家，市级文明社区5家，市级文明单位21家。推进文明家庭创建活动，开展“议家风”“立家训”“传家礼”“评家庭”一系列活动，将社会主义核心价值观融入家庭建设；推进文明校园创建活动，加强校园文化建设，开展文明班级、文明宿舍、文明食堂评比创建。加强农村精神文明建设，成立县整治婚丧陋习推进移风易俗工作联席会议办公室，出台《长沙县开展整治婚丧陋习推进移风易俗的实施方案》《长沙县农村精神文明建设工作方案》，推进移风易俗“十个一”工程。举办长沙县农村精神文明建设暨文明家庭展评活动，表彰奖励开慧镇葛家山村等7个农村精神文明建设先进单位、100户文明家庭及10户文明标兵户。制定《长沙县社区全面提质提档工作深化文明社区建设考核标准及计分办法》以及《长沙县文明办2018年社区全面提质提档实施项目清单（初步预算）》，投入280万元用于社区提质提档深化文明社区建设。（曾　征）

责任编辑　周进银

综 述

【概况】 2018年，县十七届人大常委会举行人大常委会会议11次，主任会议19次，听取和审议“一府两院”及其部门专项工作22次，组织开展调研、视察6次，审慎作出决议、决定10项，发出审议意见书1份，对3个部门全面或专项工作开展评议，对10个部门交通管理工作进行专题询问，对代表建议办理等5大类工作进行满意度测评。加强对计划执行情况动态监督，选取5个项目调整数量较多、资金调整总额较大的单位到常委会上作情况说明，支持政府应对经济发展新形势，促进全县经济高质量发展。制定实施《预算审查前听取县人大代表和社会各界意见建议的若干规定》，探索推进预算联网监督；督促政府首次将国土部门土地储备金和街道预算纳入全口径预算范畴，实现对预算编制、执行、调整和决算的全方位监督；听取审议同级审工作、审计问题整改情况报告，对部分单位审计整改情况进行满意度测评，督促部门单位规范财经管理，提高财政资金绩效。2018年4月，该县人大财经监督工作在全省工作座谈会上作交流发言，相关经验做法得到宣传推荐。听取审议规范性文件备案审查工作情况，健全法制委初审、咨询专家协审、其他委室联审和法制委全体会议会审“四审”机制，根据公民审查建议，启动审查《长沙县机动车停放服务收费管理实施细则》，全年审查规范性文件30件。专题调研县人民检察院工作，全面了解监察体制改革后检察工作新情况。视察调研县人民法院文化建设、人民陪审员工作和司法改革情况。深入开展“司法公正长沙行”、走进警营、走进法庭等系列活动，专题听取公安机关扫黑除恶情况报告，视察调研全县行政执法工作。探索运用法治思维、法治方式化解信访突出问题，促成15起信访件息访息诉。持续关注燃气下乡和中小企业发展等常委会审议意见办理情况，督促政府完成北部10个乡镇天然气授权、出台《关于振兴长沙县工业实体经济的实施意见》。听取审议全县国土资源管理工作情况，加强对项目用地批后监管，促进土地资源集约高效利用。听取审议年度城乡规划实施情况，监督规划执行落地，促进城市品质提升。听取审议全县现代服务业发展情况，推动第三产业总量扩张、占比提高、品质提升。组织代表对县文广局、县旅游局全面工作和县市监局食品安全专项工作开展评议，走访选民1.6万余人次，收集各类意见建议6400余条，促进129个群众反映强烈问题得到解决。专题询问全县交通管理工作，围绕解决停车难题、打通交通微循环、整治道路安全隐患等9个方面13个群众关心关注问题，对政府职能部门开展询问。继续开展“三湘环保世纪行”“三湘农民健康行”“农产品质量安全行”“民族团结进步行”等活动。认真落实中央和省委关于健全人大讨论决定重大事项制度、各级政府重大决策出台前向本级人大报告的新要求，听取《长沙县国民经济和社会发展第十三个五年规划纲要》实施情况中期评估报告，并批准其调整方案；三次听取审议2018年计划、预算执行情况，审查批准2017年财政决算和2018年计划、预算调整方案，听取审议有关PPP项目议案并作出决定，审议批准1宗存量土地资产处理，推动融资平台加快市场化转型。审议批准有关棚改项目议案，推进人居环境改善。联系帮促县人民医院等12个重大项目建设，参与安全生产、文明创建、精准扶贫、蓝天保卫战巡查等中心工作，联系和指导省农科院高桥基地乡村振兴试点项目加快推进，坚持党管干部与人大依法任免有机统一，规范任前考察、法律知识考试、拟任人员与常委会组成人员见面、任前陈词等程序，认真贯彻落实宪法宣誓制度，被选举、任命人员宪法意识不断增强。全年依法任免国家机关工作人员44人次，实现组织意图和人民意愿的高度统一。特别是县十七届人大三次会议依法选举县监察委员会主任，县人大常委会依法任命县监察委员会副主任和委员，推动中共十九大关于深化监察体制改革的要求在该县有效落实。

重要会议

【概况】 2018年，召开长沙县第十七届人民代表大会第三次会议，大会审议批准长沙县人民政府工作报告，长沙县2017年国民经济发展计划执行情况及2018年国民经济和社会发展计划，长沙县2017年财政预算执行情况及2018年财政预算，长沙县人民政府关于2017年环境状况和环境保护目标完成情况报告，长沙县人大常委会工作报告，长沙县人民法院工作报告，长沙县人民检察院工作报告；书面审查长沙县人民政府计划、财政工作报告和长沙县人大法制、财政经济专门委员会工作报告。举行人大常委会会议11次、主任会议19次。

【长沙县第十七届人民代表大会第三次会议】 1月9—12日，长沙县第十七届人民代表大会第三次会议在明城国际大酒店凯旋宫召开。全县265名代表参加会议。大会审议批准长沙县人民政府工作报告，长沙县人民政府关于县十七届人大一、二次会议所立议案和代表所提批评、意见、建议办理情况报告，长沙县人民政府关于2017年环境状况和环境保护目标完成情况报告，长沙县人大常委会工作报告，长沙县人民法院工作报告，长沙县人民检察院工作报告；书面审查长沙县人民政府计划、财政工作报告和长沙县人大法制、财政经济专门委员会工作报告。选举产生长沙县监察委员会主任；补选长沙县第十七届人民代表大会常务委员会委员；决定长沙县第十七届人民代表大会法制、财政经济专门委员会部分组成人员人选。

【长沙县第十七届人大常委会第十一次到第二十一次会议综述】 1月6日召开第十一次会议，会议初审长沙县人大常委会工作报告（草案）；听取和审议长沙县人大常委会2018年工作要点；审议县十七届人大三次会议主席团成员及秘书长建议名单、邀请上主席台就坐非主席团成员建议名单，通过县十七届人大三次会议列席人员名单；确认补选人大代表资格；听取和初审2017年国民经济发展计划执行情况及2018年国民经济和社会发展计划（草案），2017年财政预算执行情况及2018年财政预算（草案）；会议还决定有关人事任免议案。1月12日召开第十二次会议，会议审议并通过《长沙县监察委员会副主任、委员任命和宪法宣誓程序》决定。胡维龙向会议作人事任命议案说明；拟任的监察委员会副主任、委员先后作任前陈词。县人大常委会组成人员经过审议后，投票表决任命3名监察委员会副主任，5名监察委员会委员。随后，举行宪法宣誓仪式，颁发任命书。2月8日召开第十三次会议，会议听取和审议长沙县人民政府关于提请审议将长沙空港城建设及综合开发PPP项目财政支出责任纳入跨年度预算的议案，并作出相关决定。3月8日召开第十四次会议，会议听取和审议长沙县人民政府关于提请审议城区扩容提质基础设施PPP项目有关支持事项议案、关于提请审议长沙机场联络线改造等道路交通工程建设开发PPP项目有关支持事项议案、关于提请审议长沙黄花综保区（首期）PPP项目有关事项议案、关于提请审议长沙县城乡公交一体化PPP项目有关支持事项议案，并作出相关决定。4月28日召开第十五次会议，会议听取和审议长沙县2018年政府投资项目计划调整情况、2018年县本级部门预算编制情况、2017年度长沙县城乡规划实施情况报告和关于确定2018年县人大工作评议对象及专项工作评议议题议案。会议表决通过2017年度长沙县城乡规划实施情况报告，并决定对县文化体育广播电视局、县旅游局全面工作和县食品药品工商质量监督管理局食品安全专项工作开展评议。6月8日召开第十六次会议，会议听取和审议长沙县国有土地资源管理工作情况的报告，表决通过修订后的《长沙县人大常委会审议意见办理办法》。会议还表决通过个别县人大代表辞职议案。7月27日召开第十七次会议，会议听取和审议2017年预算执行情况和其他财政收支情况审计报告、2017年财政收支决算（草案）和2018年上半年预算执行情况报告、长沙县现代服务业发展情况报告和《长沙县人民代表大会常务委员会关于县人大代表述职办法（草案）》。会议审查和批准2017年财政收支决算，表决通过《长沙县人民代表大会常务委员会关于县人大代表述职办法》和人事任免有关事项议案。此外，长沙县人民政府将长沙县黄兴片区和湘龙片区（城中村）棚改项目纳入政府购买服务议案提交会议备案。9 月 12 日召开第十八次会议，会议听取和审议有关人事免职议案，决定免去王国良、黄梁长沙县人民政府副县长职务。会议还审议通过其他人事免职议案，听取个别代表资格自行终止情况说明，并审议通过个别人大代表辞职议案。9 月 28 日召开第十九次会议，会议听取和审议人事任命有关事项，表决通过长沙县人民政府关于提请杨应龙、康勇职务任命议案和关于提请彭正球职务任命议案。会议还听取和审议县人民政府 2017 年部分审议意见办理情况和规范性文件备案审查工作情况。10 月 26 日召开第二十次会议，会议对全县交通管理工作开展专题询问，县人大常委会组成人员、人大代表围绕交通管理工作中群众关心的热点、难点提出 9 个方面 13 个问题，县公安局、县交警大队、县交通局、县公路局、县行政执法局等 10 个单位负责人回答询问。会议还听取和审议 2018 年国民经济和社会发展计划及政府投资项目计划调整方案（草案）报告、2018 年 1—9 月财政预算执行情况及 2018 年度财政预算收支调整情况（草案）的报告；批准 2018 年政府投资项目计划调整方案和 2018 年财政预算收支调整方案。12 月 14 日召开第二十一次会议，会议听取和审议关于长沙县第十七届人大四次会议筹备工作情况报告、部分被审计单位 2017 年度县级预算执行和其他财政收支审计查出问题整改情况报告、《长沙县国民经济和社会发展“十三五”规划纲要》实施情况中期评估及部分规划指标调整（草案）报告；初审关于长沙县第十六届人大五次及第十七届人大一、二、三次会议代表所提建议办理情况报告。会议还对部分被审计单位 2017 年度县级预算执行和其他财政收支审计查出问题整改情况进行满意度测评，表决通过关于召开县十七届人大四次会议决定、个别县十七届人大代表辞职议案和有关人事任命议案，补选 1 名长沙市第十五届人大代表。

主要工作

【概况】 2018 年，长沙县人大常委会响应中共十九大关于建设同人民群众保持密切联系代表机关新要求，按照“一个主题活动、一次培训学习、一个履职平台、一批高质量建议、一流代表风采”的“五个一”思路，提升代表工作水平。

延伸履职平台。开展“12345”代表主题活动，县人大代表审议发言 351 人次，提出合理化建议 114 条，参与公益行动 952 人次，走访选民 16489 户，全县 26 个代表小组组织代表小组活动 114 次。规范人大代表联系群众工作平台建设，实现镇街实体平台逐步向村（社区）延伸。完善代表履职网络服务平台，指导代表在线上培训学习、提交建议、履职登记、查阅资料，实现代表履职服务网络化、智能化。围绕激发代表履职热情，指导和组织市、县人大代表就全域旅游、产业扶贫、污染防治等主题开展分组调研和会前视察，代表活动更加聚焦中心、富有成效。

督办议案建议。县十七届人大三次会议以来收到代表建议 114 件，推动“在城区进行垃圾分类”“加大对社区卫生服务站投入”“加快打通东二路”等群众诉求得到有效回应。跟踪督办县十六届人大五次会议以来 117 件 B 类建议，促使其中 54 件妥善解决。选择 8 件人民群众关心关注建议，组织 152 名人大代表进行满意度测评，通过将测评压力转化为政府部门办理代表建议的动力，推动代表建议提得有分量、办得有质量。主任会议先后 3 次听取国家 AAAAA 旅游景区创建工作情况报告，支持和促进代表议案办理取得初步成效。

服务管理。制定《长沙县人大常委会关于县人大代表述职办法》，组织 61 名县人大代表向原选区选民报告

2018 年 6 月 7 日，长沙市、县人大代表开展走进警营活动，图为代表们实地察看湘龙派出所办证大厅、执法办案区、综合警务指挥中心
（县人大办 提供）

履职情况。严格落实代表履职管理积分制和不称职代表退出机制，履职积分在80分以上代表占比100 %、100分以上的代表占比42 %，有1名不称职代表退出。扩大代表对常委会工作的参与，邀请代表45人次列席常委会会议、693人次参加各项活动。

工作评议。4月28日，县人大常委会第十五次会议决定对县文化体育广播电视局、县旅游局全面工作和县食品药品工商质量监督管理局食品安全专项工作开展评议。5月8日，召开人大代表评议部门工作动员会，法检“两长”及全县150余名县人大代表参加会议。7月27日，召开人大代表评议部门工作集中评议大会，148名人大代表集中评议与测评县文广局、县旅游局全面工作和县食药工商质监局食品安全专项工作。12月5日，召开人大评议部门工作整改落实暨县人大代表建议办理工作会议，152名县人大代表分别对县文广局、县旅游局全面工作和县食药工商质监局食品安全专项工作整改落实情况进行测评，评议结果均为满意。

镇街联席会议。3月16日，召开镇街人大工作联席会议第一次会议，总结点评2017年工作，部署2018年工作。6月27日，在路口镇召开镇街人大工作联席会议第二次会议，对上半年全县镇街人大工作进行总结点评，对下半年工作进行业务培训。9月29日，在开慧镇召开镇街人大工作联席会议第三次会议，研究讨论如何进一步加强镇街人大预算监督工作。12月27日，召开镇街人大工作联席会议第四次会议，回顾2018年县人大工作开展情况并谋划2019年工作任务、工作重点。（张瑞波）

责任编辑　周进银

综 述

【概况】2018年，长沙县适应宏观政策调整，统筹做好稳增长、促改革、调结构、惠民生、防风险等各项工作。

经济建设。地区生产总值增长10.6%，规模工业总产值增长10.5%，全社会固定资产投资增长15%，社会消费品零售总额增长9%；财政总收入350.03亿元，增长22.4%；在全国县域经济基本竞争力、中国中小城市综合实力百强排名中均跃升至第5位，分别连续5年和7年稳居中西部第一，提前三年实现“挺进五强”目标。引进京东无人车、德国大陆集团中央电子工厂、山太飞机维修等一批重大产业项目，索恩格中国公司、铁建重工第二产业园、广汽三菱发动机等重大项目建成投产，工程机械产业晋升千亿产业集群，长沙经开区成功晋级全国20强，产业集聚、科技创新等方面全国领先。举办2018国际区块链大会，启动院士工作站、研究院、中国工业与应用数学学会等平台建设，与国家互联网应急管理中心共同成立全国首个区块链安全检测中心，一批知名企业落户星沙区块链产业园。

体制改革。深化行政执法、三分式审理、国资国企等重点领域改革，“百村供销工程”三年攻坚行动全面启动，率先推出“2430”政务服务“最多跑一次”改革，获评国家级农村综合性改革试点县。节约集约用地新模式被国务院点名表扬，获得1000亩新增建设用地计划指标奖励。黄花机场晋级“国际四星级机场”，临空经济区引进重大项目30多个、总投资超过400亿元，联通数字阅读基地、普洛斯空港物流中心、百联奥特莱斯等项目建成运营；黄花综保区新增进口药品口岸功能，口岸3个，保税加工、口岸贸易、跨境电商、供应链金融等产业全面发力，全年实现进出口额25亿美元。全县实现外贸进出口总额66.9亿美元，占全省的1/6，开放崛起获全省发展开放型经济优秀县市区称号。改革开放经验被《人民日报》、央视《新闻联播》等中央媒体重点推介，入选庆祝改革开放40周年“百城百县百企”调研丛书。

社会建设。推进旧城改造和“一圈两场三道”建设，G107调规公路、岳汝联络线、万家丽路与绕城高速互通建成，湘龙街道农贸市场获2018年省级文明集市称号。开展文明城市创建，获新一轮全国（县级）文明城市提名城市。星沙、泉塘获评全市“十强乡镇（街道）”，黄花镇进入全国科学发展“百强镇”，金井镇获评国家示范农业产业强镇，开慧镇获评全国十佳康养小镇，路口麻林老街、高桥金桥老街等一批特色古街初具规模。投入财政资金19.4亿元启动145个项目建设，获评全国产茶重点县、全省茶叶“千亿产业”十强县、全省粮食生产先进县，春华现代农业示范园纳入省财政重点支持项目，北山梅获国家地理标志产品保护，形成以金井、开慧、高桥、路口、浔龙河为代表的5种农村集体经济发展新模式，果园“浔龙河”入选“新华社民族品牌工程·未来之星”。农村公共服务设施不断完善，北山、江背、果园等镇开通燃气，金井水厂投产运营，全县农村自来水通村率85%，城镇污水集中处理率91%。全域旅游蓬勃发展，以慧润为代表的民宿经济持续火爆，天华山、影珠山获评国家AAA级景区，全县AAA级以上旅游景区7家，全年接待游客1300万人次，实现旅游综合收入140亿元，荣获全省美丽乡村先进县和旅游强县称号。

三大攻坚战。“停、缓、调、撤”项目192个、调减资金25.41亿元，债务风险指标均在警戒线以下。投入产业扶贫资金1870万元，贫困户“两业”扶贫覆盖率90%以上，贫困户户均增收4000元以上，建档立卡贫困户从4720户14033人降至211户548人。持续打好污染防治攻坚战，着力抓好环保督察整改，中央环保督察“回头看”、省环保督察信访交办件基本办结销号；铺排启动临空污水处理厂、挥发性有机物治理等项目200多个，推进“六控”和“十个严禁”，全年空气质量实现“两降一升”目标；推进“两河七口”截污提质，浏阳河长沙县段实现全面截污，完成土桥撇洪渠黑臭水体治理，城西、浔龙河、江背工业园污水处理厂和黄兴片区污水管网建设全面完成；实施垃圾分类处置及资源化利用，农村“五治”有序推进，福临、青山铺、路口、北山等镇生猪养殖污染治理扎实有效，城镇生活垃圾无害化处理率、村庄生活垃圾治理率100%。

社会建设。投资5800万元79个“微建设·微民生”项目，民生领域投入134亿元。北师大长沙附属学校一期、湖师大星沙实验学校等9所学校建成开学，改扩建中小学15所，扶贫助学新模式获评2018年全国民生示范工程；医药卫生体制改革、智慧医疗建设试点工作稳步推进，县人民医院开工建设，获评全国“万步有约”职业人群健走激励大奖赛健走示范城市，县妇幼保健院跻身“全国县级妇幼保健院百强”；新建停车场50个，县城停车位12.1万个。推进公租房建设和棚户区改造，房地产市场稳健发展。推进田汉国际戏剧艺术小镇和田汉艺术综合体项目，举办田汉诞辰120周年系列活动，“福临之夜”“福乐会”“莲洁泉塘”等镇街品牌文化活动风生水起，获国家“第七届全国服务农民、服务基层文化建设先进集体”“一级图书馆”“全民阅读先进单位”等荣誉称号。推进扫黑除恶、安全生产、信访维稳等工作，椝梨通过省级安全生产示范镇验收，食品安全监管模式连续三年获评全国“民生示范工程”，县检察院获评全国模范检察院，长沙县获评全国法治县（市区）创建活动先进单位、全省社会治安综合治理先进县。

外事侨务

【概况】 2018年，长沙县接待国外境外客人来县6批157人次。自组团2个8人次、参团11批11人次，办理13批19人次的因公出国（境）手续，使用因公出国（境）专项经费64.87万元。其中，5月4–13日，长沙县政府组织考察团赴美国、加拿大开展项目对接活动，促成长沙—加拿大哈利法克斯全货机定期航线开通；6月20–29日，长沙县委书记曾超群陪同湖南省委副书记、省长许达哲访问乌干达、埃塞俄比亚等国家；8月14–23日，长沙黄花综合保税区组团赴英国、德国、希腊进行为期10天经贸活动。做好重要节会外宾报批手续，保证重大节会进行。6月15日，长沙县举行长沙临空经济示范区专题招商推介会。10月24–26日，2018亚太低碳技术高峰论坛在长沙县举行，有21个国家的67名外宾参会。11月3–4日，长沙县举办2018国际电动航空论坛，10个国家的40位外宾参加论坛。持续拓展友城交流。5月长沙县代表团在英国访问期间，与伯明翰市政厅探讨两市建立友好城市、进一步合作的可能性。11月理查森市友城代表汪大卫应邀到访长沙县。2018年松雅湖国际友谊林接待长沙市和韩国龟尾市结好20周年庆典植树、湖南省与日本滋贺县结好35周年庆典植树活动，为友城交流做出积极贡献。（县政府办）

人事人才

【概况】 2018年，长沙县开展招录工作，录用公务员14名，机关事业单位选调招聘1099人。申报省科技创新领军人才1名，申报省121创新人才3名。全面落实人才新政22条，经市级审定长沙县（含经开区）有国家级、省市领军人、高级人才95名。赴南方医科大学等地为长沙县人民医院招聘临床医技硕士、博士121人。拟定《长沙县机关事业单位编外人员管理办法》《长沙县县管国有企业负责人薪酬管理暂行办法》等制度。全年营职以下及专业技术军转干部安置56名，随调家属6名。举办三期公务员在职网络培训，培训近2000人，举办“清华大学长沙县优秀公务员素质提升班”、《新媒体环境下新闻发布的理念与方法》特色培训。全年为12788人次，发放高校毕业生租房和生活补贴1181.4万元，为287人次发放留学归国人员租房和生活补贴49万元，为技能人才461人次，发放职业技能晋级补贴120万元。

【开展“千人帮千企”系列活动】 为抓住高校毕业生就业创业人才服务季契机和落实“千人帮千企”精神，长沙县在湖南机电职业技术学院和湖南信息学院开展长沙县就业创业人才服务季校园招聘活动。两次活动参展单位410余家，提供职位3500余个，求职人员近6000人，达成就业意向近1000人。扩大对高校高层次人才的人才新政22条宣传，12月6日，县人社局在湖南信息学院举行人才及创业政策推介会，邀请该校19届毕业生500人参加，宣讲长沙人才新政22条政策，发放资料近千余册。系列“千人帮千企”招聘宣传活动，为企业搭建引才平台，为县域内高校毕业提供就业创业机会，助推长沙县人才强县工作。

【实现“人才新政”个人奖补】充分利用信息化手段，打通与社保、学历认证、户政信息的数据通道，实现人才新政个人奖补“一次都不跑”。登录长沙人才智慧APP，即可申请个人奖补资金，免去广大群众来回跑路、提交资料的麻烦，窗口收单率下降近70%。长沙县人才服务窗口为14579人（次）发放高校毕业生租房和生活补贴约1350万元；为333人（次）发放留学归国人员租房和生活补贴约55万元；为491位技能人才，发放职业技能晋级补贴约128万元。按照市委、市政府关于推进人才新政22条落地实施的决策部署，经市委人才工作领导小组审定并向社会公示发布，前三批认定的高层次人才名单中长沙县（含经开区）有169名（其中A类高层次人才1名，B类高层次人才15名，C类高层次人才42名，D类高层次人才111名）高层次人才，占全市近三分之一。（王婵娟）

政务公开与政府服务

【概况】2018年，长沙县政务大厅办件7500件/天，资金流3.2亿元/周。先后出台《长沙县推进“最多跑一次”改革实施方案》《长沙县政务服务中心联合窗口管理办法（试行）》《长沙县政务服务三级帮代办体系建设方案》《长沙县“一窗受理、集成服务”改革方案》等系列文件，推进“一窗受理、集成服务”、三级帮代体系建设、“2430”提速工程等多项改革。梳理并公布全县“最多跑一次”政务服务事项997项，占全县总政务服务事项的96%。政务大厅入驻30个部门单位849项政务服务事项，事项集中率增长至81%。减少65个前台窗口，新增2个群众休息区100余席群众休息等待座椅、2个自助导办一体区、2个联合窗口、1个24小时自助服务区。自助服务区涵盖人社、税务、不动产、交通违法等自助终端，实现7×24小时不打烊政务服务。创新一体化管理方式，明确网格管理员和信息员，负责网格内日常管理及应急处理工作。全年接收市级派发工单20713件，办理工单20176件，按时办结率100%，月均满意率97.69%。将1000余条“最多跑一次”事项全部录入12345热线信息库，各类政务服务投诉、咨询、举报等问题实现“12345”一号解决。

主动公开与重点领域公开工作，“长沙县人民政府网”全年发布信息总数量5万余条，同比增长1万多条。访问量315.4万次。利用新媒体构建多样化的公开渠道，通过“长沙县发布”“微星沙”等政务微博、微信及各单位官方新媒体平台同步推送最新文件和政策解读信息。建立健全依申请公开受理、答复及部门沟通协调机制，依法妥善处理涉及敏感问题的申请，提高回复质量。县本级收到依申请公开申请68件。

【三级帮代体系建设】制定和出台《长沙县政务服务三级帮代体系建设方案》，依托帮（代）办服务中心，指导全县镇（街道）、村（社区）以及园区开展帮办和代办服务。县级帮代队伍建设与工作机制日趋成熟，县政务大厅前台综合导办、主题窗专业帮办、联合窗代收代办助力大厅精准高效服务，月均帮办事项1.5万件，代办事项1.2万件；各镇村干部、网格员、党员干部等1900余人组成的专业帮代办服务队伍，依托网格、党建O2O等平台，提供老弱病残上门服务、取件代办、各类终端代办等“零距离”帮代服务，联审联办一窗（或一人）收件集中代办，逐步由“网格化+管理”向“网格化+服务”转变。星沙街道将帮代工作与党建、网格化管理相结合，实现大厅内“一帮到底”，网格内“零距离”服务，“党建+平台+全科网格化”的星沙模式初显雏形；经开区、长沙黄花综保区帮代服务队伍相继成立并优质运转，按照企业需求逐步实现“园区内事项帮办到底，园区外事项代办到位”的零距离为企业帮代办服务。（张　颖）

信息化城市服务管理

【概况】2018年，长沙县配置物理服务器20台，内存6G，存储400千兆（GB），部署防火墙、漏洞扫描、日志审计、数据库审计等安全资源，上线虚拟服务器179台，县国土局、县财政局等20多个部门、150多个业务系统实行集约化建设和管理。建成覆盖所有县直单位、镇（街道）、村（社区）、学校（医院）、站所（中队）的电子政务网络，接入点800多个，接入电脑终端约20000余台，出口带宽2.4G。

全年发布信息数量51248条，互动交流栏目收到网友来信3273封，办结率100%。全年安排专项资金576万元用于县“互联网＋政务服务”平台（基层工作平台）配套硬件及服务部署；制定平台推广应用工作方案，召开专题调度会议10余次；组织20余场次培训1000余人次；下发长沙县“最多跑一次”工作情况通报及平台应用通报；对接和清理不动产登记、人社一窗业务平台等10余个业务系统；指导各业务部门梳理、完善各类基础数据库和电子证照库建设；加快15分钟智慧生活圈数据采集。

（张　阳　柳　林）

【新型智慧城市顶层规划】 2018年，长沙县摸底和调研访谈全县各部门及镇街、村（社区）信息化现状、建设需求及项目发展思路，收集调研问卷61份，现场访谈记录25份；收集21条意见，采纳18条。委托湖南省邮电规划设计院有限公司编制《长沙县新型智慧城市顶层设计》，提出今后5年长沙县创建国家新型智慧城市的总体思路、建设目标、主要任务、总体框架、重点工程和体制机制保障，搭建发展蓝图框架。（闵　艳）

【编制政务信息资源目录】 2018年，长沙县出台《长沙县政务数据目录梳理工作方案》《关于做好长沙县政务数据资源和信息系统整合共享工作的通知》《长沙县政务数据资源共享工作实施方案》，开展政务信息资源目录体系建设和信息共享专题培训工作，梳理政务信息资源底数，明确可共享的信息资源，编制《长沙县政务信息资源目录体系》。（阳智强）

责任编辑　张　娜

综 述

【概况】2018年，县政协召开全体委员会议1次，常委会议5次，主席会议14次，围绕挖掘三师资源等多个课题开展视察调研，举办专委会对口协商3次，重点提案办理协商暨界别座谈会2次、重点提案办理协商3次、界别协商3次，开办政协委员集中培训会1次、政协工作者履职能力提升专题班1期，委员小组主题学习40余次，征集立案提案110件，反映社情民意信息20条。

重要会议

【政协长沙县第九届委员会第三次会议】政协长沙县第九届委员会第三次会议于1月9—11日在星沙举行。县政协主席王益枝作政协长沙县第九届委员会常务委员会工作报告，县政协副主席郭艳红作长沙县第九届委员会常务委员会九届二次会议以来提案工作情况报告。唐杨松、周艳红、王希宁、龚旭、王聪球5名委员作参政议政发言。法制提案委主任陶自立报告政协长沙县第九届委员会第三次会议提案初审情况。委员听取和讨论政协工作报告、提案工作报告、政府工作报告及其他工作报告。县委书记曾超群致大会闭幕词。

【政协长沙县第九届委员会第七次至第十一次常委会会议】1月3日，政协长沙县第九届委员会举行第七次常委会议。会议听取政协长沙县第九届委员会第二次会议时间及会议地点等有关情况说明以及委员增补情况说明。会议通过政协长沙县第九届委员会委员增补推荐名单，将何方明等14人增补为九届政协委员。

1月11日，政协长沙县第九届委员会举行第八次常委会会议。会议听取县委组织部关于监察委员会主任人选的通报及各组讨论情况汇报，书面听取大会提案初审情况汇报，讨论通过大会各项决议（草案）。

3月22日，政协长沙县第九届委员会举行第九次常委会会议。会议讨论审议《政协长沙县委员会委员履职考评细则》《政协长沙县委员会镇（街）委员小组履职考评细则》《政协长沙县委员会县直机关委员小组履职考评细则（征求意见稿）》。王益枝代表政协长沙县第九届委员会，聘请省政协常委、省政协经科委主任吴金明为县政协常委会重点调研课题专家顾问，吴金明专题授课。

7月11日，政协长沙县第九届委员会举行第十次常委会议。会议听取长沙县人民政府上半年政情工作通报以及政协长沙县委员会上半年工作情况通报。

10月12日，政协长沙第九届委员会举行第十一次常委会暨文化旅游考察活动。全体县政协常委及县政协各委办主任共赴望城区新华联铜官窑古镇，就文化旅游产业发展经验和做法进行考察学习交流。

主要工作

【概况】2018年，县政协在县委的正确领导下，全面深化“围绕中心、服务大局、创新履职、强化队伍”工作思路，发出时代好声音，弘扬社会正能量，争当创新践行者，增进改革共识，汇聚发展合力，助推民生改善。

【重点调研】按照县委的工作部署，主席会议成员围绕县域北部张百熙、徐特立、杨昌济“三师”人文教育资源，深入开展调研，召开委员界别组座谈会、专家咨询会，广泛听取各方意见，提出建设“三师”教育博物馆、“三师”教育小镇、“三师”研学旅游景点的“一馆·一镇·三点”构想，调研报告获评全省政协系统优秀调研报告一等奖，县委、县政府主要领导高度认可调研成果。按照县委书记的批示要求，围绕“三师”教育小镇的选址、定位以及产业导入，与教育、国土、规建、商务、旅游等部门、镇街广泛座谈，与北京师范大学、创头条、上海新锐恒源科技深入研究，提出构建教育、文化、科创于一体的产业平台的建议，向县委、县政府提供决策参考，为培育“强南富北”产业新动能贡献政协智慧。

【对口协商】 发挥对口协商议题集中、组织灵活的特点，围绕“大力推进乡村振兴、突破分级诊疗瓶颈、商品住宅小区供电专改公”等议题与县直相关部门面对面协商，建言助力发展。县委、县政府充分吸纳“大力推进乡村振兴”协商报告的相关建议，制定《长沙县壮大新型农村集体经济的实施方案》，培育乡村振兴新动能。卫计局围绕“突破分级诊疗瓶颈”的协商报告，开展全县医疗卫生机构分级诊疗能力和病种评估工作，构建布局合理、服务多样、质量优良的分级分工诊疗体系。电力局围绕“商品住宅小区供电专改公”的协商报告，制定专改公实施意见，促进协商成果转化。

【界别协商】 突出界别优势，发挥界别在协商民主中的作用，围绕“建设智慧旅游平台、布局温泉小镇产业、建设国歌大道、培育赛事经济、建设智慧安全星城”等议题开展界别协商。旅游局围绕“建设智慧旅游平台”的协商建议，建设旅游产业运行监测调度平台、旅游综合监管平台等8大软件平台，建设智慧旅游指挥调试中心，力争实现一台手机游长沙县。交通局围绕“建设国歌大道”协商建议，为国歌大道列入2019年度财政投资项目做前期的充分准备。公安局、文广局、路口镇落实赛事经济、智慧安全星城、温泉小镇的相关协商建议，实现委员声音转化为民生举措。

【提案办理协商】 坚持把协商贯穿于提案办理全过程，坚持县委县政府领导领办重点提案制度，发挥重点提案办理协商的引领作用。围绕县委书记领办的“加快航空物流产业发展、培育特色临空产业体系”重点提案，临空经济示范区制定财税金融、土地供给、人才科技等六项优惠政策，加快构建特色鲜明的临空产业体系。围绕县长领办的“实施校园直饮水工程、解决中小学生在校饮水安全问题”重点提案，教育局完成直饮水服务采购招标工作，项目建成后将实现城乡中小学校接入优质直饮水。推行一般提案办前解意图个别协商、办中强化互动沟通协商、办后及时回访办复协商的工作机制，统筹一般提案全面办理，实现提案办复率100%，促进解决一批人民群众最关心、最直接、最现实的利益问题。

【议政建言】 九届三次会议期间，委员们肩负使命，与县党政领导一起共商大事、共谋大计。全会重点围绕政协常委会工作报告、政府工作报告等深入开展讨论，5名县政协委员分别围绕“加快建设路口温泉小镇”“让‘三师’成为教育强县、研学旅行的‘灵魂’”“夯实医疗卫生基础，突破分级诊疗瓶颈”“精心筑就国歌大道，打造红色旅游大动脉”“加快农业供给侧结构性改革，助力乡村振兴发展”等主题作大会参政议政发言，10名委员围绕燃气镇镇通、垃圾分类减量、旅游集散中心、校地合作等方面作联组发言，有关建议为县委、县政府科学决策提供重要参考。

【视察献策】 围绕“临空经济示范区”开展省市县三级政协委员视察，借助省市县三级政协力量助推临空经济区发展。围绕“田汉文化园”开展政协常委视察，助力田汉文化园的管理与运营。邀请市历史文化名城建设推进委员会专家组成员视察田汉文化园，视察报告获省委常委、市委书记胡衡华批示，促进田汉文化园建设相关问题的解决。围绕城区农贸市场建设与管理、现代公共文化服务体系、人民法院工作等民生议题开展政协主席会议成员视察，提出许多建设性的意见建议，发挥人民政协“智囊团”作用。

【编辑丛书】 按照县委书记曾超群“全面摸清家底、全面提炼主题、全面营造氛围、全面服务产业”的编撰要求，与湖南省人民出版社合作编撰《长沙县历史文化丛书》，首次系统梳理县域历史沿革、名人志士、河流山川、民风民俗和文化遗风，分历史、山水、人物、民俗、文艺5卷，共10册、200余万字，起到承接历史脉络、反映时代风貌、突显县域特征的效果。举行《长沙县历史文化丛书》首发仪式，向省市县档案馆、图书馆、文化馆、新华书店、部门单位以及上级领导、党代表、人大代表、政协委员赠书，为焕发“强南富北”文化新活力彰显政协作为。

【畅通民意】 采用民主监督与舆论监督相结合的方式，联合县电视台、星沙时报开设“委员话民生”专栏，借助新闻媒体传递委员的意见建议，促进民生问题解决；针对“建设管理好城区公共厕所”话题，城管局对城区公共厕所提质改造，实现城区公共厕所整洁化、智能化、人性化；围绕“停车难、停车乱”话题，交警大队新增电子警察20个，促进道路交通安全、畅通、有序。发挥社情民意直通车作用，全年编发社情民意信息专报20期，省、市政协采用15期，省市领导批办5期；其中，刘晓委员撰写《推进农村标准化地块整理挂牌、提升土地经营流转成效》的社情民意，获得省委办公厅《信息专报》全文刊登，并报省委领导参阅，为促进全省土地经营权流转、发展适度规模农业提供参考。

【创新履职】 组织全体政协委员使用政协云APP开展学习和履职应用，打通政协委员“微建议”与县“12345”市民热线平台的连接渠道，委员微建议由县“12345”市民热线平台转交办理，全年受理各类微建议102件、办复86件，省政协主席李微微批办1件，充分发挥委员微建议、微协商、微监督的积极作用；围绕“延长妇幼保健院前红绿灯时间”的微建议，县交警大队采取优化信号灯配时、增设行人过街安全岛、待驶区等优化措施，有效解决交通安全隐患。以“互联网+委员工作室”为抓手，建成线下社区智慧委员工作室19个，全部与省政协云线上对接，实现省市县政协委员进驻社区智慧委员工作室，开展线上、线下履职活动；全年受理群众反映问题182个、办复159个；泉塘街道板桥社区停车场等问题，依托社区智慧委员工作室基层协商圆满解决，湖南日报、湘声报作推介报道。

【助推中心工作】 按照县委的统一部署，主席会议成员深入联系10个重点项目，走访调研、现场调度、协调服务，为项目建设提供有力支持。围绕田汉文化园建设，多次协调建设单位加快园区项目工程建设进度，为田汉诞辰120周年系列纪念活动顺利开展打下坚实的基础。参与田汉文化园项目运营商招商洽谈，在引入星光集团战略运营田汉文化园的工作中，积极参加协调推动，为塑造“强南富北”旅游新地标发挥政协作用。深入镇街、企业、河滩开展环保督察整改工作，助力打赢蓝天保卫战。召开民营企业家委员座谈会，学习贯彻习近平总书记在民营企业座谈会上重要讲话精神，助力民营企业发展。

【加强自身建设】 承办市第二届“同心杯”篮球赛，促进全市政协系统的交流联谊。举办四川大学委员履职能力提升研修班，开展“学习十九大精神”专题培训，提高委员政治把握能力、调查研究能力、联系群众能力、合作共事能力。加强与各级媒体的联系，向外推荐政协工作及委员履职情怀，对外影响进一步增强。编印《履职前行》画册，展现政协及广大委员的履职成效。协同县委、县政府制定《2018年度协商与监督工作计划》，政协协商民主工作机制进一步完善。制定《主席会议议事规则》，主席会议成员履职更加规范。制定《镇街政协委员小组、县直机关委员小组履职考评细则》，科学设置视察、调研、提案、社情民意等工作考核指标，有效提升政协组织的工作实效。制定《政协委员履职考评细则》，量化委员履职考评指标，发挥委员履职考评“指挥棒”作用，实现履职考评信息化。各镇街政协委员小组、县直机关委员小组积极扩大不同界别委员在调研、视察、便民活动中的参与面，推进政协工作更好地扎根界别、服务群众。泉塘街道委员小组聘请社会贤达进驻智慧委员工作室，探索创新履职新路径；北山镇委员小组围绕村民小组集体经济开展集体调研，助力乡村振兴建设；黄花镇委员小组围绕“完善集镇基础设施配套功能”进行视察，助力民生改善；湘龙、榔梨、长龙等街道委员小组，组织委员开展视察、评议活动，服务当地经济社会发展。广大政协委员积极发挥自身优势和特长，展示履职特色，工商界委员依托工商联的组织优势和商会的纽带作用，创建全省首个无人售货同心扶贫超市，开创精准扶贫新模式，获评2018年度市级“同心项目”；周卫东依托智慧委员工作室举办“委员讲堂”，为群众普及卫生健康知识；李强积极助力精准扶贫，获评全省百名最美扶贫人物。

（周　思）

责任编辑　张　娜

长沙县总工会

【概况】 长沙县总工会下辖34个工会联合会、10个直属基层工会，有基层工会3246家，会员12.85万人。2018年，组建工会629家，发展会员25901人(其中农民工会员17525人)。全年帮扶困难学生和困难职工1044人，资金96.4万元，其中在职职工医疗互助1029人次，补助63万余元，女职工特殊疾病保障补助8人，8万元。县总工会微信公众号开设“单身地图”线上交友服务功能，举办4场“缘定星沙”相亲联谊活动。全年组织签订工资集体协商协议247份，其中4家企业被评为市示范单位。举办9期电工、焊工、育婴师、美容师、茶艺师培训班，受训近700人。举办2期业余导游培训班，培训150多人。举办60名技工参与装配钳工和焊工技能竞赛。举办长沙县工会干部素质能力提升培训班（厦门大学）、工资集体协商之春季要约行动培训班、县级模范职工之家培训班、新任基层工会主席培训班、学习中国工会十七大精神培训班、组织全体社会化工会工作者参加市总专题培训等，培训基层工会干部职工500人次。

【长沙县2018年度装配钳工和焊工技能竞赛】 2018年7月13日，长沙县总工会主办装配钳工和焊工技能竞赛在长沙县职业中专学校（星沙校区）举行，来自全县的60名技工在实训赛场“真刀实枪”同台竞技。竞赛设置装配钳工和焊工两个类别，分为理论考试和现场实操两部分。比赛获奖前5名选手将组织集训后参加市总工会“十行状元 百优工匠”技能竞赛。

中国共产主义青年团长沙县委员会

【概况】 2018年，共青团长沙县委开展“不忘初心，牢记使命”主题教育，组建宣讲队，推动党的十九大精神进企业、进农村、进校园、进社区。举办“听党话 跟党走”学习十九大精神知识抢答赛；开展“新时代·新青年·新征程”青春中国梦主题文创活动。深入学习贯彻共青团的十八大精神。组织全县各级团组织和团员青年深入学习领会习近平总书记“7·2”重要讲话精神和团的十八大精神，开展十期“青年大学习”网上主题团课学习；举办学习习近平总书记“7·2”重要讲话精神专题学习班；组织基层团干和青年文明号负责人50余人，到天心区桂花坪街道金桂社区“心中的梁家河”学习教育基地，开展青年大学习主题团日活动。开展“向日葵”青少年思想引领计划和学雷锋志愿服务活动，强化青少年思想引导；组织参加“争做新时代好队员”长沙市鼓号队比赛，长沙县百熙实验小学在比赛中获评二等奖。全县各级团组织开展学雷锋志愿服务活动80余起，参加的志愿者有6万余人。

共青团改革。开展“抓重点、补短板、强弱项”大调研活动，推进改革方案出台，印发《共青团长沙县委改革实施方案》；开展团员发展调控工作。2018年初中毕业班团员比例低于30%，高中毕业班团员比例低于60%，控制团员发展规模，提升团员质量；优化团县委机构设置，设立办公室和青年发展部，计划增设挂职副书记1名，兼职副书记3名，充实团县委工作力量。推进网上共青团建设。抓好微信、微博、青年之声等新媒体内容供给和宣传，微信公众号全年推送图文110余篇，微博更新2300条，“青年之声”提问、回答总量10万余次。

【“青年之家”建设】全年新建2个市级“青年之家”综合服务平台，省、市级青年之家8个；推进基层团组织标准化、示范性建设，对照新标准进行巩固提升，新建5个示范性基层团组织；全县“智慧团建”系统完成六级组织框架（到团支部）信息录入和全县团员信息采集录入，截至12月25日，全县智慧团建系统295个支部录入团员12804名，系统完善率100%。

【服务青年成长】全县18家青年集体入围县级青年文明号候选集体，择优推送7家申报市级青年文明号；51名青年入围县级青年岗位能手候选人，择优推报15人申报市级青年岗位能手；推送优秀青年代表参加团市委青年岗位能手评比表彰会，举办年青岗位能手培训班一期；联系7家市级青年文明号开展精准助扶贫，结对帮扶长沙县果园镇建档立卡7家贫困户，开展各类帮扶40余次。实施农村青年致富“领头雁”计划，吸收长沙县农创联会员43人，开展农村青年创业培训2期，组织参与湖湘英才支持计划1次。

【服务社会发展】整合青年公益社会组织、志愿服务组织，着力培养一批“星沙蓝”公益团队，助力打赢蓝天保卫战。组织青年2000余人次开展抗雪除冰、情暖春运志愿服务；举办第三届公益项目展评活动，整合青年公益社会组织、志愿服务组织，12个公益项目落地长沙县；组建56支蓝天保卫战青年志愿服务队，开展常态化青春守护“星沙蓝”志愿服务活动；组织大学生志愿者赴龙山县开展“三下乡”活动、赴沅陵县助学活动，参加“杜鹃花开，情满星城”爱心义卖活动，筹集爱心善款3.8万元，用于帮扶长沙县困难青少年。（陈　展）

长沙县妇女联合会

【概况】2018年，长沙县妇联落实《长沙县妇联改革实施方案》，增加家庭领域工作以及网络和新媒体工作职能，县妇联执委增至45人，社会组织建妇女组织78个、楼宇商圈建妇联组织5个，县直机关单位建妇委会64个。全年创建县级示范“妇女儿童之家”18个，市级示范“妇女儿童之家”3个。举办一期女干部综合素质提升培训班、“听党话跟党走”学习中共十九大精神知识抢答赛。开展“百千万巾帼大宣讲”活动110场次、组织纪念改革开放40周年群众合唱比赛、“三月女人天·全域旅游行”工业及乡村旅游学习和传统女红文化体验活动，举办“巾帼心向党·凝聚她力量”庆三八趣味运动会。组织广大妇女参与抗冰除灾、义务植树、“蓝天保卫战”、文明劝导、爱心捐赠等志愿服务活动4000人次。举办首届文明家庭暨农村精神文明建设展评活动，评选出12户县级文明家庭标兵户、88户县级文明家庭、35户县级两型示范家庭、100户“平安家庭”明星户、5户市级最美家庭，皮青获评全国三八红旗手。开展“文明家风、科学家教”父母大讲堂巡讲活动109堂次；开展“关心下一代·家庭教育中国行”长沙县站活动；举行全县家庭教育讲师赛课活动；“伴随成长”项目向县域内20余万儿童家长提供家庭教育知识52期。实施国际计划项目，金井镇5个“儿童幸福家园”建设纳入县委县政府实施微建设·微民生为主题的“民生立县”项目，以社区为基础的儿童保护服务模式已经形成；打造椝梨街道龙华小学“知心屋”品牌建设项目；举行“欢庆六一·童心同乐”特殊儿童关爱活动；组织“相伴共读、书香润德”家庭亲子阅读活动；开展“牵手相伴、爱暖童心”留守儿童关爱活动。组织三八维权月、“建设法治长沙巾帼在行动”普法宣传20场，开展“禁毒妈妈联盟”活动，推进“无毒家庭”创建，发放宣传资料18000份。完善12338妇女维权热线，全年接处群众来电来访87件，办结率100%，满意率100%。全年受理婚姻家庭纠纷2246起，深度调解475起，调和178起，调和率38%。开展家庭暴力危险评估，推动法院、公安机关发出人身安全保护令2例、家庭暴力告诫书1例。全年走访慰问困难妇女103户、慰问贫困学子45人；开展“情暖沅陵儿童爱心捐助冬衣”活动，捐赠近万套物资送往沅陵县二酉苗族乡棋坪九校；携手爱心人士开展爱心捐资助学活动，8名沅陵县大学生每年获5000元资助；组织爱心家庭与内蒙古科右中旗112名贫困儿童结对帮扶，资助爱心款物30多万元。

【服务妇女事业】举办首期IYB（改善你的企业）培训班；组织开慧40名民宿女主人素养提升培训班3期；开展农村妇女美容美甲免费培训1期；组织农村妇女参加手工培训8期。春红花卉、心品茶业获评市级巾帼现代农业科技示范基地，华穗农庄获评市级巾帼示范农家乐；联合人社部门开展“春风送岗位”活动，协助做好妇女创业担保贷款工作。在开慧镇探索建立“兰·心·蕙·质”4个女红微家，每周定期开展手工编织培训，来自开慧镇及周边村镇2000余名农村妇女参与手鞠球、杜鹃花纸艺培训，培训合格后领料回家加工，每月创收1000～3000元，实现居家灵活就业。推进农村适龄妇女“两癌”免费检查项目。全县有23878名农村妇女、企业女职工及环卫女工人参加两癌筛查，29名贫困“两癌”妇女获救助资金25.9万元。（阳迎军）

长沙县红十字会

【概况】2018年县红十字会开展“博爱送万家”活动，发放困难群众救助款19.4万元，发放困难家庭救助款197户，共14.2万元。申报困难家庭人道救助基金128户，11人获得救助；申请小天使基金救助，6名白血病患儿获得救助款1.2万元。接受社会各界爱心人士善款44.23万元，爱心物资折合价值18万元，接受省市红十字会大米、食用油、棉被、药用洗剂等慰问物资40余万元，受益人数1000余人，普及中小学校防灾减灾知识。建设博爱家园项目，青松老年公寓、高桥腾辉茶苗基地项目通过省市验收。新成立青松老年公寓红十字会、湖南米琪乐文化传播公司红十字会等10余个基层红十字组织。2018年，县红会荣获“全国红十字防灾避险知识竞赛三等奖”，黄花中学荣获“全国红十字防灾避险知识竞赛二等奖”。宣传和推动无偿献血、造血干细胞及遗体、器官捐献。投放遗体、器官捐献宣传贴片公益广告，举办造血干细胞捐献宣传巡讲活动，400余人参加；在全县中小学校开展造血干细胞捐献宣传活动，各学校报送学生观后感、手抄报等作品800余件。全年登记遗体器官捐献志愿者50例，遗体器官捐献志愿者9例。

志愿服务。新组建县红十字文化传播志愿服务队、县红十字志愿服务队天慧分队、县红十字志愿服务队春华分队、湖南慈善企业家红十字志愿服务队4支队伍。召开红十字志愿服务现场会，开展《志愿服务条例》讲座。拍摄《中国红》《用爱托起“生命方舟”》《平凡之路》系列红十字公益宣传短片，红十字志愿服务荣获“长沙县宣传思想文化‘十佳创新案例’”。走访慰问长沙县20余位抗站老兵、关爱峡山小学留守儿童、敬老院及残障孤寡老人，为重度褥疮患者筹集善款。开展“学雷锋社区陪伴服务”慰问关爱抗战老兵200余次，走访慰问困难家庭、县内敬老院两百余次，参与全县长输油气管道成品油泄漏应急救援演练。

【救护培训】举办救护师资AHA急救员培训班，开展应急救护知识普及70余场次，8685人参加；举办6期救护员培训班，取得救护员结业证书57人，救护员证书244人；在高校、消防大队举办军训教官、消防指战员CPR+AED培训班，112人获证。（徐　婷）

长沙县残疾人联合会

【概况】2018年，长沙县向7941名残疾人发放两项补贴资金1580余万元。新增对象1046名，异动取消609名。救助残疾人学生182人共40.8万元；救助贫困残疾人家庭高中、大学生子女340人共102万元。对安沙镇20户、路口镇28户、金井镇22户共70户农村残疾人家庭和星沙街道凉塘路社区进行无障碍改造。向300人发放残疾人机动轮椅车燃油补贴；改造农村危房362户补助144.8万元。发展残疾人托养照料服务。长沙市开福区梦想家园社会工作服务中心为长沙县80名智力、精神和重度肢体残疾人提供居家托养服务，扩大受益面。实施“阳光家园计划”，全县4家残疾人托养机构为164名残疾人开展日间照料服务，完成这4家残疾人托养机构年度考评工作验收和托养机构星级管理申报工作。多渠道扶持残疾人就业。全年奖励残疾人自谋职业428人42.8万元；残疾人岗位就业奖励169人共11.1万元。申报创业扶持资金17.22万元。完成3名残疾人个体工商户养老保险补贴申报工作。举办4期培训班，培训残疾人146名。全年备案9家企业用工登记。核定按比例安排残疾人就业单位90家，安排残疾人194名。8月25日，组织开展主题为“残疾预防，从我做起”第二次全国残疾预防日宣传活动。与《星沙时报》和长沙县电视台合作，开设残疾预防宣传专栏，普及残疾预防知识。开展对0～6岁儿童残疾筛查工作。为6982人次（免费中期产筛）孕产妇进行筛查；产前诊断1659人（含无创），确诊25人；残疾评定1046名；救助贫困高危孕产妇25人，共158745.3元，苯丙酮尿症筛查12186人；甲状腺功能减低筛查12186人；听力筛查12097人；全年出生缺陷干预人数31人。

【康复服务】与爱尔眼科医院、长沙市八医院等签订“光明·关爱项目实施”合同，与长沙县医保中心对接，全年有980名白内障患者、643名胬肉异型患者接受手术，向120名低视力患者免费发放助视器并进行视力康复训练。342名残疾儿童接受免费康复训练服务，325名贫困残疾儿童家庭接受救助，发放陪护费66.24万元。25名贫困家庭残疾儿童接受康复训练救助，为1名听力残疾儿童实施人工耳蜗项目，提供10名听力患者助听器项目救助，为1名肢体残疾人实施矫形器具救助。46名贫困肢体残疾人免费装上假肢。免费为1502名残疾人免费配备辅具。全年长沙县残疾人康复服务率92%，辅具适配率90%。

（曾　妹）

长沙县工商业联合会

【概况】 2018年，长沙县工商业联合会深化“五好”县级工商联建设，所有镇（街）商会、行业商（协）会实现市级“四好基层商会”全覆盖。是年，长沙县工商业联合会获评“全国工商联2018年度民营企业调查点工作先进基层单位”“全国工商联宣传工作先进单位”“全国工商联组织工作先进单位”；黄兴商会获评“全国工商联‘四好’基层商会”，星沙汽配城汽配行业商会获评2018“‘创新中国’工商联（商会）工作特别奖”。

举办长沙县中小企业领军人才培训班，组织62名非公经济代表赴厦门大学开展经营管理培训， 组织60余家企业参加“商业秘密的司法保护”培训班。印发《关于创建非公有制企业党建工作示范点的通知》，明确创建目标、创建标准、创建步骤等要求，加强调研指导，推出7个党建典型。构建“亲”“清”政商关系，3月18日设立长沙县政务中心服务实体经济专窗，整合国土、发改、规建、市监等部门业务，“一窗受理、专业服务”，是全省首家政务中心服务实体经济专窗。创新实施“检察联络室＋商会＋优化”服务非公经济，6月7日成立长沙县人民检察院驻县工商联检察联络室，32个基层商（协）会检察联络工作室同步成立，每个基层商（协）会均派驻1位检察干警。制定《长沙县人民检察院驻县工商业联合会检察联络室工作方案》《长沙县人民检察院与长沙县工商业联合会联席会议制度》，为非公企业经营发展提供法制保障。3月，与长沙县星城中小企业服务中心、兴湘法律服务集团等联合开展“法律服务非公经济——防范法律风险，助力非公企业发展”主题活动。走访调研全县12家基层商会和29名非公经济人士，撰写调研报告《构建“亲”“清”政商关系，促进非公经济健康发展研究》《依法维护民营企业合法权益的对策建议》。鼓励引导非公经济代表人士参政议政，县工商联常委湖南津之源食品有限公司总经理李辉所撰提案《食品行业普遍担忧食品生产许可证再次变换引发生产成本上升》在省政协刊物《社情民意》刊登，引起省、市、县三级政府关注。率先全省出台《关于构建新型政商关系，打造“亲”“清”第一县的实施办法》。

推进“四好”基层商会创建。率先在全市实现市级“四好”基层商会全覆盖。黄兴商会、长沙县女企业商会和长龙商会在市工商联组织的市商会组织成果展中分获一、二、三等奖。组织30家商（协）会和非公经济人士参与全县统一战线产业扶贫服务联盟，全县12家省定贫困村和金井镇石井村均安排2～3家商会对接。企业结对帮扶建档立卡户970户，帮扶项目11个，企业投入资金或农户收入610余万元，安排就业647人。引导广大非公经济人士参与乡村振兴和精准扶贫，县工商联常委长沙县自成肉牛养殖专业合作社理事长郭为波，县工商联执委长沙凉塘一味餐饮管理有限公司董事长李强两人获评湖南省2018年“百名最美扶贫人物”。在长沙县星沙汽配城商会成立扶贫同心超市，通过无人超市销售贫困村农产品，9月试营业，其做法被中央统战部推介。春节期间，各商会主动上门走访慰问贫困户，慰问60余万元。　（胡　彦）

责任编辑　张　娜

法　治

Rule of law

政法与综治工作

【概况】 2018年，长沙县全面推进社会管理，深入开展平安创建，全力维护社会稳定，先后被评为“全国法治县（市区）创建活动先进单位”“全省综治工作先进县”“全市综治工作红旗县”“全市维稳工作优秀县”“全市扫黑除恶专项斗争优秀单位”，继续保持“全省平安县”称号；县检察院被评为“全国模范检察院”“全国检察文化示范院”“全国检察宣传先进单位”，县法院被评为“全国优秀法院”，县公安局被评为全省优秀公安局，反邪工作获评省市先进单位，人民防线建设工作获评省级先进单位。

加强社会管理综合治理。推进平安建设，3月，各镇（街）及综治成员单位主要负责人签订并递交综治目标管理责任书。建立县镇村组四级微信宣传平台，实时推送政法综治工作动态、最新法规政策、安全防范知识等信息，“平安长沙县”“星沙微警”“长沙县人民检察院”等微信公众号广受群众关注。举办首届法治文化楹联原创作品征集活动，收到投稿作品728件，甄选优秀作品数十幅用于法治文化公园进行展示；开展禁毒知识网络答题；开展“平安家庭”网络投票，总票数100余万；发送平安创建宣传短信150万条。推进“十大平安”创建，出台《关于在全县深入推进“十大平安”创建工作的实施意见》，制定平安镇（街道）、平安社区（村）、平安家庭创建标准，评选表彰“平安社区（村）”25个，“平安家庭明星户”100户，“平安校园”“平安医院”等平安行业单位37个；镇（街）同步开展“平安家庭示范户”及平安单位的评选表彰。

推进综治中心建设。建成1个县级、18个镇级、50个村（社区）级综治中心。全县18个镇（街道）、200个村（社区）全部实行网格化管理，划分3686个基础网格。重点加强治安防控体系建设，县财政安排专项经费1500多万元，各镇（街）配套2000多万元，深化警务改革，将巡警大队下放到城区各派出所，组建近4000人的“红袖章”义务巡逻队，推进“雪亮工程”建设，投资2400多万元建立县级公共视频资源管理平台，整合、接入各类公共视频资源4000余个；推广“访客系统”应用，建立警企联合研发中心平台，将“访客人脸识别系统”应用于楼盘小区，通过“以脸搜脸”实现对嫌疑目标的自动比对和主动预警，采集各类信息1亿余条；推广安装“车卫士”安防系统15000多台。深化预防青少年违法犯罪工作，培育社会公益组织，筹集爱心款171172.99元，资助帮扶123名重病、残疾、贫困青少年。

集中整治重点问题、重点区域、安全隐患，清查疑似传销窝点1067处，捣毁211处，抓获“1040”传销人员962人，解救19人；检查各类娱乐服务场所4000余家次，查封问题场所200余家，责令整改300家；排查各类交通安全隐患426处，督促交办治理完成323处，查获各类交通违法36万余起。开展火灾隐患专项整治，检查社会单位3279家，发现火灾隐患8537处，督促整改8344处，临时查封58处，责令“三停"39家，罚款128.58万元。

是年，破获涉恶类刑事案件85起，刑事拘留165人，查处涉恶类治安案件166起，行政拘留472人，打掉涉黑恶犯罪集团6个；侦破“1·22”全市首例“套路贷”案，刑拘犯罪嫌疑人21人；开展“净网2018”专项行动，严打网络赌博、网络诈骗、网络贩枪等违法犯罪，侦破“7·27”部督特大网络制贩枪支案，抓获涉案人员21人，刑事拘留7人，治安拘留4人，教育处罚10人，捣毁枪支窝点4个，收缴枪支5把、子弹600余发、枪支配件5642个，扣押枪管机床设备3台。

是年，县检察院受理各类审查逮捕案件1204人、审查起诉案件1916人。推进认罪认罚从宽试点，完善“简案快办、繁案精办”的分流机制。立案审查公益诉讼案件204件。县法院受理各类案件19178件，审执结各类案件18446件；受理各类执行案件4374件，结案4113件，执行到位金额10.21亿元。公布失信被执行人843例，发布限制消费令5987例，司法拘留201人，限制出境2人，判处拒执罪3人。县司法局开展法律咨询活动120余场，法治专题讲座90余场，发放各类法律知识宣传资料25万余份；继续深化“三分式”审理模式改革，全县有公共法律服务中心1个、镇（街）公共法律服务站18个、村（社区）公共法律服务点203个，“法润三湘”公共法律服务志愿点2000余个；建成长沙县法治文化主题公园。全省首个村（居）法律顾问管理系统上线。县公安局调处各类纠纷25888起，负责田汉诞辰120周年、糖酒会、农博会等重大活动警保卫任务210场次；组织开展扫黑除恶专项斗争等专项行动，破获各类刑事案件1489起，刑事拘留1846人，受理行政案件9248起，查处行政案件2475起，行政拘留2912人。深化“放管服”“最多跑一次”改革，“96111”及“便民服务桥”上线220余项公安业务。受理出国境申请12万人次，办理身份证10万张。推行“简易交通事故远程定责”APP，处理网上交通事故361起。新建“电子警察”路口27处，电子抓拍85处。开展火灾隐患专项整治，检查单位4985家，发现火灾隐患11640处，督促整改11513处，临时查封84处，责令三停50家，罚款168.82万元。破获食药环类案件31起，办理省督案件3起。打好“蓝天保卫战”，交警部门检查高排放车辆16万余辆次，查获混凝土、运沙、重型货车等车辆违法行为13994起。（徐　赛）

法治政府建设

【概况】 2018年，县政府法制办公室对办理县委县政府交办件82件，为领导决策提供法律意见500余条。参加政府常务会、县长办公会以及各类专题会议450余次，对政府常务会、县长办公会以及各类专题会议等158个会议纪要进行合法性审查，出具法律意见300余条。组织行政执法培训，参训学员为35家县直执法单位和18个镇（街道）执法人员，1275人。组织长沙县行政执法证换发证工作。整理汇总全县1300余名执法人员信息。组织35家县直执法单位和18个镇（街）参加2018年全省行政执法人员通用法律知识网络考试。完成2018年度案件评查工作，对全县20家执法单位随机抽查的近800本执法案卷进行评查。全年办理行政复议案件48件（含2017年结转2件），办结36件；行政应诉案件213件（含2017年结转14件），已结52件；复议答复案件13件（含2017年结转4件），已结12件；土地林地确权案件2件（含2017年结转1件），均已办结；民事案件3件，已结2件。（邓郁清）

【规范性文件管理】 2018年，审查规范性文件31个，依法登记42个（其中部门文件13个），报市政府备案29个。执行审查、“三统一”及备案率100%。发布《长沙县人民政府办公室关于进一步规范部门规范性文件工作有关事项的通知》，严格各镇（街）、县直各单位制定规范性文件的程序要求，组织开展部门规范性文件清理工作，清理部门规范性文件18件，宣布失效6件，重新公布1件。（余琼娟）

公　安

【概况】 2018年，长沙县110话务量317364起，其中有效警情121004起，立刑事案件4422起，破获各类刑事案件1489起，刑事拘留1408人；受理行政案件9248起，查处行政案件2475起，行政拘留2912人。搜集掌握情报信息1700余条，调解纠纷2.6万起，稳妥处置各类突发群体性事件78起。受理群众来访及领导交办、批示件1089起，办结1069起。完成中央领导到长沙县调研、外国元首到长沙县视察警保卫任务36场次，维护食餐会、糖酒会、农博会等210场次大型活动。建立街面巡逻防控新机制，启动天成警务室、未来蜂巢警务室“星城快警”平台。整合巡警、派出所、机关警力和群防力量，按照“1、3、5分钟”处置原则，实现屯警街面，精准调度，快速反应，高效处置。依托“96111便民服务桥”等平台，开通网上预约、受理、审批等功能，实现网上“指尖式”办理。受理出国境申请12万人次，办理身份证100738张。推进“一村一辅警”工作，将警务工作前移、信息触角延伸，夯实农村地区社区警务基础。依托“天网”、350兆、4G无线图传、无人机航拍等系统，定期对全县社会面情况进行调度，实现对大型活动安保、群体性事件处置等工作可视化指挥。通过信息比对、情报研判、视频追踪、人像比对等形成情报产品并推送作战指令55条，支撑所队开展人员、车辆协查800余次。建立警企联合研发中心平台，研发并推广“车禁门禁及访客人脸识别系统”应用于星沙城区各楼盘小区，安装系统小区和单位196个，采集各类信息1亿余条。推进“雪亮”工程，建设人脸识别、微卡探头300套。由基础防控中心牵头，在全县19个派出所、235名社区警务人员中全面推广使用“社区警务小秘书”APP。

【蓝天保卫战】 全县公安机关发挥职能，全力推进污染防治攻坚战。截至2018年4月12日，开展综合执法38次，开展专项执法638次，出动警力8149人次，执法检查对象20945个，发现并整改问题3069个。查处车身不洁、闯禁行驶等违法行为为3028起，查扣各类车辆198台，行政拘留8人。查获散煤运输车辆违法行为9起，查扣散煤运输车辆5台。巡查各类门店6623余家，收缴烟花1060个、儿童烟花570个、条鞭盘鞭4370挂，压缩禁限放区域内的合法销售网点4家，签订不违规燃放烟花爆竹承诺书10023份，办理烟花爆竹案件29起，行政拘留5人。办理环境类刑事案件2起，破获首例“露天焚烧危险废物”入刑案件。办理涉及环保类生产、销售不符合标准食品案1起，办理大气污染治安案件1起，刑拘4人，治安拘留1人。

【交通管理】 全县交通综合治理，排查隐患1306处，治理717处。新建“电子警察”路口27处，电子抓拍85处，其中北部农村地区“电子警察”4处。全县各镇街均成立交通管理服务站，配备861名交通安全劝导员。实施摩托车“戴帽工程”，发放头盔1.9万顶。查处各类交通违法行为为58.7万余起。全县发生一般交通事故532起，同比下降12.64%，死亡120人，同比下降15.49%。推行“简易交通事故远程定责”APP，全年处理网上交通事故361起。

【消防安全】 2018年，长沙县12个镇政府专职消防队、68个社区微型消防站、267个重点单位微型消防站、30个住宅小区微型消防站纳入消防执勤力量。以住宅小区、仓储物流、高层建筑、非法违法建筑等为重点，开展火灾隐患专项整治，全年检查单位4985家，发现火灾隐患11640处，督促整改11513处，临时查封84处，责令三停50家，罚款168.82万元。全县发生火警406起，经济损失1984.42万元。

【暖心惠警】 对有子女参加高考的警务人员放假2天，邀请资深高考志愿填报专家、博士开展高考志愿填报讲座，帮助警务人员子女更好备战高考。成立“暑期成长训练营”，对全局40多个特别是双警家庭、二胎家庭、夫妻两地分居等有实际困难的家庭子女进行为期1个半月的托管，切实解决警务人员后顾之忧。元旦、春节期间，慰问劳模、困难职工、会员85人，发放慰问金31600元，申报省基金会、市互基会、在职医疗互助18人，发放慰问金29.6万元。建成警体馆，组织参加篮球赛、羽毛球赛、太极班、瑜伽班、读书会等有益身心健康文体活动。切实维护警务人员合法权益，办理阻碍执行职务案件37起，刑拘6人，行政拘留32人，罚款2人。（喻泽兰）

检　察

【概况】 2018年，长沙县人民检察院受理各类审查逮捕案件768件1204人、审查起诉案件1269件1916人，批准逮捕938人，提起公诉1686人，案件审结数同比分别提升17.7%和53.6%。其中，批捕故意杀人、绑架、强奸等严重暴力犯罪64人、起诉93人；批捕“两抢一盗”、电信网络诈骗等侵财犯罪嫌疑人342人，起诉573人；批捕黄赌毒犯罪嫌疑人309人、起诉327人。完善“简案快办、繁案精办”的分流机制，认罪认罚从宽适用率占全部案件量86%，量刑建议采纳率95%以上。受理移送审查起诉案件1269件1916人，与2017年同期743件1237人相比，案数上升51.55%，人数上升39.29%；审结案件1103件1681人（含积案），与2017年同期669件1065人相比，案数上升64.87%，人数上升57.84%。其中起诉1023件1564人，不起诉72件107人。其他办结情况：公安机关撤回8件23人，移送他院31件51人。期末未结案件126件327人。受理危害公共安全类案件373件377人，各类侵财型案件331件564人。依法惩治影响群众安全感“两抢一盗”“黄赌毒”案件，起诉214件486人。进一步强化法律监督，追诉漏犯11人，追诉漏罪31件；对侦查活动发出纠违14次，对审判活动发出纠违11次；发出检察建议20次；抗诉2件2人。推进认罪认罚从宽试点工作，办理该类案件947件1315人，认罪认罚件数占比86.01%。其中以危害公共安全类、侵犯财产类罪名居多。如：危险驾驶罪 252 件 /252 人，占比 26.61%，盗窃罪 230 件 /295 人，占比 24.29%。受理移送审查起诉未成年人案件 44 件 59 人，相对不起诉 5 件 5 人，附条件不起诉 10 件 12 人。受理移送审查起诉未成年人批捕案件 11 件 15 人，审结未成年人批捕案件 11 件 15 人。办理贪污贿赂等职务犯罪案件 11 件 12 人（监察委移送案件 5 件 5 人），依法提起公诉 5 件 6 人。

【刑事检察】 2018 年，受案 748 件 1183 人，同期相比上升 5 %，批捕 586 件 917 人，批捕率 78%，不捕 152 件 255 人，不捕率 22%，其中存疑不捕 25 件 77 人，构罪不捕 127 件 178 人，移送侦查机关撤回 6 件 7 人，期末未结 4 件 4 人。批准逮捕故意杀人、故意伤害、强奸等暴力犯罪案件嫌疑人 64 人。批准逮捕“两抢一盗”等多发性侵财犯罪案件嫌疑人 291 人。启动重大监督事项案件化办理案件 94 件，其中办结 82 件，未办结 11 件均为移送犯罪线索至公安机关（未答复）案件，追捕 12 件，监督立案 24 件，答复控告人 1 件，监督撤案 14 件，提前介入 3 件，纠正违法 6 件，监督行政机关移送 23 件。办理涉黑涉恶案件 21 件 127 人，提前介入涉黑涉恶案件 2 件，追捕犯罪嫌疑人 4 人。营造公平法治环境，准逮捕涉企案件 16 件 19 人，监督行政执法机关移送非法占用农用地案 22 件、非法采矿案 1 件。监督公安机关立案 31 人；法院作出生效判决 12 人。监督公安机关撤案 15 件。发出口头纠正违法并纠正 15 次，书面纠正违法通知书并纠正 6 份。纠正漏捕 20 人，提请延长侦查羁押期限案件 6 件。对于在案件中其他人员涉嫌犯罪的，依法向侦查机关发出了应当逮捕犯罪嫌疑人建议书，追捕 2 名犯罪嫌疑人。

【监所检察】 2018 年，检察收押 1400 人、出所 1557 人。目前看守所在押人员 630 人，其中留所服刑 50 人，待投送执行 3 人。新增监外执行罪犯 554 人，解矫 387 人。有监外执行罪犯 510 人。全年办理案件 192 件，办理羁押必要性审查案件 89 件，其中立案 75 人，提出变更强制措施建议 51 人，办案单位采纳 42 人。财产刑执行违法（违规）案件 20 件，向县法院发出检察建议书 20 份。看守所留所服刑罪犯减刑审查案件 10 件，提出 2 份减刑不当意见书，成功减刑 8 人。看守所留所服刑罪犯暂予监外执行审查案件 2 件，其中 1 人已成功暂予监外执行。收监执行审查案件 7 件，发出收监执行检察意见书 6 份，督促收监 6 人。针对发现的司法机关管理和监外执行罪犯违法违规、看守所违法违规等情况发出检察建议 16 份，纠正违法通知书 11 份，控告、举报和申诉案件 11 件，均得到回复。

【民事行政检察】 2018 年，长沙县人民检察院民事行政检察科受理各类案件 258 件，其中督促行政机关履职 11 件，对民事行政裁判生效判决监督 2 件，执行监督 4 件，审判活动中的违法行为监督 8 件，支持起诉 29 件，公益诉讼 204 件（民事公益诉讼 8 件，行政公益诉讼 196 件）。结案 58 件：其中督促行政机关履职 11 件，对生效裁判的监督 1 件，执行监督 1 件，审判活动中的违法行为监督 1 件，支持起诉 29 件，公益诉讼案件 16 件（含存案 4 件）。公益诉讼下发检察建议 200 份，提起刑事附带民事公益诉讼起诉 2 件。

【控告申诉检察】 2018 年，长沙县人民检察院控告申诉科受理各类控告、申诉、举报及其他来信来访 65 件。受理控告类信访 10 件，分本院侦监科 2 件，公诉科 1 件，控申科自行办理 3 件，转长沙县公安局 3 件、长沙市监察委 1 件；受理国家司法救助 4 件 5 人，发放救助金额 7.5 万元；审查受理行政诉讼监督 1 件，民事诉讼监督案件 50 件，其中 16 件公益诉讼案件，34 件其他类民事监督案件，发出受理通知书 35 份。组织检察长接待日 39 次。全年 12309 检察服务中心接待群众咨询 200 余次，其中集体访 2 次 17 人，接听热线 70 余次。1—9 月，救助困难刑事被害人 2 件 2 人，其中 1 件为受害人未成年的司法救助，发放司法救助金 2.5 万元，10 月受理司法救助申请 1 件。

【司法警察】 2018 年，长沙县人民检察院司法警察大队履行司法警察各项职责 641 人次，其中执行提押、押解 201 人次；协助执行拘留 4 人次；执行看管 2 人次；送法律文书 241 人次；负责接待群众来访场所的秩序和安全 199 人次。配合公诉部门完成押解任务 4 件，其中异地押解 2 件，出警 11 人次，送达案卷、文书 1989 件。接待来访群众 2500 余人次，处置突发事件 11 起，组织、劝退、带离上访、闹访人员 26 人次。 （郑 杰）

法 院

【概况】 2018 年，长沙县法院受理各类案件 19178 件，同比上升 33.15%，审执结 18 446 件，同比上升 36.68%，结案率96.18%员额法官人均结案312件，最多764件。受理刑事案件1193件，审结1173件，同比上升68.98%，判处罪犯1756人，其中判处十年以上有期徒刑30人，五年以上十年以下有期徒刑41人。部署“扫黑除恶”专项斗争，审理8案63人。审结破坏环境资源案件16件，25名被告人受到刑事处罚，判处罚金64万余元。审结郭某某贪污贿赂案件7件8人。优化营商环境，受理民商事案件11 503件，同比增长32.37%，审结11 060件，同比增长36.11%，调撤案件4766件，调撤率43.09%。平等保护民营企业发展，审结园区民营企业案件2048件，受案标的额44亿元。审结买卖、借款、建设工程等各类合同纠纷3020件，审结408件优租客公司“网络租房”纠纷案件平均审理时间仅19.5天。审理知识产权类案件165件，审理“贵州茅台酒”“迅达”燃气灶、“长康”调味油等商标权纠纷案件。成立“旅游案件合议庭”，支持长沙县全域旅游发展，审结涉及农村土地流转案件157件。全年受理行政诉讼案件、非诉执行、非诉审查等各类行政案件150件，同比下降67.33%，审结145件。健全行政负责人出庭应诉制度，4名行政负责人出庭应诉2案。依法行政意识，判决维持或裁定准许执行行政决定93件，判决撤销或确认行政行为违法7件。搭建沟通交流平台，经调解，行政相对人自愿撤回起诉36件。服务重点项目建设，实行对点宣讲制度，服务征拆群众220余人次，促成50余户被征收户自愿签订补偿合同。全年受理各类执行案件4374件，结案4113件，结案率94.03%，执行到位金额10.21亿元。公布失信被执行人843例，发布限制消费令5987例，司法拘留201人，限制出境2人。向公安机关移送拒执类犯罪案件7案9人，追究刑事责任3案3人，1案在审理中。加强与政府沟通，与县公安局达成被执行人临控方案，请求公安机关协助查找被执行人205人。

【首起污染环境入刑案】 2018年7月19日，县法院开庭审理一起因非法处置危险废物污染环境入刑案。这是长沙市开展“蓝天保卫战”以来，市内首起污染环境入刑案。此案由县法院党组书记、院长何文哲担任审判长，与其他两名法官和四名陪审员，组成七人合议庭进行审理，并当庭宣判。省政府法制办主任肖迪明率全办工作人员，参观文化建设并全程旁听庭审，市检察院党组副书记、副检察长李宗戈带队现场评议公诉活动，县行政执法局派员旁听庭审。（杨　懿）

司法行政

【概况】 2018年，长沙县开展集中法治宣传教育活动，法律咨询活动120余场，法治专题讲座90余场，接待群众咨询5万余人次，发放各类法律知识宣传资料25万余份。开展全县国家工作人员学法考试，全县11596名应考人员全部完成学分并通过考试，参学率、参考率、通过率100%。全年全县各级人民调解组织调处各类矛盾纠纷4305起，调处率100%，成功率99%以上。开展社区矫正社会调查评估近600例，接收社区矫正人员550余人，对450余名社区矫正人员依法解除社区矫正，对违反监管规定的社区矫正人员警告30余人次，提请撤销缓刑4人，提请收监执行3人次，没有发生脱管、漏管和任何影响安全的事件。县法律援助中心受理援助案件350余件。全年为犯罪嫌疑人、被告人提供法律帮助1600余次，制作谈话笔录800余份；“148”法律服务热线全年接待来电来访咨询近500起。完成对县域内6家律师事务所、6家法律服务所、1家公证机构，95名注册律师、43名法律工作者年检和考评。增加周末及节假日预约办证服务、涉外公证业务和售房摇号业务。年度办理各类公证案件13600余件，无错证、假证，合格率98%以上。

截至年底，陆续在县域内建成16个法治文化公园（广场）。

【全省首个村（居）法律顾问管理系统上线】 2018年8月，长沙县村（居）法律顾问管理系统全面上线。系统以“互联网+基层公共法律服务”为思路，利用大数据技术，探索从多维度对村（居）法律顾问工作进行综合考评。

（杨　懿）

责任编辑　张　娜

军　事

Military

地方武装

【概况】2018年，长沙县人民武装部先后被省军区和警备区评为“先进人武部”“民兵调整改革先进单位”“军事训练先进团级单位”“安全稳定先进团级单位”等。

开展“学习近平强军思想、做新时代合格民兵”活动。组织宣讲会和授课辅导22场次，其做法被中央军委国防动员部简报、省军区要讯刊发。完成省军区赋予该部民兵调整改革试点任务，该县以实战演练检验民兵整组成效的做法在《国防报》头版头条刊发。完成年度8期357人民兵训练任务，民兵高炮分队参加警备区组织的比武竞赛总分排名第一，3人获单项第一。协调武警长沙机动支队组织“军营开放日”活动，被省市多家媒体报道；开慧纪念馆、浔龙河童勋营被省国教办评为“第五批省级国防教育基地”。对办公楼周边、兵器室和保密室等重要目标、重点部位新增摄像头12处。联合出台《长沙县支持国防和军队改革实施办法》，在县民政局先行试点成立“退役军人服务中心”。

以习近平新时代中国特色社会主义思想、习近平强军思想和党的政治建设为主要内容，组织3次专题理论学习；先后4次召开部党委（扩大）会议，传达学习中共十九大、省军区、警备区党委全会和全国“两会”精神，参加上级6次集中学习授课辅导，开展3次讨论交流，购买辅导读本、编印学习资料。学习省军区、警备区“传承红色基因、担当强军重任”主题教育动员部署会议精神和实施意见，专题召开议教会研究，制定方案，成立教育领导小组，印发学习宣讲书籍，结合民兵整组集中开展民兵“学习巡回宣讲”活动。清明前夕，组织驻县部队官兵、民兵预备役人员开展“五个一”教育实践活动，即举行一次祭扫活动、上好一堂红色革命课、开展一次讨论辨析、组织一次主题征文、开展一次寻访活动。

结合节假日开展形势战备教育，全面修订完善16个战备方案，并与县国防动员委员专业办等对接，常态组织突发事件应急处置演练，强化干部职工和民兵分队战备意识。组织部党委3次专题议战议训，制订实施《首长机关在职训练计划》《民兵军事训练计划》；参加省军区、警备区首长机关4次专题军事理论和法规学习，强化机关军事素养；组织7所高校武装部长参加省军区集训，1人获评“优秀学员”；组织民兵“四会”教练员集训，组织备课试教，汇编教案成果，拍摄教学“微课”，提高组训能力。

全面贯彻省军区、警备区民兵调整改革部署会议精神，部党委3次专题分析民兵调整改革形势任务，4次召开专题会部署，开展全覆盖督导。3月初，协调召开县国防动员委员会全会，组织各办主任工作述职，规范明确县国防动员委员会机构设置、潜力调查、业务区分、工作流程，提升业务能力。2月18日召开全县武装工作会议，5个街镇党（工）委书记进行党管武装工作现场述职，其他书面述职，县领导现场逐一讲评。4月23日—5月10日，县人武部组织开展一期60人民兵舟桥训练，主要突出操舟机理论知识、冲锋舟基本操作、离岸靠岸、水上救生等科目训练。12月30日，组织民兵应急分队360余人，协调山河智能出动工程装备6台，参加县里“除冰雪保畅通”行动。先后3次赴扶贫点福临镇古华山村12户联点帮扶家庭走访慰问，宣讲扶贫脱贫新政策，协调经费6万元购买种羊、种猪发放到联点帮扶户家中，对1户帮扶户屋顶进行修缮。春节前会同民政部门上门走访慰问全县30户军烈属，开展喜报送功臣活动，受到部队赞誉。

【民兵整组】 年初召开全县民兵整组工作协调会，推动编组向长沙经济技术开发区拓展、向新质力量延伸，落实“三个一遍”：即由部领导带队组织分片包干到经开区规模企业上门走访一遍，与企业界人士座谈，宣讲政策、掌握底数、预征预储装备；成立军地联合领导小组，先后3次召开会议，与县政府联合印发整组通知，会同政府督查室对各镇街和编兵单位整组工作情况开展联合督查一遍；组织各基层武装部、编兵单位开展业务培训。2月6日下午，召开2018年度全县民兵调整改革暨民兵组织整顿部署会议，梳理总结2017年整组和兵役登记工作以及2018年度重点。3月底，组织全县各基干民兵连（分队）、排预建党支部正副书记、党小组长开展党务知识培训。组织对部分编兵单位检查验收，结合整组问题整改对民兵分队全履盖点验。（李　遂）

武装警察

【概况】 2018年，坚持把军事训练作为和平时期提高部队战斗力的主要途径，严格按照《军事训练大纲》科学组训，从难从严从实战需要出发摔打部队，广大官兵苦练军事技能。军事训练坚持以提高执勤和“处突”能力为目的，以“四个贴近”为原则，按纲实训，科技练兵，不断提高官兵军事训练素质；以干部为重点，以五小练兵为主要辅导形式。中队代表长沙武警支队参加总队反恐应急班，参训官兵发扬勤奋好学、吃苦耐劳、连续作战、团结协作的优良作风，经过5天拼搏，获得团体第二名，荣立集体“三等功”一次；应急班侦察员周文龙获侦察组个人第二名，荣立个人“三等功”一次。加强基层管理建设，坚持依法治警，从严治警的方针，大力加强部队正规化建设。严格按照条令条例加强部队管理，坚持民主集中制原则，继承和发扬尊干爱兵、官兵一致的优良传统，确保部队的高度稳定和集中统一，狠抓经常性管理工作。落实《军队基层建设纲要》，不断加强班子建设。加持按纲建队，为进一步全面落实正规化管理，规范后装场所设置一日生活秩序。完成武警总队《军队基层建设纲要》集训试点观摩任务，高标准高质量完成试点任务，为全总队基层单位树立标杆。在管理上不断加强学习贯彻条令条例，切实使条令条例学习教育经常化、制度化。在抓学习的同时抓好注重日常养成，严格规范中队的一日生活制度，正规中队的“四个秩序”，努力做到“四个一样”（即操场上下一个样、营区内外一个样、检查不检查一个样、领导在与不在一个样）。加强检查监督，充分发挥“三互”“双四一”等载体作用，抓住“四个”（外出、电话、汇款、会客）控制，加强检查督导，促进管理向全时制、全员额、全方位发展。

【现代后勤建设】 2018年，着眼实战化训练和保障需求，进一步提高后勤队伍能力素质和基层中队应急保障水平，实现“后勤变前勤”总体目标。高质量完成总队战勤科（股）长集训现地观摩任务。执行任务期间，中队严密组织演示分队训练，精心筹备观摩现场、规范后勤库室，为各基层中队战勤编组训练演练活动的展开提供参考。按照“平时应急、战时应战”的原则，健全完善处突维稳、抢险救灾、防卫作战等应急保障预案9个，结合支队“一组五队”片区拉动演练活动，组织中队本级“一组五队”人员拉动演练6次，开展相关专业训练10余天。加大后勤应急保障实战化训练，全年选送干部1人、战士7人参加各类培训学习，先后组织中队炊事员、军械员、驾驶员、卫生员和营房“四小工”参加支队培训。（向剑锋）

人民防空

【概况】 2018年，长沙县人防办办理审批项目147个，加强在建工程建设、施工、监理、设备企业从业人员培训，严格实施在建人防工程建设单位工程进度报告制度等，对建设过程中12个节点现场监督检查，严格落实“黑名单”制度，确保人防工程建设质量。推行智慧人防管理理念，城区人防工程全部安装标识标牌，试点建设人防监视系统，20个人防工程项目实时监控。推行提前告知、集中受理、限时办结等制度，28项人防政务服务实现“一窗受理、集成服务”。

【宣传教育】 推进人防宣传教育“五进”，将新媒体和传统媒体有机结合起来，推动人防宣传教育的全覆盖，重点打造人防宣教示范学校和示范社区，松雅湖二小宣教基地和中南社区完成建设。与县电视台、县报社建立合作关系，拍摄长沙县人防工作宣传片，人防多媒体警报设施滚动播出。创建“星沙人防”微信公众号，通过人防视频、人防知识有奖竞答等多种形式进行宣传。（杨　佳）

责任编辑　张　娜

综　述

【概况】2018年，全县完成规模工业产值2451亿元，同比增长10.6%，其中经开区2244亿元，同比增长10%，镇街207亿元，同比增长18.1%。新增规模工业企业49家，新增高新技术企业160家，高新技术产业产值占规模工业比重75%，长沙经开区跻身全国经开区20强，成立中部首个区块链产业园和全国唯一区块链安全技术检测中心。工业企业实缴税金120.8亿元，占全县税收收入54.7%，其中工程机械产业实缴税金同比增长46.5%。工业企业实现利润总额129亿元，同比增长22.6%。工业用电总量40.52亿千瓦时，同比增长18%。

2018年工程机械、汽车及零部件、电子信息三大产业产值2017亿元，占全县规模工业产值82%。汽车及零部件产业完成产值936亿元，同比增加5.8%，其中上汽大众完成产值360亿元，同比增长18.2%，广汽三菱完成产值161亿元，同比增长3.9%。工程机械产业完成产值912亿元，同比增长16.1%。其中三一集团完成产值763亿元，同比增长10.9%；中联重起完成产值70亿元，同比增长67%；山河智能完成产值46亿元，同比增长52.7%。电子信息产业完成产值169亿元，产值同比增长16.7%，其中蓝思科技产值136亿元，增长19.3%。紧紧抓住项目签约、审批、推进、建设达产等项目关键节点，切实抓好项目推进工作。2018年全县计划开工建设500万元以上工业项目265个，其中续建项目172个，新开工项目93个，2018年长沙县工业投资同比增长46.2%，2018年，中小企业服务中心举办“市级专项资金项目申报培训”“中小企业发展专项资金项目申报书撰写讲座”“长沙县中小企业运行监测培训”等各类培训10期，参加企业320家，培训570人次，为企业融资800多万。

推进“蓝天保卫战”工作。全县推广使用低挥发性有机物含量的原辅材料方面。有28家企业使用低挥发性原辅材料。协调52家企业制定错峰生产方案，响应臭氧污染预警。督促华润涂料、五江建材、伟邦涂料3家重点企业和河田白石、印山台等2家水泥企业严格落实应急减排措施。履行河长制职责。进一步加强浏阳河、捞刀河、榨山港、梨江港等流域内工业节水管理，组织重点用水行业企业进行自愿性清洁生产审核，加快推进工业生产推广采用先进节水和中水回用技术，大力提高工业用水重复利用率，推动节水型企业创建，提升工业用水效率。（周正湘）

长沙经济技术开发区

【概况】2018年，长沙经济技术开发区（以下简称“长沙经开区”）技工贸总收入3500亿元，同比增长10%；规模工业总产值2310亿元，同比增长9.5%；规模工业增加值556.8亿元，同比增长11.5%；高新技术产值1776亿元，同比增长8.2%；财政总收入172.09亿元，同比增长10.7%，其中工商税收146.64亿元，同比增长6.1%；全社会固定资产投资254.3亿元，同比增长6.5%，其中工业及生产性服务业投资189.5亿元。工程机械产业产值1046.3亿元，同比增长14.7%，晋级千亿产业集群。汽车及零部件产业产值920.6亿元，同比增长5.9%，整车产量59万辆，整车产值684.6亿元，同比增长5.7%。电子信息产业产值194.3亿元，同比增长14.4%。全年进出口总额39.75亿美元，同比增长16%，进出口额过1亿美元企业7家。到位外资6.31亿美元，同比增长11%。参与“一带一路”建设，埃塞—湖南工业园项目招商和运营管理有序推进，成为“中非经贸博览会”永久落户湖南的重要基础。是年，长沙经开区获评全省发展开放型经济优秀园区，综合发展水平在全国219家国家级经开区中排名第20位。

项目引建。全年引进项目45个，总投资413亿元，其中世界500强投资项目4个，中国500强投资项目3个，包括蓝思科技黄花生产基地、京东无人车总部、广汽三菱研发中心及零部件产业园、博世新能源汽车热管理系统、大陆集团中央电子工厂等一批高质量项目。“五个100”项目全部完成年度投资计划。纳入市发改委考核的52个重大项目实际投资144.62亿元，24个新建项目全部开工。蓝思科技黄花生产基地、广汽三菱研发中心及零部件产业园、中南源品生物科技园、广汽菲克GSE-T4发动机、五新隧装生产基地、京东无人车智能产业基地等一批重大项目开工开建。铁建重工高端地下装备制造、广汽三菱发动机、广汽菲克K8、长丰集团猎豹汽车第三工厂及新能源汽车、三一智能网联重卡、索恩格中国长沙工厂、烁普新能源汽车动力锂电池隔膜等一批重大项目建成投产。广汽三菱发动机投产以及广汽三菱研发中心及零部件产业园、大陆集团中央电子工厂项目相继落户。整车企业积极布局新能源领域，相继推出广汽三菱祺智EV、长丰猎豹CS9 EV300、众泰汽车云100PLUS等新能源车型，新能源汽车产业加快发展。三一集团与亿美博科技合作共建工程机械数字液压应用项目，铁建重工高端装备制造项目建成特种设备制造、再制造中心基地及盾构机扩产基地。铁建重工承揽国内第三条磁浮运营线（清远磁浮项目）的道岔与轨道系统。中车通号全部搬至园区，轨道交通“大脑”实现“长沙造”。亚太实业与园区签约建设轨道交通装备研发中心及生产基地。工信部同意长沙经开区筹建国家“芯火”双创基地（平台）。修订《长沙经开区促进集成电路产业发展试行办法》，区财政每年安排1亿元集成电路产业发展专项资金。解决民营企业和小微企业融资难融资贵融资慢问题，为企业争取省、市资金4.1亿元。开展“千人帮千企百日大行动”，争取上级资金1.7亿元，区本级按政策兑现5343万元；出台《“千人帮千企百日大行动”金融帮扶企业实施办法》，设立总额6000万元的园区中小企业转贷基金，为企业提供转贷临时性资金周转支持。改造利用废旧厂房、整合空坪隙地见缝插针集约节约用地、加快推进拆迁腾地，破解园区土地供应不足瓶颈。全年拆迁腾地274.8公顷，确保蓝思科技、大陆集团等重大项目用地需求。加大清理闲置用地力度，支持企业利用闲置厂房、低效用地通过二次开发建设工业地产项目，批回土地112.87公顷，收回土地4宗20.17公顷，完成8宗土地二次开发。完成21宗46.5公顷储备土地临时利用，逐步实现以租代管、高效利用。鼓励企业开展“零土地”技改，提高土地综合利用率和亩产效益。实行工业用地弹性出让制度，为欧宝特电子和华天光电惯导项目供地，企业的土地取得成本比同期其他全年限土地供应价格降低近2/3。全面承接省、市人才政策，出台《加快引进培育技能人才实施办法（试行）》《鼓励人力资源服务业发展实施办法（试行）》等差异化人才政策，叠加释放政策红利。园区194人入选长沙市高层次人才分类认定。

智能制造。成立中国信息通信研究院湖南办事处（长沙经开区智能制造推进中心）；出台《长沙经开区智能制造、工业互联网行动指南》，山河智能、长城金融获评国家级智能制造示范企业，7家企业获评省级智能制造试点示范企业（车间）。“一档两库一平台”项目通过预验收，构建智慧园区建设的数据基础和底层框架；博世长沙引进博世万物互联项目，探索智慧城市、智慧园区建设；大陆集团将园区作为智慧城市、智能交通及出行服务三大领域的全球核心技术在中国落地示范的第一站。“根云”平台成为首个国家级工程机械行业工业互联网测试平台，在推动传统企业智能化改造升级上成效明显；优力电驱开发的“优力云”实现电动车电池工况远端管控，成为三一创投基金首位青睐对象。铁建重工第二产业园致力于打造全球规模最大的高端地下工程装备制造基地。采用“互联网、平台、共享”新思维研发生产的三一智能网联重卡项目形成年产2.2万台整车产能。蓝思科技以黄花生产基地为载体布局5G产业链。国科微电子凭借自身掌握的固态存储安全核心技术，与中国长城、中电港合力打造国产存储品牌。全年申请专利3737件，同比增长20.8%，其中发明专利1527件，同比增长16%。出台《长沙经济技术开发区加快科技创新助推产业升级实施办法》，对企业发明专利、PCT、中国专利奖进行奖补，受理申报企业62家。组织推荐30多家企业申报知识产权项目，三一汽车获湖南省专利奖一等奖，铁建重工获湖南省专利奖二等奖，蓝思科技、山河智能、凯天环保获湖南省专利奖三等奖。是年，长沙经开区通过国家知识产权局长沙经开区审查员实践基地复核。

改革创新。以改革开放40周年和落实《湖南省产业园区体制机制创新试点工作方案》为契机，在星沙时报及其融媒体平台开设“解放思想、深化改革”专栏，进一步凝聚园区改革创新发展共识。铁建重工隧道智能化注浆装备填补国内空白；静芯微电子在国内率先成功开发芯片级TVS器件；微智医疗新一代智能视网膜研发突破多项技术瓶颈。中南源品生物致力于打造干细胞与再生医学产业基地；顶立科技积极发展金属3D打印产业。建立中部首个区块链产业园——星沙区块链产业园，出台《关于支持区块链产业发展的政策（试行）》，成立全国首个区块链安全技术检测中心，引进天河国云、浪潮集团等15家知名企业，主办“链”上星沙 领航未来——区块链院士高峰论坛、承办2018国际区块链大会，区块链产业规模效应和集聚效应初步显现。三一智能网联重卡成功上市，开创商用车制造与互联网深度融合新模式；京东全球首个由机器人完成配送任务的智能配送站在园区试运行；推动创新创业载体建设，全年新建工业地产载体17.3万平方米，引进小微企业近500家，三一众创空间获评国家级专业化众创空间和国务院双创示范基地。

环境营造。申报相对集中行政许可权改革试点，推进“最多跑一次”改革，为企业提供免费全程代（帮）办、免费政务快递、容缺受理等服务，园区143项政务服务事项中有141项实现“最多跑一次”。完善线上审批平台，服务大厅增设综合窗口，项目报建实现“一窗进、一窗出”。“宽进”环境激发市场主体活力，年末园区有市场主体8336家，同比增长66%；新增市场主体3438家，同比增长82%。开展“千人帮千企百日大行动”，15名区领导带领14个职能部门、28个小分队140名帮扶队员走访企业700多批次，收集企业提出的问题584个，其中需由园区解决的477个，办结415个。按照市“一圈两场三道”建设两年行动计划要求，建成人行道27.3千米、自行车道29.5千米。以打通13条断头路为重点，东七路、小塘路贯通工程完成，黄兴大道及其片区、盼盼路及其片区、黄花及大众片区等基础设施提质改造项目有序推进。110千伏盼盼变投产送电，110千伏鹤鸣变3#主变扩建工程、110千伏曹住黄线（#011 ~ #019）杆线改迁完成，110千伏黄花蓝思专变在建。湖南黄金集团、产业员工生活配套园项目计划建设人才公寓5672套，建设任务占全市1/3。天达中学、天华二小如期开学，湘郡未来实验学校扩建、湖南三博脑科医院项目开建，长沙师范学院附属幼儿园项目成功签约。

【新型轨道交通技术研发中心揭牌】 1月11日，长沙市新型轨道交通技术研发中心揭牌暨中国铁建新型轨道交通装备产业园、试验线项目开工动员在长沙经开区举行。市轨道交通集团和铁建重工签署联合组建“长沙新型轨道交通技术研发中心”合作协议。双方围绕新型轨道交通的制式、系统、装备、施工、运维开展相关的研发、设计、制造、试验等，通过深度合作实现优势互补，打造国内领先的新型轨道交通技术研发基地，为行业技术进步、长沙新型轨道交通的跨越发展提供人才、技术和装备支持。产业园占地113.33公顷，其中生产园区100公顷，试验线13.33公顷，规划建筑面积约40万平方米，配备现代化工业厂房。按照工业4.0标准建设焊接、加工、组装、检测和试验自动化流水线，配套磁浮、转向、电气、液压、控制等附属生产能力及后勤保障措施。

【首台全智能型混凝土喷射机下线】 2月11日，长沙经开区铁建重工自主研制的全球首台全智能型混凝土喷射机验收下线。该装备首次实现对隧道喷射区域的3D扫描建模，具备自动定位、路径规划、智能喷射、自动修正、数据交互等功能，助力传统隧道施工迈向数字化。

【Jeep大指挥官下线】 3月28日，长沙经开区广汽菲克为中国市场量身打造的专业级全场合高端7座SUV——Jeep大指挥官在长沙工厂下线，这是Jeep品牌的第四款国产车型，也是菲克集团在中国投产的第一款全球车型，国产Jeep品牌完成从紧凑型SUV到全尺寸豪华SUV的全线产品布局。

【汨罗产业园重大项目集中开工】 5月8日，长沙经开区汨罗产业园2018年第一批9个重大项目集中开工，总投资约18亿元。本次集中开工项目有美好绿色装配式建筑产业基地项目，乐浦汽车零配件物流园建设项目，吉尔润科润滑油生产项目，精斯诚人防及消防设备生产项目，分布式10兆瓦自用光伏发电项目，供水厂、污水处理厂工程，招商中心、多层厂房及公寓楼建设。

【索恩格新工厂开业】5月16日，长沙经开区索恩格新工厂开业，中国总部和全球研发中心落户长沙。索恩格汽车部件项目主要为生产汽车起动机项目和发电机项目，总投资10亿元，总用地面积6.2万平方米。2017年2月开工建设，8月31日厂房实现交付，2018年1月整体移交索恩格使用。新工厂22条生产线投产，导入大量的工业4.0生产线。

【三一重卡上市】5月18日，“爱无疆 智无界”——三一重卡上市发布会在长沙三一工业城举行。三一重卡项目是三一集团投资的以智慧互联、高性价比、高舒适性重型卡车为主导产品的重大项目。总投资70亿元，首期投资30亿元，规划年产能10万辆。3月31日首批限量预售500台三一重卡网络预售，销售额1.35亿元。作为国内首款互联网商用车产品，除拥有超大沙发床、冰箱、微波炉等房车级配置外，三一重卡还是一款为个体司机量身定制“智慧卡车”：通过智能车载终端为司机带来影音娱乐、信息查询、语音控制、手机互联等极致科技体验，为车队管理者打造专门的“指挥中枢”，将车辆油耗控制、GPS路线定位等信息实时发送至管理者手机端。

【京东无人车总部落户】8月31日，京东无人车总部落地暨行深智能品牌发布会在长沙经开区举行。主攻无人驾驶核心技术并提供自动驾驶产品及整体解决方案的行深智能自主研发团队和最新款配送机器人“超影800C”亮相。行深智能将利用在交通、物流等应用领域的技术优势，打造自动驾驶技术落地的完整解决方案，服务京东智能物流体系布局，推动物流行业智能化升级和社会效率整体提升。

【首台高端智能六行采棉机下线】9月8日，长沙经开区铁建重工首台高端智能六行采棉机下线。该采棉机整机尺寸为9.6米×5.5米×5.3米，净重24吨，有6个采棉头，棉箱总容量40立方米，采净率超过93%。具备新型采棉装置、一键卸棉、故障检测和预警、倒车影像、消防喷淋系统、近电感应防触电六大功能，具有动力强劲、传动优良、智能高效、安全可靠等显著特点。

【德国大陆集团合作项目】10月11日，长沙市人民政府与德国大陆集团全面合作项目签约仪式在湘麓山庄举行，大陆集团与长沙经开区管委会签署中央电子工厂项目协议。该项目是大陆集团在中国设立的第28个实业投资项目，主要为汽车电子组合仪表、车用混合集成电路、电子控制系统的研发及生产。该项目引进是长沙经开区贯彻落实省、市深入实施“产业项目建设年”活动、着力引进的100个500强企业之一。

【广汽三菱研发中心和零部件产业园开工】10月16日，广汽三菱研发中心和零部件产业园开工，广汽三菱发动机工厂同步投产。广汽三菱研发中心总投资30亿元，拟于2020年12月投入使用。广汽三菱零部件产业园计划引进20～30家汽车零部件配套企业，使广汽三菱零部件本地配套率从现阶段的30%逐步提升至90%。

【区块链安全技术检测中心签约】10月24日，区块链安全技术检测中心项目签约仪式在长沙经开区举行。国家互联网应急中心与长沙经开区签约，成立全国唯一一家区块链安全技术检测中心，将联合星沙区块链产业园开展区块链代码审计、安全检测、风险监控等工作。

【全新Jeep自由光下线】11月14日，全新Jeep自由光在长沙经开区广汽菲克长沙工厂下线。该车型拥有高性能2.0T发动机、搭载新一代轻量化Active Drive智能四驱，具有更高性能、更强动力、更低油耗、更具性价比四大优势。（长沙经开区志办）

长沙临空经济示范区

【概况】2018年，长沙临空经济示范区（以下简称临空经济区）先后编制能源发展规划、电力电信、给排水规划等多项专项规划，批回各类建设用地592.93公顷（含黄花综保区），其中基础设施项目用地186.33公顷、各类经营性项目用地406.6公顷。启动龙峰大道、临空北路、思源东路（黄金大道—机场大道段）、山太及配套道路设施等项目征地拆迁。

拉通人民东路、机场联络线、黄金大道、大元路等30余条片区主次干道，完成园三路下穿、龙峰大道引水管涵保护等重要工程建设，配备红绿灯电子警察、交通标识、天网工程等设施等。北师大长沙附属学校、长沙航空城市民体验中心、110千伏临空变电站、临空污水处理中心等标志性配套项目建成并投运，贯穿长沙东西主城区的地铁6号线（东段）开建。

引进厦门航空湖南分公司、奥凯航空长沙分公司、湖南顺丰电商产业园、圆通速递华中管理区总部、丰树空港产业园、普洛斯空港物流中心、长沙百联奥特莱斯购物广场等投资项目30余个，投资400亿元。全年完成进出口总额26.8亿美元。《关于促进长沙临空经济示范区发展的若干意见（试行）》通过市政府常务会议审定。建立与长沙银行深度对接机制，支持长沙银行在示范区设立支行。坚持“母亲式”服务，对所有入驻项目采取专人跟进负责制，建立“日汇报、周调度”机制解决重大项目难题，督促项目加快投产进度。

【长沙黄花机场T1航站楼改造】5月16日，长沙黄花机场T1航站楼改造完成。意味着长沙黄花机场进入双航站楼、双跑道运营时代。改造后T1航站楼把10个远机位改成近机位，设值机柜台38个（含22个自助值机柜台）、安检通道10条，国航、深圳航、山东航、成都航、昆明航、奥凯航、幸福航、西藏航等8家航空公司国内业务，转场至T1航站楼运行，日均保障航班约110架次、旅客人数约1.5万人次。

【长沙临空展示体验中心交付使用】4月12日，长沙临空展示体验中心交付使用。该项目作为长沙临空经济示范区航空城展示区域，内设有172平米大型沙盘，该沙盘是按照长沙临空经济示范区航空城1:650比例，将长沙临空经济示范区航空城的地形地貌以及建设情况进行直观展示，方便市民朋友更直观感受航空城的基本情况，也为前来投资的客商提供便利。

【中南地区邮政快递枢纽长沙邮件处理中心项目启动】12月10日，中国邮政集团公司在湖南筹建的中南地区邮政快递枢纽长沙邮件处理中心建设项目，在长沙临空经济示范区启动。该项目投资约8.9亿元，建设用地20.67公顷，预计建设规模约15万平方米，分两期进行，建设内容包含，一座大型快递邮件自动化流水线处理基地，一个大型电子商务仓配一体化基地，以及相应生产、生活附属设施。该项目建成后将有效解决中南地区邮件处理能力不足、邮路不畅等问题；满足省份经转快递邮件的处理需要。

【长沙临空产业投资基金成立】11月23日，长沙临空产业投资基金合作签约仪式在长沙临空经济示范区举行。此次长沙临空产业投资集团有限公司携手天津临港股权投资基金管理有限公司及湖南民航投资管理有限公司，共同成立长沙临空产业投资基金，定位为同股同权的平层基金；投资方向为航空物流、航空服务、外贸加工、外贸进出口展示、创新研发类。

【长沙临空产业投资集团揭牌】10月23日，长沙临空产业投资集团有限公司（简称“临空集团”）正式揭牌。临空集团由长沙县空港城建设投资有限公司和长沙综保投资有限公司整合重组而成。集团定位为以临空产业投资为主的国有资本投资运营平台，依托国家级长沙临空经济示范区战略发展机遇，发挥对航空物流、临空制造、综合保税、文旅商贸等产业引领带动作用；构建“产业园区＋临空产业＋金融服务”三位一体的商业模式，着力把长沙临空经济示范区打造成产业融合、产城融合、城乡融合发展的先行示范区。（纪　瑶）

长沙黄花综合保税区

【概况】2018年，长沙黄花综合保税区（以下简称黄花综保区）出台《长沙黄花综合保税区稳步推进基建工作方案》，全年进出口总额26.83亿美元。新开工建设进出口商品展示交易中心项目，标准仓库6～8#栋，冷链仓库2、3#栋，标准厂房3、4#栋，跨境电商监管平台项目等9个单体工程建设，总建筑面积约23万平方米，投资约10.5亿元。新增注册企业177家，注册企业285家，报关总额超过33亿美元，实际产生进出口额26.83亿美元，同比增长249.34%。实际利用外资4998.2万美元，引进市外境内资金54311万元，产生税收约9379万元，其中关税约7940万元，国内环节税收1439万元。聚力平台建设。6月12日，药品进口口岸获国家批复，建成进口药品公共服务平台并启动业务。拓展物流通道，引进香港捷递物流东盟卡班项目，打通长沙至东盟和香港的陆路运输通道；新开通长沙—北美（7月21日）、长沙—孟加拉达卡（9月5日）全货机航线。全年北美航线飞满46趟，胡志明（2017年开通）、达卡航线接续完成123趟次飞行，3条航线实现进出口货值3亿美元，国际货运量1.1万吨，占黄花机场国际货运总量约40%。集聚含章、南泰、韦斯利等SMT产业项目6个，生产线将近50条。通过跨境电商BC场站开展跨境贸易电子商务业务（海关监管方式代码“9610”），全年完成业务1.2亿余美元。

【营商环境】优化园区营商环境。在市政府出台的普惠政策基础上，补充跨境电商、加工贸易、药品口岸等一系列专项扶持政策和人才政策。积极探索金融服务，设立临空供应链公司，取得银行授信4亿元。与区内企业环海渔业、年年有鱼、骏士达、洋葱头合作开展业务，实现供应链金融业务零的突破。开展“千人帮千企百日大行动”，每季度兑现一次优惠政策，全年为企业兑付业绩补贴、租金补贴、装修补贴、航线补贴等各类奖补资金约1.67亿元（按自然年度计）。自7月份设立综保区帮代办服务中心，借助专业公司强大的外贸综合服务功能，抽调专门人员，按照“跑一次、零收费”原则，集中为74家入区企业提供营业执照、税务等10项全程代办服务，在环保审批、消防手续、用工招聘、装修协调等方面进行帮扶与支持。

【湖南首条定期洲际全货机航线开通】 7月21日9时38分，满载着来自加拿大的100吨波士顿活龙虾的波音747货运专机着陆，标志着湖南省首条定期洲际全货机航线——长沙—北美定期洲际全货机航线通航。上午同一时刻，长沙—北美定期洲际全货机航线首航仪式在长沙黄花国际机场停机坪举行。（刘塑琪）

长沙县现代农业创新示范区

【概况】 2018年以来，长沙县现代农业 创新示范区立项现代农庄90个，完成投资7.5亿元。完成湘佳农牧标准化养殖基地等4个重大农业招商项目，完成投资8500万元。新增土地流转面积453.33公顷，其中耕地规模流转面积280公顷；全县土地流转总面积38200公顷，其中规模耕地流转面积24933.33公顷，获批湖南省十大现代农业产业集聚区，并争取省级财政配套资金1000万元。培育农村创新企业及创客个体420多家，其中优秀创客项目110个。年内举办农业展会节会、创业培训、路演大赛等28次，搭建10个实体创客平台。整合资金打造福高村、影珠山村、金洲村、鹿芝岭村、锡福村白石源村等6个县级特色典型。推进24个市级示范村、特色村提质升级，铺排建设项目56个。江背镇金洲村浏阳河文化产业带、北山镇福高村北山森林公园、青山铺镇天华山景区等一系列项目相继建成。探索产业带动新模式。鼓励引导慧润延伸拓展村、企、农户“一三六”比例共享分红产业带动模式，依托“百村千品”项目平台发展壮大新型农村集体经济新路子，具体以各村农产品销售额10%计算。县属7家农业企业签约农产品采购6.9万吨，采购金额1.7亿余元。湘蒙农产品加工物流等项目开工奠基，种植基地流转400公顷。深化农村改革工作。2016—2018年整合涉农资金1.46亿元，投入45个试点村743个乡村建设项目，重点支持村集体经济发展、乡村公共服务和基础设施建设等乡村建设重点领域。“归口管理、决策民主，重点突出、投向科学，使用高效、群众满意”管理机制基本形成。

【湘蒙农产品加工物流园项目奠基】 11月8日，“长沙县·科右中旗携手奔小康”湘蒙农产品加工物流园在科右中旗百吉纳工业园举行奠基仪式。内蒙古自治区兴安盟盟委委员、宣传部部长呼和，兴安盟行署副盟长张冰宇，科右中旗旗委书记白云海，旗委副书记、旗长郭堂，旗委副书记、自治区派驻科右中旗脱贫攻坚总队队长杜培军出席奠基仪式，旗委副书记王辉宇主持。（卢　璇）

黄兴会展经济区

【概况】 黄兴会展经济区制定《管理养护外包项目考核办法》，严格对照城市管理考核标准监督考核。组织项目一期结算评审，一期一、三、四标结算审计。整理一期一、二标结算资料评审。全面部署磁浮绿带房屋风貌改造二期工程，改造房屋251栋。推进周边配套工程建设，榔梨磁浮站东侧未栽植地块覆绿工程、劳动路南面球场入口道路改造提质工程竣工验收。全年办展50余场约160天，管委会协调32个部门做好食餐会、糖酒会、农交农博会等7场大型展会公共服务保障工作。聘请专业公司出台会展片区产业发展规划，推进重点项目建设，加强与市会展办、高铁新城、城投会展的对接，协助云南城投集团完成长沙县项目公司注册手续。

【长沙国际会议中心落户长沙县】 长沙国际会议中心项目选址黄兴镇，处长沙国际会展中心北侧，位于上湾西路、中轴北路、国展路与滨河路的合围区域，并包含磨盘洲。项目总用地面积约36万平方米，其中会议中心及配套酒店用地面积约25万平方米，周边磨盘洲用地面积约12万平方米。总建筑面积30万平方米，其中包含一座建筑面积约15万平方米国际会议中心。该会议中心主会场建筑面积8000平方米，为峰会预留，平时可用作多功能厅；同时将建1个面积5000平方米多功能厅、3个面积3000平方米多功能厅、1个面积1000平方米报告厅、1个面积4000平方米宴会厅等。项目还将配套建设四星级、五星级酒店，总建筑面积约15万平方米，其中五星级酒店的客房数量400间。黄兴会展经济区负责协助长沙国际会议中心项目公司注册，10月完成注册并启动建设，预计2020年建成营业。

（王　翔　李剑芳）

星沙产业基地

【概况】2018 年，星沙产业基地园区规模以上工业总产值 98.56 亿元，固定资产投资 69.42 亿元。引进项目实体工业项目 3 个（广三研究院、六合机械、顶立科技）、实体商业项目 1 个（东方丰园）、区块链产业项目 10 个。湖南金宇、湖南顶立科技相继落户星沙产业基地。山河智能、正圆动力、磐吉奥、金鸿顺等省、市重点项目竣工投产，塞隆药业、华中航天等新兴企业挂牌上市。举办区块链院士高峰论坛和 2018 国际区块链大会，成立全国首家区块链安全检测中心和陈晓红院士工作站，中国数学与工业应用学会签约进驻。完善园区基础设施，推进蓝田北路下穿、龙峰大道新建；推进 630 电力攻坚项目，完成博士园二期、区块链产业园装修和美美食品、智普印刷、开阳科技线路迁改、长龙变扩容等工程。

【广汽三菱研发中心和零部件产业园项目开工建设】10 月 16 日上午，广汽三菱研发中心和零部件产业园项目在星沙产业基地正式开工建设。广汽三菱研发中心总投资 30 亿元，2020 年 12 月投入使用。作为首个世界 500 强企业在湘设立的汽车整车研发机构，该研发中心将引进国际化专业人才、配备国际先进研发设备、设立世界顶级新能源试验中心，为广汽三菱 2022 年产销 50 万辆整车提供车型本地化研发支持。广汽三菱零部件产业园计划引进 20 至 30 家汽车零部件配套企业，使广汽三菱零部件本地配套率从现阶段 30% 逐步提升至 90%。随着两大项目的实施，广汽三菱将在湖南形成以整车工厂为中心、发动机和研发中心为两翼、辐射周边汽车零部件配套企业的发展格局，在有效降低企业成本、提升核心竞争力的同时，也将进一步优化湖南省汽车产业链布局，促进产业集群化发展，助力湖南制造强省建设。

【区块链安全技术检测中心成立】10 月 24 日，国家互联网应急中心与长沙经开区签约，成立全国唯一一家区块链安全技术检测中心。区块链作为下一代颠覆性技术，在智能制造、工业 4.0 中引入区块链技术，将极大提升实体经济运行效率，助推制造业转型升级。长沙经开区依托国家互联网应急中心的专业优势和智力资源，高起点高标准推进星沙区块链产业园建设，努力将其建设成全球有影响、全国领先的区块链产业集聚区。（欧娜美）

松雅湖商务经济区

【概况】2018 年，星沙松雅湖商务区范持续推进项目建设。开放松雅湖公园景观亮化（一期）项目南部区域，游乐港口土方工程竣工验收，松雅湖南部区域 7 处屋顶绿化竣工，松雅湖全湖隔离护栏工程南部区域竣工验收，松雅湖原规划馆预留地绿化工程竣工验收，新增高质量休闲大草坪面积约 2 万平方米。完成松雅湖的标识设计与制作，与湘丰茶业集团签订公园湿地茶室合作租赁协议，发挥县内农业龙头企业品牌推介作用，全面推介长沙县茶产业及茶文化；完成松雅湖公园宣传手册、形象宣传片，全方位打造区域整体形象。

松雅湖湿地自然学校开学，吸引近 300 名中小学生报名参与，成为松雅湖国家湿地公园发挥湿地宣教功能重要阵地。11 月 12 日，是长沙市与日本滋贺县结好 35 周年，滋贺县代表团一行到松雅湖国际友谊林植树。制定松雅湖“退田造湖”违法用地问题整改方案，完成环湖路、捞刀河路 18.13 公顷用地审批和报部二十、二十一两个批次 37.93 公顷用地组卷工作。配合全县文明城市创建、国家慢性病综合防控示范区创建、国家安全普法宣传、政法综治工作宣传等全县中心工作，发挥松雅湖公园作为社会公共场所普法教育和宣传阵地功能。成立湖长制工作组，由县级湖长牵头，每月巡湖一次，及时解决存在问题。打好松雅湖片区蓝天保卫战，对环湖片区面积 43.33 公顷裸露黄土进行全面覆盖，严控工地扬尘污染和露天垃圾焚烧。

【湘丰茶叶入驻松雅湖公园湿地茶室】8 月 17 日，与湘丰茶叶集团有限公司签订场地租赁协议，将湿地茶室租赁给湘丰茶叶进行管理、运营，合作期限为五年。以充分利用松雅湖场地资源优势，助推长沙县茶文化以及名优特产品的发展为宗旨，共同为“中俄万里茶道”松雅湖站赋予新的时代意义，丰富公园特色及内涵。（周文萍）

责任编辑　张　娜

经济管理与监督

宏观经济管理

【概况】 2018年，全县地区生产总值同比增长（下同）9.6%；规模工业总产值增长10.6%；固定资产投资增长15.3%。投资项目管理。根据《长沙市政府投资管理办法》，重新出台《长沙县政府投资项目管理办法》。编制《长沙县2018年政府投资项目计划》《长沙县2018年重大项目计划》。规范投资项目管理环境。“最多跑一次”改革全面缩减审批时限，政府出资的投资项目立项审批3个工作日办结，可行性研究报告审批7个工作日办结。完成项目申报工作，争取上级资金14054万元。146个市重大项目，1-11月完成334.86亿元，政府投资项目完成投资43.49亿元，社会投资项目完成投资269.49亿元。2个省重大产业项目，长沙黄花综合保税区建设工程年度完成投资15.5亿元，浔龙河生态艺术小镇（二期）年度完成投资9.4亿元。强化PPP合作模式监管。全县PPP项目通过省市财政部门合规审查，无项目被省市财政要求退库，化解有可能被认定为政府隐性债务的资金175亿元；确保黄花综合保税区PPP项目进入财政部PPP库和发改委PPP库。规划编制工作。开展长沙县“十三五”规划中期评估工作，形成《评估报告》，完成《长沙临空产业发展“十三五”规划中期评估报告》。编制《长沙县社会信用体系建设三年行动计划》，个人诚信、安全生产、环境保护等领域出台专项信用管理制度。“信用长沙”归集长沙县“双公示”数据46926条，建立“红黑榜”。组织循环经济工作。组织对涉及长沙县绿心保护问题整改工作，上报违法违规项目整改销号68个（12月16日数据）。两型社会建设。评选创建县级两型示范单位12个，建设县级两型宣教基地1个，两型家庭35户，开展节能宣传周、两型等环保主题活动3场，在公交车身、微信平台、报纸专栏等开展系列环保两型宣传，组织公益宣讲员开展资源节约型、环境友好型社会会宣讲10场次，完成2000户家庭餐厨油烟治理工作。实施乡村振兴战略，启动乡村振兴战略规划编制工作，形成《长沙县乡村振兴战略规划（2018～2022年）》（征求意见稿）、《长沙县乡村振兴战略公共服务体系建设专项规划》（征求意见稿），做好新增粮食产能项目。

【县域经济基本竞争力排名全国第五位】 2018年12月16日，第十八届全国县域经济基本竞争力前100名和全国县域经济与县域综合发展前100名县（市）名单揭晓，长沙县位居第五，提前三年实现“挺进五强”目标；同时，在中国中小城市综合实力百强排名中跃升至第5位，连续7年居中西部第一。 （唐雅妮）

国有资产管理

【概况】 2018年，长沙县国有资产管理中心推进国有企业整合重组工作。在原来9家县管国企整合为7家基础上，再次整合为2家集团公司，即：长沙县星城发展集团有限公司（以城建投为母体，整合水业集团、地产投、交建投、瑞农投）、长沙临空产业投资集团有限公司（以空港投为母体整合综保投）。2家集团公司组建、挂牌工作，办理企业名称、法定代表人工商变更登记，集中办公。开展企业办职能分离移交工作，承担6家央企、2家省企、2家市企分离移交工作，完成10家国企“三供一业”分离移交协议，其中央企国网湖南电力技培中心全面完成职工家属区“三供一业”分离移交工作现场会在泉塘街道技培中心召开。

【国有企业改革重组】 县委常委会议（2018年第15次）和县政府常务会议（2018年第32次）原则同意7家县管国企整合为2家，县委县政府明确整合后2家县管国企“两会一层”（董事会、监事会、经理层）架构设置方案。董事会、监事会5人，星城发展集团经理层6人，临空投资集团经理层4人。县委配置15名国企领导人员，其中星城发展集团配备9名（董事会3名、监事会1名、经理层6名，交叉任职），临空产业投资集团配备6名（董事会3名、监事会1名、经理层3名，交叉任职）。15名高管人员全部放弃体制内身份，保留与机关事业单位交流通道。

【防范化解政府债务】 全县有9家公司（含经开区隶属的经开集团公司）纳入省化债办平台公司名单，根据改县平台公司情况，注销3家企业（黄花城建、榔梨城建和瑞农投），完善2家转型企业（环建投和洁源水业）法人治理结构等工作，合并整合2家企业（水建投和交建投）办公场所、人员及相关资源资产，保留2家企业（星城投和经开控股）。拟处置房产和土地资产估值120余亿元，根据资产权证手续完善情况、拆迁腾地进度及遗留问题情况，分三批处置。处置星城发展集团万家丽路东侧2.92公顷土地，成交价2.56亿元。

【国企公车改革】 起草《长沙县县属国有企业公务用车制度改革实施意见》，通过县政府常务会审议印发。企业核定车辆编制，确定车改补贴发放范围和方式，按国有资产处置程序公开拍卖处置超标车辆，防止资产流失，做好司勤人员调剂、转岗或解聘工作。车改全部取消实物保障用车，改为发放公务交通补贴，补贴上限为国有企业正职2800元/月，副职2200元/月。（李珊珊）

国土资源管理

【概况】 2018年，长沙县国土资源局完成项目用地预审59宗，耕地保有量51133.33公顷，基本农田面积45266.67公顷。批回建设用地项目89宗，长沙县（含长沙经开区）挂牌出让76宗土地，出让面积418.85公顷，成交总额963450万元。累计发放不动产证书12.8万本；财税收入73.42亿元。是年，县国土资源局获评湖南省国土资源系统信访工作先进集体、第49个世界地球日暨湖南省第六届“爱地球·看我的”机构。

地籍测绘。不动产测绘（地籍测绘）485宗、面积1148.6376公顷；城镇、农村个人宗地测绘563宗；房产测绘505宗，面积11.1987公顷，数字化出图入库1088宗；建设用地报批勘测定界项目109宗、面积1608.5555公顷；临时用地勘界项目77宗、面积131.7247公顷。对黄兴会展中心场馆预留、空港城人民东路以北等105宗拆迁项目进行村、组界线权属调查和土地分类面积量算，面积517.9747公顷，现场抽检24个土地开发项目。办理社会使用国家涉密基础测绘成果申请31件。是年，年度土地利用变更成果2000坐标系转换、分幅图、乡镇图件制作完成。《长沙县地理县情地图集》编撰完成并下发各单位、镇街。

征地拆迁。全县在拆项目138个，依法腾地466.67公顷，动迁人口3000余人，支付拆迁补偿资金22亿元（经开区项目除外），缴纳社保资金3亿余元，纳入社保2130户7721人，办理住房货币补贴1511户4500人；请款住房货币补贴资金7亿元。地铁4号线、黄兴综合管廊项目、黄花综合保税区、高铁片区、湘龙西路、高沙学校等重点项目征地拆迁腾地完成。

2018年，县国土资源局不动产登记中心优化窗口设置

（县国土资源局 提供）

国土宣传。6月25日是第28个全国土地日，组织开展“珍惜土地资源 建设美丽家园”主题宣传活动，在春华茶叶小学开展宣传活动；在《星沙时报》刊发宣传专版，摆放咨询台现场答疑，发放《不动产登记知识手册》、宣传纪念品、环保购物袋等3000余份。12月4日，在县政务中心及各镇（街）国土资源所设立宣传站点，开展国家宪法日主题宣传活动，发放宣传资料1300余份。高桥国土资源所、组织开展“6·25”第28个全国土地日宣传活动、“8·29”第15个全国测绘法宣传日宣传活动，免费向群众发放宣传册、标准中国地图、地球仪，向镇街、村社区发放《国家版图知识》和《湖南省全覆盖排查整治“问题地图”专项行动工作指南》《长沙县地理县情地图集》等。

【不动产登记】按照上级要求，县国土资源局对历史产生的房产档案和土地档案进行数据清理，95%以上的房产数据和土地数据进行关联和匹配，形成不动产单元号，在湖南省率先实现不动产数据清理验收。运用“互联网+政务服务”和大数据技术，与税务部门协作，通过身份识别、人脸识别、在线支付技术，方便快捷为群众服务，申请人在商品房网上签约系统、长沙县国土资源局官网、官方微信公众号上进行登记业务申请，不动产登记中心工作人员实时获取网上申请的业务信息，并核对申请信息、限购限售信息、扫描件信息在线预审，通过在线预审后，申请人携带纸质资料到综合受理窗口现场进行原件核验，线下核验通过，进行面签问询、缴纳税费、完成内网审核登簿后，将证书邮寄申请人。不动产登记、房屋交易管理、税费缴纳“一窗受理、一站办结”，业务流程实现网上申请、在线预约、线下核验、一窗受理。

【数字长沙县地理空间框架建设项目】长沙县地理空间框架建设2015年8月启动，2015年11月开始建设，历时3年，2016年启动建设数字长沙县地理空间框架并开发时空信息云平台，时空信息云平台开发对接10个应用，长沙县三维招商地理信息系统、美丽乡村一张图系统、移动办公辅助系统、天地图·湖南长沙县节点、长沙县不动产管理信息系统、国土资源一张图系统、长沙县公共信息平台、数字化城市管理信息系统、智慧水务综合管理平台、山洪灾害监测预警系统。主要有优于0.07米分辨率倾斜航空摄影156平方千米、优于0.1米分辨率数码航空摄影1600平方千米、全县域覆盖的1：1000DLG、1：1000 DOM和1：2000 DEM、100平方千米的城镇地籍、地名地址、1000千米街景、50平方千米的三维精细模型、156平方千米的三维模型等。收集2017年、2018年卫星影像图，并发布服务应用于“国土资源一张图”等系统；基础版、政务版和公众版数据建库、三维精细模型建设完成。2018年12月1日，项目通过最终验收，数字长沙县时空信息云平台通过第三方测评上线运行。

【耕地质量等别调查评价与监测】年内，长沙县对辖区内耕地现状变化、耕地质量建设等引起的耕地质量等别变化情况开展年度更新评价，并对全县耕地等别渐变区域进行监测评价。本次更新评价涉及2016年因建设占用等原因减少的耕地277.93公顷，净减少耕地2.89公顷，因土地整理质量发生突变的耕地2349.58公顷，净增耕地0.42公顷；根据耕地质量等别监测评价成果，全县等别渐变耕地面积41615.78公顷，占全县耕地总面积的73.17%，确定肥力提升型、肥力衰退型、酸化型3个耕地质量等别渐变类型，布设16个固定监测单元。

【耕地及基本农田保护】2018年，长沙县耕地保护及基本农田保护县对乡、乡对村的责任状签订完成，140余个村和16个镇街的责任书补签完成，上级下达的45258公顷基本农田、51117公顷耕地保有量保护目标得以落实。2018年度第二批次建设项目等83个用地报卷耕地补充，补充耕地面积217.9公顷。坚持规划引领，“多规合一”，引导建设用地项目合理选址，尽量不占耕地或少占耕地。启动村庄规划试点工作，选择果园镇浔龙河村和金井镇蒲塘村开展试点，完善春华、竹山两个变电站选址规划调整工作。严格要求单独选址的能源、交通、水利建设项目及临时用地项目进行土地复垦，受理临时用地土地复垦方案39个，其中省级备案5个，县级审查34个，办结24个。8月，组织对福临、开慧、高桥、金井四镇110户异地扶贫搬迁户宅基地的拆除复垦验收。推进农村空心房治理，腾退拆除房屋429户面积8.1公顷。

【地灾矿政管理】2018年，《长沙县矿产资源规划（2016—2020年）》全面通过湖南省自然资源厅批准并实施，并将矿山安全生产纳入矿规。3月6日，该局组织全县40家非煤矿山企业负责人以及各科室负责人、国土资源所所长开展安全生产培训。齐抓共管，深入该县矿山企业检查400余次，排查矿业权人持证情况、超层越界开采行为；排查非法转让矿业权的行为；排查高陡边坡安全隐患以及处于各类自然保护区园区内采矿的情况。2018年，完成长沙县61个地质灾害隐患点全面排查，建立健全地质灾害预警预报系统，及时发送预警短信6000余条。贯彻地质灾害防治条例，保护人民生命财产安全。

【土地违法违规行为整治】2018年，县国土资源局发现、认定1660宗违章建筑，面积271.21公顷，其中移送长沙县行政执法局处理279宗（面积104.67公顷）；1281宗已报告拆违控违办。组织基层国土资源所配合镇（街）对历史违建摸底，发现历史违建5017宗（面积279.42公顷），并进行违法认定和相应处理。土地卫片执法监察监督违法违规用地整治，整改到位图斑合计318宗，面积合计96.6公顷，占用耕地面积43.9公顷；未整改到位图斑46宗，面积合计14.8公顷，占用耕地8.12公顷。违法用地履职到位率和查处到位率均为100%，违法用地占用耕地面积占新增建设用地占用耕地总面积的3.22%。经过湖南省自然资源厅的复核与反馈，整改成果获得自然资源部认可。土地例行督查工作推进土地违法违规行为整治，2016年、2017年、2018年三年国家自然资源督察武汉局例行督察长沙县需整改图斑合计1059宗，图斑面积542.6公顷，耕地面积299.84公顷，基本农田30.14公顷，至2018年整改到位904宗，整改到位面积444.39公顷。针对闲置土地违法违规行为，解读《长沙市闲置土地预防和处置操作规程》，处置17家用地单位名下27宗地。（周　湘）

财　政

【概况】2018年，长沙县财政总收入350.03亿元，增加69.95亿元，同比增长24.98%（下同）；一般公共预算收入237.47亿元，增加21.59亿元，增长10%；地方一般公共预算收入100.04亿元，增加12.03亿元，增长13.68%。

加强财政监督检查，全年开展农切块资金、“四项费用”、扶贫资金、村级财务、会计监督等20余项检查。建立财政各类审计、检查问题清单及销号制度，针对2015—2017年各级纪检监察、巡察、审计、内审等检查中指出的问题，建立问题整改台账坚持“整改一件、销号一件”。

加强财政绩效管理。在全县所有一级预算单位绩效自评2017年部门整体支出及其专项资金管理使用情况的基础上，重点绩效评价43个部门单位、175项专项资金使用情况，涉及金额15.47亿元。加强政府债务管理，建立债务统计监测机制，动态监测债务变化情况、存量债务化解进展以及新增债务情况。制定《长沙县防范化解地方政府隐性债务风险实施方案》，全面完成政府债券置换工作。规范PPP项目，推动平台公司市场化转型。

【预算执行】2018年，全县财政总收入350.03亿元，为调整预算任务310.89亿元的112.59%，同比上年预算执行数280.08亿元，增加69.95亿元。其中：一般公共预算收入237.47亿元，同比上年预算执行数215.88亿元，增加21.59亿元；上划中央、省、市收入完成137.43亿元，同比上年预算执行数127.87亿元，增加9.56亿元；地方一般公共预算收入100.04亿元，同比上年预算执行数88.01亿元，增加12.03亿元。全县一般公共预算支出170.33亿元，同比上年161.19亿元增加9.14亿元。全县地方一般公共预算收入100.04亿元，上级返还性收入、一般性转移支付收入、专项转移支付收入、债券转贷收入、调入资金及上年结余等72.47亿元，收入172.51亿元；一般公共预算支出170.33亿元，上解支出2.08亿元，支出172.41亿元，收支相抵，年终滚存净结余0.1亿元。全县政府性基金预算收入123.5亿元，同比上年增加58.7亿元。全县政府性基金预算支出110.39亿元，同比上年增加44.68亿元。全县政府性基金预算收入123.5亿元，上级补助收入0.61亿元、专项债券收入4.48亿元、上年结余5.68亿元，收入134.26亿元；政府性基金预算支出110.39亿元，上解支出0.1亿元，调出资金10.4亿元，支出120.89亿元，收支相抵，年终滚存结余13.37亿元。全县国有资本经营预算收入0.089亿元；支出0.089亿元。全县社保基金预算收入59.96亿元 其中，保险费收入45.05亿元、利息收入2.07亿元、财政补助收入11.19亿元；支出25.21亿元，当年结余34.75亿元，年终滚存结余150.33亿元。

【财源建设】坚持以供给侧结构性改革为主线，落实中央各项减税政策，2018年为企业减税35.18亿元以上。开展非税收入大清理、大检查，确保各项减费政策执行到位。运用综合治税平台，开展税收征管百日攻坚行动。筹措资金3.2亿元，兑现招商引资、航线补贴等优惠政策；安排科技、开放型经济、中小企业发展专项、人才新政等资金1.44亿元，推进创新驱动发展；开展“千人帮千企”行动。理顺园区财政体制，支持长沙临空经济示范区及其配套基础设施建设，助推“二次创业”。推进投融资体制改革，依托星城中小企业担保公司、农信担保等缓解企业融资难、融资贵问题。

【民生投入】 2018 年，全县民生投入 134.87 亿元，同比增加 7.91 亿元，增长 6.23%。坚持教育优先发展，全年教育财政投入 21.92 亿元，保障教师待遇，支持基础设施建设，促推教育均衡发展。新建及改扩建学校 24 所，新增学位近 2 万个，全县超大班额全部化解。落实城乡低保、残疾人补贴、五保供养等各项救助政策，城乡居民养老金提高至 193 元 / 人 / 月。全年医疗卫生投入 9.81 亿元，加大城乡卫生基础设施建设投入，逐年提高居民医保人均补助标准。实施“一事一议”财政奖补项目 113 个，投入资金 0.17 亿元。争取农业综合开发各级各类项目 226 个，投入资金 0.78 亿元。规范惠农补贴“一卡通”发放管理，全年发放各类涉农补贴资金 2.5 亿元。推进国家级农村综合性改革试点，争取上级资金 0.25 亿元，县级专项配套资金 0.06 亿元。统筹资金 8.8 亿元，推进城镇提质提档、污水处理、垃圾分类减量及畜禽污染治理等，实施农村环境综合整治。

【预算管理】 陆续出台建库设计单位评分制考核、融资项目工程造价控制及评审管理、党政机关培训费、会议费管理等 12 个新的规范管理办法。重点清理预算安排依据，做实零基预算、做细政府性基金预算，2018 年真正启动实施全口径预算管理。坚持支出进度通报机制，切实加快预算执行进度，并严格兑现奖惩。精简财政专户数量，出台专户资金管理办法，强化专户资金管理。实时掌握财政专户余额，及时调度资金保障支付。清理暂存暂付款项，严控对外借款。盘活存量资金，2018 年收回预算单位历年结余结转资金 5.92 亿元。

【农村综合性改革】 作为国家级农村综合性改革试点县，县财政牵头，制定《长沙县农村综合性改革试点实施方案》，其改革路径、举措等得到中央、省农综改部门的高度认可，并将长沙县模式作为范本向全国 8 个试点省进行推广。全年统筹安排 3600 余万元用于农村综合性改革，金井、果园、开慧等试点镇村正稳步推进试点项目建设，探索构建村级集体经济发展、乡村治理体系和治理能力现代化建设、农民持续增收以及生态文明发展四大机制。探索村企合作、村级成立集体公司自主经营以及抱团发展等多种村级集体经济发展模式。完善“五元收益”和创新探索适度规模流转两种土地流转增收方式；推广锡福村民宿项目 6：3 ：1 的收入分配模式，农民收入相应增加。（唐天晴）

【政府招标采购】 2018 年，长沙县制定《政府采购非招标采购方式投标保证金管理规定》，监督管理招投标项目 186 个，上限金额约 130.72 亿元，通过招标节减建设资金约 7.37 亿元，平均中标优惠率约 5.84%。其中监督管理县属国有投资项目 91 个，上限金额约 11.14 亿元，通过招标节减建设资金约 1.1 亿元，平均中标优惠率为 9.9%。办结政府采购项目 409 项，预算金额 331376.95 万元，合同金额 322506.60 万元，通过政府采购节减财政资金 8870.35 万元。（姚朝霞）

税　务

【概况】 2018 年，长沙县税收 228.02 亿元（扣减出口退税）。7 月 20 日，国家税务总局长沙经济技术开发区税务局、国家税务总局长沙县税务局挂牌成立。全县 296 家机关事业单位和城乡居民社保费征管职责平稳交接。深化增值税改革，落实税率调整、统一小规模纳税人标准以及部分行业留抵退税“三项改革”工作；推动个税改革，以扣缴客户端、个税 APP、个税新政为重点开展宣教。

2018 年 7 月 20 日，国家税务总局长沙县税务局、国家税务总局长沙经济技术开发区分局挂牌　（潘　芳　摄）

开展优化税收营商环境自查，问卷调查企业1337户，走访调研纳税人6000余人，帮助解决问题156个。推进“最多跑一次”改革，全县8个办税服务厅近70个窗口业务全部“一窗通办”。开办纳税人学堂22次，培训纳税人4500余人次。开展2017年度纳税信用等级评定及结果运用，评价纳税人22553户，其中A级纳税人421户。深化银税互动，先后与交通银行、建设银行、长沙银行联合宣传推广6场次。贷款授信27户中小企业，金额1.8亿元。

强化重点税源管理，提升征管质量。加强税收风险防控，提高风险管理质效。清算30个项目土地增值税，清算查补税款2.4亿元，补缴1.51亿元。全年为纳税人减免税34.3亿元，审核通过出口退（免）税23.98亿元。9月10日起，在全县开展“优化营商环境、深化纳税服务、强化税收征管”百日攻坚专项行动。开展专项辅导48场，辅导纳税人1万余人次。摸排漏征漏管纳税人700余户，税收清查收入14.44亿元。

【第27个税收宣传月活动】 4月2日上午，由湖南省国税局、地税局主办，长沙经济技术开发区及长沙县财政局、国税局、地税局承办的“新时代·新税貌”2018年税收宣传月启动仪式暨办税事项“最多跑一次”清单发布会举行。该活动以“优化税收营商环境，助力经济高质量发展”为主题，通过“问症于企、问需于企、问税于企”“纳税服务日”、绿色税制改革集中宣传、“2018税企同行”政策分享解读“税法进校园”“电子办税零距离体验”宣传周、税收微视频征集评选展播、税收知识答题挑战赛等形式开展系列活动。（潘　芳）

审　计

【概况】 2018年，完成审计项目366个，查出违纪违规和管理不规范资金1.18亿余元，追缴财政资金786.38万元，避免财政资金损失1000余万元，再次核减节约政府投资项目工程造价822.65万元。提出合理化审计建议30余条，涉审单位采纳建议制定完善制度42项，移送问题线索49起。

财政“同级审”。围绕县级财政预算执行管理、镇（街）级财政资金、扶贫资金、绿化资金四个方面，该项审计抽查审核财务资料1240份，涉审金额67.4亿元，审计对象涉及18个镇（街）、21个部门，延伸调查48个村（社区）、29家企业，谈话对象涉及178人。发现预算编制不科学不严谨、部分政策文件执行不到位、专项资金管理制度不健全、育肥猪保险虚报投保数量冒领财政补贴资金、扶贫和绿化资金使用管理不规范等问题。针对发现问题，相关镇（街）、部门完善管理办法和制度，对有关人员进行问责处理，清退贫困户1635人，收回不合规补助200余万元，追回冒领的育肥猪保险补贴65万元。

领导干部经济责任审计。完成11个单位12名领导干部经济责任审计，在开慧镇同步开展自然资源资产审计。审计关注重点由财务向业务转移，将审计范围拓展到部门单位的日常经济管理业务，将分管负责人列入责任承担界定范围，形成责任传导机制，促进其他班子成员加强对分管部门、分管业务领域的管理。审计发现“三重一大”落实不到位、内控管理不严格、工程建设管理和政府采购不规范、专项资金使用效益不佳、生态环境保护措施不力等问题，审计指出问题后，追回违规拨付的资金，套取专项资金的移送纪委查处。

固定资产投资审计。完成政府投资项目审计137个，涉审金额15.76亿元，避免财政资金损失822.65万元。发现部分项目违反建设基本程序、建设单位违规支付工程款及履职不到位、施工单位涉嫌骗取国家资金及违规转包、监理单位涉嫌违规转包和履职不到位等问题。针对问题，分别作出责令整改和移送相关部门查处的处理。“2014年集中式生活污水处理设施建设工程（三标段）”“白石洞水库移民集中安置点公建房建设工程”两个项目分别涉嫌骗取国家资金96.25万元、108.45万元的问题线索移送县纪委监委立案调查后，四方责任主体分别被追究党纪处分和经济处罚。

政府委托审计。委托8家中介机构对173个村（社区）、县直二级机构及学校、医院等单位开展财务审计，重点审计扶贫资金、农村集体“三资”管理、土地征收补偿、工程项目建设等关键领域。对涉嫌套取资金、违反党纪规定等重大问题，向县纪委监委、相关主管部门移送问题线索26起。通过审计，追回多支付的工程款和违规发放的津补贴。

审计促推新政发挥生态专项资金效益最大化。重视民生资金审计，2018年度将生态绿化专项资金列入审计重点，发现全县未制定绿化专项资金项目管理办法，造成资金使用不规范、监管不到位以及少数村（社区）采取虚列苗木数量、虚报苗木单价涉嫌套取绿化资金等问题，审计提出应结合该县实际情况及时制定出台相关政策的建议，得到县委、县政府高度重视，责成县农林局、县财政局等相关单位对审计中发现的问题进行认真剖析、开展调研、限时出台新政。

在审计107国道灰埠段两厢配套绿化景观工程（二标段）过程中将竣工图纸导入AUTOCAD软件，最终发现该工程马尼拉草皮的面积多计9182平方米，涉及工程款27万余元。

【政府性债务审计】长沙县审计局联合县财政局、县发改局、长沙经开区等单位34名专业人员组成5个审计小组分别对长沙经开区、县直单位、各镇街、县属国有企业及园区开展审计，摸清县区债务底数，理清债务类型、结构、偿债资金来源及时序、潜在风险，指导债务单位依法依规完善借债资料和手续，提出10余条审计建议被县政府和经开区管委会全盘采纳，为县委县政府防范化解债务风险提供依据和参谋服务。（马小荃）

统　计

【概况】2018年，长沙县坚持“依法依规、科学统计”，推进统计基层基础建设，提高数据质量，优化统计服务。

统计服务。完成2017年统计年报及2018年定期报表，发布2017年全县国民经济和社会发展情况统计公报。每月刊发《长沙县经济运行快报》；按季整理各项数据，做好每个季度的全县经济形势分析材料撰写工作，9月起按月撰写经济形势分析材料；撰写2018年长沙县百强进位情况分析。

统计基层基础。全县81个社区设立统计服务窗口，统计平台建设率93%；全县75个社区配备大专以上学历的统计人员，占全县社区总数的86%。探索长沙经开区、黄花综合保税区统计体系建设。理顺园区统计工作体制。11月，黄花综合保税区初步议定每月公布区域内主要经济指标数据，完善统计机构构建。

统计调查监测。做好统计调查，核算GDP和能源消费总量。开展考核监测。参与全面小康、绩效考核、重点民生实事、节能降耗、“两纲”监测、文明测评等一系列考核数据的收集与认定。完成妇儿两纲统计监测，收集2017年小康监测体系中各项指标数据，在全省年度考评中，获评“2017年湖南省全面小康经济强县第一”。开展全县第四次全国经济普查，做好普查经费预算编制、组织机构建立、普查两员选聘、业务培训等。成立经济普查领导小组，配备经费，聘请近1000名普查员和普查指导员。5—7月，在安沙镇开展省级试点工作；9月启动单位清查工作并于年内完成。开展精准扶贫专项调查、乡村振兴入户调查、绩效考核社会公认评估调查、综治调查、食品安全调查专项调查、扫黑除恶专项斗争民意调查、禁毒工作专项调查。

统计法制建设。县委常委会专题审议通过将统计法律法规纳入党校、县委中心组学习计划。严查统计违法，检查单位20余家。开展“四上”单位清查，新增“四上”单位226家。完善统计违法案件归档整理。

统计宣传。利用“9·20”中国统计开放日和“12·8”《中华人民共和国统计法》宣传日做好统计知识、统计法律宣传工作。开发利用“长沙县统计”微信公众号，创作发布微信50余篇。

【开展第四次全国经济普查工作】开展普查经费预算编制、组织机构建立、普查两员选聘、业务培训等；成立经济普查领导小组，安排专项经费600余万元，聘请近1000名普查员和普查指导员。5—7月，在安沙镇开展省级试点。9月全面启动单位清查工作，清查单位2.8万余个，个体户8.7万余户。2019年1月1日，全县正式开始入户登记。（刘姿君）

价格管理

【概况】2018年，长沙县清理全县行政事业性收费及涉企收费项目，制定2018年度开学收费文件，规范教育收费管理。开展市场价格巡查，做好价费政策解释和价格协调。加强商品房明码标价监制。检查6家城市供水、供气企业相关单位。对城市居民食品零售价格、工农业生产资料价格、城乡服务价格所涉及六大类188种监测品种及时数据上报。开展价格认定，全年办理各类价格认定案件390宗，标的金额4036万元。为医疗诊所、药店等单位开具无违规收入证明13个。对全县行政事业单位所有收费项目进行分类统计汇总并上报市发改委。加强住宅前期物业服务费、政府管价范围的停车收费等价格审批和备案。服务政府中心工作，开展拆迁补偿价格认证业务。清理规范转供电环节电价，历时12天向全县2229个专变客户送达供电收费清理规范相关政策文件，有转供电主体的客户全部送达供电收费清理政策的相关文件。207个用户单位中，125户顺降电价。

【商品房明码标价监制】建立部门联合会商机制，联合住保、统计、国土、规建等部门定期开展商品房项目联合会商审核会议，为加快房地产项目上市、缓解房源紧张出谋划策。实施备案政策以来长沙县取得预售证项目36个。其中由长沙县联合审批办理预售证项目8个，核准销售均价6800元/平方米左右，由市发改委协同住建等部门核准项目28个，核准销售价格4246元/平方米~9000元/平方米。

（肖科专）

市场监督管理

【概况】2018年，长沙县食品药品工商质量监督管理局以“标准化基础建设年”为主题，着力构建科学规范的市场监管体系。

推进商事制度改革，释放市场主体活力。实施行政审批改革，推行“多证合一”“网上办”“就近办”“集中办”“最多跑一次”等模式，优化营商大环境。出台《长沙县“证照分离”改革工作实施方案》，自2018年11月10日起，对33项涉企行政审批事项，按照直接取消审批、审批改为备案、实行告知承诺、优化准入服务等四种方式全面精简涉企证照，破解“办照容易办证难”“准入不准营”等问题；全年新增商事主体20416户。设立企业开办主题窗口，实现企业从设立到具备一般性经营条件仅需2个工作日。印发行政审批事项办事指南和文书范本至各镇街，组织业务培训，实现“帮代办”，将农民专业合作社、个人独资企业的登记许可权限下放至监管所，34个行政审批事项“就近办”，新增特种设备使用登记（行政许可）、企业档案查询、广告发布登记等8个政务服务事项进驻政务服务中心，实现“集中办”。线上开发“维维姐帮你跑得顺”微信小程序，办事指南等内容实现手机一键查看，线下设立自助导办服务区。使用全程电子化登记系统，通过网上填报信息、电子签名等电子化手段，企业登记全程电子化，9月该局被国家市场监督管理总局批准为湖南省唯一一家“企业开办全程网上办”改革试点单位。强化事中事后监管。通过商事主体管理平台，推进后置许可审批办证率，长沙县后置许可审批办证率在全市排名第一。加强商事主体后续监管，开展无证无照经营专项整治，疏导办理证照4551户，立案查处无照经营21起。推动质量强县服务企业提质创优。标准化战略试点、“标准化+”行动以及企业标准自我声明公开工作，促进企业产品标准提升，全年指导59家企业上报231项标准，涵盖408种产品。指导企业进行商标注册，鼓励企业打造商标品牌集群，培育新注册商标2268件，注册商标8736件，指导企业运用动产抵押、股权质押等方式帮助企业拓宽融资渠道，帮助企业融资95.8亿元。

监管执法。立案查处各类违法案件404起，罚没款入库473.61万元。开展特种设备、消防产品、儿童用品、红盾护农等7项专项整治，检查、检测楼盘电梯319台，排查安全隐患382处，责令限期改正286起，下达《特种设备安全监察指令书》40份，立案处罚19起。组织开展电梯应急救援演练、液氨泄露事故应急演练，提升对突发事件的救援和处置能力。核查入网餐饮经营户3568户，约谈网络经营主体75个，依法立案查处违法行为11起。开展保健品、药品、医疗器械专项整治，对全县药械经营（使用）单位开展全覆盖检查，立案处罚卫生室、诊所58家。开展广告监测700余条，查办广告违法案件5起，纠正轻微违规广告4条，组织广告经营者培训3次，参训人员320余人。清查疑似传销窝点1771个，捣毁传销窝点340个，清查、教育涉传人员1616人次，组织防范传销知识专场宣传活动4场，发放各类宣传资料3万余份，国家市场监管总局调研长沙县打击传销工作时给予充分肯定和好评。

消费维权。在全省率先启用“综合消费维权指挥调度系统”，使投诉举报渠道更畅通，消费维权更便捷。全年接受业务咨询1830人次，受理投诉举报5771件，诉转案23件。利用“3·15”消费者权益日等活动加大宣传，制作食安微电影《心路》。通过“长沙县市场监管”微信公众号开展一系列线上活动，传播科学健康知识。其中，“品质消费·美好生活”有奖知识竞赛、“3·15”诚信签名、“最美食安代言人”“网上直播间”等活动吸引80多万名“粉丝”参与。

指导企业质量提升。突出标准引领，指导4家单位获批2018年度湖南省标准化项目试点，其中：湖南省冷链物流行业协会的团体标准立项实现长沙县团体标准零突破；指导果园镇获批全省首个国家级城镇化标准化试点。推动“标准化+”行动，指导59家企业上报231项标准，涵盖408种产品。组织长沙梅花汽车制造有限公司参加全国“百城千业万企对标达标提升专项行动”，推动其新能源汽车产品标准提升。指导78家企业参加“守合同重信用”企业公示活动，帮扶龙塘农贸市场、金茂路农贸市场获评省级文明市场，指导培育新注册商标2268件，年末全县有效注册商标8736件。指导企业办理动产抵押45笔、股权质押56笔，帮助融资95.8亿元。加强质量监督。加强重点工业产品质量监督抽检，抽检114批次，合格112批次，合格率 98.25%；立案查处商标侵权案件 34 起。全年检定计量器具 21148 台次，检查、巡查 3C 认证企业 5 家、有机认证企业 11 家，检查质量管理体系、环境体系管理认证 11 家，成品油质量抽检 50 批次，合格率 100%。

【国家食品安全示范城市创建】 2015 年至 2017 年，长沙县食品安全监管模式连续三年被评为全国“民生示范工程”。2018 年，“互联网 +”、大数据分析等信息化手段让食品安全监管更加精准。开展各类食品安全监督检测 18.2 万批次（含快检），5.53 批次 / 千人，食用农产品 3 份 / 千人，产品抽检合格率稳定在 98% 以上。小餐饮提质改造 139 家，白酒小作坊提质改造 32 家，建成透明厨房 875 家、视频厨房 469 家，加强“互联网 + 快速检测”体系建设，从源头把关食品安全。围绕重点品种、关键领域、重要环节，开展“护苗”“护老”“一桌餐”“肉及肉制品”“清网行动”等专项整治 21 个。立案查处各类食品安全违法案件 248 件，移交公安刑事案件 8 起。

（冯　辉）

安全生产监督管理

2018 年 6 月 5 日，长沙市 2018 年“安全生产月”活动暨“安全生产宣传教育进园区”启动仪式在长沙经开区猎豹汽车工业园（梁婷 摄）

【概况】 2018 年，全县发生 11 起生产安全事故，死亡 12 人（其中交通事故 4 起），事故起数、死亡人数同比分别下降 70.3% 和 47.8%；未发生较大及以上生产安全事故。制定《长沙县（区）违法建筑场所生产安全事故调查处理办法》，立案调查 8 起生产安全事故（其中 2 起为生产经营性道路交通事故），有 6 家事故责任单位和 7 名责任人员被给予行政处罚，罚款 130.254 万元。以危化品、烟花爆竹、非煤矿山、粉尘防爆为重点开展安全生产打非治违，先后集中开展“春雷行动”“飓风行动”“霹雳行动”“清剿行动”，严查严处、重管重罚非法违法行为。全年检查工贸企业 1124 家次，责令限期改正 381 处，停产整顿 1 家。开展安全生产宣传教育进企业、进校园、进机关、进社区、进农村、进家庭、进公共场所的“七进”活动，6 万余人参与活动。举办工贸企业主要负责人、安全员安全生产专题培训班 23 期，1472 人取得“安全培训合格证书”。分别组织职业卫生、粉尘涉爆、有限空间、金属冶炼安全培训班 5 期，培训人员 935 名。全面实施“一公开双随机”执法，全年立案 298 起，处罚罚款 200.3 余万元。推动省安全生产示范县创建，印发季刊《星沙安监·示范创建进行时》，入户发放《关于携手共创“湖南省安全生产示范县”的一封公开信》。指导督促㮾梨街道创建为省级示范单位，长龙街道创建为市级示范单位，全县 18 个镇街均为市级示范单位。升级“星沙安监”微信公众号，推出微信报道 328 篇，关注人数突破 1 万余人；向国家、省、市各级媒体撰写报送安全生产信息报道 700 余篇。建立覆盖油气管道、危险化学品、航空救援等领域的专业应急救援队 10 个，成立长沙县蓝天应急救援中心，配备救援车辆和装备；组织开展危险化学品应急救援演练；以补代投下拨 90 余万元经费，为专业应急救援队伍添置救援物资装备；办理安全生产应急预案备案 45 件。建立工矿商贸企业申报财政资金项目安全联审制度，联审 1105 家（次）企业，“一票否决”28 家。26 个新改扩项目开展职业病防护设施“三同时”建设，12 个项目完成职业病危害预评价，16 个项目完成职业病危害控制效果评价，3 个项目完成职业病防护设施设计，7 家企业完成职业卫生现状评价。办理职业卫生类违法案件 4 起，到位罚款 3.8 万元。对全县 88 家危化企业进行风险评估，评定红色 2 家，橙色 0 家，黄色 16 家，蓝色 70 家。排查出风险点 420 余条，完成一企一册编制 42 家，全面实行分类分级管控。投资 88 万元，完成 135 家工贸企业较大危险因素辨识。全县 886 家企业全部录入“三自”系统；重新理顺县级重大隐患清单，县安委会挂牌督办 28 处重大事故隐患，实行交办制、台账制、销号制、通报制管理，销号7处。办理11家公司“危险化学品经营许可证”、注销2家烟花爆竹经营门店“烟花爆竹零售经营许可证”，办理危险化学品重大危险源备案审查1家；完成170家烟花爆竹经营门店、6家危险化学品经营企业的申请资料审查以及行政许可等。

【专项整治】 组织开展安全生产九大行动、违法建筑场所专项整治行动、道路交通联合整治行动以及电动自行车消防安全、大型城市综合体、危险化学品、烟花爆竹、非煤矿山、涉爆粉尘、冶金铸造、有限空间、成品油、四类场所、职业卫生等专项整治行动，组织全县检查生产经营单位20427家，排查安全隐患24417（整改23003处），责令停产整顿企业115家，取缔生产经营建设场所699家。（梁　婷）

行政执法

【概况】 2018年，长沙县行政执法局立案8095起，结案7750起，到位罚没款6346万元。

夯实“县级层面7个专业分局+镇街层面10个属地分局+11个镇街执法中队”的基层监管架构，推进分局、中队标准化建设。为执法队员配备三合一智能执法终端，及时掌握队员分布，实现精准调度。借助视频巡查、无人机巡航、日常执法巡查，执法船专项巡查，构建“天上网络化，地上网格化，水上巡查机械化”的执法巡查模式。推行局党委成员、分局负责人带队执法，机关干部下沉一线执法模式，探索执法队员驻社区网格模式。对接审批部门信息平台，与国家工商行政管理总局“国家企业信用信息公示系统”、长沙市发改局“信用长沙系统”、湖南省委政法委“湖南省行政执法与刑事司法衔接平台”的人工数据推送完成，与长沙县纪委“清风星沙”系统的数据自动对接推送完成。创新执法，在全省率先推出行政执法与公安交警联合办公模式。2018年，中央、省、市各级媒体宣传推介长沙县行政执法改革工作95次，在《新湘评论》《湘府法治》《长沙通讯》《长沙改革交流》《长沙要情》等刊物发表各类经验材料7篇。

【执法办案】 年内，针对防污治污、环保督察、安全生产、食品安全、国土卫片执法等开展集中整治，查处环保相关案件3379起，到位罚没款3626万元，移送公安机关案件22起，其中查处各类涉河涉水案件202起，移送公安案件8起，罚没款596万元，联合镇街、公安等职能部门依法取缔散乱污企业208家，拆除无证烤漆房32家，清理僵尸船177条。查处涉及安全生产类案件6842件，到位罚没款5014万元，安全转运危险货物近400吨，安全生产法办案74起，到位罚没款51万余元。查处各类食安违法案件716起，罚款64.3万元，移送公安刑事处罚案件2起。没收假、劣农药3520瓶（包）、兽药4260件（包），取缔非法屠宰场所32处，无害化处理问题生猪产品1.3万千克。加强2017年度土地卫片执法监督检查，全年查处国土卫片图斑118宗，到位罚没款600余万元。（陈彩云）

表1　**长沙县行政执法局2018年案件数据统计**

分局	领　域	立案数（件）	结案数（件）	到位罚没款（元）
直属分局	城市（城镇）管理	2047	2069	2725475.62
一分局	国土、城建、人防	429	300	31877395.1
二分局	卫生监督、计生、商务、旅游	191	194	306100
三分局	农业、水务、畜牧兽医水产、林业、牲畜屠宰	169	146	941987.2
四分局	交通运输、公路	2484	2480	3286381
五分局	文广、劳动、教育、物价、能源、发改	115	118	1034292.12
六分局	环境保护	150	148	8973380.67

续表 1

分局	领　　域	立案数（件）	结案数（件）	到位罚没款（元）
黄兴分局	黄兴镇范围内综合执法	547	458	2909319.9
黄花分局	黄花镇范围内综合执法	550	547	1333040
金井分局	金井镇范围内综合执法	153	136	276474
经开区分局	春华镇范围内综合执法	223	213	6694068.09
㮾梨分局	安沙镇范围内综合执法	286	276	1234869
安沙分局	路口镇范围内综合执法	296	253	765752.5
春华分局	福临镇范围内综合执法	128	119	139630.9
江背分局	㮾梨镇范围内综合执法	138	124	693674
路口分局	江背镇范围内综合执法	91	83	68455.04
福临分局	长沙经开区范围内综合执法	98	86	204390
总　计	—	8095	7750	63464685.14

责任编辑　周进银

综 述

【概况】2018年，驻县银行22家，营业网点182个，小贷公司5家，融资性担保公司1家，证券公司9家，保险公司26家，各类保险公司营业网点97个。全县各项存款余额1186亿元，居民储蓄546.49亿元，各项贷款余额1141亿元，全县各金融机构税收7.4亿元。

年内，推荐7家拟上市企业、8家拟挂牌企业进入长沙市拟上市（拟挂牌）后备资源库。其中，九农蔬菜于8月在湖南股交所标准版挂牌。组织企业赴沪深、香港、海外上市培训。年底，全县有1家上市企业（天舟文化），8家新三板挂牌企业（浏阳河农业、博能科技、帝亿生物、津之园、黄兴冷链物流、翰洋环保、佳和农牧、奥沙动力）。制定《长沙县政府投资基金管理办法》，设立政府投资基金20亿元，其中临空产业投资基金10亿元、乡村振兴引导基金2亿元。防范和打击处置非法集资，开展两节期间及5月份宣传月活动。在县城11家影院播放防非打非公益广告1.5万场次，向老百姓发放警惕非法集资的公益红包6万份，宣传纸巾4000盒。印发宣传海报6万份、宣传折页4万份、《防范非法集资漫画问答》宣传册20万份，制作宣传横幅400余条，防非打非购物袋1万个、鼠标垫2000个、伞500把，出动宣传车60台次。排查涉嫌非法集资，上门约谈企业2家，责令停业整顿6家，关闭或搬离13家疑似非法集资企业，清退资金1000多万元。受理案件2起，涉案金额9200余万元。加强扶贫小额信贷，印发《关于做好2018年度扶贫小额信贷暨扶贫特惠保工作的通知》《关于进一步加强扶贫小额信贷规范管理和风险防控工作的通知》，全县扶贫小额信贷余额1627万元，新增贷款290万元；发放贷款6582万元。（邹 霞）

银 行

【中国银行星沙支行】2018年，中国银行星沙支行内设5个部门，下辖8家营业网点（含支行营业部）配备20台智能柜台柜机、ATM53台、离行式自助银行14家。截至2018年12月31日，该行本外币各项存款日均余额81.22亿元，本外币各项贷款时点余额107.12亿元。年末，支行银保监惠普金融考核口径贷款余额38333万元，较年初新增22541万元。发展房地产按揭贷款、车位分期贷款、汽车分期贷款、中银E贷、优客分期、个人投资经营贷款，出国留学贷款等，与10余家汽车经销商开展业务合作，2018年汽车分期放款金额7600余万元。为客户提供贸易融资、国际结算、外汇买卖、汇率保值、跨境现金管理、境内外汇款、本外币现金等全方位金融产品和金融服务。3月13日，在黄花综合保税区内设立中国银行长沙市黄花综合保税区支行，为园区内100余家企业开立公司结算户，为50余家企业开立外币账户，全年汇出汇款折合3100万美元，汇入汇款折合2400万美元，创新产品汇利达业务2300万美元，业务币种涵盖美元、瑞典克朗、加元、港币、欧元等。辖内8家网点智能柜台全覆盖，客户可自助办理90%以上非现金业务；各网点均设立“中行温暖角”提供服务。（谷镁烽）

【中国工商银行星沙支行】2018年，工商银行星沙支行拨备前利润23680万元，净利润15759万元；人民币储蓄存款时点增量17097万元，人民币储蓄存款时期增长15182万元；对公存款日均余额347850万元，较年初增加34136万元，年末对公存款时点余额472107万元，较年初增加140258万元；中间业务收入10889万元；国际业务结算量156005万美元；跨境人民币结算量346027万元，结售汇业务量59092万美元，国际贸易融资累放量15282万美元，国际业务中间业务收入1968.30万元，国际业务新增客户拓户10户。累计销售个人理财类产品78259万元，基金9354万元，信用卡12194张；全量个人客户净增37560户；代发工资个人客户净增1251户；个人有效客户净增14737户、日均资产1万以上个人客户数净增948户。

是年，该行新增公司贷款26亿元，其中三一集团新增贷款18.6亿元，调增三一集团授信授信额度至80亿元，新增榔梨自来水厂贷款3.2亿元，发放三一国际贷款5亿元，为蓝思科技发放出口发票融资7.92亿元。国际业务结算量、跨境人民币结算量、结售汇业务量、国际贸易融资累放量、国际业务新增客户均有增长，新增国际业务单位10个。外汇存款业务7713万美元，电广传媒办理内保外贷3845万美元、蓝思科技办理7.92亿万元出口发票融资。全年机构存款余额11.56亿元。开通工商企业通；全年新增公司存款2.56亿元。强化不良资产清收处置，核销信用卡30笔，金额350万元，收回信用卡不良透支1781万元，清收个贷不良961万元。（胡映竹）

【中国农业银行股份有限公司长沙县支行】 2018年，中国农业银行长沙县支行内设5个部门，管辖11个营业网点。各项存款余额92.6亿元，各项贷款余额172.4亿元；全年新开对公结算账户437户，新增国际结算客户12户，小微企业客户14户。信用卡新增有效客户5551户；截至11月末，个人贷款余额24.16亿元，比年初增加4.64亿元。在省分行重点县域穿透式考核中排名全省第一，获评省、市分行经营管理先进单位。

推进网捷贷拓户工程，导入白名单386户，双优单位优质客户网捷贷预授信导入76户，发放贷款3420万元。营销长沙县社保定期存款7000万元，“春天行动”期间支行储蓄存款较年初净增5.45亿元，较同期多增4455万元。国际结算6.09亿元，国际业务收入1177万元，办理福费廷二级市场买入业务2.67亿元、华润置地（湖南）有限公司2.1亿元人民币跨境分红业务。办理隆平高科国际业务收入946万元、办理湖南农行首单债务优化银团手续费收入119万元。开展小微信贷业务营销，投放全省首笔“微易贷”，发放普惠金融贷款5000余万元，营销搭建三一集团“数据网贷”业务。全年投放1125笔住房按揭贷款，共5.66亿元，营销储备10余个楼盘，与碧桂园、华润、保利、新城、敏捷等总优楼盘合作，实现准入。开展重点项目、重点客户专项营销，全年获批资产项目22亿元，对上海嘉里粮油、隆平高科、保利房地产等重点客户投放贷款10亿元。已获审批的湖南国科微、老百姓大药房新授信8亿元、湖南新华供电有限公司农网改造二期固定资产贷款3亿元、华润置地“翡翠府”房地产开发贷款5亿元待投放。打赢“决战掌银”战役，截至11月末，掌银净增21360户。推进不良资产“净表计划”，全年清收不良贷款482万元，核销不良贷款184.2万元。推进运营“强管理”，开展“一户一档”、权证封包、AI通用账户清理、100万元以上账户企业网银风险排查等工作，检查全行所有档案库。集合县域特色产业，推出“惠农e贷”系列产品，全年投放“惠农e贷”5500万元，包括“稻虾贷”“生猪贷”“特色贷”“粮食贷”，全年新增农银e管家商户896户。对金井镇、江背镇、福临镇等农户投放扶贫贷款120万元。（谷　佳）

【中国建设银行长沙星沙支行】 2018年，星沙支行下辖6家网点，6个内设部门，125名员工。截至2018年12月31日，全口径存款时点余额80亿元，一般性贷款余额63亿元，账面利润1.88亿元。先后与长沙临空经济示范区、长沙县食药品工商局签署《战略合作协议》，联合长沙县商务局、经开区招商局举办“走出去”企业贸易融资专题交流会。开展“星沙情 建行心”长沙星沙支行“千人帮千企 建行在行动”营销活动，为5户名单内企业投放贷款，金额1亿元。组织各基层网点开展“3·15”金融知识普及宣传活动，走进商场、小区、企业和星隆国际广场等发放宣传手册等。9月15日，支行工作人员到长沙县青松老年公寓为老人举办集体生日会，并为老人们送上生日礼物——金融知识宣讲。（唐　达）

【中国邮政储蓄银行股份有限公司长沙县支行】 2018年，中国邮政储蓄银行股份有限公司长沙县支行收入18585万元，利润14354万元，人均创收189万元，人均创利146万元。截至2018年年底，该支行负债规模13.95亿元，其中公司存款9.53亿，储蓄存款 4.42 亿元；资产规模 137.1 亿元，其中零售信贷规模 35.8 亿，公司信贷规模 101.3 亿元。支行各项存款余额 13.95 亿元，其中个人存款时点余额 4.42 亿元；公司存款时点余额 9.53 亿元，年增 6.5 亿元。零售贷款规模 35.8 亿元，其中小企业结余 4.7 亿元，年增 2.64 亿元；“三农”贷款（含经车）结余 7.38 亿元，年增 1.54 亿元；消费贷结余 23.7 亿元，年增 95 万元；公司贷款余额 1 亿元（粮食集团）。是年，该支行被评为“中国邮政储蓄银行湖南省分行 2018 年度先进支行”“湖南省分行特殊贡献支行”。

长沙县征地拆迁中心账户在支行开立，成立拆迁资金维护专项组，代发项目拆迁资金 1200 万元。支行个商小贷放款 3.84 亿元；经车团队通过营销、准入总对总和纯经销商业务，完成商涟商益源、湖南盛扬、邵纺机合作平台准入和公司开户手续。持续合作金科亿达法案楼盘、梦工场产业园，放款 2.3 余亿元，储备金额 4000 余万元；准入新楼盘铭诚绿谷新进储能节能产业园、长沙贤盛发科技有限公司、长沙芯为创新园、湖南恩瑞国际物流园；2018 年向粮食集团发放公司贷款，吸收公司存款日均 3000 余万元；新增财政类定期存款 5000 万元，活期 2000 万元（长沙县非税专户）、长沙市土地储备中心活期存款 2 亿元；长沙县征地拆迁中心活期账户落地，进账 5000 万元。支行上半年投放公司贷款 22 亿元，其中三一集团 9 亿元、三一重工 10 亿元、粮食集团 3 亿元。开展客户储备工作，营销并上报长沙中联环境、恒天九五、中车株洲电力机车研究所等新客户；完成中冶长天国际工程有限责任公司、通程实业集团、湖南粮食集团、山河智能等存量客户额度年审。承销中国康富 2018 年第一期超短融 7 亿元，完成三一集团有限公司 2018 年第一期中票注册。（唐　姣）

【长沙银行股份有限公司星城支行】 2018 年，长沙银行星城支行内设 7 个部门，下辖 44 家机构，包括 7 家一级支行、7 家驻社区行；另有自助式银行 30 家。年末，表内外存贷规模 351.5 亿元。支行被湖南省金融工会授予“模范职工之家”，获评“湖南省金融知识普及体验基地”。1 月 4 日，长沙县人社局和长沙银行星城支行联合打造的长沙县社会保障卡管理服务中心榔梨分中心启用，一站式处理社保卡的申办、查询、设备服务密码重置、异常卡处理等业务。4 月 20 日，长沙银行星城支行消费者权益保护宣传组联合人民今典印务有限公司在长沙县黄花工业园开展“普及金融知识，防范金融诈骗”宣传活动，内容涉及网络诈骗案件、诱骗汇款转账、识别虚假银行网站等，现场发放宣传资料 200 余份，接受咨询 40 余次。10 月 24 日，长沙县不动产登记中心与长沙银行星城支行签署“互联网＋不动产抵押登记”合作协议，授权该行在营业网点设置长沙县不动产抵押登记便民服务点，受理不动产抵押登记业务。这是湖南省首家不动产抵押登记便民服务点。（刘　欣）

保　险

【中国人寿保险股份有限公司长沙支公司】 2018 年，中国人寿保险股份有限公司长沙支公司（以下简称长沙支公司）涵盖个险、银保业务及团险业务。总保费 42015 万元，长险首年标保 4619 万元，10 年期及以上首年期缴保费 3929 万元，短险保费 4462 万元，10 年期以上保障型期缴新单业务 1304 万元。是年，长沙支公司下辖服务网点 12 个，设有黄花，安沙，福临、开辉、龙腾、沙坪、北山、江背 8 个理赔服务网点，理赔案件总量 7860 件，理赔金额 2673 万元，个案最高赔付金额 96 万元。推行电子化投保，开通异地可投保空中签名服务，全年全县电子化出单 6079 笔。开通中国人寿寿险 APP 手机服务，客户可以通过线上自助服务，保单借款、满期金领取，生存金领取，证件有效期变更，银行转账授权，联系方式变更等 20 余种在线自助保单服务。（舒　洁）

【中国人民财产保险股份有限公司长沙支公司】 2018 年，中国人民财产保险股份有限公司长沙支公司保费收入 23004 万元，赔款支出 11626 万元。从 5 月 1 日起，公司在保险业率先推出“理赔午夜市”服务，于每周一至周五 12：00—14：30 以及 17：30—20：30 增设“理赔午夜市”服务窗口，安排专人负责理赔咨询、单证收集、小额快赔等服务，同时通过在线理赔团队提供在线查勘、小额快赔、理赔咨询和资料收集等一系列线上服务。绘制长沙县重点区域风控地图，配合地方政府抓好防灾救灾；组织国内外专家定期对长沙市重点企业开展重点风险检测服务，帮助梳理重点企业安全管理流程现状和风险隐患，提出科学有效的防灾防损建议，进一步完善长沙县防灾救灾体系。是年，公司被人保财险总公司评选为“标杆县域支公司”，继续保持“湖南省文明单位”称号。（刘　超）

责任编辑　周进银

城乡建设

【概况】 2018年，长沙县村镇规划事业补助资金及小城镇建设补助资金项目101个，乡镇基础设施建设项目资金投入10亿元。长沙县小城镇建设补助资金项目109个，投入资金42.59亿元，省、市级新型城镇化引导资金500万元，市级特色小（城）镇奖励资金341万元，县级特色小镇“以奖代投”奖励资金7500万元。长沙县北山镇、路口镇获评“长沙市生活垃圾治理示范镇”，开慧镇飘峰山村、果园镇新明村、金井镇湘丰村、路口镇上杉市村获评“长沙市美丽宜居示范村”，果园镇花果村、路口镇荆华村、春华镇武塘村获评“长沙市环境整治示范村”，开慧镇开慧村列入“第五批中国传统村落名录”。

全年开展建筑工地扬尘治理专项整治行动292次，发现并整改问题512个，签发整改单264份、不良行为告知书28份。投资近50亿元用于城乡污水设施建设和管理运行，城区建成城西、城北、星沙、城南、敢胜垸、临空及机场7座污水处理厂，各建制镇、工业园区、重点规划区建成投运18座乡镇污水处理厂及1座毛塘铺污水提升泵站，提标改造6座，集中居住区建有小型人工湿地110座。推进“两河七口”截污治污，建立“两河七口”截污提质专项项目库，项目开建182个，总投资83447万元，全年支付资金18510.8万元，其中县级财政11304万元。年底，浏阳河长沙县段实现全面截污，集中式饮用水水源地达标率100%，浏阳河、捞刀河水环境质量总体保持在III类范围内。

推行“最多跑一次”改革和2430工程，工业报建项目施工许可办理时间压缩至30个工作日；推行“互联网+政务服务”模式，利用“一站式规划建设管理服务平台”实现网上审批，数据共享使项目审批申报资料减少40%以上；创新项目管理制度，推出系列改革措施，如建设项目先期介入办法、重大项目选址论证办法、小微项目网上申报审批办法、临时建设规划许可办法、历史遗留项目办理规划建设手续等，保障全县项目建设推进。

【农村人居环境建设】 建设农村生活垃圾分类减量村（社区）96个，75个村完成垃圾分类收集设施和专职保洁员队伍配备，10个镇整镇推行垃圾分类减量，对县内141个行政村（社区）进行农村生活垃圾治理，生态处理畜禽养殖废弃物、秸秆、蔬菜残叶、菌菇废料等。2018年启动“厕所革命”，截至年底，4个县级集中式饮用水一级水源保护区周边1000米范围内农户无害化厕所普及率100%，浏阳河干流长沙县段沿岸1000米范围内、各美丽乡村示范村（含特色村）、省、市卫生村创建村和有条件地区，全面消灭农村旱厕。全年危房改造961户，拨付危改援建户补助资金3502万元；金井镇蒲塘村启动国土增减挂钩项目工作；确定建设高桥镇范林村、北山镇福高村两个生态移民集中居住点，建设规模均在100户。加强集镇污水处理设施配套建设，投资4.5亿元建成18个乡镇污水处理厂、160千米管网。长沙县连续两年被评为“湖南省美丽乡村建设先进县”，开慧镇白沙村获评“国家特色景观旅游名村”“住建部美丽乡村示范村”，葛家山村、浔龙河村获评“全国文明村”，黄兴镇鹿芝岭村获评“全国生态文化村”，慧润板仓获评首批“中国乡村旅游创客示范基地”。（屈　倩）

城乡规划

【概况】2018年，城乡规划期末（至2030年）建设用地面积319平方千米（县城控规建设用地面积109平方千米，乡镇规划建设用地面积210平方千米）；2018年规划编制项目15个，其中县城控规全覆盖，镇域规划全部获批，专项规划9个，城市设计1个，概念规划1个，规划研究4个，已批准实施项目6个，正在报批项目9个。核发“一书三证”171件，其中办结选址意见书12本，总用地面积29.72公顷；核发建设用地规划许可证57本，总用地面积254.14公顷；核发建设工程规划许可核发100本，总建筑面积369.3万平方米；核发乡村建设规划许可证2个，总建筑面积23731平方米。完成建设项目总图审查、规划设计要点核发、乡村建设规划选址意见等审查事项205起。严格审查项目修建性详细规划，2018年已批控规局部调整受理46件，13件办结；镇域规划修改受理26件，9件办结，规划公示144项，确保规划审批和调整的公开透明。规划核实160件，总建筑面积335.9万平方米；实施批后日常巡查，批后监管在建项目195个，监管面积1093万平方米，规划正负零验线项目70个，规划日常巡查项目429次，认定违法建设80份，下达处罚决定69份，处罚面积237000平方米，处罚金额869.81万元；开展长沙县2017年第一期图斑核查和绿心地区违法违规项目清查整改工作。

【规划编制】2018年在《星沙新城片规划实施评估》《星沙新城片战略规划研究》基础上，配合市规划局完成新一轮长沙市城市总体规划编制工作，确定星沙新城“一心两区”战略空间结构，“一心”指围绕高铁新城片区形成长沙市城市副中心，“两区”指北部以松雅湖、捞刀河为中心高端商务、总部、居住为主的智慧新区；东南部以空铁复合型枢纽为中心的旅游、会展、临空产业为主的现代服务业聚集区。编制《临空经济核心区控制性详细规划》及《临空经济核心区城市设计》并将该规划成果提请县规委会审议。结合长沙县智慧城市建设载体，编制《星沙新城夜景亮化专项规划》，改善居民夜间生活环境，打造城区夜景亮化框架体系；编制《星沙新城核心区停车设施布局专项规划》及《星沙主城区交通疏解方案专题研究》，改善和优化星沙主城区交通环境；编制完善《星沙海绵城市专项规划》，提升城市防洪内涝体系的管控能力；编制《星沙新城供排水专项规划》，为星沙城区给水、污水、雨水新建和改扩建工程的实施起到指导和控制作用，确保长沙县供排水安全；编制《长沙县消防专项规划》，指导城市消防安全布局和公共消防设施建设；编制《长沙县乡村振兴战略空间布局规划》及《长沙县乡村振兴战略基础设施建设及城镇体系专项规划》，为长沙县实施乡村振兴战略、统筹城乡融合发展、优化乡村生产生活生态空间及完善乡村基础设施建设起到指导作用。按《湖南省实施<城乡规划法>办法》及“多规合一”要求，编制长沙县除路口镇（已批复）以外12个镇的镇域村镇布局规划和镇区规划，镇域村镇布局规划获县人民政府批复，镇区规划报市规划局待市人民政府批复。启动合村并镇后新一轮66个村庄规划编制工作，实现新一轮村庄规划编制“全覆盖”，完成第一批26个村庄规划编制工作，启动第二批40个村庄规划，并完成其现状调研及初步方案。

（屈　倩）

建筑业

【概况】2018年，长沙县建安产值477亿元，同比增长3.03%；建筑业合同额1215.2亿元，同比增长22%；外省产值157亿元，同比减少8%；房屋建筑施工面积2765万平方米，同比增长8%；营业税金及附加7.69亿元，同比增加9%；13家建筑企业获评“长沙县建筑企业社会贡献优秀企业”。房地产项目施工面积1372.16万平方米，新开工面积527.66万平方米，竣工面积337.3万平方米，销售总面积325.06万平方米；施工合同备案127个，备案面积7873.74万平方米，备案金额180.21亿元；监理合同备案资料审查与信息录入备案82个，备案金额2.301亿元；招标控制价备案总数77个，备案面积554.6万平方米，备案总金额139亿元；竣工结算备案项目56个，面积274.73万平方米，金额46.57亿元。

全县新型墙体材料生产量10.2亿标块，县城规划区范围内受监工程禁止使用粘土实心砖；各建设、施工单位必须使用获得“湖南省新型墙体材料产品认定证书”新墙材，新型墙材认定企业7个，新型墙体材料主体竣工验收备案187个；对新墙材使用率在70%的建设单位实施墙改基金返退，返退墙改基金项目26个，返退墙改基金1532.48万元。散装水泥供应量106.87万吨，散装率65.6%。

全县安全监督工程项目311个，总合同造价347.4亿元，建筑面积1500.88万平方米，其中房建项目284个，面积1500.88万平方米，造价308.36亿元，市政项目27个，造价39.04亿元。签发安全隐患整改单477份，设备限制使用单61份，停工单79份；诚信平台扣分通知书626份，诚信扣分3001分，下发不良行为告知书24份，上报湖南省建筑市场责任主体不良行为记录认定18起；对项目开展安全生产标准化考评工作546个次，考评优良项目119个次，合格项目420个次，不合格项目7个次，获评省“安全生产标准化考评优良工地”56个，创建市“绿色工地”32个。2018年办理建筑起重设备产权备案25台，使用登记405台，注销398台；进行各项检测270台（其中飞行检测125台，监督检测32台，季度质安大检查106台，比对检测7台），不合格45台，强制拆除（包括部分拆除）建筑起重设备7台。

【建设工程质量检测监督】2018年，全县建设工程质量监督覆盖率100%，监督项目292个，总建筑面积1775.26万平方米，其中市政项目21个，总造价22.7亿元；房屋建筑和市政基础设施工程竣工验收备案项目101个，建筑面积321.1万平方米；办理节能设计备案项目48个，备案面积254.64万平方米，合格率100%；完成主体结构检测10304组，见证取样26356组，桩基低应变4710根，钻芯6080.87米，平板地基承载290点，土工现场10150点，设备安装检测管道试压1940米，绝缘回路7347个，防雷接地192个。2018年荣获省质量标准化工地24个，市结构优良工程40个，省质量常见问题治理观摩工地4个，省优质工程10个，省芙蓉奖4个（德泽苑综合楼、长沙师范学院北校区学前教育实验楼、武广·新都城1#栋商住楼及地下室、长沙黄花国际机场航空货站二期建安工程），工程质量竣工验收合格率100%，优良率56%。（屈　倩）

公路管理

【概况】2018年，长沙县公路管理局全面履行长沙县632.98千米国、省、县道（其中，国道30千米、省道85.54千米、市管县道178.13千米、县管县道278.37千米、其他公路60.94千米、桥梁119座）的建、养、管职能，推行“路长制”，抓实治超、项目建设、公路管养、安全生产、路政管理等，国道、省道、干线公路路况优良率91%。

公路建设。是年，固定资产投资约5000万元。完成012县道K13+870左侧高陡下边坡防护、瞿麻线K2+800道路交通隐患、金井桥、新河桥维修加固等2018年政府投资项目，完成水渡河大桥亮化工程，黄兴大道北延线标识标线工程和黄兴大道北延线、国道107线、省道207线、金开线道路交通安全隐患整治等增补政府投资项目，完成省道207线K34+700右侧边坡治理、市管县道中修换板处治和饮用水源地7座桥梁环保设施整改项目。维修加固鼎功桥、双河桥、友谊桥、国道107水渡河大桥，定期检测22座桥梁。

公路养护。推广公路施工“四新”技术，沥青砼路面挖补7382平方米，乳化沥青修补15795平方米，清灌缝17042米，新开水沟260米，更换水沟盖板784块，新装钢护栏1512米，路面标线27256.96平方米，换板7000平方米，应急换板507平方米，砌挡土墙729平方米，安装标志标牌233块，广角镜10块，桥梁及示警桩刷漆10288.42米，千米牌刷漆131块，树木刷白17689棵，省道103线K21+080～K22+080预防性养护（乳化沥青喷洒）8660平方米。

路政管理。与县行政执法局成立6支巡查队伍，全年拆除非公路标志278块，清理路面摆摊设点310处，拆除违法建（构）筑物133处，办理行政许可4起，办理损坏公路赔补偿案件20起，审批通过村民建房用地申请7件。

【“路长制”】出台《长沙县路长制工作2018年考核办法》，所有乡道和50%的村道纳入“路长制”管理。创建“四好农村路”示范路81.9千米。在北山镇创新推出“路巡APP”，开发县级“路长制工作信息平台”，实现路长制巡查、交办、处置、销号全程信息化管理。

【公路治超】联合开展车辆运输车规范运营、蓝天保卫战、规范公路治超执法整治等专项行动，开展涉超集中整治行动292次，检查检测运输车辆120万余辆，罚款78万余元。建立路地、路警联合治超工作机制，推进行政执法、公安交警路警联合执法常态化。探索行政执法局与公安交警治超力量合署办公，实行“三站合一”，即公路超限检测站、交警执法服务站、公安检查站三站一起办公。在唐田超限检测站新建二级指挥平台—长沙县治超指挥调度中心，实行24小时监控、指挥调度和数据分析。8月16日，启动公路治超非现场执法，全县3处不停车检测系统启用。年末，自动检测超限率由实施非现场执法前的1.5%下降至0.52%。（吴红杰）

城镇管理

【概况】2018年，星沙街道、湘龙街道、泉塘街道、榔梨街道、长龙街道、黄花镇、黄兴镇、安沙镇等镇（街道）和公安局、执法局、规划建设局、住保局等县直部门，继续按照《长沙县城市精细化管理实施方案》要求，推进城市精细化管理工作。查处违法停车182029起，拆除违规户外楼梯23处，违规地锁、踏步1032处，拆除违法建设14.8万平方米，办理城市管理类型案件6431起，处罚3420万元。

开展天华路、湘瑞家园小区专项整治试点，初步建立三级物业管理工作格局。组织开展园林绿化养护专业技能培训，强化季节性维护和日常巡查管理；启用市政管理平台，将市政管理纳入在线监测监管和城市管理考核，创新运用机器人开展城区下水井检查；规范渣土运输，建立渣土运输车台帐制度，常态开展联合执法整治和公司监管考核，推进11处渣土消纳场和1处盾构土资源化利用场建设；对城区与乡镇道路照明状况常态化巡查。修复路灯7500处、破损路面和人行道7.2万平方米、井盖2000套、路缘石14千米。开通“蓝天保卫战”微信专栏，添置4台雾炮机，硬化社会道路出入口6条，推广环保渣土车运营，督促覆绿30万平方米。办理道路占用、绿地占用、建筑垃圾处理、户外广告等行政审批536件。修订《长沙县城市管理工作考核办法》《2017—2019年长沙县城市维护物业外包考核办法》，派遣处理各类数字化案件92494余件，对18家物业维护公司实施严格监管，扣款337.33万元。

项目建设。围绕城区环卫设施完善、垃圾分类、社区提质提档、道路提质、绿色城市建设、景观亮化提质等，加大基础设施建设及提质改造力度，启用环卫GPS监控平台，建设“三网融合”蓝色体系，推进大件垃圾、易腐垃圾、建筑垃圾、餐厨垃圾等集中处置，推进餐厨油烟治理，改建城区站厕12座；改善15个社区的人居环境，新建人行天桥4座，新建14.36千米，改建人行道27千米，改迁邮政亭棚、弱电箱柜、岗亭等30余处，在城区利用空坪隙地新增停车场5200个；新建和改造公园8个、林荫道路7条、林荫广场4个、林荫停车场4个、增华添彩道路2条、空间绿化道路1条；新增路灯80余杆，新建楼宇夜景亮化10余个楼盘；完成文明创建示范街区建设星沙大道示范段项目。

【园林绿化管理】 2018年，继续推进“绿色城市”建设，年度新增绿地面积53.92公顷。以《长沙县绿线管理办法》为依据，对顺兴家园、东方壹品项目进行前置审批，竣工验收星湖湾等14个项目。做好城市“双修”工作，对镇、街、社区等23个工程项目的规划方案出具园林专业意见。推进城区绿道建设，新建绿道8.4千米，新增绿化带38.6米，新增自行车驿站12个。推进望仙公园、生态公园二期、龙塘水体公园、东八线电力走廊一期项目建设。加强精细化管养维护，开展2次园林绿化养护专业培训，常态化巡查，发现占绿、毁绿行为58起，覆绿17处，覆网面积13万平方米，绿化提质4.5万平方米。对全县建成区643万平方米绿地进行行业监管，对10家园林维护公司进行技术指导。

【公用设施管理】 年内，开展改善社区人居环境工作，对泉塘、湘郡、高峰等15个社区进行全面提质提档。继续抓好“一圈两场三道”项目建设，改建人行道24.5千米，新建13.46千米，新建人行天桥4座。配合出台《长沙县市政基础设施建设维护管理移交暂行办法》，规范道路移交19条，人行道1条，桥梁8座，地下通道9个。创新运用市政管理平台系统，通过市政数据共享、远程智能化管理，提升管理维护效果。组织开展城区空坪隙地停车场建设工作，建成停车场19个、停车位2100个，缓解城区停车难问题。对城区31座桥梁、15座地下通道进行全面检测，每月进行两次巡查，桥梁和地下通道整体运行情况良好。加强日常维护作业，修复破损人行道20724处、沥青路面坑洞2277处、水泥路面坑洞226处、平石1198处、路缘石2042米、树池石1204处、隔离护栏253处、井盖2055套。加强道路管理，规范市政施工标识，定期不定期检查21次，办理道路占用许可证112份、挖掘许可证38份、延期51份，处置数字化案件5363件，结案率100%。

【市容环境卫生管理】 2018年，长沙县通过国家卫生县城复审。推进城区垃圾分类工作，城区街道及社区开展126次垃圾分类主题活动，入户宣传10536次。强化日常监管，建立督查和定期讲评机制，环卫保洁年督查扣款30万元，全年清运生活垃圾32万吨，餐厨垃圾2.5万吨；规范垃圾处置，完成新一轮生活垃圾清运外包及中小型餐饮单位餐厨垃圾集中收运处置外包。举办第二十三届环卫工人节，夏季向一线工人发放高温防暑物资3460份，在城区设立38个爱心驿站点为环卫工人提供休息点。改建城区站厕12座，城区主次干道新装、更换及维修果皮桶717个。老旧小区油烟治理4560户，新建地下水监测井5口。（朱世朝）

房地产业

【概况】 2018年，全面加强房地产市场监管，全域推行商品房预售监管制度，实施网上公开摇号选房模式，稳定房地产市场。住宅销售面积191.7万平方米，住宅销售金额117.73亿元。办理商品房预售许可证264本，批准商品房预售面积263.14万平方米。制定《长沙县商品房上市计划》，实施《积压楼盘网签消化方案》，促推20余万平方米低价房如期上市。累计提供定向安置房源1200余套，安置拆迁群体约500户。开展房地产开发企业与房屋中介机构日常巡查86次、专项整治10余次，发放整改通知单17份，立案2起。建立房地产经纪备案制度，90余家房屋中介提交备案，对符合备案要求的中介机构进行公示。加强宣传引导，开设房产专栏累计发布楼市信息150余条。引进近10家优质品牌开发企业，继续实施价格备案制度。出台被征拆无房户差别化购房措施，指导开发企业提供定向安置房源1200余套，安置拆迁群体约500户。

全县房地产开发投资17.4亿元，商品房销售面积284.03万平方米，销售总额约193.62亿元。物业服务企业186家，其中县内注册117家，县外注册69家，县域已实行专业化物业管理项目336个，其中住宅项目209个，非住宅项目127个，维修资金归集总额31亿元。全年改造棚户区2487户，新增分配公共租赁住房3106套，其中新增分配政府产权公租房2715套；企业自建公租房新增分配391套，城镇保障性住房覆盖率23%以上。

【物业管理】 2018年，归集维修资金3.89亿元，累计拨付维修资金685.43万元，受益业主44322户，累计向业主派发利息5200万元。开展8次专项整治行动、文明创建专项督查6次，发放整改通知书286份，整治住改商、楼道堆物、乱停车、楼顶种菜等问题700余条。实行安全隐患排查服务外包，指导170余家企业建立“一企一档一清册”安全管理台账。提质改造星沙、湘龙等19个老旧小区，引导老旧小区改造摆臂式垃圾站，打造垃圾分类小区示范点。全面下放业委会备案与小额维修资金安排等权限，印发《关于全面推进物业管理工作的实施办法》，自2018年10月1日起实施。

【白蚁防治】 2018年登记白蚁预防受理单248份，受理预防建筑面积约640万平方米。完成化学药物预防施工项目223个，面积460万平方米。完成回访复查面积590万平方米，新建房屋白蚁预防监测控制工程施工面积102万平方米。《城市房屋白蚁预防实施证明》核发面积484万平方米。

住房保障

【概况】 2018年，累计完成投资3亿元，改造星沙旧城棚户区2528户，城中村货币安置624户，新腾地246.27公顷。水渡坪棚改项目完工并获评“湖南省城镇棚户区改造示范项目”。年底，全县交付使用公租房11933套间，实现分配入住11413套间，入住率96%。全年累计发放租赁补贴185760元，保障206户（385人），兑付购房券7.73亿元。首次为黄花综合保税区内企业定向配租住房100余套，为蓝思科技、广汽菲亚特等重点企业提供公租房1000余套。参与“千人帮千企百日行动”，点对点为5家园区企业300余员工配租住房100余套，启动黄金集团与员工小区人才公寓建设，建成可供住房5500余套。实施湘绣苑底层改造与幸福家园提质工程，改造底层面积8000平方米，扩增住房136套。加快智慧住保一体化平台与“互联网+政务服务”平台对接，27个事项网上办理。

【国有土地房屋征收补偿】 2018年，长沙县（含长沙经开区）有国有土地上房屋征收补偿项目10个，完成地铁3号线涉忠武燃气管道改道项目、长沙县中医院二甲创建配套项目等项目征收补偿协议的签订工作，完成星沙强制隔离戒毒所整体迁建项目、劳动东路东延线等9个项目结算，征收国有土地面积约44482.99平方米，征收房屋面积约45438.15平方米，拆除房屋面积约41981.91平方米，全年累计支付征收补偿资金约2.05亿元。

（胡　薇）

供　电

【概况】 2018年，全县有110千伏变电站17座、35千伏变电站10座，供电总容量148.5万千伏安，110千伏线路24条、35千伏线路19条（含3条用户线路）、10千伏线路408条（含专线），供电台区4900余个，服务客户55万余户。全年售电量突破60亿千瓦时。年末，电网安全运行6272天，实现第17个安全年。长沙县供电公司通过复查获评“全国文明单位”。

【电网建设与服务】 年内，长沙县域新建110千伏变电站3个，扩建220千伏变电站2个、110千伏变电站2个、35千伏变电站3个，新增变电容量82.3万千伏安，新建、改造110千伏及以上线路9条。完成城农配网建设，新建、改造10千伏线路640千米、低压线路1834千米；新增配变容量18.9万千伏安。投运110千伏临空、盼盼输变电工程；推进500千伏浏阳输变电工程、110千伏北山、鹤鸣输变电工程、35千伏春华、卫青、高桥改扩建工程。开展业扩报装专项整治，增设园区办电窗口，高、低压办电环节分别压缩至4个、3个，办电时限缩短20%，支持广汽三菱、湖南烁普、中国铁建等重点项目。实施黄花机场廊桥辅助动力装置"油改电"电能替代和娃哈哈光伏节能等项目；电能替代电量2.38亿千瓦时。"三供一业"改造2400余户，光伏扶贫上网电量25.69万千瓦时，补贴特殊客户电费72万余元。（江雨欣）

供　气

【概况】 2018年，长沙县有瓶装液化气站4个，分别为冰宇燃气、百江燃气、户达燃气、中平燃气。截至2018年，长沙县敷设燃气管道980.32千米，其中次高压管道1千米，中压管道418.32千米，庭院管网561千米。管道天然气用户近18万户。2018年瓶装液化气供应17670吨，管道天然气14050.8万立方米，加气站供应5547.28万立方米。全县有管道燃气经营企业2家：长沙星沙新奥燃气有限公司负责长沙县城区及黄花等6个乡镇管道燃气特许经营（该公司于2018年取得长沙县北部十镇燃气特许经营权），长沙县三润燃气有限公司负责长沙县安沙镇行政区域管道燃气特许经营。强化安全检查。全年检查企业83家，领导带队检查52次。专项整治行动。对县域内油气管道周边第三方违规施工行为开展3次专项行动，对南昌万氏建筑劳务有限公司等3处违反《中华人民共和国石油天然气管道保护法》的行为进行立案查处。开展瓶装液化气整治行动。对星沙街道六区187号等4处无证经营瓶装液化石油气、非法储存瓶装液化石油气行为进行立案查处。两项行动处罚金6.7万元。安排县级节能专项资金389万元，农村能源资金391万元，支持节能技术改造和推广使用清洁能源等。

【散煤污染整治】 开展各类暗访督查行动35次，组织相关县直部门和镇街开展执法行动78次，散煤制销清剿行动15次，夜间燃煤运输专项执法行动48次，出动执法检查人员4000余人次、车辆900台次、执法检查对象2345个、拆除锅炉18个、收缴煤炉1132个、散煤22028千克。优化产业结构，调整高耗能行业结构，全县单位GDP能耗降低率7.11%，加强油气管道保护和城镇燃气管理，开展长输油气管道成品油泄漏应急救援演练；加快推进"气化长沙县"，完成金井等北部十镇管道燃气特许经营授权；保障燃气供应，全县新增用户2万余户，供应管道天然气13179.8万立方米。（缪　铖）

重点工程建设

【概况】 2018年，县重点工程管理局代建58个政府投融资项目，负责协调16个省市重点工程项目。全年代建超1亿元项目29个，超10亿元项目4个。黄花机场输油管线改迁、云红Ⅱ线220千伏电力线路、黑麋峰垃圾焚烧站（长沙县内）、地铁4号线、西气东输三线长沙支线5个项目完工。北师大附中长沙附校空港城校区、湖南师大附中星沙实验学校、中南二小、百熙二小、特立中学5所学校建成开学，新增学位16620个，有效解决星沙城区"大班额""择校热"等问题。中央环保督查项目——土桥撇洪渠建设完成，万象汇人行天桥建成通行，万家丽路与绕城高速互通通车。启动万家丽快速路北延长线工程设计和长沙县防洪保安工程捞刀河水系综合整治。加强监管，定期督查项目履约情况及现场文明施工、安全生产等；加大投入，提升项目管理水平。出台《长沙县政府投融资项目专业机构建设管理办法》《长沙县政府投融资项目创优奖励办

2018年年8月31日，星沙大道（棠坡路—望仙路段）人行天桥建成（曾绍武 摄）

法》。修编工程管理制度，建立不良行为预告知制度和企业负责人警示约谈制度。

【星沙大道人行天桥】 8月31日，星沙大道（棠坡路—望仙路段）人行天桥项目开放通行，市民出万象汇可直接经人行天桥过马路。星沙大道人行天桥项目位于星沙大道与棠坡路交会处北侧50米位置，是长沙县跨度最长的一座天桥，主桥采用钢桁架结构，一跨布置，跨径40.8米，桥面全宽5.9米，桥面净宽4米。

【万家丽路与绕城高速互通项目】 11月1日零时，万家丽路与绕城高速互通“万家丽北”收费站开通运营，标志着万家丽路与绕城高速互通建成通车。该项目位于长沙县安沙镇，万家丽北路与绕城高速交叉处，工程包含对万家丽北路和绕城高速的新建与改建，以及“万家丽北”收费岗亭的新建。万家丽路新建路段长970米，红线宽度46米，设计时速60千米，双向6车道；绕城高速（北三环）新建长度1357米，设计时速100千米，双向4车道，立交为变形苜蓿叶形，8条匝道。“万家丽北”收费站10条收费车道，4进6出（含ETC、自动发卡）。

【西气东输三线长沙支线工程】 12月30日，西气东输三线长沙支线工程完成动火连头，新管线与运营中的忠武线潜湘支线管道实现连通。天然气进入新建的安沙分输清管站，标志着国家“天然气互联互通”重点工程——西气东输三线长沙支线工程顺利投产。西气东输三线长沙支线工程起于安沙分输清管站，途径长沙县、望城区达到湘江以西的望城末站，线路走向由东向西，全长45.6千米，设2个站场和2座阀室。 （唐 微）

环境保护

【概况】 2018年，长沙县以“蓝天保卫战”和河长制工作为抓手，以控污减排、改善环境质量为目标，综合整治突出环境问题，全县生态环境保护态势良好。加强对空气自动监测站的日常管理，完成长龙空气自动站纳入省环保厅站点考核的对接。全县空气质量优良天数303天，优良率83%，优良天气数同比上升11天；PM2.5累计均值40微克/立方米，同比下降9.1%；PM10累计均值61微克/立方米，同比下降7.6%。浏阳河双桥港、梨江港、榨山港、先锋渠、三叉河、金牌村6个水质自动监测站建成运营。查办环保相关案件3379起，到位罚没款362682万元。

【饮用水水源地保护】 抓实4个县级和5个“千吨万人”乡镇级集中式饮用水水源地保护工作，开展县级饮用水水源地环境保护问题整改和专项执法行动。县环保局牵头指导镇街投资400万元完成水源地规范化建设，编制水源地突发环境事件应急预案；县交通局投资约近1000万元完成水源地内共17座桥梁的交通穿越环境整治；县公安局投资约10万元完善水源地危化品运输标识标牌。

【饮用水常规监测】 县环境保护监测站每月监测县域内75个断面水质，提供有效数据2600个。同时，每月对捞刀河长沙县与浏阳市石塘铺交界断面、浏阳河长沙县与浏阳市金牌村交界断面两个交界断面进行采样分析，提供有效数据792个。每月对浏阳河榔梨水厂、捞刀河黄花水厂及星沙水厂三个水厂取水口上游100米水质例行监测，提供有效数据597个。

【推进秸秆禁烧和综合利用】 印发《关于禁止露天焚烧农作物秸秆的通告》《长沙县农作物秸秆禁烧及综合利用专项方案》等文件，经县政府常务会议通过农作物秸秆禁烧和综合利用农机奖补资金预算和实施方案。加强秸秆禁烧工作宣传，出动宣传车2292台次，悬挂宣传横幅1698条，印发告知书、海报及禁烧通告等宣传资料9万余份。全年巡查112次，出动324人次，依法立案查处露天焚烧农作物秸秆案件26起。设立秸秆收储点9个，收集稻草1.2万吨。

【水质保护项目建设】 针对捞刀河、浏阳河及主要排口突出问题开展整治，启动治污项目42个，总投资10.22亿元；新增截污治理项目191项，新增财政预算1.58亿元。浏阳河长沙县段全截污完成；捞刀河流域城西污水厂7月底通水运行，土桥撇洪渠、金井后街完成黑臭水体整治。敢胜垸污水处理厂、城西污水处理厂、空港城污水处理厂、江背工业园污水处理厂、浔龙河污水处理厂、大兴集镇污水处理厂相继建成，城南污水厂扩建，截至年底全县城乡污水处理能力由年初的42.63万吨/天扩至76.53万吨/天（不含新建的一体化污水处理设施处理能力）。

【畜禽养殖退出与治理】 推广节水、节料等清洁养殖工艺和干清粪等实用技术，全县畜禽粪污综合利用率84.89%。建成1个病死动物无害化处理中心，路口、高桥、福临、白塔和北山5个病死动物收集贮存点，实现病死动物无害化处理全覆盖。全县建成各类大中小沼气池6.2万余个，总池容65万立方米；全县有13个能源合作社（农业废弃物资源化综合利用服务站），配备大小罐车60余辆清运沼渣沼液、沼气池缺料补料等。

【环境监管】 围绕双桥港、梨江港、榨山港、花园港等重点区域，突出“乱占乱建、乱围乱堵、乱采乱挖、乱倒乱排”等重点问题，查处案件135件，罚没款365.37万元。摸排涉VOCs（挥发性有机物）及“散乱污”企业355家，取缔制煤售煤点、电镀厂等散乱污企业208家。协助镇街查处燃煤制销、加工等作坊33家，暂扣烧烤炉等经营物品1100余件，拆除锅炉53个，收缴煤炉1470个，散煤37.72吨。查处污染道路工地64个次，指导100多家企业完成网上危废系统登记，发放危险废物转移联单177批次。

【扬尘整治】 制定《长沙县施工工地扬尘污染防治专项工作方案（2018—2020年）》《长沙县施工工地扬尘防治管理规范》等，对建筑工地开展专项检查628次、督查2次，签发整改单420份；混凝土搅拌场专项检查252次，下发限期整改单62份、停业整改单6份、限期整改和诚信扣分单2份。县域视频及扬尘监控系统中心接入109个在建工地视频监控联网信号、65个在建工地扬尘监测联网信号，15家混凝土搅拌场全部安装视频及扬尘监控系统。

【渣土运输整治】 建立市区过境渣运车辆备案制度，全年完成渣土处置审批92个（土方970万立方米），累计办理车辆准运证约10.3万张；对复工的47个渣运工地和5个卸土区进行排查，累计下达停工整改通知31份，督促覆盖裸土37万平方米。推广新型智能环保渣土车，2018年新增368台新型环保渣土车，淘汰老旧车78台。

（黎　璇）

责任编辑　周进银

交通建设

【概况】2018年，长沙县纳入县级农村公路数据库里程5721千米，县级投入2100万元用于农村公路硬化工程、产业路、连接工程、“四好农村路”示范县创建工程（拓宽改造）、提质改造工程；县级投入2936万元（含农村公路水毁恢复县级补助资金1600万元）用于农村公路日常养护和农村公路养护工程项目。市农村公路桥梁新改建、维修加固项目2245.5平方米、市农村提质改造计划60千米、市一批农村公路精准扶贫计划28.5千米。全县乡村公路养护资金总量2509万元，投资6000万元对774千米村道安装安保设施，村级公路同步配套建设相应安全设施。3月，县交通局被长沙市公路管理局评为“农村公路养护目标管理红旗单位”；9月，长沙县再度被交通运输部、农业农村部、国务院扶贫办三家联合授予“四好农村路”全国示范县荣誉称号。

【干线公路建设】全年牵头负责政府财政投资交通建设项目21个，其中竣工项目8个、续建项目1个、新建项目10个、调整项目2个，完成投资4.2亿元；监管干线公路建设项目三个，总投资23.92亿元。国道107青山铺至南粉墙段建成通车，有效分流老国道107城区段；岳汝联络线主体基本建成。完善长沙县干线路网规划研究，推进田汉大道南延、金江公路前期工作，修复北部干线公路水毁路段，整改饮用水源保护区桥梁。

交通运输

【概况】2018年，长沙县有公交线路89条，营运公交车辆1955台，其中县内公交线路73条，营运公交车辆1173台，市内延伸进入长沙县公交线路25条，营运公交车辆782台。县内新能源公交车1054台，其中纯电动公交车646台。建成公交专用道23.9千米，公交车充电桩201根。对辖区内11家货运站（场）源头企业每月巡查至少4次，巡查企业90多家，约谈企业和个人31家次，处理违法超载超限车辆35台次；每月开展1次“打非治违”专项行动，开展“清剿”联合行动、“四必查”联合检查、货运站场、仓储物流专项整治行动。

【城乡公交建设】新开通10条镇村公交线路，解决北山、安沙、高桥、开慧、金井、春华、果园、黄花等乡镇部分偏远村组居民聚居点出行难问题。改造黄兴大道和星沙大道港湾式公交站40处，建成松雅公交首末站，站场建有充电桩28个，可供110台公交车辆停放；启动青山铺公交首末站建设，该站用地面积13480平方米，设计停车位87个，充电桩45个，总投资1200万元。

交通行业管理

【概况】2018年，下发安全生产文件168份，召开安全生产会议36次，组织安全生产监管执法人员培训2次，参训180余人次；组织企业培训5次，参训1000余人次；组织企业开展约谈30余次；组织大型应急演练1次，参演人员100余人次。强化安全监管，采取政府购买服务方式与有资质专业第三方湖南展通安全科技有限公司合作，对县域内6家客运企业、4家公交企业、1家客运站、5家危货企业和12家物流场站每月开展安全生产检查，开展安全检查310次，其中开展联合检查105次，下达责令整改书32次，移交行政执法线索25条。落实“一单四制”和“隐患清零”行动，排查发现安全隐患1164处，整改到位1089处。出台规范性文件2个，《长沙县镇（街）船舶和渡口渡船安全管理实施细则》明确政府领导、行业监管、属地监管职责；《长沙县道路货物运输站（场）安全管理办法》填补长沙县道路货运站场规范管理文件空白，解决货运站场“多头监管”和“无人监管”问题。提前半年完成市、县蓝天办交办VOCS（挥发性有机物）整治任务，升级改造综合类维修企业18家，县域内一、二类综合维修全部完成升级改造；组织对县域内客货运输企业开展质量信誉考核，维修企业质量信誉考核65家，普货运输企业78家，货运站（场）、危货、驾培企业质量信誉考全部完成。

【市场管理】 全年受理办结各类行政许可案件1972件，其中货运经营许可1717件，维修经营许可238件（从2018年8月起该事项取消），机动车驾驶员培训经营许可7件，公路工程建设项目施工许可8件，公路工程设计文件审批1件。办理道路货物运输证4484本，办理教学车辆证398本，办理货运车辆年审9416台，注销道路运输证461本，货运驾驶员从业资格证诚信考核1350人，农村公路办理申监手续7件。开展驾培市场管理，全年检查企业26家，检查教练车辆700余台，排查安全隐患3起，下达隐患整改通知书3份，全部整改落实到位。开展安全监管，检查仓储物流企业32家，检查物流分租单位520余家；查封2家，停电整顿48家，查处违法车辆1台、查处并暂扣无证驾驶车辆5起。

（吴　旭）

民用航空

【概况】 2018年，长沙黄花国际机场旅客吞吐量2526.6万人次，保障运输起降18.6万架次；旅客吞吐量全国排名第14位，其中国际及地区旅客吞吐量247.1万人次；主营业务收入11.56亿元，利润1306万元。先后新增、加密公主港、岘港、胡志明市等国际航线和北京、成都、重庆、普洱等国内精品航线，恢复深圳、济州等航线。新增北美哈利法克斯、达卡、马尼拉3条国际全货机航线。全年通航国内外城市143个，航线260余条，营运国内外航空公司61家。

落实民航安全运行平稳可控26条措施，实施“两巡一报”，做好机坪管制移交、T1启用运行及B平滑道面病害整治不停航施工等重大运行风险防控，实现第24个空防安全年和连年机坪零事故。长沙黄花国际机场全年航班平均正常率87.15%，高于全国平均水平7.02%。与中南传媒合作设立旅客免费阅览室，建成国内首个“书香机场”。推出39项公开服务承诺，对标虹桥、美兰等机场，改进提升300多个服务项目，完善母婴、残障、卫生间、充电桩等服务设施，强化员工英语服务水平，成为内地第五家、中部首家获“SKYTRAX国际四星”千万级客流量机场。优化A-CDM系统，实现全景可视“一张图”运行指挥及电子签单。在安检通道、登机口加装“航信通”，增加自助值机设备，引进全舱式自助行李托运、“出国宝”、智能客服机器人、全息投影人机对话等“黑科技”，推进“全流程旅客自助+智能服务”。融合机场区域内监控、门禁、围界、报警等安防数据，搭建智能安防平台。与新奥燃气合资，联手共建首个国内机场智慧能源管理平台。

（寇冠乔）

邮　政

【概况】 2018年，中国邮政集团公司长沙县分公司建设完善城乡邮政服务网点47个服务设施，其中叠加邮政储蓄网点47个，另有邮政报刊亭58个、邮政渠道站点234个，拥有各类邮政运输车辆159辆、投递人员165人，投递段道162条。全年邮政业务收入

书香机场　　（黄花机场　提供）

2.31 亿元，代理金融业务收入 1.25 亿元。收寄包裹快递类邮件 864.55 万件，日均 2.37 万件，快递包裹收入 3953.85 万元。实施全流程闭环管控，快递包裹毛利率 10.74%。仓配一体化项目逐渐成型，建仓总面积 8000 平方米，卓创公司及其 4 家单位入驻自建电商园，全年收入 1736.03 万元。全县建成邮乐购店 253 个，站点活跃度 100%，其中自营店 47 个，建成安沙、福临邮乐自营中心支点 2 个，仓储配送中心 1 个。通过举办新春年货节、春季酒水品鉴会、与可口可乐公司战略合作项目、白沙小水果进城项目、邮政电器内购展销会等活动，借助第二届邮乐 919 电商节，截至 2018 年 12 月 31 日，全县批销下单 6067 笔，批销额 1377.86 万元，其中自营批销订单笔数 2874 笔，实现自营批销额 665.2 万元，零售代购订单数 23482 笔。年初举办集邮“生肖贺岁季”活动，收入 338.19 万元。在 5 月“金融联动 · 珍邮巡展”长沙县星沙站活动、6 月长沙第二届盛世集藏（钱币）嘉年华活动以及第四季度“忆旧嘉年华”活动中，县分公司集邮收入 482.6 万元。函件类业务，旺季销售《盛世中华》305 套，创收 52.9 万元，同时以《哪吒传》儿童文化商演和书信比赛为契机，营销校园报刊、亲子卡，举办“腾邮迎客中国行——长沙县站新媒体沙龙”活动，11 月发布广告 93 万余条，全年函件收入 112.6 万元。

【网点建设】 2018 年，中国邮政集团公司长沙县分公司新建改址搬迁网点 2 个，改造装修网点 23 个。联合速递公司整合完善县城区域内揽投站点，在城区设立揽投站点 11 个，布放智能包裹箱 15 台。新增 CRS 存取款一体机 10 台，更新邮运车辆 2 台，更新揽收、投递车辆 6 台。（潘少山）

通 信

【中国电信股份有限公司长沙县分公司】 2018 年，作为中国电信在长沙县的县级分支机构，公司下辖综合部、网络部、销售部及泉塘、路口、金井、安沙等 14 个支局和星沙、城东、湘龙等 8 个营业部。年末，3 个农村支局获评湖南省电信公司 2018 年度“最佳承包团队”、4 位四级承包人获评湖南省电信公司 2018 年度“最佳小 CEO”。聚焦公众市场，深耕宽带市场，发展新建楼盘的增量市场占有率，社会渠道网点 90% 以上以店包村发展农村宽带等。创新 ITV 和新型业务。全年投入工程建设资金 7980 万元，主要集中在无线网络和有线网络建设。着力无线网络建设，全年新建 800M 基站 126 个、1.8G 基站 14 个、3G 基站 42 个、高铁高速磁悬浮沿线基站 64 个、政企战狼基站 19 个、高校 / 室内分布 16 个、基站扩容 137 个，实现边远山区、老旧小区信号全覆盖，处理基站障碍次数 2500 余个，针对单区域单用户有效网优 500 余次。（谢晓琳）

【中国移动长沙县分公司】 2018 年，中国移动湖南公司长沙市长沙县分公司，计费收入 9.03 亿元，移动电话用户 97 万户。4G 成熟发展，落实家庭营销理念，年度新增份额 53.84%；宽带用户 9.7 万户；深耕政企市场，开拓信息化蓝海领域，信息化收入 9461 万元，新增专线 2160 条，“和校园”收入 762 万元；物联网“物超人”累计 39.21 万张；“和酒店”新增房间 5016 间。新开 LTE 微站 55 个，室分 59 个，完成华为设备替换工程 629 个，建设类扩容 272 个。推进宽带建设，开通 216 个站点。开通集客专线 1037 条，集团资源覆盖 338 家。累计完成集团单位、聚类市场、商务楼宇等项目 29 个。推进传输城域网建设，新建汇聚机房 4 个，新增 PTN 汇聚设备 4 台、OLT 设备 25 台，建设管道 14 千米，建设光缆 223.5 千米，完成 5 个综合业务区的光交整治 305 及业务优化改造 70 段。集客建设保持高效，完成果园浔龙河元宵灯展、中茂城商业广场和新城吾悦广场开业等 24 次活动通信保障，通信保障总人数 240 万人次。加大和包缴话费、水电费等优惠力度，开展和包交党费、会费等便民活动，全力支持长沙市打造全国“和包支付示范城市”和“移动支付第三城”。（罗月梅）

【中国联合网络通信有限公司长沙县分公司】 2018 年，公司聚焦“存量、集客、宽固、农村”四大市场，年末全县联通用户规模 34 万户，其中 3G 和 4G 用户占比超过 82%，固话宽带用户同步稳健增长。全年业务收入 2.3 亿元。年底，全县 4G 网络行政村覆盖 82.8%、宽带光纤行政村覆盖 78%；新增干线光缆 121 皮长千米、新建基站 144 个、光纤户端口 5616 户；通信基础设施建设方面投资 4487 万元；完成对金井镇蒲塘村、高桥镇白石源村的扶贫网络建项目。（彭 晶）

责任编辑 周进银

商贸流通

【概况】 2018年，长沙县社会消费品零售总额519.9亿元，同比增长8.4%（下同）。按行业分，批发行业41.7亿元，增长5.9%；零售行业459.3亿元，增长8.3%；住宿行业6.5亿元，增长15.6%；餐饮行业12.4亿元，增长17.8%。按地区分，城镇零售额306.8亿元，增长7.9%；农村零售额213.1亿元，增长9.2%。举办第九届“星沙商圈”购物消费节，开展“压实企业安全生产主体责任年”活动。组织企业参加第三届中国国际食品餐饮博览会，设立108平方米的长沙县形象展示区。新建改造农贸市场2个，续建2个，提质改造2个。新建加油站4个，全县加油站双层罐改造13个，开展油气回收在线监测建设。推进农村电商扶贫，贫困村、贫困户农产品线上销售额380.76万元。

【第九届“星沙商圈”购物消费节】 12月18日，由县商务局主办、星沙时报社承办的长沙县第九届“星沙商圈”购物消费节开幕，为期1个月，至2019年1月18日截止。本届消费节以“乐GO星沙·悦享实惠”为主题，推出欢乐启幕、5万微信红包大放送、15万现金抵用券任你抢、购车优惠季狂欢盛宴、长沙县农产品线上大促销、星沙商圈钜惠让利线下狂淘、星沙商圈年度美食重磅推荐、星沙商圈消费体验热度榜发布八大主题活动。

招商引资

【概况】 2018年，长沙县实际利用外资8.4亿美元，同比增长10.8%（下同），其中长沙经开区6.3亿美元，增长11%；引进市外境内资金形成固定资产投资203.9亿元，增长12.5%，其中长沙经开区77.8亿元。召开2次项目建设领导小组会议，通过会审项目20个，其中50亿元以上项目1个，10亿元以上项目2个，2亿元以上的项目12个。长沙临空经济示范区制作《长沙临空经济示范区招商画册》《长沙临空经济示范区招商宣传片》《长沙临空经济示范区推介PPT》。长沙飞机工程、宝湾电商金融智慧物流产业园及宝湾物流中南区域总部基地、绿叶水果总部及智慧物流园、民航投资基金航空产业园等项目入驻。重点引进田汉国际戏剧艺术小镇；联通数字阅读基地、百联奥特莱斯、新城吾悦、中茂城商业综合体以及普洛斯空港物流园建成运营，圆通速递、丰树空港物流园、奥凯航空等项目在建。7月26日，费舍尔跨境新零售产业基地项目、北京细刻网络科技有限公司跨境电商项目、炜易达跨境电商项目3个重大跨境电商项目签约落户长沙黄花综合保税区。11月，长沙临空产业投资基金成立，预期规模10亿元。

【长沙临空经济示范区专题招商推介暨中国空港经济区发展蓝皮书（2018）发布会】 6月15日，长沙临空经济示范区专题招商推介暨中国空港经济区发展蓝皮书（2018）发布会举行。会上，2017中国空港经济区（空港城市）发展十大事件和十大项目以及一批彰显临空特色的优惠政策集中公布。绿叶果业临空现代智能物流园、东盟跨境卡班及保税物流、长沙黄花综合保税区智慧能源等24个临空偏好型项目签约，产业类型涵盖航空服务、跨境电商、保税贸易、保税加工、保税物流、金融服务、新能源七大产业类别。

【区块链院士高峰论坛暨星沙区块链产业园项目签约仪式】 8月26日，由长沙经开区、长沙县主办的“链”上星沙 领航未来——区块链院士高峰论坛暨星沙区块链产业园项目签约仪式举行。论坛现场，陈晓红作《新技术融合下的区块链应用趋势》主旨演讲，张平文作《新一代信息技术推动社会和产业转型》主旨演讲，与会院士、专家围绕《新形势下区块链技术如何服务实体经济》主题对话。当天，10家区块链企业现场签约，正式入驻星沙区块链产业园。

【长沙百联购物公园项目】 9月18日，长沙百联购物公园项目奠基仪式举行。项目位于长沙临空经济示范区核心区鹏盛路以东、黄金大道以西、人民东路以南、天祥路以北，东邻长沙黄花国际机场。项目占地面积8.91公顷，总投资约20亿元、总建筑面积约25万平方米。项目将打造成包含服务性公寓、SOHO办公、特色商业街区、主题体验中心、酒店等于一体的区域性商业地标，预计2020年开业。

【德国大陆集团入驻长沙经开区】 10月11日，长沙市人民政府与德国大陆集团举行全面合作项目签约仪式。位于长沙经开区的中央电子工厂项目是大陆集团在长沙的重要落子，也是其在中国区设立的第28个实业投资项目。大陆集团与长沙经开区、长沙县的合作分为两块：大陆集团将在长沙经开区投资建设中央电子工厂项目，该项目是大陆集团在中国区设立的第28个实业投资项目。与长沙经开区、长沙县开展智慧城市、智能出行示范共建项目。

【2018国际电动航空论坛在长沙县举办】 11月3—4日，由长沙县人民政府、中关村蓝创通用航空产业联盟、德国飞页公司主办，清华大学通用航空技术研究中心、北京航空航天大学通用航空产业研究中心、北京天航菲特适航技术有限公司协办的第二届国际电动航空论坛在长沙三景韦尔斯利酒店成功举办。论坛以“天地融合、引领未来”为主题，深入探讨国内外电动航空发展的趋势、机遇及遇到的难题和破解对策，旨在推动新能源飞机发展，促进我国航空技术创新、相关行业全产业链发展和国际科技交流合作。

现代服务业

【概况】 2018年，长沙县服务业增加值增速10%，规模以上其他营利性服务业营业收入增速45.1%。扶持企业做大做强，浔龙河生态艺术小镇等3个项目获批2018年长沙市服务业专项资金105万元，湖南恒邦物流有限公司等14家企业获批2018年度长沙市现代物流业发展专项资金539.8万元，18家县域本土服务业企业获2017年度长沙县现代服务业政策奖励、补助资金759.73万元。现代物流已成市级重要节点，集聚的物流企业约占长沙市的75%，云集丰树物流、圆通物流、普洛斯物流等优质物流企业。全县实现电商销售收入4.5亿元，同比增长8%（下同），注册电商企业580多家。出台《长沙县关于加快楼宇经济发展的若干政策（试行）》，重点支持楼宇平台、入驻楼宇企业、楼宇服务等方面。

【中茂城购物中心开业】 6月15日，中部娱乐时尚之城中茂城购物中心开业。项目总面积30万平方米，汇聚湖南广电、万达影院、欧悦冰雪乐园、苏宁易购、海底捞等主力品牌，还包括德庄火锅、友阿海外购、小米之家等时尚购物、美食娱乐、儿童体验等业态于一体，打造香港风情街、南楚古都、爱的时钟屋顶摩天轮广场、芒果大本营等特色的城市商旅文娱综合体。

【《长沙经济技术开发区关于支持区块链产业发展政策的实施细则（试行）》公布实施】 10月9日，《长沙经济技术开发区关于支持区块链产业发展政策的实施细则（试行）》（以下简称《细则》）正式公布实施。《细则》明确，企业（机构）实缴注册资本达到200万元、300万元、400万元的，分别按照给予100万元、150万元、200万元的标准执行，将按50%、30%、20%的比例分3年拨付。而免租为入驻企业（机构）提供的科研办公场地，将按照企业（机构）入驻的人数等实际情况来明确面积。

【长沙松雅湖吾悦广场开业】 11月23日，长沙松雅湖吾悦广场开业。该广场位于东四路以西、望仙路以北，项目总面积18万平方米，集大型购物中心、时光里主题步行街、生态立体停车楼、空中艺术阁四大区域为一体。项目车位1600个，场内入驻品牌200余个，率先引进长沙首家星轶STARX影厅、家庭亲子游乐场——多奇妙儿童乐园、永辉超市等品牌，从生活、购物、娱乐、体验等多个方面为长沙市民创造更好的一站式生活方式。

【《关于加快楼宇经济发展的若干政策（试行）》出台】 11月26日，长沙县公布实施《关于加快楼宇经济发展的若干政策（试行）》。面积在2万平方米以上单栋楼宇，用于商业经营和商务办公的写字楼（不含公寓）、面积5000平方米以上的科研楼宇、专业市场或园区配套的商务楼宇（不含公寓），工商注册地、税务征纳关系和实际经营地均在长沙县的入驻楼宇内的服务业企业、楼宇业主、楼宇运营管理公司、物业管理服务企业和发展楼宇经济各主体均可进行享受该政策。政策有12条，分别对推进平台运营和项目建设、扶持企业发展和产业培育、加强楼宇管理服务和要素支撑等方面给予支持，单项最高奖励500万元。

对外贸易与经济合作

【概况】2018年，长沙县外贸进出口总额71.5亿美元，占全省的15.4%、全市的36.9%，同比增长53.8%（下同），创历史新高，其中出口额39.7亿美元，增长73.9%；进口额31.8亿美元，增长34.5%。外贸主体队伍不断壮大，新增外贸资质企业313家，破零企业157家，倍增企业57家。全县外贸进出口额500万美元以上企业120家，实现外贸进出口69.9亿美元，占全县外贸总量的97.8%。综保区内新引进的外贸企业异军突起，其中骏仕达科技、冠锐盈电子、欧于美供应链、铭珈珠宝4家企业进出口额均在1亿美元以上，蓝思科技、广汽三菱、三一汽车、住友橡胶、果之友等龙头企业均实现大幅增长。民营企业完成进出口39.6亿美元，增长141.4%，对外贸进出口增长的贡献率超过50%，成为外贸发展的一大亮点。中外合资和外商独资企业完成进出口31.1亿美元，增长9.3%，占比43.5%。一般贸易完成进出口44.1亿美元，增长33.5%，加工贸易完成进出口24.7亿美元，增长101%。对“一带一路”沿线国家进出口14.5亿美元，增长35.1%，与非洲双边贸易额超2亿美元，增长312.4%。黄花机场T1航站楼完成改造，年旅客吞吐量突破2500万人次，国际货邮吞吐量实现翻番。临空经济示范区基础设施配套建设提速，黄花综保区新增注册企业248家，129家企业实现破零，成功获批进口药品口岸，开通至北美、达卡、马尼拉等国际货运航线，实现外贸进出口总额26亿美元。推进自贸区改革试点经验复制推广工作，完成任务46项。推进国家级出口食品农产品质量安全示范区建设，全年农产品进出口近2亿美元。

【长沙航空口岸获批增设为药品进口口岸】6月15日，国家药品监督管理局、海关总署发布公告（2018年第37号），根据《中华人民共和国药品管理法》，经国务院批准，增设长沙航空口岸为药品进口口岸。自公告发布之日起，除《药品进口管理办法》第十条规定的药品外，其他进口药品（包括麻醉药品、精神药品）可经由长沙航空口岸进口。至此，长沙航空口岸和黄花综保区具备药品进口的运输、仓储等管理方面的相关条件。

【湖南首条定期洲际全货机航线开通】7月21日，湖南省首条定期洲际全货机航线长沙—北美全货机航线开通。该航线由长沙黄花综合保税区重点企业湖南连年有鱼运营，飞行路线为长沙—美国芝加哥—加拿大哈利法克斯—长沙，航班载量100吨，计划每周三班。运送商品主要为进口北美的生蚝、三文鱼、帝王蟹、雪蟹、蓝蟹、黄道蟹、金枪鱼等优质海鲜品类，这些进口海鲜飞抵黄花机场后，将被分拨到长沙、北京、上海、广州、深圳、海口、成都等城市，部分海鲜会在长沙黄花综保区暂养池内暂养分拣、加工包装。（陆　林）

粮油购销

【概况】2018年，全县收购原粮6.08万吨（其中含临时储备粮6139.78吨），销售粮食15.46万吨，完成1045吨县级储备粮、6000吨市级储备粮的轮换工作；天华粮食购销有限公司利润17万元。强化粮食流通监管，完善优化监督检查新体系。10月至11月进行全国政策性粮食数量和质量大清查试点。检查全县储存政策性粮食的4家企业，检查173950.48吨粮食。其中早籼稻126145.12吨、中晚籼稻41285.27吨、小麦6520.09吨。包含县储粮8332.71吨、市储粮39867.52吨、省储粮8450吨、中央储备粮16804.55吨、最低价粮62784.16吨、地方政策性粮食32726.59吨、企业商品粮4984.95吨。严格落实好粮食收购市场准入和监管办法，做好粮食收购资格审核管理，公开办事程序和条件，制作“粮食收购资格行政许可工作流程图”，公布《粮食收购资格行政许可办事指南》等，做好“粮食收购许可证”的审核、年审工作。对23家企业的“粮食收购许可证”进行年审。全面落实责任机制“党政同责、一岗双责、齐抓共管”，与各基层单位签订“安全生产责任书”，企业递交“生产经营建设单位安全管理承诺书”，督促企业定期自查自纠。认真履行食品安全监督职责，做好管控专产区临田采样和收获粮食采样工作。临田采样早稻、晚籼稻国家省市级样品84份送检，开展全县早稻、晚籼稻临田采样工作，送检520份。利用“10·16”世界粮食日、“12·4”国家宪法日集中宣传活动、“食品安全周”等系列主题活动广泛宣传《粮食流通管理条例》等。实施“优质粮食工程”，在星沙主城区及10余个镇街建成放心粮油示范店24家，实现“放心粮油”全覆盖。对接“中国好粮油”行动计划，创新经营模式，开展“互联网+粮食”行动，发展电子商务、农商直供等商业模式，构建产业联盟；打造以粮油为主的特色农副产品交易展示中心。加强粮食安全责任制考核。

【2018年早稻收购形势座谈会暨晚稻订单收购签约仪式】 7月11日，由长沙县粮食行业协会举办的2018年早稻收购形势座谈会暨晚稻订单收购签约仪式在湖南金山粮油食品有限公司召开。会上，组织学习长沙市粮食局文件《关于在全市早稻收购中广泛开展样品免费检测和预约收购的通知》，部署安排2018年收购工作，要求收储企业做好相关服务，严格执行“先检后收，分仓储存”等政策，确保2018年早稻收购顺利进行。长沙县粮食行业协会携手长沙米吉星粮油食品有限公司旗下的九家粮食企业与全县粮食种植大户共同研讨今后粮食市场行情。此次73家种粮大户与收储企业签订半年晚稻订单收购协议，签约面积约2133.33公顷。（汪　莉）

烟草专卖

【概况】 2018年，长沙县烟草专卖局（分公司）销售卷烟4.45万箱，销售收入13.96亿元；卷烟单箱均价3.65万元。税利4.49亿元，其中利润1.90亿元，税收2.59亿元。销售二类烟4785箱，销售中、短、细、爆等创新类卷烟3171.84箱，省外烟销售占总销量的31%，基本与2018年同期持平。建设自律互助小组256个，小组成员4334户，覆盖率100%。开展“人气自律互助小组”投票活动，网络浏览约60万次，投票超12万次。成立长沙县自律互助FBI别动队，开展交叉互查2次。探索“跨界营销”“互动营销”“趣味营销”等品牌培育新形式，开展品牌培育活动30余次。在县内8个区域建设文明吸烟环境127处。

【专卖监管】 严厉打击物流寄递环节涉烟违法犯罪活动，开展“春雷8号”“电狐四号”等专项治理行动。依托基层站所强化日常监管和联合执法，加强违法违规大户治理。查获各类违法案件451起，其中5万元（20万支）以上大要案件94起，涉案卷烟2116件，金额1984万元，破获国标假私烟网络案2起。推进“放管服”改革，全年新办许可证1452户、延续1159户、歇业270户、注销（含收回）609户。联合公安、工商部门开展市场联合整治行动12次。全年查获真烟非法流通大要案49起，打掉辖区真烟囤积仓库20个。全面自查2017年以来真烟案件，将辖区38户涉案零售户纳入2018年经营大户重点监管名册，并实行“一户一策”档案管理。取消违法大户经营资格7户，取缔（含劝退歇业）违法大户17户。（郑仙芬）

供销合作

【概况】 2018年，全县供销系统营业收入5.1亿元，利润1960万元，上缴各种税费1080万元。供销综合改革“百村供销工程”被纳入县委“强南富北”十大工程之一，“供销改革专项发展引导资金”预算增至575万元，同时增加预算科目“农村电商专项发展资金”。出台《长沙县供销综合改革“百村供销工程”三年攻坚行动方案》《长沙县供销综合改革基层组织建设发展规划》。新建基层社6个（其中创“基层社标杆社”市级4个、省级1个）、村级惠农综合服务社28个、农村电商20家、县农合会1个。新建6个镇级社中，金井、青山铺、安沙、果园、高桥5个社按“社有资产公司+社会资本+镇级公司”建成。同时，路口供销社进行提质改造、创办“和诚优品”电商平台；美丰公司建立农资溯源系统，确保绿色农资供应。11月，“长沙兴社供销社有资产股份有限公司”投入运营。与安沙镇谭坊村、果园镇浔龙河村、果园镇新民村等3个村级社按“县社占股35%且相对主导控股”原则达成创建共识，签订股份合作协议。编制《中国（长沙）供销文化产业园项目建议书》，组建“湖南星城供销有限公司”，召开第一次发起人战略合作洽谈会，与中华全国供销总社的中国电子商务有限公司（供销e家）、中国供销农产品批发大市场控股有限公司（中农批）等6家企业达成初步合作意向。

全县供销系统储备大化肥23850吨，金额4727.04万元。长沙县供销社新三维公司聘请湖南农业大学、省农科院的专家教授和高级农化宣讲专员及农技师进行农化宣讲暨土壤改良修复专业培训：课堂教学4期、田间地头科普10期，直接造福300多名县内从事农作物种植的专业合作社成员、种粮大户、家庭农场主和种粮农户。在路口等13镇开展农化知识宣讲，直接受益500多人次。在黄兴镇、春华镇等县内农业种植重点区域开展大面积土壤PH值检测，提供土壤改良和修复方案及办法。

【《长沙县深化供销合作社综合改革“百村供销工程”三年攻坚行动方案》出台】 9月，长沙县深化供销合作社综合改革领导小组印发《长沙县深化供销合作社综合改革“百村供销工程”三年攻坚行动方案》，明确未来三年内，长沙县按照“混合所有、供销控股”原则，整合资源，规划建设集服务、办公、运营于一体的全国首家供销文化产业园，探索创新组建县级供销总公司，力争构建供销合作社系统“新型为农服务体系、新型基层组织体系、新型社有企业运营体系、新型联合社治理体系”的四大体系。通过工程实施将长沙县社建设成为全国百强县级社，将供销骨干企业打造成为上市公司，到2020年全面完成长沙县深化供销合作社综合改革任务。（温让擎）

旅　游

【概况】 截至2018年，长沙县有国家AAAA级景区1个——杨开慧纪念馆，国家AAA级景区6个——黄兴故居纪念馆、锦绣江南生态农庄、湘丰茶博园、浔龙河生态艺术小镇、天华山景区、影珠山旅游景区；旅行社9家、旅行社服务网点75家、星级酒店3家、绿色饭店1家、星级乡村旅游点39个（其中五星级乡村旅游点15个）。12月，影珠山旅游景区、天华山景区获评国家AAA级旅游景区。全县接待旅游人数1300万人次，旅游收入140亿元。长沙县旅游综合执法改革“1+4+X”模式被纳入长沙县司法领域改革创新项目，原国家旅游局副局长王晓峰于2月27日率队到长沙县调研旅游市场综合监督工作，肯定该县在旅游监管推行多领域联合执法经验。

【《爱上长沙县》全域旅游新书发布】 12月3日，《爱上长沙县》全域旅游新书发布暨“民宿让乡村更美好”专题访谈活动举行。其间，《爱上长沙县》全域旅游新书发布，并进行现场赠书。该书以优美文字、精美图片、精品旅游路线及美食推荐等内容，全面展示长沙县18个镇街全域旅游发展新成果。（章　行）

责任编辑　周进银

综　述

【概况】2018年，长沙县农林牧渔业总产值130亿元，农村居民人均可支配收入3.34万元，农业综合机械化率79.3%，森林覆盖率49.81%。

基本完成确权登记，全年完成4416个组级发包方、148760个农户确权登记工作；调查实测地块648823块4.82万公顷，占应确权面积95.4%；调查清理承包档案151468卷，整理档案98563卷；打印证书145225份，发放到户133960本。县级平台建设完成并投入使用。印发《关于稳步推进农村集体产权制度改革工作的实施意见》和《长沙县农村集体资产清产核资工作方案》。完成191个村（社区）4440个组清产核资工作。推进《长沙县壮大新型农村集体经济实施方案》落地落实，按照“全面消除薄弱村、壮大一批中等村、培育一批示范村”思路，实施城乡建设用地增减挂钩项目，抱团式发展物业经营型集体经济，年经营性收入低于5万元的52个薄弱村和5个农村综合性改革试点村，年集体经济收入15万元以上。8月2日，向57个村集体经济合作社，发放城乡建设用地增减挂钩节余指标置换的15万元标准厂房租金收益855万元，在全省率先全面消除村集体经济薄弱村。

推进农业产业扶贫。印发《长沙县2018年度产业扶贫实施方案》，下达产业扶贫资金1903万元，产业扶贫投入占各级财政专项扶贫资金的78%。全县立项产业扶贫项目173个，建立县级脱贫攻坚项目库，印发《长沙县脱贫攻坚项目库建设实施方案》，2018年入库项目240个。各项目主体与贫困户签订帮扶协议，年度每户贫困户收益5000余元。

推进新增粮食产能规划田间工程项目。2017年新增粮食产能规划田间工程项目竣工并通过县级项目验收；完成2018年新增粮食产能规划田间工程项目现场勘察、设计、招投标和施工前准备工作，完成种植结构调整2183.2公顷。

重生态防污染，开展绿色城市建设，全年建设环城绿带生态圈等重点绿化项目12个；创建市级绿色示范集镇1个、示范社区和示范村庄12个、示范庭院667户；绿化示范道路常态养护190千米，新建、提质公路绿化100千米，新建乡村公园17个，湿地更新人工造林133.3公顷，“五边”植树667公顷，全民植树造林150万株，营造森林生物防火林带31.94千米，完成大山冲森林公园自来水铺设、步行道等基础设施建设。

创新长沙县五种现代农业产业发展模式。以果园镇浔龙河生态小镇建设项目为典型代表资本下乡共建模式；以开慧镇锡福村民宿项目为典型代表农旅结合引领模式；以金井镇湘丰村土地合作开发项目为典型代表的土地股份合作模式；以高桥镇湖南现代农业技术创新基地建设项目为典型代表科普园区集聚模式；以春华镇春红花卉有限公司大型田园综合体建设项目为典型代表龙头企业带动模式。

全年蔬菜播种面积2.65万公顷，总产量95.4万吨，总产值19.4亿元，水果总面积5773公顷，总产量6.54万吨，总产值2.75亿元。优化蔬菜经作产业区域布局，推进高桥镇“食用菌之乡”、金井镇“茶乡小镇”、开慧镇“水果之乡”及春华、高桥、路口为核心的万亩蔬菜示范片建设。

是年，休闲农业与乡村旅游接待游客720万人次，经营收入19.38亿元。全县有规模休闲农业和乡村旅游景点59处，其中星级休闲农庄49家，国家五星级农庄7家，省五星级农庄星级农庄15家；规范建设各类涉农合作社、家庭农场2000余家，另培育各类种养大户3000多户。

全年办理野生动驯养繁殖许可证2本，野生动植物经营许可证2本。野保站、执法局、公安联合组织野生动植物执法行动，森林公安局办理野生动植物案件7起，其中非法猎捕野生动物1起，非法采集野生保护植物6起。

林　业

【概况】是年，推进造绿复绿，全年精准复绿14.53公顷。环城绿带生态圈建设工程“长藤”建设基本完工。整体推进绿色示范创建，完成1个市级绿色集镇、10个市级绿色村庄、1个市级绿色社区创建；17个乡村公园建设完成。建立、完善19个义务植树基地，全县义务植树150万株。加强全县3个省级森林公园管理；办理征占用林地和更新采伐47处，面积79.436公顷，蓄积5068.2立方米，材积3058.7立方米。抓好生态公益林管理，保障30666.67公顷生态公益林补偿资金及时发放到户，为全县77733.33公顷林地全部购买森林保险。征收森林植被恢复费1300万元。花卉苗木销售收入16亿元，林产工业产值7亿元。营造林933.33公顷（含五边植树），新增封山育林666.67公顷，森林抚育1666.67公顷。引导花卉苗木产业发展。以星沙花卉大市场为中心，建立安沙鲜切花种植基地，以春红花卉为龙头的盆栽花基地，以黄兴、江背为中心的绿化苗木种植基地。新增3处湿地保护公园（白马桥、大明湖、双江），面积26.67公顷，安沙镇唐田村退耕还林还湿项目（面积26.67公顷）基本完成。全县林业用地77200公顷，其中松林面积38200公顷、毛竹林面积1993.33公顷。全县林业有害生物发生总面积5133公顷，成灾率0.13%；测报准确率100%；无公害防治率97 %；种苗产地检疫率100%；松材线虫病监测普查率100%；清除秋季普查中异常枯死松树；外地调入松属植物及其产品复检率100 %。

粮油茶业

【概况】2018年，粮食实收面积7.7万公顷，总产52.34万吨，水稻播种面积6.47万公顷，推行集中育秧，秧田面积786.7公顷，可抛插大田1.69万公顷以上，占早稻播种面积58.47%。种植结构调整面积1983.5公顷，全县建成育秧中心7个。按照“一片一种”或“一村一品”布局，优化品种结构，在路口镇明月村、青山铺镇洪河村、果园镇田汉村、春华镇金鼎山村，初步建成“产学研一体、农工贸统筹、一二三融合”的“稻作文化走廊”，推进旱杂粮为主粮食绿色高产高效创建项目，连续第8年获评“全省粮食生产先进县”。

2018年，全县茶园面积6282.53公顷，可采摘面积6100公顷。县外订单和控股茶园面积2余万公顷。茶产业从业人员4万人，茶业综合产值24亿元以上。茶园茶叶总产量29900吨，总产值79504万元；其中名优茶产量1430吨，产值29666万元；县外订单茶园加工生产干茶2.02万吨，总产值41900万元。全县加工生产干茶5万吨，总产值121404万元。出口创汇3000万美元，约占全省出口份额20%。电商交易额5000余万元。“长沙绿茶”获评国家农业部地理标志认证产品，长沙县在2018湖南茶叶“三十”评选活动中，获评“湖南省千亿产业十强县”。

养殖业

【概况】2018年，实行生猪减量，适度发展肉牛、家禽、黑山羊、小龙虾、南美白对虾等特色养殖。存栏生猪65.9万头，家禽存笼240.3万羽，有畜禽规模养殖场28家，鑫广安、天府公司2家核心种猪场。水产放养面积2974公顷，总放养量240万千克，稻虾养殖293公顷。

【动物卫生监督与防疫】对全县71名官方兽医及20名协检员实行网格化管理及签订责任状。建成县级动物无害化处理中心和路口、高桥、福临、北山、安沙白塔5个镇街收集暂存点，病死畜禽无害化收集处理全县全覆盖。全县启动非洲猪瘟疫情1级应急响应，设置26个临时消毒检查站，实行24小时值班制。继续实行春秋两季集中普免和常年补针相结合，科学制定疫病监测方案，开展动物疫病监测工作特别是禽流感监测和布病净化，开展疫病防治工作，做好猪病防控工作和开展流行病学调查。全县一年来未发生大的动物疫情，畜禽发病率、死亡率同比下降。

【畜禽粪污资源化利用】5月，农业农村部确定长沙市为养殖粪污资源化利用整市推进市，该县为整县推进县。探索推进养殖业废弃物资源化利用四种新模式：粪污就近肥料化利用、粪污集中处理肥料化利用、粪污能源化利用、病死动物处理无害化处理资源化利用。制定整县推进方案，通过部、省、市评审。

农业机械化

【概况】2018年，全县农业机械总动力23.38万台/156.56万千瓦。农机合作社102家，2018年成功申报“百千万”现代农机合作社1家，省级现代农机合作社示范社1家，实施市级水稻工厂化育秧项目5个，实施省级基层农机服务能力建设、基层农机推广补助等项目3个。2018年新增注册登记农机车辆134台，新增农机驾证（含操作证）236人，办理各类驾驶证业务308人次。年检各类农机具1045台，拖拉机交强险购买率100%，预防和杜绝较大以上农机事故。组织开展各类培训班242期次，培训农民2万余人次，培育新型职业农民2480人，其中生产经营型360人，专业技能和社会服务型100人，其他1920人。开展再生稻办点示范，推广稻田生态种养200余公顷。青山铺站、金井镇站被推选为省“五星”农技站。

农产品加工

【概况】2018年，全县有农产品加工业企业235家，产值168亿元，利润9.7亿元，新增固定资产投资3.8亿元。国家级龙头企业3家，省级龙头企业16家，市级龙头企业85家（其中市级重点龙头企业12家）。中国驰名商标、中国名牌产品15个，湖南省著名商标35个。

【农产品质量安全监管】监测抽取蔬菜、水果、茶叶、稻米、畜禽水产品、农业投入品1179个，合格率100%；“三品一标”认证有效证书157个，认证面积和数量位居全省首位；创建“长沙市农产品质量安全示范镇”2个、“长沙市农产品质量安全监管示范站”10个，全年未发生农产品质量安全事件。

（徐　泽）

水　务

【概况】2018年，长沙县水利建设投资8.88亿元，争取上级支持1.42亿元。加强水务建设管理，中小河流治理成为全国样板，农田水利工程产权制度改革成为全国典型，农业水价综合改革建立“长沙模式”。全国农田水利改革和创新培训班在该县召开并提供教学现场，长沙县水务局代表湖南省在会上作典型经验推介。3月28日，长沙县水务局获评全省“芙蓉杯”水利建设管理先进单位。12月27日，水渡河河坝改造工程获全国水利工程建设“大禹奖”。长沙县12项改革经验全部入选《全省农田水利设施产权制度改革和创新运行管护机制试点经验汇编》；全省高效节水灌溉培训班到县参观，并作典型经验推介。水利安全生产和实施最严格水资源管理制度考核，连续两年排名全市第一。小型水利工程运行管护“长沙县模式”在全省推广，争取上级维修养护资金137万元。作为全国试点县典型，农业水价综合改革完成面积2666.67公顷。在全省率先开展农田水利设施不动产登记试点，金井镇、路口镇600本农田水利设施不动产权证发放完成。推进水务信息化建设，安装河道监控站点20处，建设5座泵站监控站。

水务建设。完成双江垸堤防加固、回龙垸和水塘垸水系疏通等项目建设，敢胜垸片区建设推进，榔梨城市防洪暨水环境治理项目三期工程抓紧实施；水塘垸堤防达标工程一期3.19千米开工建设，三合垸堤防达标、回龙垸大堤防渗工程完成设计，红旗垸、果园垸、松雅湖泵站等排涝工程建设按预定计划推进。草塘勘河、三叉河、浏阳河江背段、乔里河、金井河高桥段、青山段等中小河流治理，胭脂港河治理正在施工，白沙河雷家桥段、高仓段河道治理动工建设，全县生态河道格局基本形成。白石洞水库大坝主体完成投资8000万元，工程形象进度72%。实施“民办公助”小农水工程，推行高效节水，提升农村自来水普及率，实施饮水扶贫工程。山塘清淤148.67公顷，山塘整修加固1128处，更新改造小型灌溉泵站46处、沟渠疏浚110千米，新增管道灌溉面积900公顷，实施完成0.92万贫困人口饮水问题，供水规模5万吨/日的金井水厂建成，实现农村供水管网与市六水厂、榔梨水厂对接通水，黄兴大道供水主管从路口延伸到浔龙河，全县农村自来水通村率95%。水费自助缴费、智能供水平台投入使用，农村水厂信息化水平不断提高。

生态治水。实施最严格水资源管理制度考核，连续两年排名全市第一。全县用水总量5.48亿立方米，严格控制在5.93亿立方米红线以内；划定并明确全县河流、湖泊、水库的管理范围，开展河道专项巡查28次，查获涉河采砂案8起。水质监测站和水检测设备全面提质，水质监测实现全覆盖。严格水功能区和19处入河排污口监督管理；推进以“最多跑一次”为重点的“放管服”改革，审批水土保持方案41件，检查在建生产建设项目52个，征收水土保持补偿费近200万元。完成环保督查交办任务 7 件。

防汛抗旱。印发《关于扎实做好 2018 年汛前准备工作的通知》，对全县 18 个镇街水利设施进行督查，责令整改。科学应对 2 轮较大降雨和 3 次台风过程。6—8 月，组织应急找水调水、实施人工增雨等缓解旱情。

落实“河长制”“湖长制”。两河流域综合治理和小微水体管护为重点，细化治水管水护水举措，从污水厂提标扩建、排水管网完善、雨污分流改造、截污纳污管网治理、集中居住区污水治理等方面推进落实。城乡污水处理能力由年初 42.63 万吨 / 天增至 76.53 万吨 / 天，率先建成全市第一座处理能力为地表水准Ⅳ类的乡镇污水厂（江背工业园污水处理厂）。新增投资约 8.1 亿元，启动截污治理项目 191（原定 42 项）项，实际投资 18.32 亿元。强化网格化执法监管，发挥综合执法优势，形成“水、陆、空”立体全方位网格化监管体系，开展无人机巡查，立案查处“两河”流域违法案件 175 起，移送公安案件 8 起，到位罚没款 495.4 万元，取缔散乱污企业 177 家，清理“三无”渔船 167 条。河道确权划界率先完成，完成全县包括浏阳河、捞刀河在内的六条主要河流的河道管理范围划定工作。以“两河七口”为重点，浏阳河流域各主要支流排口全面截污完成。将小微水体管护与“民办公助”“小农水”等小型水利工程建设管理相结合，开展小微水体分类整治；将样板河建设与美丽乡村建设、全域旅游相结合，申报 21 条样板河流（河段）。

移民开发。坚持落实大中型水库移民后期扶持政策，突出移民项目管理、移民精准扶贫、移民避险解困搬迁等工作重点，推进库区和移民安置区经济发展、民生改善。兑现拨付移民后扶项目资金 712.89 万元，其中 600 元以内项目资金 161.79 万元，实施项目 19 个；库区基金 101 万元，实施项目 17 个；后扶结余资金 318.10 万元，实施项目 33 个；市级移民扶助金 66 万元，实施项目 9 个；县级移民扶助金 66 万元，实施项目 10 个。拨付产业扶持资金 146 万元，重点扶持金井茶叶基地和惠农蔬菜基地以及江背镇五福村油茶基地建设等，完成茶叶提质改造 34 公顷，蔬菜基地提质改造约 21.33 公顷。提高移民就业创业能力，让移民真正掌握 1 ~ 2 门实用技术，培训移民 267 人，其中实用技术培训 150 人，就业技能培训 94 人（包括中长期培训 5 人 2 万元，以补代训移民 70 人，发放技能培训补助 5.6 万元）。年初“两节”期间慰问特困移民 131 人，送去慰问金 10.78 万元。资助贫困移民大学生 23 人，发放助学金 5.22 万元；资助计生家庭高中生 22 人，发放助学金 2.2 万元。

【长沙县水渡河河坝改造工程获评中国水利工程优质（大禹）奖】 2018 年 12 月 27 日，长沙县水渡河河坝改造工程被评为 2017—2018 年度中国水利工程优质（大禹）奖。该工程位于湖南省湘江一级支流——捞刀河下游，距湘江入口 14.9 千米。工程批复总投资 13420.05 万元，竣工决算总投资 13283 万元，主要包括泄洪闸、冲沙闸、溢流堰、排水箱涵、交通桥、配电用房等建设，是全县已竣工的投资规模最大的单项水利工程。设计洪水标准 100 年一遇，最大过闸流量 4326.7 立方米 / 秒，为大（2）型水闸工程。2014 年 10 月开建，2016 年 9 月下闸蓄水并完工验收，2018 年 4 月竣工验收。该工程是长沙县综合利用水资源、防治水污染、改善水环境的大型水利枢纽工程，项目集城市防洪、环境治理兼顾城市供水、农业灌溉、城市交通等综合功能，有效改善星沙供水环境，惠及长沙县 50 万居民。（李　栋）

2018 年，长沙县水渡河河坝改造工程　（徐永常　摄）

责任编辑　张　娜

科技工作

【概况】 2018年，争取科技项目93个，资金5528.16万元。其中市级科技项目76个，资金2218.16万元；省级科技计划立项17个，资金3310万元；省科学技术奖励1个，资金5万元。全社会研究与发展（R&D）活动经费72.3亿元，支持“高端氢化丁睛橡胶制品的研究及产业化”“新型节能低碳环保细胞磨设备的研制”等82个项目资金1260万元；支持湖南长沙县福翔食用菌有限公司等86个科技特派员项目资金454万元。2018年下达专利专项经费771.32万元，专利申请6258件，专利授权3571件。支持湖南都市田园牧业科技发展有限公司、长沙金龙铸造实业有限公司两家企业以专利质押融资1010万元。

全县转化科技成果900余项，突破高纯钽溅射靶材关键技术、磁悬浮列车用高强铝钪合金制备技术、高效柔性茶叶加工装备关键技术、智能喷射机械手及隧道机械化施工技术、基于物联网技术的城市智慧井盖系统核心技、新能源智能环卫车辆关键技术等55项关键技术；多功能全液压履带式桩机、安全可控固态存储控制器芯片、高端氢化丁睛橡胶制品、H1021系列微型汽车车身等27项产品获得重大突破。全县实施项目新增产值8.8亿元，新增销售收入7.1亿元，安排就业6000余人。300余家企业与国内80多家高等院校、科研院所建立合作关系，技术贸易合同交易额23亿元。2018年认定“长沙市科技创新小巨人企业”49家、高新企业105家，高新技术增加值1850亿元。长沙经济技术开发区投资控股有限公司运营的长沙集成电路设计产业化基地获评“2018年度湖南省众创空间”。新增湖南耐普泵业股份有限公司创建的湖南特种泵工程技术研究中心、湖南星索尔航空科技有限公司创建的农用航空先进技术工程技术研究中心等2家省级工程技术研究中心，长沙市清洁能源选冶装备工程技术中心1家，市级多彩茶花特色产业科技示范基地、食用菌优质高产种植技术集成特色产业科技示范基地等2家。举办科技活动周、知识产权宣传周、送科技下乡等活动，免费赠送群众各类科普资料和农作物种子3万份，接受各类咨询5000人次，参与群众6万余人次。举办适用技术讲座和培训班、组团式服务等，开展科技活动320次，培训农技服务人员1.56万人，推广新技术210项，引进新品种297个。5月25日，以“科技创新 强国富民”为主题的长沙县2018年度科技活动周、知识产权宣传周暨送科技下乡在开慧镇田茂农庄启动。

【知识产权管理】 2018年，组织实施知识产权试点示范单位培育工程、专利导航工程、专利实施资助、知识产权质押融资补助、知识产权维权保护、知识产权管理规范资助等，拨付专利专项经费771.32万元。全年专利申请6258件，专利授权3571件，其中发明专利申请2125件，发明专利授权479件。推动专利产业化，支持湖南都市田园牧业科技发展有限公司、长沙金龙铸造实业有限公司以专利获得质押融资1010万元。打击侵犯知识产权和制售假冒伪劣商品，重点加强生产源头知识产权保护、市场监督管理、保护和执法宣传等，维护县内专利权人与经营者合法权益。（王飞跃）

【科普工作】 2018年，举办以“创新·体验·成长”为主题全县青少年科技创新大赛，参赛作品1435件。开展“全国科普日”系列活动，在各镇（街）开展科普讲座，联合省、市机器人学会和县一中举办机器人创客教育展示体验活动等。在各镇（街）开展科普宣传活动，参与者2000余人，发放科普资料5000余份。联合承办“2018年长沙县科技活动周暨送科技下乡活动”，在土岭社区开展学雷锋送科普进社区活动，携手县气象局赴金井镇开展宣传活动。组织开展科技论文评选，表彰奖励65篇优秀论文者。推介第二批科技项目——青山铺镇圣恒农业科技有限公司的《农牧废弃物循环利用与示范》，以及路口镇湖南省星城明月生态农业科技发展有限公司的院士专家工作站项目。支持星沙产业基地和相关企业申报市院士专家工作站，两家获市政府认定。定期更新科普画廊、镇（街）科普宣传栏、县政务中心科普展板宣传内容，在县政务中心大门设立“科普中国”系列宣传展板，开展气象灾害预防、反邪教等科普宣传6次。联合县旅游局开通首条县域科普旅游线路，编印发放“文明创建+科普”“生态文明+科普”等科普宣传册。指导4个“科普中国·社区e站”开展活动，申报7个新的科普e屏。推荐㮾梨街道土岭社区进行“科普中国·百城千校万村行动典型案例”申报；落实“科普惠农行动计划”，绩效追踪2017年项目，审核2018年计划项目，奖补全县20个项目奖金48万元。在《星沙时报》刊发《致全县科技工作者的慰问信》，开辟《科技工作者风采》专栏。摸底调查县域内科技工作者，推选16名科普服务领域优秀个人。开展科普信息员交流培训活动，指导老科协及部分镇（街）科协开展“互联网+”等创业培训。组织科技工作者，在星沙街道、高桥镇、果园镇等地开展消防安全、食品安全、蔬菜种植及近视眼预防等专题知识讲座，听众1000余人次。调研长沙县食用菌产业、农村小学校园科普情况及基层科协组织建设情况，撰写调研报告2篇。先后就基层科普、脱贫攻坚、产业发展、科技工作者服务等方面开展6次以上调研走访，解决重点难点问题30余个。赴青山铺社区走访探望困难群众，开展产业帮扶与技术指导，送去优质菜苗6000余株、鱼苗100余千克。

（高资芳）

【气象服务】 2018年，长沙县防灾减灾气象服务不断加强，风云四号气象卫星湖南接收站建成投入运行，“中国百年气象站——黄花站”授牌。坚持防灾减灾气象服务工作第一，坚持气象灾害大管控、气象预警全覆盖的工作理念，抓好防汛抗旱。2月、12月低温雨雪冰冻天气过程，多渠道发布气象预警信息。汛期成功应对四轮强降雨过程，做好增雨抗旱。组织人工影响天气安全培训等，北山镇、金井镇、福临镇和安沙镇四个炮点从6月22日起24小时驻点作业，6月23日—9月18日发射火箭弹388枚，全县平均降水量313毫米。开发新微信公众号，开通网上办事功能，审批服务“最多跑一次”，普通服务不用跑。气象预警短信用户1.96万余人。

融入智慧城市建设，开展城市气象灾害风险预警。加强与《掌上星沙》、“村村响”、长沙县电视台合作，巩固电视、广播、纸媒等传统媒体。开拓新媒体服务新格局，长沙县气象局微信平台上线，实现24小时逐小时预报、15天预报和气象资料实时查看等功能。探索“融媒体”气象服务方式，扩大气象服务覆盖面，提升气象服务质量和效益，通过地方媒体、短信和微信平台、培训会议全面推广“湖南智慧气象为农服务”APP和“长沙微农直通”在新型农业经营主体中的应用。深化气象依法行政，强化“互联网+政务服务”，编制依申请类政务服务事项实施清单；推进“放管服”改革，推行政务服务“最多跑一次”。制订《长沙县企业落实防雷安全生产主体责任书》《长沙县企业防雷安全生产主体责任八条》等。拟定《长沙县企业防雷安全生产管理制度范本》，为监管企业开展“保姆式服务”。防雷安全生产检查企事业单位108个，监管企业140家，对33家企业下达防雷隐患整改意见书；对危化企业联合执法4次。组织召开监管企业安全负责人防雷安全培训会议，到会企业90余家，到会100余人，与140家企业签订防雷安全承诺书、责任书。利用“3·23”气象日、“5·12”防灾减灾日、6月安全生产月开展气象安全生产宣传活动，深入校园开展“小手牵大手、气象安全校园行”安全教育。

（毛　宇）

教　育

【概况】 2018年，长沙县有各级各类学校469所，学生183577人，教职工8883人。其中中职学校9所，在校学生9706人，教职工602人；普通高中9所，在校学生14587人，在职教职工1018人；普通初中37所，在校学生30253人，教职工1982人；小学143所，在校学生84366人，教职工2407人；幼儿园270所，在园幼儿44467人，在职教职工2840人；特殊教育学校1所，在校学生198人，教职工34人。

全年财政实际投资41490万元，新建中小学校6所、建成5所，改扩建学校7所，新建和改造公办幼儿园4所。全年竣工校舍34栋，面积157789平方米；在建校舍16栋，面积85054平方米，提质改造学校11所，新建和提质塑胶环跑运动场6个。签订24家小区配套幼儿园移交协议，实物移交9所。在全县公办中小学校、幼儿园安装直饮水设备，制定《长沙县学校饮用水管理办法》，为13万学生和幼儿提供安全、合格饮用水。义务教育标准化学校评估结果中，全县学校有14所优秀、19所良好、9所合格。广福中学等3所学校成功创建县级“两型”学校，松雅湖小学等3所学校成功创建省级“两型”认证小学，五美中学、北师大附属学校浔龙河校区成功创建县级低碳项目学校。长沙县获评教育部“全国五好小公民主题教育活动先进集体”，全国啦啦操实验区县。六艺天骄幼儿园获评“湖南省环保教育基地”，长师附二幼和六艺天骄幼儿园被定为第一批湖南省保育教育规范园。

106所中小学参与“成长体验式教育”德育项目，被《中国教育报》推介。高考一本上线率20.43%，二本上线率44.42%，高二学考、中考、体育中考一次性合格率各为92.77%、94.59%、95.07%。9月1日，长沙县人民政府、湖南师大附中合作共建的湖南师大附中星沙实验学校小学部开学。新成立天华小学教育集团，原东业晨曦小学更名为天华小学。推进松雅湖中学等5所中小学校与北师大资源平台学校签订《“中国好老师”公益行动计划手拉手学校合作办学协议》。

出台《长沙县教育局领导安全生产工作责任清单》，《长沙县校园安保工作办法》，新增保安24名。长沙县蓓蕾小学、江背镇特立小学、春华镇春华中学创建市级“安全文明校园”。开展“做党和人民满意的好老师”系列活动，表彰第三届“感动星沙十大魅力教师”10名，师德标兵10名，优秀乡村校长10名，最美乡村教师20名，优秀教师90名，优秀教育工作者10名。组建市级名师工作室1个，工作站3个。补助3220名农村学校教师2488.4万元。投入8375万元，解决全县1496名校聘教师工资待遇和“五险一金”。新聘教师572名，其中县属高中（职专）43名、选调教师95名，义务教育阶段415名、农村幼儿教师19名。9月14日长沙县教师进修学校成立，负责全县教师的各级各类培训及学分管理等。

开展教育扶贫。是年，全县确定建档立卡学生人数2436人，发放各类资助资金1.49亿元。其中，4124人次建档立卡等家庭经济困难学生落实“补天窗”政策，补助资金250.23万元；投入义务教育学校一费制全免及贫困寄宿生补助经费12826.12万元；发放普高学生国家助学金308.4万元，拨付免学杂费78.26万元，拨付免教材教辅费36.16万元；发放中职学生国家助学金144.7万元，拨付中职学生免学费经费928.44万元；发放家庭经济困难学前幼儿资助金339.4万元，发放136名贫困大学生高校学生生源地信用助学贷款119.9万元。接受社会各界爱心助学款1612.08万元，扶助贫困学生16057人次。对口帮扶内蒙古科右中旗，选拔4位骨干教师到该旗任教，同时接受科右中旗4位老师到县学习。中央电视台财经频道《经济半小时》栏目专题报道长沙县教育扶贫工作。选派4名骨干教师到西藏贡嘎县支教，选派22名教师到湖南洞口县支教。（郑立键　赵晓慧）

【学前教育】 2018年，全县审批注册各级各类幼儿园282所，普惠性民办幼儿园185所。其中公办幼儿园44所，民办幼儿园238所。全县持证幼师2710人，保育员1567人，学前教育大专及以上学历（不含在读）占幼师总数80%。在园幼儿48823人，三年毛入园率98.8%，新增普惠性民办幼儿园27所，全县普惠性民办幼儿园185所，普惠率76.2%。获评长沙市首届幼儿园教育能手比赛和第六届保育老师技能比赛最佳组织奖。长沙县六艺天骄幼儿园、长师附二幼获评省教育厅首批保育教育示范园。黄兴镇干杉中心幼儿园《田间野战》入围教育部优秀游戏案例。新设长沙县学前教育教研工作坊，分5个片区开展教育教研、日常管理和教职工培训。（潘　科）

【普通中小学教育】 2018年，长沙县有普通高中8所，普通初中28所，小学136所。获评长沙市中小学建制班合唱比赛优秀组织奖，长沙县9所学校申报长沙市“书香校园”，获评市教育局“书香校园”创建工作一类单位。举办第二届小学生足球联赛，承办长沙市第七届“戏曲进校园”“大手小手齐动手，垃圾分类记心头”垃圾分类主题活动，湖南卫视、《长沙晚报》、星辰在线等多家媒体进行报道。出台《长沙县城区义务教育阶段2018年秋季新生入学办法》，发放宣传资料1万份。整体新建中南二小等5所学校并于秋季投入使用，2018年秋季城区中小学新增19200个学位。远大城、三一星沙产业园、锦绣江南园林、龙头井农业园、飘峰学校、博野有机农耕文创科普园成为长沙市第二批中小学生研学旅行创建基地。杨开慧故居和纪念馆、田汉故居入选湖南省中小学生研学实践教育基地。全年接受各级各类课题中期评估35个，完成1项省教育规划课题的申报、立项及开题论证工作，填补全县义务教育学段学校省规划课题的空白。完成12项市级规划课题及5项省教育科研学会规划课题的申报立项及开题论证工作。在研国家级课题子课题5个、省级规划课题3个、市级规划课题3个；各类学会课题25个。泉星小学课题《“文武兼修”培养儒雅健康小学生的实践研究》获评市教科院和市教育局一等奖，该课题立项为省级规划课题。

（黄秀英　黄伊利）

【特殊教育】 长沙县有特殊教育学校（以下简称县特校）1所，6～14岁三类适龄残疾儿童384人，三类残疾儿童入学率100%。启动长沙县特校提质改造，推进随班就读、医教结合、送教上门工作，保障残疾孩子公平接受教育。5月20日是第28次全国助残日，县特校围绕此次助残日主题“全面建成小康社会，残疾人一个也不能少”开展系列庆祝活动。5月15日，县特校与长沙县妇幼保健院一起在电力走廊公共绿地公园开展“关爱孤残儿童，让爱洒满人间”户外活动。5月17日，县特校与大同星沙小学1703班开展“手牵手，爱相守”主题活动，1703班学生为特校学生朗诵《祖国妈妈，我爱你》，并表演街舞等。5月18日，县特校对34位建档立卡残疾学生家庭进行慰问。（黄秀英）

【职业教育】 2018年，长沙县有公民办中等职业学校11所。组织师生参加国家、省、市各级技能竞赛、信息化教学大赛和文明风采大赛，获103个奖项，蒋婕代表湖南省首次参加世界技能大赛花艺项目中国选拔赛，进入十强，入选国家集训队，实现湖南省花艺项目历史性突破。赵兵获评“第十四届全国技术能手”，蒋晓霞、吴菲教学团队参加全国职业院校信息化教学设计、全国教师职业能力大赛分获一、二等奖。长沙县职业中专学校老师张芳代表学校在全省中等职业学校德育工作座谈会上作典型发言《走“心”德育，让心飞扬》。汤名旺在2018MMC全球技能大赛涂装补漆返修项目中获评冠军。是年，长沙县职业中专学校与望新集团合作建设的校内产教融合基地长沙龙井建筑检测公司运营。与中铁国旅洽商，建设校内企业型生产实训工场。中央人民广播电台湖南站、中新社湖南分社等近20家中央省级媒体探访长沙县职业教育发展模式，职业教育品牌影响力扩大。

【社区教育】 2018年，长沙县社区教育实现区域全覆盖。星沙街道社区学校等十家单位先后被评为市级示范性社区学校，榔梨街道社区学校被评为“第二批城乡社区教育特色学校”，碧桂园等8家社区学习中心被评为“市级示范性社区学习中心”。长沙县青山铺镇天华少奇讲堂获评全国、省、市终身学习品牌，路口镇曹宇获评全国“百姓学习之星”称号，并在省全民学习活动周开幕式上进行表彰。

（王铁武）

【民办教育】 2018年，长沙县有民办教育机构417个，含义务教育阶段及以上的民办学校10所，民办幼儿园217所，民办培训学校136所，其中新设立民办学校63所（义务教育阶段的民办学校2所，民办幼儿园28所，民办培训学校33所）。民办学校在职教职工6800余人，民办学校教师党员人数395人，成立党支部12个。学生（含幼儿及培训人数）70000余名。

是年，全县摸底无证办学机构252家，关停机构218家，获证办证34家。排查违规办学问题30个，查处5名参与校外机构违规补课在校教师。（龙克立　陈小飞）

【家庭教育】 2018年，长沙县教育系统有家长学校192所，其中市级示范家长学校14所，县级示范家长学校91所。在校家长学员89986人，全年举办家长学员培训215场，亲子活动496次，参加活动家长学员15.8万次。16个省级“十三五”家庭教育科研课题通过终评。举办全国“五好小公民”主题教育活动，组织全县中小学生开展读书征文、演讲朗诵比赛活动。县教育关工委获评教育部先进集体奖，县实验中学被教育部授予“主题活动示范学校”称号，北山镇中心小学汤启轩被教育部授予“读书之星”称号，黄花镇龙家滩小学林紫涵、果园镇中心小学黄颖靓、北山镇中心小学汤启轩、春华镇中心小学陈乐儿、北山镇合心小学何宇航、北山镇高兴小学甘芸芊、北山镇蒿塘中学周懿桐、果园镇果园中学黄雨婷、北山镇石常中学周晓媛、长沙县第一中学朱佐坤、长沙县第七中学吴芊宇11人征文获评教育部特等奖。评比表彰200名“新三好学生”和“最美孝心少年。”

（涂启伦　郑立键）

责任编辑　张　娜

文化建设与管理

【概况】 2018年，长沙县践行“五悦星沙 文化惠民”品牌发展理念，推进公共文化服务体系建设15处，市级示范性村级综合文化服务中心20处，推进各镇街文化馆、图书馆总分馆制建设。城乡13家图书分馆、280家农家书屋，构建服务基层“十分钟读书圈”。江背镇文化服务中心书屋获湖南省“示范性农家书屋”称号，长沙县果园镇田汉社区田磊农家书屋、北山镇综合文化站农家书屋获评“市级示范性农家书屋”称号。打造“田汉大舞台”群众文化品牌，开展“为国而歌 逐梦前行”群众文艺晚会等纪念田汉诞辰120周年系列活动，举办首届“田汉戏剧周”系列活动，群众文化活动262场，送戏下乡90场，放映公益电影3428场。在星沙田汉实验剧场演出湘剧《田老大》、独幕音乐剧《老店新开》等，塑造“雅韵星沙”品牌。围绕纪念田汉诞辰120周年、改革开放40周年、省第六届艺术节创排一系列文艺精品，原创作品《锣鼓亭》《妹妹生的乖》和《每当我唱起国歌》在第六届湖南省艺术节上获金牌2块、银牌1块。举办全民阅读活动366场，搭建“悦生活·星沙文化云”平台，通过云视讯系统同时在18个镇(街道)开展教学，推动“悦艺益课堂”全民艺术普及，文艺爱好者培训人数同比新增9000余人。成立村(社区)辅导站，培养文艺团队74支，文化志愿者6000余人，文化志愿服务获“湖南省文化志愿服务优秀团队”称号。县图书馆先后获评“国家一级图书馆”“第七届全国服务农民、服务基层文化建设先进集体”、国家“文化志愿服务典型”、国家“全民阅读先进单位”。黄兴故居纪念馆年接待游客45万人次，接待大型团队140余次(含港澳台团队)。4月创建“省级海峡两岸交流基地”，10月25日举行黄兴诞辰144周年暨省级“海峡两岸交流基地”揭牌活动。徐特立故居纪念馆接待到馆参观及开展党性教育活动22万人次；接待行走中国、海外华文媒体田汉故里行参观、采访、宣传推介和2018年乐游星沙文旅体验采风行活动；在五美中学、江背中学、黄龙小学、县图书馆等单位开展徐老革命故事进校园、进单位宣讲志愿服务活动4场次，受听学生1000余人。2018年3月完成田汉文化园基础设施建设，开展“纪念田汉诞辰120周年座谈会”“田汉故里好家风书画展”“清明缅怀田汉诗歌朗诵会”“田汉大舞台”“庆祝国庆和国歌法实施一周年”等大型文化活动10余次，接待单位和社会组织参观考察200多批次，年接待游客30万人次。

县文物管理局配合高压线路建设和现代农庄项目实地踏勘9次，发掘清理遗址墓葬5次。发掘清理缪伯英故居三进遗址；重新开放许光达故居；更新柳直荀故居陈列布展；维护保养棠坡清代民居并增加讲解员1名；报送国家文物局革命文物40处；申报第十批省级文物保护单位1处，第八批国家重点文物保护单位2处；完善省保单位“四有”档案；开展“悦耀星沙”系列活动；维修整改北山镇常家祠堂、安沙镇棠坡清代民居、椑梨街道新街古井等项目；申报杨开慧故居、缪伯英故居为第八批国保单位，影珠山抗战遗址群为第十批省保单位；全县所有不可移动文物点树立标识牌，在全国率先开展不可移动文物安全风险评估，建立安全风险因素采集数据库。

新闻出版

【概况】 2018全年组织文化市场培训8批次，参训人员2000余人。整改违规经营现象及安全隐患600余例，停业整顿网吧、娱乐场、游泳场所50余家次，依法收缴违规印刷品1000余册。长沙县图书馆、长沙县文化馆、长沙县文物管理局等15家文化事业单位及县域内3家优秀文化企业单位被评为第二批文化消费试点单位。撰写长沙县试点成果研究报告和企业案例，汇编完成文化消费成果篇、政策篇、媒体宣传展示篇。制定《2018年长沙县文化消费试点项目申报指南》，开展2018年长沙县文化消费试点项目申报活动，芒果影城、长沙县唯歌KTV等18家单位获评长沙县文化消费示范单位，长沙县名联影城有限公司获评长沙县红色教育示范基地。2018年，长沙县发证数字影院16家，总营业面积40361.25平方米，影厅104个，座位数14031个，数字影院总量同比增加3家，经营面积同比增加20%。

【综合治理】 联合长沙县行政执法局抽查县域内60家出版物零售经营场所。开展出版物零售经营场所年检工作。采取集中时间定点收取审查年度核验材料，2018年有出版物（书刊音像）零售场所182家通过核验。3月完成68家印刷企业年检换证工作，与企业签订"责任状"，要求各印刷企业做到建立健全承印验证制度、承印登记制度印刷品保管制度、印刷品交付制度印刷活动残次品销毁制度等"五项制度"。2018年，开展"扫黄打非"进校园活动18次，赠送大中小学各类宣传资料5万余份。检查各类文化市场经营单位420家，查办"扫黄打非"案件14起。

文化遗产保护

【概况】 长沙县文物古迹较多，有不可移动文物点254处，全县有全国重点文物保护单位2处，省级文物保护单位11处，市级文物保护单位27处，县级文物保护单位16处。有剪纸、皮影、湘绣、纸扎、竹编、婚丧、石刻等非物质文化遗产。全县有"长沙陶公庙会""长沙绿茶制作技艺""长沙县山歌"3个省级非遗项目；有"长沙快板""长沙县双江滚灯车""长沙县双江锣鼓亭子""腊八豆制作技艺""北山布龙""春华皮影""青山竹编"7个市级非遗项目；"龙舟赛""龙舟制作技艺""麻林桥豆腐制作技艺""江背镇糯米黄酒制作技艺""小花片制作技艺"等10个县级非遗项目，市级传承人8位，县级传承人8位，建立3个非遗传习所。全县有8人入选市级非物质文化遗产项目代表性传承人，另有13人入选县级非物质文化遗产项目代表性传承人。

【"纪念田汉诞辰120周年"系列活动】 2018年3月28日，纪念田汉诞辰120周年座谈会在田汉文化园举行，开展"为国而歌 逐梦前行"长沙县纪念田汉群众文艺晚会，引进中国京剧院经典京剧《谢瑶环》《白蛇传》进行专场演出。举办全国戏曲武林大会"2018田汉戏剧周"6场惠民演出。通过"文体星沙"微信公众号，开辟预约抢票通道，每场免费赠票500张。

【文化志愿者服务活动暨文化集市、送戏下乡启动式】 2018年"我们的中国梦 湖湘文化进万家"幸福长沙县·红红火火过大年——长沙县文化志愿者服务活动暨文化集市、送戏下乡启动式在福临镇文化广场举行。现场赠送少儿、文学等各类书籍2600册，篮球、足球、羽毛球等各类体育器材和全民健身指导手册2000余份，春联、灯笼、中国结、窗花等新年饰品2000余件。

【"悦艺益课堂"公益培训】 下派群文辅导专干、文化志愿者为全县18个镇街文艺骨干、群众文艺团队送去舞蹈、器乐、合唱、山歌等文艺辅导培训80余次；全年举办两期"悦艺益课堂"成人免费培训，每期19个班；8—11月，举办"悦生活 文化云"公益培训，

2018年，长沙县文化志愿服务活动暨文化集市、送戏下乡启动式在福临镇文化广场举行　（福临镇 提供）

县文化馆作为主会场，每周定期开设舞蹈、声乐、二胡培训班，将培训通过网络送到18个镇街综合文化服务中心；举办公益讲座3次，包括非遗保护、广场舞创作、合唱艺术；开展文化志愿者队伍日常训练，培训辅导2.5万余人次。

【文化馆图书馆总分馆制建设启动仪式】 5月24日，在长沙县田汉实验剧场举行2018年湖南省公共文化服务“进村入户”惠民工程设备配送暨长沙县推进文化馆图书馆总分馆制建设启动仪式。县文广局将首批公共文化一体机和互动播出终端统一配送至县文化馆、图书馆、乡镇文化站、村（社区）综合文化服务中心等140个服务点，通过“进村入户”新媒体平台“入站、入户”模式，将优质文化服务覆盖到基层农村。

【许光达故居重新对外开放及党性和公仆意识教育基地授牌仪式】 11月19日是许光达将军诞辰110周年纪念日，在许光达故居举行“不忘初心·弘扬光达让衔精神”活动，期间还举行“许光达故居”重新开放暨“党性和公仆意识教育基地”授牌仪式。开展许光达生平事迹巡展、播放《许光达大将》纪录片及微党课现场教学和“许光达精神”专题讲座等系列活动。

（文　婷）

文艺创作

【概况】 2018年，长沙县文联（以下简称县文联）创作出系列具有鲜明时代感、“湖湘风”和“长沙味”的优秀作品，开展一系列文艺创作活动。开展“扎根生活沃土，服务基层群众，做新时代‘红色文艺轻骑兵’”文化进万家文艺惠民迎春送福活动，深入各镇、村（社区）、敬老院和群众家中开展文艺演出、送春联等活动14场次。3月31日，《画走湘域》美术创作工程——美丽开慧启动式暨书画笔会在位于长沙县开慧镇的田茂现代农庄开幕，活动包括“书画笔会”“写生采风”“飞筝联谊”等。10月19日，联合长沙县碧湖诗社在长沙县江背镇特立村举行“廉洁文化诗词进社区”启动式，碧湖诗社顾问、嘉宾及特立村300多人参加；10月21日，县文联与杨开慧纪念馆邀请湖南省儿童文学作家学会知名作家前往板仓采风座谈，开展杨开慧革命事迹儿童文学作品创作活动；10月31日—11月30日，举办“清风星沙”廉洁文化书法、美术、摄影作品展览活动，展出书法美术摄影作品82件。11月8日，县文联和长沙县摄影家协会在县文联展厅举办“见证”纪念改革开放40周年长沙县新老照片摄影展览开幕式和颁奖仪式，展出120幅作品。11月9—12日，长沙县和书法报社在开慧镇田茂农庄共同举办“开慧故里好家风”书法报·书法海选现场决赛活动。全国各地的159名书法家现场决赛，共同书写开慧故里长沙县好家风。12月27日，在长沙县田汉实验剧场举办“唱响星沙”长沙县纪念改革开放四十周年原创歌曲音乐作品演唱会并获成功。

【文艺惠民迎春送福活动】 2018年春节前夕，县文联组织各文艺家协会和全县文艺志愿者开展一系列送文化下基层等文艺惠民活动。从2018年1月18日至2月12日，组织长沙县戏剧曲艺家协会、长沙县文艺志愿者协会、长沙县音乐舞蹈家协会、长沙县书法家协会、长沙县作家协会、长沙县美术家协会、长沙县诗词楹联协会、长沙摄影家协会、长沙县收藏协会等到金井镇、开慧镇、安沙镇、果园镇、福临镇等地社区、敬老院及村民家中开展文艺演出，送春联等活动14场次，送出春联、福字9600余幅，文艺演出4场次。

（沈建波）

报　刊

【概况】 2018年，《星沙时报》在项目建设、精准扶贫、中共十九大、蓝天碧水净土保卫战、一圈两场三道、“最多跑一次”“二次创业”、乡村振兴等方面加强宣传报道，组建评论员队伍，通过“星沙之声”“星沙快评”“松雅杂谈”等栏目及时发声；组织策划“壮阔东方潮 奋进新时代”“身经百赞·分享高光时刻”等系列报道，讲述不忘初心、向美好生活出发的“长沙县故事”。年内，2017年刊发的8件作品在湖南新闻奖新闻美术、版面评选中获奖，2件作品获湖南省副刊新闻奖，17件作品获湖南新闻奖市州好新闻奖，4件作品获长沙新闻奖。启动融媒体改革，组建长沙县融媒体中心。掌上星沙客户端下载量20万+；官方微信粉丝量30万+，微信矩阵粉丝总数70万+；星沙新闻网推稿及转发量稳居红网123个县市区分站之首；电子屏每天更新20屏以上。开发“星沙答题”小程序创新宣传中共十九大会议精神，参与者200余万人；推出系列H5作品，点击10万+作品2条，其中“2018，我在长沙县等你”阅读量超50万次；打造《四时知味》精品视频栏目。完成第八届消费节等20余场活动宣传，与星沙产业基地合作开展“链”上星

沙 领航未来——区块链院士高峰论坛暨星沙区块链产业园项目签约仪式，合作金额268万元；成立全市首个镇街融媒体工作室——《长沙晚报》·《星沙时报》融媒体长龙工作室。

【“星沙答题”微信小程序上线】 4月初，由长沙县委宣传部指导、星沙时报社研发的“星沙答题”微信小程序上线。该程序设置各类答题游戏，“十九大知识竞答”，根据中共十九大报告知识要点及时政知识等设置录入近1000道题目，融知识性、趣味性、挑战性于一体。小程序推出后，全县广大干部群众纷纷参与答题，参与范围拓展至全市、全省，呈裂变式扩散传播，累计参与者超过200万人次。随后，星沙答题2.0版本上线，更新题库并增加团队PK排名。

【长沙晚报·星沙时报融媒体长龙工作室成立】 6月29日，新时代·新平台——《长沙晚报》·《星沙时报》融媒体长龙工作室授牌暨长龙街道党建十大工程启动仪式在长龙街道举行。长沙晚报报业集团与长龙街道签署合作协议，正式成立全市首个镇街融媒体工作室，探索“党建＋党媒”的城市基层党建服务新模式，并依托“星沙答题”小程序，启动“十九大知识竞答万人线上同台PK赛”，将理论学习与游戏相融合，让习近平新时代中国特色社会主义思想和十九大精神在基层“天天见”“天天新”“天天深”。

广播电视

【概况】 2018年，电视频道栏目《星沙新闻》全年向中央、省市台供稿330余篇，推出生活服务类《生活大参考》、旅游娱乐类《环梦巡游记》、励志访谈类《光荣之路》节目，以及《新时代是奋斗者的时代》《新时代奋斗者说》《壮阔东方潮 奋进新时代》等主题报道。电台FM102.2覆盖以长沙县为中心周边直线距离100千米听众，官方微博粉丝36万人，长沙地区广播综合收听率车载收听和市场份额长期稳居前四。微信公众号全年推出专题40余个，图文资讯100余篇，点击量20余万次。“星视界”手机客户端推送视频及图文资讯6000余条，创建专题栏目50余个，原创栏目《星沙话题王》《奇妙食堂》《孩子那些事儿》广受好评。开通官方抖音号，收获粉丝4500余人，点赞数8.8余万。开通“长沙县车窗抛物举报平台”小程序，平台参与互动人数3000余人。2018年新增电视用户1665户、新增宽带用户2400余户，全年总经营含税收入2200万元。完成长沙县广电智慧云平台项目建设，在湘龙街道中南社区试点建设广电智慧社区。下半年对新闻综合、都市生活频道进行高标清同播系统升级改造项目，12月13日完成新旧设备无缝更新。

【媒体经营】 2018年，步天传媒公司承办长沙县首届乡村振新创新创业大赛暨“创客中国”长沙县赛区选拔赛、第三届“中国创翼”创业创新大赛长沙市长沙县选拔赛暨长沙县第一届“创赢未来”创业创新大赛、长沙县2018年燃气管道泄漏应急救援演练、“荷香花园，雅韵春华”2018年春华荷花旅游文化节启动式等活动。

（周小藤）

2018年6月29日，新时代·新平台——《长沙晚报》·《星沙时报》融媒体长龙工作室授牌暨长龙街道党建十大工程启动仪式举行　（章　帝　摄）

档案工作

【概况】 2018年，接待查档10173人次，来电查询业务2438起，调阅档案12000余卷。全年接收10个单位到期档案1181卷，100883件，接收资料101册、光盘（磁带）27件；开展改革开放40周年照片征集活动，征集有价值照片264张，销毁会计凭证25741册。全县78个县直单位和18个镇街均使用长沙县史志档案局馆室一体化系统，数字化处理馆藏档案1580余万页，档案数字化率90%，手机查档APP项目2018年6月上线使用。开展“6·9”国际档案日主题活动，组织全县18个镇街、60多个县直机关单位通过举办档案法规宣传咨询活动、印发宣传资料、LED屏宣传等方式在政务网站、长沙县史志档案网等平台开展档案法律法规宣传教育。

档案规范化管理。业务指导赛隆集团、县交通局等10余个单位；赠送群众家庭档案盒500个；指导、督促长沙县土地确权、扶贫及环保普查等档案工作。江背镇政府档案规范化管理工作定为省一级，乌川湖水库、杨开慧纪念馆、黄兴会展经济区管理委员会、国有资产管理中心档案规范化管理工作定为省二级。下发《关于开展档案工作督查的通知》文件，督查全县18个镇街、13个县直机关单位和136个所属二级机构档案工作。

【长沙县纪念改革开放四十周年图片展】 在长沙县史志档案局一楼展厅开设《光荣印记1978—2018——长沙县纪念改革开放40周年图片展》，11月29日正式对外开展。展厅面积260余平方米，图片200余幅，内容涵盖政治、经济、社会、文化、生态文明等各个领域，全方位、多层次展示长沙县改革开放40年以来的变化。

地方志工作

【概况】 2018年，开展《地方志工作条例》颁布实施12周年系列宣传活动，赴刘少奇天华调查纪念馆开展"5·18"地方志宣传，赠送各类史志书籍200余册。撰写《湖南省年鉴（2018）》《长沙年鉴（2018）》中长沙县部分概况及条目，共1.2万余字。开展《长沙年鉴》2017年度人物及事件推荐及评选活动，长沙县推选人物张灿辉获评2017年度人物，"长沙临空经济示范区获批设立"获评2017年度事件。5月公开出版《长沙县年鉴（2017）》，全书81万字，向全县各单位免费发放400余册；启动编纂《长沙县年鉴（2018）》，年内通过方志出版社审核。为《长沙市志（1988-2012）·人物篇》撰写杨锡纯、卜荣贞、何德全、赵则三、马辉之、朱之悌、汤杨、饶兴等21人传记并上报，总计1.6万字。是年，《长沙县年鉴（2016）》获评"湖南省县级综合年鉴一等奖"。

党史工作

【概况】 2018年，起草田汉专文《不忘初心学前贤 牢记使命续新篇——纪念田汉诞辰120周年》，以县委、县政府名义在3月12日《湖南日报》等媒体刊发。编辑《田汉故居》《许光达故居》《徐特立故居》《李维汉故居》《杨开慧纪念馆》5个红色遗址概览及相关人物故事，上报入选《湖湘红色基因文库》。撰写《县域经济的标杆——"长沙县现象"》《浔龙河生态艺术小镇的建设与崛起》《与星沙同步崛起的璀璨新星——长沙经济技术开发区》《革命老区的新风采——金井镇乡村产业振兴的积极探索》等文，全部入选《长沙改革开放实录》。其中，《浔龙河生态艺术小镇的建设与崛起》入选湖南省《改革开放实录》，特别是《县域经济的标杆——"长沙县现象"》一文入选中共中央党史研究室《改革开放实录》，是湖南省唯一入选区县（市）。撰写城市建设专文《崛起在三湘大地的新城——星沙城市建设路径回眸》《一轴彰显城市生态的优美画卷——星沙松雅湖漫谈》，并入选长沙市《回忆与思考》庆祝改革开放40周年专辑。组织编撰《绚烂霞光：杨开慧1927—1930》，通过中共党史和文献研究院审核并由湖南人民出版社公开出版，免费发放400余册。编印口袋书《信仰的力量——"不忘初心 照亮征程"党史故事微宣讲》，向盼盼小学、百熙实验学校等免费发放1000余册。（黄艺芝）

杨开慧纪念馆

【概况】 2018年，杨开慧纪念馆接待游客162万人次（其中刘少奇天华调查纪念馆12万人次），讲解4000余批次（其中刘少奇天华调查纪念馆680批次），接待团队及毛新宇将军等烈士亲属60余批次。接待"境外媒体长沙县采风""乐游星沙文旅体验采风行"等团队，组织开展党课教学300余场次。开展杨开慧革命事迹儿童文学作品创作采风活动，20名作家参观杨开慧烈士故居和杨开慧烈士生平业绩陈列馆，祭扫杨开慧烈士墓并聆听杨开慧烈士系列故事微党课。馆内干部职工先后在《人民日报》《湘潮》《中国纪检监察报》、新湖南、红网、长沙县文明网、掌上星沙等新闻媒体发表报道文章40余篇，刘少奇天华调查纪念馆论文《刘少奇与天华兴家立业"十个一"》被中共中央党史文献研究院录入刘少奇同志诞辰120周年论文集。在新媒体《新湖南》《微星沙》《时刻》等平台转发20余篇。

是年，提质改造杨开慧烈士雕像汉白玉护栏、陈列馆旅游厕所、后勤接待场所供热水系统，升级陈列大楼一楼会议室、二楼放映厅电子显示屏及音响系统。清查整理库房文物藏品，整理字画114幅，其他藏品14件，报送11处不可移动文物，档案工作被定为湖南省档案工作规范化管理省二级。

2018年10月18日，杨开慧纪念馆联合板仓文化服务中心在纪念馆举行“感怀开慧烈士 传承红色基因”杨开慧烈士遗物捐赠活动，杨革其（杨开慧烈士侄孙）和缪曼聪（杨开慧烈士侄孙媳妇）夫妇现场将珍藏70余年6件杨开慧烈士遗物无偿捐赠给杨开慧纪念馆，分别是：1本字典，1枚杨开英印章，1件铜制手烘篮，1把铜锁，1台英伦座钟，1个砚台。征集20世纪70年代后期有关杨开慧主题系列红色连环画10册。在《湘潮》《板仓》等杂志上发表红色研究文章6篇。编辑《杨开慧纪念馆讲解大纲》《开慧遗文赏析》等书籍、资料。申报“开慧”“板仓”“骄杨”“板仓书院”24类旅游产品，注册商标240项；与“长沙记忆”品牌商店共同开发文化书签、瓷器摆件、特色手提袋、开慧像章、装饰挂件、签字笔、纪念本等40余种旅游产品。排查隐患10余次，消除整改安全隐患20余起。先后被批准为湖南省中小学生研学实践教育基地、湖南省全民国防教育基地、湖南省思想政治教育先进单位。

【《绚烂霞光：杨开慧1927—1930》出版】 11月，杨开慧纪念馆、中共长沙县委党史联络组、长沙县史志档案局合编的《绚烂霞光：杨开慧1927—1930》由湖南人民出版社出版。该书12万余字，《果毅回板仓》《地下腾火焰》《白色恐怖里》《井冈连板仓》《大地情深深》分《果毅回板仓》《念兹远行人》《复及数良朋》《遗嘱样的信》《如磐的坚守》《最后二十天》《绝唱〈蝶恋花〉》等篇章，以杨开慧生命最后三年为线索，通过其亲人、战友有关访谈、回忆，遗存的诗文、信札等历史资料有机“串联”，将一位对信仰和爱情无限忠贞的伟大女性形象再现给读者。（陈卫星）

责任编辑 张 娜

综　述

【概况】2018年，长沙县辖区内二级机构有长沙县疾病预防控制中心、长沙县卫生计生综合监督局、长沙县妇幼保健计划生育服务中心、长沙县健康促进与信息中心、长沙县基层医疗卫生机构财务监督管理中心，非长沙县卫生和计划生育局发证的医疗机构有：市级医院1所（长沙市第八医院），县级医院5所（长沙县第一人民医院、长沙县第二人民医院、长沙县中医院、长沙县星沙医院、长沙县妇幼保健院），民营医院4所（长沙星沙年轮骨科医院、长沙手外科医院、湘雅博爱康复医院、长沙楚元中西医结合医院）；长沙县卫生和计划生育局发证的各级各类医疗机构535个，其中：综合医院6个，县精神病医院1家，计划生育技术服务站1所，街道社区卫生服务中心5所，街道社区卫生服务站7所，镇（中心）卫生院18所；村卫生室211所，医务室28个，门诊部77个，个体诊所157所，个体卫生室23所。全县公立医疗卫生单位卫生专业技术人员3111人，其中全额拨款137人，差额拨款1564人，编外聘用1410人。专技人员中副高及以上职称151人，中级职称912人，执业医师1200人，执业助理医师207人，本科学历1774人，研究生以上学历178人。年末编制床位数4317张，实际床位数5088张。

推进县级公立医院综合改革，全年县财政补助财政资金1742万元，分别按照人员补助和绩效补助核算，并结合考核结果予以拨付。启动现代医院管理章程制度试点。

表2　**2018年长沙县主要公立医疗卫生单位一览**

序号	名称	地址	邮编
1	长沙县疾病预防控制中心	星沙街道特立路96号	410100
2	长沙县卫生计生综合监督局	星沙街道特立路96号	410100
3	长沙县妇幼保健院	星沙街道开元东路298号	410100
4	长沙县第一人民医院	路口镇三惠路157号	410142
5	长沙县第二人民医院	榔梨街道新建路4号	410129
6	长 沙 县 中 医 院	安沙镇安沙中路42号	410148
7	长沙县精神病医院	天心区南托街道中意二路876号	410119

续表 2

序号	名称	地址	邮编
8	长沙县星沙医院	星沙街道开元路 53 号	410100
9	长沙县福临镇中心卫生院	福临镇福临社区张大屋组	410146
10	长沙县江背镇中心卫生院	江背镇正街 11 号	410135
11	长沙县北山镇中心卫生院	北山镇蒿塘东路	410152
12	长沙县金井镇中心卫生院	金井镇金福路 278 号	410144
13	长沙县金井镇双江卫生院	金井镇双江社区金山北路 15 号	410144
14	长沙县高桥镇卫生院	高桥镇茶香南路 32 号	410145
15	长沙县路口镇卫生院	路口镇振兴路 268 号	410142
16	长沙县果园镇卫生院	果园镇古井社区果园大道	410157
17	长沙县春华镇卫生院	春华镇金鼎山社区 207 线旁	410139
18	长沙县黄花镇卫生院	黄花镇中心广场 67 号	410137
19	长沙县黄兴镇干杉卫生院	黄兴镇干杉社区杉岭北路 22 号	410133
20	长沙县黄兴镇卫生院	黄兴镇接驾岭社区 208 号	410133
21	长沙县安沙镇卫生院	安沙镇毛塘铺 / 安沙镇唐田新村	410149
22	长沙县青山铺镇卫生院	青山铺镇天华村 62 号	410147
23	长沙县开慧镇卫生院	开慧镇板仓社区骄杨东路 65 号	410146
24	长沙县开慧镇白沙卫生院	开慧镇李家山社区	410146
25	长沙县黄兴镇仙人卫生院	长沙县黄兴镇仙人市村 410 号	410133
26	长沙县江背镇五美卫生院	长沙县江背镇五美社区 130 号	410136
27	长沙县榔梨街道社区卫生服务中心	榔梨街道保家村	410129
28	长沙县泉塘街道社区卫生服务中心	泉塘街道东九路 179 号	410100
29	长沙县湘龙街道社区卫生服务中心	湘龙街道湘龙家园东门南栋	410100
30	长沙县长龙街道社区卫生服务中心	长龙街道长龙收费站侧	410100

【执行国家基本药物制度】 2018 年，县财政安排 6484 万元专项补助资金。全县基层医疗卫生机构药品年销售总额由实施前 7396 万元降至 5035 万元，下降 31.92%，基层医疗卫生机构门诊次均费用由实施前 129.22 元降至 103.05 元，下降 20.25%，住院次均费用由实施前 2074.11 元降 1286.5 元，下降 37.97%。实施基本药物制度后，全县基层医疗卫生机构门诊人次由实施前 467682 人次上升至 863176 人次。

（周会娟）

【医疗卫生服务体系】 推行《长沙县健康服务体系建设三年行动计划》（2018—2020 年），着力县镇村三级医疗卫生机构房屋设施、部分医疗设备等方面建设，提升基层医疗卫生机构服务能力和水平。依托省人民医院继续推进县人民医院建设，按建设基本程序完成前期相关行政审批、场地土石方平整和施工图设计；建成长龙街道社区卫生服务中；预验收县一医院医技综合楼新建项目；北山镇中心卫生院整体搬迁项目主体封顶；推进县精神病医院、黄花镇卫生院、高桥镇卫生院、路口镇卫生院、江背镇中心卫生院择址新建项目和县中医院、星沙街道社区卫生服务中心、金井镇中心卫生院改扩建项目。实施基层医疗卫生机构维修改造及村卫生室建设项目，完成黄兴镇干杉卫生院等10个医疗机构维修改造，新建（改造）北山镇北山村等21个卫生室。（廖 昊）

【健康扶贫】2018年8月1日启动"一站式"结算系统平台，通过多种医疗救助政策和政府兜底，确保建档立卡贫困人口报销比例达到90%。2018年建档立卡贫困人员住院救治近6000人次，住院医疗总费用近3000万元，实际报销比例93.06%，县域内救治率88.35%，大病专项县域内救治率83.05%；对肺结核和重型精神疾病、白内障实行县域内免费治疗；贫困人口家庭医生签约率100%，并优先建立电子健康档案。（周会娟）

【全国健康促进县建设】年内，长沙县全面启动全国健康促进县建设，开展长沙县全国健康促进县区基线调查，印发《长沙县"将健康融入所有政策"实施方案》，开设健康周刊，开展宣传日活动60场次，开展健康知识巡回讲座50场，培养健康生活方式指导员200人。健康支持性环境建设累计113个，辖区医院全面开展健康促进医院建设，完成100户健康家庭建设。开启垃圾分类试点和机关禁烟控烟工作。长沙县第二届"万步有约"职业人群健走激励大奖赛启动，同步参与到全国第三届"万步有约"职业人群健走激励大奖赛，获评铜牌示范区、示范区优秀组织奖、省内优秀健走示范区等3个国家级奖项，全县1000余名职业人群代表参与。（李 涛）

公共卫生

【概况】落实基本公共卫生服务项目，全年服务人口94.58万人，进一步规范实施基本公共卫生服务项目。为辖区老年人、儿童、妇女、慢性病患者、肺结核患者、严重精神障碍患者等居民提供健康服务。代表湖南省卫计委迎接国家基本公共卫生服务项目考核，成绩排名全国第七。

【家庭医生签约】推进家庭医生签约。2018年11月1日，长沙县基层医疗卫生机构6S管理启动会暨家庭医生签约服务工作推进会在长沙县果园镇卫生院召开，启动全县8元/人/年的家庭医生签约收费服务。按照新的政策，长沙县重点向以上人群推行收费制签约服务包，包括基本医疗服务、转诊服务和基本公共卫生服务等8项服务，签约服务费是40元/人，其中基本公共卫生服务经费中配套20元/人、医保基金配套12元/人、签约居民个人承担8元/人。而建档立卡贫困户、计划生育特殊家庭、城乡低保五保户、残疾人凭有效证件办理签约，基础服务包个人支付部分由财政扶贫专项资金列支。全年家庭医生签约253465人。（彭 银）

疾病预防控制

【概况】2018年，全县无甲类传染病发生，报告乙类传染病12种1901例，发病率182.61/10万，较2017年上升4.52%；报告丙类传染病6种13157例，发病率1263.88/10万，较2017年上升44.80%；报告突发公共卫生事件20起。加强结核病、性病艾滋病防治，县疾病预防控制中心和5家县级医疗卫生机构设置自愿咨询检测门诊（VCT），接待自愿咨询检测者860人次，全年HIV筛查142877人次。登记和管理结核病人469例，患者规则服药率94.12%，成功治疗率90.51%。3月，实施肺结核诊疗费用减免政策，救治病例312人，减免费用107万元。实施免疫规划，全县有21家儿童预防接种门诊，6家产科

2018年7月，长沙县举办庆祝首届中国医师节活动（县卫计局 提供）

接种门诊，1家成人预防接种门诊，均实现信息化网络化管理，其中省级数字化预防接种门诊4家。全年免费接种一类疫苗383045剂次。免疫规划建卡建证率100%，基础疫苗接种率95%以上。开展灭活脊髓灰质炎疫苗查漏补种，补种11266人，补种率95.57%。AEFI监测系统报告73例疑似预防接种异常反应，无不明事件及群体性AEFI情况发生，无AEFI反应投诉事件及预防接种安全事故发生。成功应对“长春长生疫苗事件”，完成418人狂犬病疫苗续种，3人补种；1人补种百白破疫苗。防治慢性病，管理78170例高血压患者和24829例糖尿病患者，完成69934名老年人体检。开展心血管病高危人群早期筛查与综合干预项目，完成12000人初筛调查和3000人高危对象调查和随访。报告死亡人口信息6246例，粗死亡率600.00/10万，监测结果显示前5位死因依次为：心脏病、恶性肿瘤、脑血管病、伤害和呼吸系统疾病。报告户籍人口肿瘤发病1729例，发病率220.26/10万，肿瘤死亡1340例，死亡率170.70/10万。继续开展血吸虫病防治监测，未发现本地感染病例。完成200名8～10岁儿童碘缺乏病监测，100名孕妇尿碘监测，300份食用碘盐监测。推进市县乡一体化报告模式，镇（街）报告覆盖率100%；报告辖区食源性疾病1443例，暴露食物报告率100%。

【学校卫生】2018年，报告学校、托幼机构聚集性疫情145起，前三位疾病为手足口病、水痘、流行性腮腺炎，无危重及死亡病例。中、小学聚集性疫情主要以水痘、流行性腮腺炎为主，托幼机构主要以手足口病、诺如病毒感染性腹泻为主，流行性感冒人群普遍易感。抽检2460名中、小学生，开展学校常见病监测，肥胖检出率4.72%、贫血检出率10.17%，视力不良检出率52.65%，龋齿检出率55.89%。

【职业卫生】2018年，完成职业人群进行职业健康检查7682人，其中岗前体检4614人、在岗期间体检2943人、离岗体检125人，检出疑似矽肺2人、疑似煤工尘肺1人，噪声作业职业禁忌证57人、粉尘作业职业禁忌证4人、机动车驾驶作业禁忌证10人、苯作业职业禁忌1人、电工作业职业禁忌1人。

卫生计生综合监督

【概况】2018年，县卫生计生综合监督局全面完成公共场所、饮用水卫生、职业卫生（放射卫生）、学校卫生、医疗执业、计划生育、传染病防治等领域的监管工作。1—3月，印发《长沙县人民政府办公室关于进一步加强卫生计生综合监督行政执法工作的实施意见》等，明确卫生计生监督管理工作专项经费123.8万元和镇（街）监督管理经费54万元。推进镇（街）卫计监督执法，确定68名镇（街道）卫计综合监督执法人员，8月15日与全部镇（街道）签订执法授权委托书。采取专题培训、讲座、发放宣传资料、电话咨询等形式，宣传卫计法制知识，举办各类培训班5期，培训人员900余人次，发放资料1万余份。是年，办结卫生行政许可812件，其中不予许可6件，许可806件。全年接收商事主体数据552条、接收率100%，处理数据552条、处理率100%，应办证单位552家，已办证单位525家，办证率95.11%。

【专项整治】开展生活饮用水安全、学校卫生、医疗卫生、传染病防治、计划生育、职业卫生（放射卫生）、食品安全等领域的专项整治行动，监督检查单位4000余家次。二次供水单位持证率提高，年末有60家持证经营。县卫生计生综合监督局移交42家涉嫌非法行医的单位（个人）到县行政执法局进一步处理。

妇幼保健

【概况】2018年，妇幼卫生项目财政投入2091万元，辖区内育龄妇女184846人，20～64岁妇女184914人，孕产妇9501人，0～6岁儿童66463人，出生人口数9643人。长沙县妇幼保健院自2017年6月整体迁至新院后，服务能力极大提升，各项业务量迅速增长，跻身全国县级妇幼保健院综合排名前十名。2018年，长沙县妇幼保健院开放床位370张，核定人员编制232名，在职职工828人（全额编制性质43人，差额编制性质174人，人才/劳务派遣400人，退休返聘12人，医辅199人），其中中、高级专业技术人员189人。全年门急诊总量83.8万人次；出院人次2.82万人次，较2017年增加6280人次；分娩量11489人次。县妇幼保健院打造“四部制”管理模式，实现临床与保健融合。9月15日至16日，承办由国家卫健委妇幼健康服务司主办的妇幼保健机构建设培训班；10月29日至30日，承办由中国卫生经济学会主办的妇幼保健机构建设培训班。县妇幼保健院与省、市级医疗资源合作，与中南大学湘雅医院建立病理远程会议协议，与市妇幼保健院签订生殖医学专科医联体协议，与湖南省儿童医院合作，挂牌成立星沙儿科医学中心探索“医联体”模式。向下与椝梨、泉塘建立医联体帮扶合作，落实分级诊疗。成立长沙县远程疑难病例、胎心监护、超声诊断、病理等远程会诊中心。

【公共卫生服务】全面加强妇幼健康体系建设，保障全面两孩政策顺利实施。各项妇幼健康工作任务指标落实到位，孕产妇死亡率和5岁以下儿童死亡率两项核心指标控制在目标范围以内。孕产妇死亡率0，5岁以下儿童死亡率4.67‰，婴儿死亡率3.32‰，婚前医学检查率91.76%，孕产妇艾滋病、梅毒、乙肝检测率均为100%，产前筛查率158.78%，孕产妇保健系统管理率97.26%，7岁以下儿童健康管理率91.4%。落实孕产妇健康管理和0～6岁儿童健康管理两项基本公共卫生服务，强化危急重症救治，保障母婴安全，做实出生缺陷三级防控，提高出生人口素质。全年免费孕前优生检查8588人，新生儿疾病、听力筛查率均为99.93%，全县中小学体检98761人，二年级小学生免费窝沟封闭3400人，农村妇女病普查普61365人，完成“两癌”筛查25458人，免费产前筛查6982人，免费孕产妇无创DNA检测11182人，免费地贫基因检测13745人，新生儿遗传性耳聋基因检测9987人。

医政医管

【概况】2018年，举办2018年长沙县卫生岗位练兵与技能竞赛，开展2018年度夜查房、医疗机构巡查、规范医疗行为督查、病历质量检查、院感管理专项督查等工作；加强医疗质量管理体系建设，建立和完善医疗质量管理长效机制；以放射质控中心、院感质控中心、护理质量控制中心、消毒供应质量控制中心、临床检验质量控制中心为抓手，促进全县医疗质量提高。加强全科医师队伍建设，2018年有注册全科医师203名。加强病原微生物实验室管理，成立长沙县病原微生物实验室生物安全应急专家处置小组。在县级公立医院遴选9个优势学科作为县级医学重点专科建设项目。在县级医院选派10名专家为第十一批医卫类科技特派员，下派到4家基层医疗卫生机构开展科技特派工作，确定长沙县第一人民医院为2018年长沙县基层卫生人才培训基地。全年批准设置各级各类医疗机构（社区卫生服务站、诊所、门诊部、医务室等）49家，执业登记注册49家；办理医疗机构变更46家；校验466家；开展医师护士注册，办理执业（助理）医师执业注册263件、变更638件，办理护士执业注册313件、变更547件，延续注册907件，注销注册112件，重新注册24件。建立12个县域内医疗联合体，2个专科联盟，成立远程会诊中心涵盖放射、心电、疑难病例、超声、胎心监护、病理6个项目。

【中医药服务】印发《长沙县中医药发展战略规划纲要（2016—2030年）》《长沙县基层中医药服务能力提升工程“十三五”行动计划实施方案》，建成以二级甲等中医医院——长沙县中医院为龙头，社区卫生服务中心、镇卫生院为基础，社区卫生服务站、村卫生室为网底、社会资本举办中医医疗机构为补充的中医药服务网络。全县所有社区卫生服务中心和镇卫生院建成中医临床科室集中设置、多种中医药方法和手段综合使用、中医药文化氛围浓郁、相对独立的中医药综合服务区。开展老年人、儿童和孕产妇中医药健康管理工作。加强中医药人才建设，依托适宜技术基地对全县中医药人员、临床类别医师和村卫生室医生进行中医药知识和适宜技术培训。全年培训760余人次，到达基层医疗机构中医药人员和村卫生室医师全覆盖。开展基层中医药专家经验传承工作，在全县公立医疗机构内遴选指导老师17名和中医药事业传承人19名；成功创建湖南省基层中医药工作先进单位。

人口与计划生育

【概况】2018年，全县有全员人口766348人，已婚育龄妇女149276人，计生考核年度内出生人口15528人，人口出生率20.26‰，死亡人口5956人，人口死亡率7.72‰，人口自然增长率12.49‰，人口出生性别比107.45，符合政策生育率98.38%，期内实行计划生育手术3338例。加强人口数据核查，通报、核查、纠错信息179108条。加强出生人口性别比治理，定期开展预防“两非”工作专项督查，破获“两非”案件6起，获评湖南省打击“两非”工作先进县。

【计生家庭服务】年内，确认全县农村奖扶对象11996人，特扶对象748人，独生子女保健费对象17856户，老年护理补贴380人，城市低保户部分计划生育家庭奖励扶助27人，计划生育特扶专项补助27户，手术并发症对象15人，全年发放奖扶资金2800余万元。深化计生特扶家庭关怀，推进计生特扶家庭“双岗联系人制度、家庭医生签约、就医绿色通道”全覆盖；举办

“茶悦重阳、爱在左右”计生特扶人员关爱主题活动，邀请99名失独家庭代表游开慧故里、赏文艺演出，为全县所有特扶对象制作1张“重阳节心意卡”，并分别慰问。是年，该局获评中国计划生育家庭发展追踪调查工作中表现优秀单位。

【流动人口管理】全县流动人口总量251908人，流动人口“一盘棋”网络协作到位率100%，信息反馈率、及时率100%。深入开展流动人口基本公共卫生计生均等化服务，其中流动儿童预防接种到位率96%，流动孕产妇产前检查到位率95%。深入工地、企业、学校为流动人口提供健康素养服务，开展“把健康带回家”暨“健康幸福过大年”行动、“留守儿童健康关爱”“结核病防控进校园”“艾滋病防控进校园”等活动。2018年9月，迎接国家卫健委项目资金监管服务中心调研。2011—2019年，长沙县连续9年被定为国家级动态监测样本点，开展流动人口动态监测调查工作，3人获评国家卫计委“全国流动人口动态监测工作先进个人”。

医疗卫生信息化建设

【概况】2018年6月，长沙县被长沙市卫生和计划生育委员会定为健康大数据“智慧医疗”建设试点县。整合15家信息公司技术力量，在县妇幼保健院集中化办公，推进“智慧医疗”建设试点。年末，整合15个软件系统，并覆盖临床医疗、公共卫生、家庭医生签约、健康扶贫等多个方面，形成人、财、事、物全方位监管体系。基层医疗卫生机构的农村卫生信息系统全部升级至2.0+，新增家庭医生签约、检验LIS系统、诊间扫码付、院内一卡通、双向转诊五大功能。长沙县远程医疗信息系统建成，开展远程心电、远程影像、远程会诊、远程超声、远程病理等项目，初步形成以县级公立医院为龙头，以远程医疗分工协作为纽带的县域内医疗县乡医疗协作网。开展10440例远程心电、778例远程超声、35例远程会诊、44例远程病理。开发智慧妇幼信息系统，初步实现妇幼专项业务县乡一体化管理。微信公众号“健康星沙”在原有的生育服务证、婚检、健康档案服务基础上，新增药具申请、母子手册、家医签约3大功能，在线申领药具7500余盒，办理生育证4100余本，查询婚检报告2万余份，孕检报告1.2万余份。

【智慧医疗试点】2018年8月29日，长沙县与中国长城医疗合作开发形成一套完整的技术方案：《基于自主可控的区域卫生健康信息平台建设技术规范》。该方案为自主可控国产设备和系统在复杂信息系统的应用提供示范经验，使“智慧医疗”长沙模式在长沙县开花结果。11月14日，中国长城组织廖湘科等专家对“基于自主可控安全技术的区域卫生健康信息化建设技术可行性”进行论证，认为长沙县“智慧医疗”建设试点经验可复制可推广。（张玮璠）

体　育

【概况】2018年，长沙县举办“长沙县首届机关运动会”，4月趣味运动会上启动，历经气排球、篮球、乒乓球、羽毛球、足球、太极拳、趣味运动系列赛、体质达人评比、万步有约9个项目，直接参赛运动员5000余人次。参与“健康湖南”海选赛，羽毛球获青年组团体冠军，跳绳、太极拳、乒乓球、羽毛球、象棋（围棋）均在个人项目获得金牌。篮球、足球、气排球3类大球项目取得突破，进入市赛前三。组队长沙市第九届老年人运动会，组成18个代表队235人参加13个大项比赛。承办运动会门球赛事，400多名运动员汇集星沙，参与角逐。

县文广局联合教学局选定13所大中院校体育场馆免费开放，暑期通过网上预约报名方式开展两期篮球、足球、乒乓球、象棋围棋等项目免费培训班。配送健身路径56处，建成健身驿站2个，国民体质监测点2个，健身步道1条。湖南乐吧体育场馆有限公司投资4000万元建设星沙全民健身中心。湖南乐运体育文化传播有限公司与三一重工股份有限公司签署合作协议，建设总建筑面积6617平方米，总投资2800万元民营健身中心长沙即将投入使用。2018年，体育工作获评“湖南省‘健康湖南’全民运动会‘优秀组织奖’”及“长沙市第七届全民健身节‘最佳组织奖’”等称号。

【“悦动星沙”环松雅湖自行车比赛】“悦动星沙”2018年长沙县第七届环松雅湖自行车比赛松雅湖畔举行，吸引500余名自行车运动爱好者参赛，比赛采用自行车团体TT赛制。

（文　婷）

责任编辑　张　娜

社会生活

Social Life

就业创业

【概况】 2018年，长沙县开展“对口帮扶专场”“春风行动”系列招聘、“就业扶贫行动日招聘”等针对贫困人口招聘近20场，吸纳全省贫困劳动力新增转移就业1000余名。12家企业入选省市级就业扶贫基地，常年为贫困劳动力提供岗位360个。5场高校毕业生就业创业人才招聘。公开遴选5家机构对农村贫困劳动力开展技能培训，县内建档立卡正常贫困劳动力全覆盖。为1254名建档立卡贫困劳动力提供了技能培训。赴沅陵县开展就业扶贫劳务协作技能培训，与内蒙科右中旗联合开展湘绣专技培训。为县内建档立卡农村贫困劳动力发放培训及生活费、补贴沅陵县建档立卡贫困劳动力技能培训帮扶资金、帮扶内蒙古科右中旗产业技能培训补贴资金262.59万元。出台《长沙县创新创业带动就业扶持资金管理办法》等政策，受理市、县创新创业申报项目各50余个，受理市、县创业孵化基地14个。举办长沙县“创赢未来”创业创新大赛，14个项目获得6600万元意向投资。新增创业主体8401户，带动城乡就业15777人，带动城镇就业6007人。

【2018年度基层人社公共服务平台标准化建设评估】 2018年，全县5个街道、13个镇、119个村、76个社区均建立统一基层人社平台，基本实现机构、场所、人员、经费、工作、制度“六到位”，基层平台基本全面应用，就业扶贫工作有序开展，各类台账较完善。经评估，等级为优秀的镇级人社基层平台有泉塘街道、黄兴镇、北山镇，等级为优秀的村级人社基层平台有安沙镇万家铺村等24个村（社区）。

（王婵娟）

社会保障

【概况】 2018年，长沙县企业养老保险参保单位5761家，参保职工约17.6万人，基金征缴收入约255225万元；城乡居民养老保险参保人数41.45万人，基金征缴收入约8764.2万元；机关事业养老保险参保人数约1.3万人，基金征缴收入约40877万元；失业保险参保人数约16.1万人，基金征缴收入约7103万元；工伤保险参保人数约13.9万人，基金征缴收入约10179万元；医疗保险参保63.82万人，基金征缴收入约87015万元；生育保险基金征缴收入约3684万元。启动城乡居民养老保险丧葬费发放工作，全年发放人数3520人，发放丧葬补助金1019.1万元；城乡居民养老保险基础养老金提高为203元/月·人；全面落实企业养老保险单位缴费部分降低1%进行收缴，为企业减负约1068万元，为千山药机、千山健康等企业成功申报缓缴，减免滞纳金约23.6万元，为31家参保单位经申报审批执行养老保险过渡费率，为执行过渡费率企业减负约1.06亿元；实现养老金连续14次上调，人均增资113.32元/月，全县人均养老金由1913.82元/月提高到2027.14元/月；全县2000余家参保单位的工伤保险行业分类由三类调整为八类，实行由0.5%～2.5%范围的灵活费率；根据政策，申报工伤保险的伤残津贴和供养亲属抚恤金标准分别提高134元/月、54元/月；参保居民在政策范围内门诊医疗费用最高支付限额由原来的600元调整到800元，报销比例由原来的50%提高到60%；将17类106个病种纳入基本医疗单病种管理，与全县所有公立医院签订这106个病种的定额结算协议；长沙县将特殊慢性疾病门诊病种由原来的30种增加到44种。启动实施补充工伤保险，引入商业保险公司参与工伤保险服务，适当提高工伤职工待遇，分散用人单位工伤风险。用人单位和工伤职工在不另行缴费的前提下，不仅可以享受工伤保险的各项待遇，还能享受补充工伤保险的一次性伤残补助金、生活护理、工亡、一次性伤残就业等补偿金，最高可获得6万元补偿；10月1日起长沙县城乡居民基本医疗意外伤害保险正式委托湖南省人寿保险有限公司长沙分公司承办，通过引入第三方专业经办机构，提高城乡居民意外伤害经办效率，进一步防范城乡居民医疗保险基金的非合理性支出，确保城乡居民医疗保险可持续健康发展。10月至12月，商保公司受理城乡居民意外伤害报案798件，办结798件。

【“互联网＋社保”】 7月，城镇职工基本养老保险网上经办系统运行。对象包括长沙县的所有参保单位、全部参保人员，社保业务实现网上受理、网上办理、网上反馈，经办高效、信息安全。有4874家参保单位、2885名参保个人注册网上经办。全面启动跨省异地备案登记直接结算，异地就医人员可采用网络平台、电话、QQ等方式进行审批备案，全年异地就医备案363余例，完成异地就医结算198例。

【健康扶贫“一站式”结算】 8月1日，长沙县所有协议医疗机构全面实行健康扶贫“一站式”结算，符合政策的贫困人员因病按照首诊转诊流程在协议医疗机构住院治疗，产生的合规住院医疗费用按城乡居民基本医疗保险＋城乡居民大病保险＋商业补充保险（扶贫特惠保险）＋民政医疗救助＋医院减免＋财政兜底一站结算的模式，通过长沙县协议医疗机构“一站式”结算平台一次性结算补偿到位，并确保实际报销比例不低于90%。该政策高效简化贫困人口的报销流程，切实提高农村贫困人口医疗保障水平，减轻农村贫困人口医疗负担。健康扶贫“一站式”结算5652人次，报销金额3427.76万元。（王婵娟）

青山铺镇敬老院（袁志国 摄）

【劳动维权】 2018年，长沙县出台《长沙县农民工工资应急周转金管理办法》《长沙县保障农民工工资支付工作考核办法》《重大劳动争议案件集体讨论办法》，执行农民工工资保证金制度。建设项目存入保证金约1.13亿元，涉及农民工近10万人。落实劳动用工实名制，现有63家建筑公司开设工资专户，2450多名农民工办理专用工资卡。签订247份工资集体协商协议，涵盖827家企业，职工3万余人。接待处理信访件136件，处理12345投诉工单近600件，处理10人以上群体性案件3起。接待农民工工资问题咨询947起，立案调处357件，结案率100%，所涉政府投资项目未发生拖欠农民工工资案件，依法办理农民工工资案件办结率100%。（王婵娟）

民政

【概况】 2018年，长沙县接收军队退役人员270人，安置54人，发放义务兵家庭优待金1052万元，发放扶持和奖励资金173万元、抚恤补助1717.8万元，慰问军队退役人员及现役军人家属509.06万元，解决建房资金145.5万元，解决重点优抚对象住院费用100万元，

补发医疗救助资金161万元，发放保障金8089.37万元，发放救助金6590万元。新建居家养老服务中心16个，补助414万元，启动长沙县智慧养老试点，在城区发放无线定位设备1500台。创建花园新村、北山村、鹿芝岭村等11个市级农村社区建设示范村、试点村，创建凉塘路社区杨梅冲、长界等6个市级和谐（精品）社区。募集善款245万元，发放救助款240万元。办理结婚登记6834对，离婚登记2449对，补领结婚登记1934对，补领离婚证115本。开展敬老爱老文化进机关、进学校、进社区、进企业

系列宣传教育活动，印发高龄政策宣传彩页。组织“健康长寿老人”和“优秀基层老年协会会长”评选活动，评选出“健康长寿老人”40名、34名优秀基层老年协会会长。1月起，实施80周岁以上老人高龄津贴提标工作，具有长沙县户籍且年龄80周岁以上的高龄老人，均可申报高龄津贴。年满80～89周岁的老年人每月100元；90～99周岁的老年人每月200元；100周岁以上的老年人每月500元。高龄津贴实行动态管理、按月发放，全县享受高龄津贴政策的老人1.6万余人，全年发放津贴2000余万元。办理老年人优待证1800余本。年内，16个镇街一级老年协会成立。建设农村居家养老服务中心，年底检查、验收全县8个居家养老服务中心新建点和108个运营点。

（周松田　王博禹）

【优抚安置】2018年，长沙县接收军队退役人员270人，及时发放地方一次性补助295万元，安置53名转业士官、1名城镇退役士兵，组织培训自主就业退役士兵31名，并全部推荐上岗就业。全年打卡发放义务兵家庭优待金1052万元，对县内28家退伍军人初创企业和安置退役军人先进企业发放扶持和奖励资金173万元，为6451名优抚对象发放抚恤补助4717.8万元，慰问军队退役人员及现役军人家属17192人，发放慰问金509.06万元；为全县48户优抚建房困难对象解决建房资金145.5万元，解决重点优抚对象住院费用100万元，八一期间走访22个驻县部队，慰问74万元等价物资；分四批次扶持98人下岗（失业）转业志愿兵（士官）再就业工作。完成退役军人及其他优抚对象信息采集人数1.94万人。退役士兵服务工作经验在全省推广，县民政局获评全市“双带双促”先进单位。

【社会救助】2018年，投入251万元率先在全省建立县级社会救助信息平台，可实现民政、发改、教育、财政、人社、卫计等部门业务“协同办理”，确保困难群众求助有门、受助及时。对全县2018年发生医疗费用且达到救助标准的农村低保户和建档立卡户的医疗救助按照不低于90%的救助比例，全部进行了医疗救助资金的追补工作，补发医疗救助资金161万元。全县居民最低生活保障对象5670户11653人，累计发放保障金4584.78万元。特困供养对象3962人，累计发放保障金3504.59万元。城乡困难家庭医疗救助共救助22196人次，发放救助金6382万元。社会精神病人住院救助1229人次，救助208万元，药物救助7800人次，发放药品213万元。认定包括困难职工和农民工及其家属在内的住房保障低收入家庭116户（为廉租住房实物配租户）。兜底脱贫对象285户718人，人均救助372元/月。青山铺镇敬老院完成新院搬迁，新增护理床位100张，青山铺镇敬老院、春华镇敬老院获评“长沙市特色示范敬老院”。

【社会福利】2018年，在全省率先开展民建公助方式设立社会福利中心，与运营方签订《长沙县社会福利中心建设及运营管理合同》，新增床位300张。新许可养老机构1家，新增养老床位210张，发放民办养老机构建设、运营、消防等补贴约563万元。新建居家养老服务中心16个，发放建设、运营补贴414万元，启动长沙县智慧养老试点，在城区发放无线定位设备1500台。落实各项社会福利保障政策，发放残疾人两项补贴1570万元、孤儿基本生活费和学费48万元、困境儿童生活补贴107万元、基本养老服务补贴56万元。全年救助生活无着的流浪乞讨人员888人次，其中护送人员返乡53人次，救治危重病人7人次，并妥善处理5起无名氏死亡事件，福利彩票销售3.2亿元，同比增长7.8%，销售总额和增加额位列全省县级市场第一。

【基层政权建设】2018年，全县18个镇（街道）、114个村、89个社区，完成全国村（居）统一赋码管理系统信息录入，发放村（社区）特别法人统一社会信用代码证书，完成村务公开栏规范统一建设。抓实“四议两公开”工作，统一印制村务公开台账记录本，规范村级会议记录本。安排390万元社区建设项目，创建花园新村、北山村、鹿芝岭村等11个市级农村社区建设示范村、试点村，创建凉塘路社区杨梅冲、长界等6个市级和谐（精品）社区，通过一站式建设、活动场地改造、社会管理创新、民主管理等一系列建设，打造了泉塘社区“红润泉塘”、湘滨社区“阳光一家亲，服务暖人心”、凉塘路社区“430儿童安全之家”等一批社区服务品牌，提升社区服务水平。推进社区规范化和标准化建设，投入300万元用于17个社区标识标牌及电子显示屏“五统一”建设，提升社区公共服务能力。在凉塘路、星城、向星3个社区继续开展为期3年政府购买社工服务。

【救灾救济】2018年，长沙县出台《长沙县自然灾害救助应急预案》《长沙县自然灾害救助资金管理办法》，全年救助受灾困难对象2624户，救助金额266万元。救助因灾倒损农村居民住房恢复重建对象5户、维修对象10户。县财政出资148万元为全县城乡居民购买民生保险。临时救助6149户，总计958万元。出台《长沙县2019年春节慰问方案》，慰问资金4700余万元，慰问各类对象4万余人。黄兴镇万龙村、北山镇蒿塘坳社区获评全省综合减灾示范社区，金井镇王梓园村获评全国综合减灾示范社区。

（周松田）

【婚姻家庭】 2018年，长沙县婚姻登记工作经验在全省推广。全年免费复印证件18748人次，免费拍摄证件照11260人次，免费颁发结婚证并推送颁证视频2242人次，免费接待婚姻辅导3081人次，参与调解1302人次，成功调和602人次。办理结婚登记6834对，离婚登记2449对，补领结婚登记1934对，补领离婚证115本。

【社会慈善】 2018年，县慈善会募集善款245万元，发放救助款240万元，惠及各类困难群众1万多人。“慈善助学”工作，共资助1087人，发放慈善助学金357.6万元；开展“城乡低保家庭尿毒症患者救助”项目，全年救助126人，发放救助金45.12万元；落实慈善“爱心助居”救助项目，救助困难家庭14户，发放救助金22万元；做好 “金叶慈善医疗卡”“ 特大病医疗慈善救助”等慈善救助项目的落实。助力精准扶贫，17家爱心企业捐款6.9万元。

【区划地名管理】 2018年，对全县153个新建商品住宅区和企事业单位建筑物进行标准化命名及门牌编制。开展不规范地名及门牌标识清理整治工作，完成109个项目的命名及门牌编制。投入300余万元，对全县道路名牌进行规范和整改。组织“长岳线”“长浏线”界线联检，涉及两条行政区域界线的各方分别召开联合检查行政区域界线联席会议，分别签署《长岳线平安边界建设协议书》《长浏线平安边界建设协议书》。协助开展长沙县撤县设区申报，整改全县路名牌。长沙县地名图录典志等组稿完成。

【社会组织管理】 2018年，全县登记在册社会组织685个，其中社会团体162个，民办非企业单位523个。安排270万元专项资金支持16个公益创投项目。孵化社会组织5家，培育社会组织4家。新增持证社工96人，年末全县持证社工290人。全县18个镇（街）建成社会工作服务站并设立县指导工作平台。

【殡葬管理】 2018年，全县火化遗体4737例，发放惠民殡葬资金651.4万元，补助入葬农村公益性墓地约433例计17.32万元，奖励不留骨灰约82例16.4万元。开展为期3个月的殡葬领域突出问题专项整治行动，整治违规坟墓50座，平毁活人墓豪华墓5座、私建墓地2处、乱埋乱葬1处。重点推进公益性殡葬设施建设，提质改造青山铺、福临2个农村公益性墓地，整治临街搭棚治丧。清明期间开展为期1月的殡葬宣传月活动，力推殡葬改革和稳定殡葬环境，提升群众生态文明的殡葬理念和认识。（王博禹）

民族宗教事务

【概况】 2018年，长沙县有37个少数民族，10755人，超过1000人的有土家族、苗族。流动少数民族人口1000余人（不含长沙经开区企业），主要来自新疆、四川、青海等地。县内多种宗教并存，包括佛教、道教、基督教和民间信仰，有县佛教协会、道教协会、基督教三自爱国运动委员会3个宗教团体，宗教（民信）场所100余处。举办基层镇街民宗干部业务及法规政策知识培训班，近200人参训。举办宗教界学习中共十九大精神暨新修订《宗教事务条例》专题学习培训活动，近100人参加学习。开

青松养老公寓　（袁志国 摄）

展宗教领域财务审计，根据新修订《宗教事务条例》《民间非营利组织会计制度》和《宗教活动场所财务监督管理办法（试行）》的相关规定，长沙县民族宗教事务局委托湖南广联会计师事务所分别对辖区3个宗教团体、40余个宗教（民信）活动场所进行财务审计。开展民族学子扶贫助学活动。赴沅陵县开展“民族情深、心系沅陵”捐资助学，长沙县民族团结进步行组委会为学校及学生捐款15万元。开展公益慈善活动，联合松柏寺，通过服务孤寡老人、资助失学学童、专家义诊等形式传播慈善和谐、奉献爱心之理念，组织广大居士参与公益慈善活动，发放助学款3万余元、慰问敬老院现金及物资5万余元。

【释照观法师升座法会】10月21日，释照观法师升座法会在长沙县松柏寺举行。湖南省民宗委一处处长罗方，长沙市民宗局副局长王自书，长沙县委副书记、县委统战部部长杨莉，长沙县政协主席王益枝出席升座法会。全国人大代表、中国佛教协会副会长、湖南省佛教协会会长、麓山寺方丈圣辉大和尚开示。按照佛教传统仪轨，众高僧大德举行升座典礼。根据住持升座仪轨，释照观法师拈香礼佛，说法演教。（张 伟）

责任编辑 张 娜

黄兴镇

【概况】 2018年，黄兴镇财政总收入2.08亿元，地方一般预算收入0.9亿元，固定资产投资81.9亿元，规模工业总产值9.34亿元，批(发)零(售)住(宿)餐(饮)零售总额3.57亿元，引进市外境内资金形成固定资产投资19亿元，外贸总额4500万美元。长沙国际会展中心承办餐博会、粮酒会等展会36场次178天，参展人数500余万人次。新增安必思酒店、骏鑫汽车等“四上”企业13个。

项目建设。在拆项目61个，签约360户，腾地240公顷，项目清零31个。完成中轴大道、地下综合管廊8条道路、中南邮政物流园、长沙国际会议中心(一期)及其配套用地拆迁，推进地铁4号线、香樟东路、明达中学扩建等项目。敢胜垸污水处理厂、S207(机场联络线)、S210(黄金大道)等一批基础设施项目投入使用。

民生建设。开展“最多跑一次”改革，承接上级下放审批事务288项。强化审计工作，委托审计8个村、内部审计1个村，审计整改18个村(社区)财政专项资金。畅通服务群众渠道，处理和回复“12345”市民热线590件，县长信息45件，公开政府信息221条。

推进保利东郡、金晟年华、绿色金典、云栖国际、吉星家园5个房源项目，移交楼盘配套幼儿园1家，仙人市卫生院重新启用。提质改造黄兴故居、光达故居，农村公路硬化、“白改黑”提质改造6.2千米，改造10千伏杜花线、仙伍线及4个村9台变压器。安排微民生工程8个，严防非洲猪瘟出动备守、执勤3442人次，排查2317辆货运车辆。支持鼓励贫困户发展产业、自主就业，年度脱贫5户14人。

综合治理。启动榨山港截污提质项目15个，退养榨山港沿线生猪养猪户142户，厕所改造350户。查处违章渣土运输行为122起，关停散煤店22家，整顿散乱污企业34家，裸露黄土全覆盖45万平方米。清淤画田撇洪渠黑臭水体6000立方米，清理“僵尸船”18处23艘，打捞水葫芦6000吨。推进垃圾分类减量，建成村(社区)垃圾分拣中心17个。成立安全生产网格化管理应急指挥平台，绘制2500平方米安全文化墙，组织安全培训120场次。开展安全生产百日攻坚行动，关停、取缔非法企业190处，查处危化品400吨。根治道路交通安全隐患，治理县道79处，乡、村道路120处，

长沙黄兴海吉星国际农产品物流园　　（黄兴镇 提供）

安全生产事故、伤亡人数“双下降”。组织联合拆违行动134次，拆除违法建筑440处，计41.59万平方米。处理涉恶案件40起，刑事拘留31人。

【民革党员之家揭牌仪式】 2018年5月8日，湖南省首家民革党员之家在黄兴镇举行揭牌仪式。民革党员之家落户黄兴镇绿世界生态农庄内，由民革湖南省直属农林水系统总支负责筹建，设有展示区、学习交流区、会议室等，展示区集中展示民革历史和章程、湖南民革组织各项工作，以及辛亥革命与湖南的渊源。（刘曙山）

江背镇

【概况】 2018年，全镇财税收入1.24亿元，社会固定资产投资额47.91亿元，工业总产值36.47亿元（其中规模工业总产值25.58亿元），引进市外境内资金形成固定投资3.79亿元，社会消费品零售总额4.17亿元，农业总产值6.94亿元，农民人均可支配收入35113元。规模以上企业33家。年末，全镇注册农民专业合作社216家，家庭农场28家，现代生态农庄11家，农业企业86家。粮食产量3.86万吨，油料播种面积1246.67公顷，油料产籽总量1905吨，生猪出栏量3万头，家禽年饲养量18.9万羽，花卉苗木种植面积1500公顷。

梅花机电、奥凯泵业、万征科技等企业先后获授56项国家专利。锦绣江南、龙头井、雅怡等11家现代休闲农庄提质改造完成，锦绣江南现代农庄获评国家AAA级旅游景区。举办油菜花文化旅游节、长沙县第四届红樱文化旅游节、第二届梦幻灯光节、2018年湖南省自行车联赛暨第四届龙头井越野赛等活动。

2018年，浏阳河文化旅游产业带项目 （江背镇 提供）

江背工业园污水处理厂一期投入运行，建设江背集镇污水收集支管网工程、江背工业园污水处理厂10千米配套污水支管网；腾地梅花工贸新区27.27公顷；综合整治浏阳河江背段南北垸防洪保护圈，三叉河、草塘坳河三个河道项目；提质改造梅花集镇棚户区、布桥至三叉河旅游道路工程；完成潜江—韶关输气管道工程项目临时用地放线；阳雀新村湖山塘桥交付使用。硬化村级公路30.3千米；农村危房改造174户；阳雀、肖排、梅花、印山四个市县级乡村振兴示范村及金洲、五福等省市美丽乡村示范村建设推进。生态环保类处罚案件立案47起，罚没款80余万元。关停散乱污企业12家，督促10余家企业VOC（挥发性有机物）治理；关闭青砖窑7家；覆盖裸露黄土3万余平方米。开展涉水专项行动20余次，评估企业安全生产风险170家。下达执法文书174份，责令整改和停产整顿35家，取缔、关停23家。“扫黑除恶”集中宣传8次，发放宣传册1万余份，治安案件45起，刑事案件27起，侦破案件10起。拆除违建面积6.05万余平方米，复耕复绿面积3.22万平方米。

组建11支家庭医生团队，提质改造江背中学、梅花中学、朱桥小学等，推进”最多跑一次”改革，承接288项就近办业务，组建180余人帮代办队伍；出台《江背镇关于进一步深化移风易俗工作实施方案》，利用多彩江背微信公众号推送《移风易俗·我来带头说》10期，《江背力量》6期，江背大戏台1期等。与长沙县电视台合拍微视频《人情往来才100块》《到底脱贫不脱贫》《惊涛骇浪见河长》。

（熊娅涵）

黄花镇

【概况】 2018年，黄花镇财政总收入10.8亿元，工业总产值83亿元，规模工业总产值28.46亿元；全社会固定资产投资51亿元，新增“四上”企业23家，进出口总额4200万美元，到位外资1000万美元。10月，排名“2018年中国综合实力千强镇”第238位。

调整种植结构249公顷，成立8个土地专业合作社。扶持柳吉观赏鱼等现代农业产业化项目7个，金阳龙驹等现代农业科技项目3个，全部通过示范区管委会验收，黄花镇被省委、

北师大长沙附属学校校区　　（彭国明　摄）

省政府定为经济发达镇行政体制改革试点镇。

全年拆迁腾地200公顷，蓝思科技、广汽三菱、龙峰大道、人民医院、联通沃家园、和泓·桃李春风等项目开建，北京师范大学长沙师范附属学校开学，联通数字阅读基地、普洛斯空港物流中心等项目建成运营。6月29日，蓝思科技黄花生产基地（总投资100亿元）开建；8月17日，黄花康莱酒店项目开建，总建筑面积4.06万平方米；9月18日，长沙百联奥特莱斯二期购物公园奠基，总面积25万平方米；10月16日，广汽三菱研发中心和零部件产业园项目（总投资30亿元）开建。

"白改黑"提质12千米，硬化4条公路。回龙垸水系疏通一期工程、回龙撇洪渠姚头山段应急除险工程完工验收。数字化城管案件5556条全部结案，排查和整治全镇20余家重点道路交通源头企业隐患。整改省环保督察组13个案件，办结中央环保督察"回头看"24个交办件；对463家企业开展二次污染源普查工作，对27家印刷企业开展VOCS（挥发性有机物）治理。投资9207万元建设截污治污工程21处，投资493.47万元的合心村自来水管网入户工程竣工，惠及900余户2688位村民。取缔溮水养殖户20余户，改造厕所610所。开展集中拆违行动30余次，拆除各类违法违章建筑物或构筑物80余处7.2万余平方米。对镇域内800余家食品生产经营单位开展专项检查。

全年实施扶贫政策21项，脱贫25户83人，改造危房100余户。救助低保1200余人，金额700余万元。通过慈善助学、高龄补贴、残疾人补助等援助300余人。慰问困难群众1500余户，物资总计600余万元。6月5日，开展"美丽中国、美丽长沙县，黄花在行动，邀您同做行动者"世界环境日主题宣传活动，吸引300余人参加。

【长沙百联一期奥特莱斯购物广场开业】 9月30日，长沙百联一期奥特莱斯购物广场开业。作为长沙临空经济示范区首批引进的重点项目之一，长沙百联项目一期奥特莱斯购物广场总建筑面积84870平方米，是集国际名品、时尚娱乐、生态休闲、亲子乐家于一体的度假式购物广场。

（王仕民）

春华镇

【概况】 2018年，春华镇财政总收入2100万元，一般预算收入700万元，农林牧渔总产值89431.9万元，固定资产投资17.4亿元，社会消费品零售总额2100万元，规模工业总产值2.92亿元，外贸进出口900万美元。获评长沙市"城市管理示范集镇""农产品质量安全监管示范镇"等。

国家杂交水稻综合试验基地高标准农田示范区、春华集镇新老街改造、太阳滩闸坝工程等竣工使用；春华农贸商贸综合服务中心建成；潜江—韶关输气管道项目春华段管线焊接15.5千米；鼎功—浏阳500千伏输电线路春华段3座铁塔建成。建设农村公路34千米，改造危桥2座；机场东扩水系恢复石塘铺港综合整治（投资360余万元）、4个村级高效节水灌溉项目（投资230余万元）完成；落实小农水投资338万元，整修提质83处山塘、渠道等。新增自来水入户500户；天然气入镇项目获特许经营权授权。323个村民组1.1万户3666.67公顷承包地和非承包地确权完成。

是年，288项"就近办"服务受理业务量3.7余万件。建立公共法律服务志愿点3个；签订门店文明经营倡议500余份；开展专项执法行动27次，扣押物品42件，拆除违章广告37处，整治店外经营、店外堆物50余家，清理乱堆物品60余处，处理僵尸车辆1台。

新增低保22户、特困供养人员7户，取消低保12户。困难居民医疗救助、慈善助学等救助慰问158万余元；农村危房改造61户。居民养老保险参保1.8万人，人均缴费345.5元。镇域9所小学全部创建长沙市标准化学校；

投资680余万元将原春华中学提质改造为中心小学。组织育龄对象参加孕前优生检测205对，“两癌”筛查986人，取环39例。发放耕地地力保护补贴2700公顷，计592万余元；投保水稻种植保险2133.33公顷，保费13万余元。建立粮食生产品种繁育示范点2个，粮食高产创建示范片2个，设立冬季农业生产示范点6个。重金属污染耕地修复治理1266.67公顷，实施5个村（社区）种植结构调整，非粮化种植128.8公顷。

投资1000余万元的百熙书院项目启动拆迁。协办2018相约长沙最美乡村暨长沙县首届“春华春色”文化旅游节启动式，承办“放歌中国湖南赛区复赛”、主办捉鱼节等系列活动，接待游客2万余人次。春华皮影晋级第六批市级非物质文化遗产代表性项目。

【春华镇第三届荷花旅游文化节】 7月28日，“荷香花园·雅韵春华”长沙县春华第三届荷花旅游文化节开幕，53.33公顷荷花吸引众多游客现场观赏，“赏花经济”助推乡村振兴发展。春华镇花园新村形成赏荷、采莲、餐饮、果蔬、水产养殖五大产业。荷花基地采用“农庄+农户”模式，农庄负责花园整体管理、土地流转和基础设施投入，农户则分片承包经营。

（胡金薇）

果园镇

【概况】 2018年，果园镇财税总收入2000万元，一般预算收入1050万元，规模以上工业总产值12亿元，固定资产投资26亿元，获评“国家新型城镇化标准化试点”乡镇。田汉文化园获评“长沙文化消费十大园区”，浔龙河获评“长沙文化消费十大地标”。建设东八线辅道（一期）和东八线（田汉大道）跨线桥；改造浔龙河项目区1万伏电路；污水处理厂建成试运营；农民安置房一期（二批）主体工程完成。提质田汉文化园、田汉大道及安置房工程。建设新明健康谷项目，提质改造田汉大道至新明村道路。杨泗庙棚户改造等民生小微工程完成。浔学苑商业综合体项目主体完工，甜甜湾自然探索中心开建；浔龙河麦咭水上世界项目方案通过评审，浔龙河麦咭农场投入使用，一期花果稻虾示范基地开建。慧润农业公司建设有机农业示范园项目联合山河健康谷一起打造长沙县有机农旅“硅谷”。

开展巡河310次，清理镇域内21艘“僵尸船”、三无船只。协调、翻耕治理抛荒耕地5.33公顷。打造133.33公顷优质超级稻种植示范基地，发放早稻低镉谷种57190千克。关停12家违规生产、无污染防治设施企业。建档立卡贫困户196户，年内脱贫户7户。全年发放低保救助金176万元，五保户生活补助金176万元；大病医疗救助90人次126万元；救助民房受灾农户230户39.26万元；慰问退伍军人600户，慰问物资3.3万元；发放残疾人救助金55.68万元，残疾人器具2万元；救助残疾人子女上学30人，落实安居工程16户。养老保险参保9000人，缴纳个人养老金276万元；参加基本医疗保险1.9万人，收缴医疗保险320万元。湘剧节目《抢伞》获市级金奖，花鼓戏《放风筝》入选县文广局送戏下乡节目。墨田书屋被列入县级农家书屋。举办“欢乐潇湘 品质长沙 悦艺星沙”果园镇农民丰收节系列活动。

开展法治宣传30次。建立首个安全生产警示教育基地，组织安全生产综合培训演练30次；对校车路线、涉水涉险路段加装安全护栏3500米，安装凸面镜40处，增设警示提示标志42处。整改田汉大道金井河大桥交叉口、果园中学男生公寓等8项重大隐患。

【浔龙河入选新华社民族品牌工程】 2018年5月，浔龙河作为乡村振兴唯一一家企业代表入选新华社民族品牌工程，被评为“新华社民族品牌工程·未来之星”；9月，浔龙河村成为第一批

浔龙河樱花谷　（莫湘雄 摄）

省级同心美丽乡村。浔龙河生态艺术小镇项目规划占地面积980公顷，2009年启动建设，计划总投资140亿元。

（王丽娟）

路口镇

【概况】 2018年，路口镇财政税收1924.32万元，固定资产投资6.22亿元，社会消费品零售总额59635万元，规模工业总产值3992.2万元。

民生立县项目：国道107调规项目路口段全线交地，潜江—韶关输气管道项目、华聚北部农产品市场项目有序推进。成立麻林片区改造项目指挥部，利用中央棚改资金申报的龙泉集镇（含麻林老街）棚户区改造项目和基础设施配套项目完成招投标；县北部公共汽车枢纽中心提质完成，承办6月15日湖南省四好农村路暨城乡客运一体化现场会；锦绣公园项目建设和温泉小镇招商引资推进；招商引资窗口项目——温泉公园和温泉小镇展示区建设完成。在景然园林举办首届牡丹节和玫瑰节，在星城明月公司蓝莓基地举办蓝莓节，吸引游客50多万人次；9月8日下午，首届（长沙）国际稻作论坛参会嘉宾到路口镇明月村参观明月生态种养基地和双季优质超级杂交稻示范基地。

推进畜禽养殖污染治理，畜禽养殖减量1.5万多头，关闭散乱污企业6家，暂扣渣土车27台，检查工地扬尘28家，移送公安机关案件3起，自筹资金560余万元，对麻林河、金井河路口段等进行截污治污，整治黑臭水体83处，治理麻林老街、龙泉集镇生活污水，麻林老街27户无三格化粪池住户纳入改厕项目。推进龙泉社区等5个村（社区）垃圾分类示范村创建工作，建成垃圾分拣中心11处。

2018年9月8日，位于路口镇明月村的明月稻作混养示范基地

（长沙哲农农业科技有限公司 提供）

推进精准扶贫工作，全镇建档立卡236户772人，脱贫75户264人。危房改造87户费用332万元，发放独生子女保健费760人，农村奖扶486人，农村特别扶助对象32人，扶助城市低保户计生家庭1人，城镇独生子女父母奖励对象103人。清查流动人口数据760条，义务献血118人，“两癌”筛查1495人，家庭医生签约236户、覆盖773人。免费为328名食品经营从业人员体检，化解纠纷40余起。组织消防、食安、道路交通、禁毒等教育培训51次，举办“安全是对家人最大的孝”主题演讲比赛，启动千人“戴帽工程”，免费发放摩托车头盔和反光背心1000余件。投入120余万元整治道路安全隐患，省道207集镇段加装红绿灯监控，东八线增设警示标志。

【路口镇首届景然牡丹文化节】 4月3日，长沙县路口镇首届景然牡丹文化节在景然园林科普示范基地开幕，吸引众多游客共赏国色天香。此次牡丹文化节从4月3日持续至4月7日，园区展出132个品种，九大色系，十大花型，1万余株牡丹竞相绽放。节会期间还开展赏花游景、文艺表演、插画艺术、高尔夫体验、儿童游乐、科普长廊等多种活动。 （易添娇）

高桥镇

【概况】 2018年，高桥镇财政总收入1800万元，规模工业总产值11461万元，固定资产投资总额79453万元，市外引资780万元，外贸企业进出口总额180万美元。是年，高桥镇获评“市级文明镇”“市级四星级乡镇”“市级秸秆禁烧示范性乡镇”。

国进食用菌在科右中旗建设万亩蔬菜标准化生产基地和农产品加工物流园，指导3个经济薄弱村成立新型集体经济组织，全年经营收入15万元以上。白石源村与慧润公司、金桥村与素里养公司、范林村与农谷生物科技有限公司分别实现战略合作。推动高桥农业科学城与慧润集团合作，打造慧润·农科新城科普基地。蝴蝶兰、双孢菇两宗企业用地拆迁完成，招投标“三资”项目22个，启动117户生态移民集中安置建房。建设高桥老街，打造农创示范街，完成门楼、牌坊、游客中心及停车场建设和28栋房屋（100缝）立面改造及配套设施工程，完成金井河沿线环境综合整治及周边配套设施改造，签约老街门面30个。清明节前后，推出“高桥一日采茶人”活动；6月9日至15日，举办“高桥镇首届美食狂欢节”。

全年打捞河流漂浮物300余次，打捞水葫芦等漂浮物约35000平方米，清理河道长度32千米，清理沿河垃圾15吨，投入资金10万余元；投资提质扩容污水处理厂1700余万元，建设垃圾分拣中心6个，改造厕所370个；整治裸露黄土46.67公顷。开展安全生产联合执法132次。全镇2017年第二批小农水总投资144.6万元的23个水利项目通过验收，水利部两次调研该镇水库运行管理情况，整改处置卫片图斑13处，排除隐患存量违建8000平方米。

铺排扶贫项目23个，产业扶贫资金104.2万元，发放14户贫困户扶贫小额信贷38万元，产业帮扶390户。实施高桥锦绣社区“秋葵种植产业扶贫”、范林村易地搬迁户“福翔食用菌产业扶贫”和维汉村“罗代黑猪养殖产业扶贫”项目。直荀学校和凤山小学创建长沙市标准化学校，范林小学申报长沙市防震减灾科普教育示范学校，完成高桥中学改扩建工程和教师公租房主体工程。

【高桥镇首届乡村美食狂欢节】6月9日，以“激情世界杯 疯狂一虾季”为主题的“菌美高桥 农科新城”首届乡村美食狂欢节在高桥镇芦笋基地举行。现场进行大豆虾、食用菌、芦笋等绿色生态美食展卖，演出《鼓舞中国》《足球宝贝舞》《美丽家园》《芦花》《我爱你中国》等节目，开设《欢乐垂钓》《目不虾接》等闯关活动，吸引1000余名游客参观旅游。（张柳平）

金井镇

【概况】2018年，金井镇规模工业总产值13.3亿元，固定资产投资26亿元，招商引资到位资金5430万元，社会零售商品销售额9047.8万元，税收3006万元，财政一般预算收入1354万元。是年，获评“全国千强镇”“国家示范农业产业强镇”“全国先进司法所”“全省农村综合改革试点镇”等。

项目建设。镇级项目29个，投资9768万元，村级项目68个，投资2033万元。建设石壁湖核心片区、脱甲茶街、观佳集镇、白石洞水库、金井水厂项目以及茶产业与观光旅游、亲子体验旅游产业项目，建设石壁湖公园—三棵树茶园—湘丰飞跃基地—脱甲茶街沿线“休闲步道”。提质改造三珍虎园—脱甲茶街—湘丰茶博园—三棵树茶园—茶文化交流中心—石壁湖公园旅游专线；建设白石洞移民安置区“乡村振兴”文化惠民项目、金井古井饮水点保护工程、农裕小学停车坪等8个民生立县项目。

产业经济。扶持湘丰、金茶茶业“茶园变景园、景园变公园”提质改造项目，投入1.5亿元改造金龙铸造生产线，开发“智能井盖”等产品。到金井游客人数80余万人，旅游综合收入4000余万元。扶持茶企业通过电商、微商销售产品，2018年湘丰集团、金井茶厂电商销售额4000余万元。开发沙田—金龙—观佳—蒲塘—农裕“绿茶廊带”，通过在蒲塘村试点，开展14个村（社区）城乡建设用地增减挂钩，腾地33.33公顷，村级增收1000余万元。

生态保护。新创12个垃圾分类减量示范村，配置垃圾桶32800个，垃圾收集车辆96台，拆除垃圾池1275个，拆除焚烧桶2000余个。开展五项专项整治行动，生猪退养2万多头，拆除违章建筑200处；下达执法处置文书211份，罚款105890元；发现环境污染问题2000处，整改1650处。村级主干道建设及公路绿化100%，村道硬化41千米，路灯架设500盏，绿化12000平方米。旱厕改造500座。

服务民生。提供36项帮代办服务指南，推行村级事务即办、代办、领办、

2018年4月14日，“2018长沙国际茶文化旅游节”在金井镇湘丰茶博园开幕（金井镇 提供）

约办四项服务，村民办事“最多跑一次”。发放居民五保4898户次、4964人次，计354.926万元；居民低保7336户次，15111人次，计435.5813万元；大病救助340人次，计321.5万元。连续第15年开展“申湘助学”，发放助学金40余万元，高龄补贴200余万元，为300余人办理和变更社会保障卡业务。新成立“新茶乡”农村志愿服务队，招募志愿者100名。

【第四届长沙国际茶文化旅游节】4月14日，“第四届长沙国际茶文化旅游节”在金井镇湘丰茶博园开幕。此次旅游节以“唐宋茗风 千年茶缘”为亮点，结合“品质消费，美好生活”主题，让消费者体验采茶、制茶、冲泡全过程。活动借助电视、网络平台，邀请屏幕前观众与现场茶友感受茶韵。旅游节期间，湘丰茶博园通过茶文化演艺及采茶、制茶、茶艺体验等活动，展示茶文化魅力。（易爱玲）

开慧镇

【概况】2018年，开慧镇规模工业总产值3.8亿元，财税收入1250万元，固定资产投资25亿元。粮食早晚稻播种面积4266.67公顷。接待游客238万人次，旅游相关收入超1.1亿元。小水果种植面积543.53公顷，引进金秋梨等4个新品种；推进水果产业示范园建设。是年，全镇水果收入约5000万元。

县委党校迁址新建项目完成14户人口、房屋面积入户调查对证，山林、安置地国土和青苗到户测量，同步开展安置地选址设计；缪伯英故居修缮项目的房屋拆迁完成，周边环境整治基本结束。完成2017年度“民生立县”项目建设5个，2018年新申报3个；完善交通路网建设，公路网格养护里程503千米，其中落实路长制工作124千米，成为全省“四好农村路”暨城乡客运一体化现场推进会观摩点。投入资金300万元完成小农水项目建设93处。潜江—韶关输气管道、白沙棚改二期配套、李家山标准化农贸市场、葛家山集居点配套建设、华星机场一期工程、开慧示范性粮库、汉硕国际管理学院等十余个项目有序推进。

推进开慧故里国家AAAAA级旅游景区创建工作，划定3.14平方千米核心景区范围，初步完成《开慧故里AAAAA级旅游景区总体规划》编制。以“红色板仓＋绿色开慧”助推全域旅游建设，推广民宿旅游，举办“俯瞰潇湘·大美开慧”开慧镇首届乡村空中旅游节、“桃源里·果有味”开慧镇首届小水果文化旅游节和“穿越时空·回到童年”国庆嘉年华等活动，获评“全国十佳康养小镇”、全国首批文旅融合最佳特色品牌小镇，骄阳湘绣厂开慧真丝手绣圆包获评中国特色旅游商品大赛金奖，开慧村入选“中国传统村落名录”。

落实“河长制”，启动麻林河样板河打造。建成无害化厕所250座，改造旱厕60座，新建露营基地旅游厕所；推进“治垃圾”“治房”“治水”“治风”：上华山村成功创建湖南省卫生村，枫林市村成功创建长沙市卫生村；开慧村成功创建湖南省美丽乡村建设示范村，白沙村、锡福村获评市级美丽乡村示范村；创新打造秀美小组8个；新建人工湿地6个；葛家山村举办长沙县第三届孝道文化节，飘峰山村获评县级文明村。全年举办开慧故里好家风书法创作笔会等大型综合性群众文体活动7次；《乡村喜事》《每一次花开都会想起你》原创作品获县第二届才艺大赛戏剧和音乐类一等奖。全镇建档立卡贫困户285户856人；脱贫271户812人。实施生态种养殖等产业扶贫项目10余个。危房改造66户，实施开慧、白沙敬老院消防改造和特护区改造。葛家山村获评长沙市“同心乡村”，板仓社区获评“长沙市示范妇女儿童之家”。（杨 艺）

福临镇

【概况】2018年，福临镇财税收入540万元，社会固定资产投资5.902亿元，社会消费品零售总额1672.6万元。年底，影珠山旅游景区获评国家AAA级景区。

推进种植结构调整，全镇调整高粱种植33.33余公顷、大豆种植53.33公顷、草皮种植20余公顷；推广孔雀、黑斑蛙等特种养殖。牵手慧润民宿（村委会＋公司＋农户）的136模式，村集体经济年收入23万元。

全年项目建设投资约5000万元。福临镇黄兴大道与苍马公路交叉口环境综合整治工程、福临中心集镇棚户区改造（第三期）（第二批）等项目竣工验收。“路长制”工作推进，代表长沙县接受交通运输部“四好农村路”建设及交通扶贫督导考评、全国示范县实地复核。投资230万元的白马桥湿地提质改造工程完成。影珠山名胜区北向环山公路竣工使用，天润溪“水生态”工程在建。

开展11次镇级大型文化体育活动、4次村级大型文化活动，12次农家书屋读书相关活动，建设1个市级示范性村综合文化服务中心（金牛村），1个村级文化广场（古华山村）；福

2018 年 12 月，影珠山获评国家 AAA 级景区　　（福临镇 提供）

临足球场建设推进，树湘文化广场、集镇文化广场等项目竣工验收并逐步投入使用。

落实网格化工作制，实行督查和群众监管方式综合考核；垃圾分类逐步统一实行“户分类、组收集、村集中、镇压缩”模式。推进“蓝天保卫战”，创新“12345”畜禽养殖污染防治工作方法及“验收”标准，开展生猪减量集中攻坚行动。加强畜禽污染执法，行政执法立案调查 5 起；对违反养殖协议且拒不整改的，通过法院起诉 8 户，4 户结案并退回补偿金，3 户签订五年内不再养殖调解协议。健全两级“河长”监督检查与考核评估制度，新建截污治理净化项目 2 处，治理黑臭水体 39 处。卫生改厕 230 个。

继续对全镇低保家庭开展信息对比，实行动态调整，全镇现有享受低保政策 202 户 388 人；“七一”期间慰问困难党员 37 名，发放慰问金 3.7 万元；临时救助 195 人，计 21.33 万元，实行大病医疗救助 110 人 108.72 万元。建档立卡贫困户中兜底帮扶 21 户，计 41 人。动态调整扶贫对象；推进产业扶贫，省级贫困村整村推进、因户施策，覆盖全村 58 户贫困户，产业扶贫覆盖率 88.89%。百年名校开物中学重新招生办学。与中南大学湘雅三医院共建福临镇高血压专病医联体和湖南省高血压健康教育学校福临镇示范点。

（杨素琼）

青山铺镇

【概况】 2018 年，青山铺镇财政总收入基础税源 430 万元，一般预算收入基础税源 140 万元，规模工业总产值 9843.9 万元，社会消费品零售总额 606 万元。该镇卫计工作获评“全县卫计工作优秀单位”，广福村获评“省级计划生育村民自治示范村”；养老保险服务工作获评“长沙市城乡居民基本养老保险市级示范乡镇”，残疾人工作连续 8 年获评“市明星乡镇”。

投资 2000 余万元，建设敬老院配套及附属设施；投资近 3000 万元拆除重建洪河水闸；国道 107 调规项目（青山铺段）7.6 千米道路路基完成；引进宝湾物流产业园项目，占地面积 15.33 公顷。完成青弼线电力项目协调，基本完成“潜江—韶关”输气管道铺设，建成农村公路 1.19 千米。综合改革农村供销工作，建成 1 个镇级社，3 个村级社投入运营。天华山景区晋级国家级 AAA 级旅游景区；青山“竹篾编织”成功申报市级非物质文化遗产；举办“青山铺子乡村年货节”“最忆青山铺葡萄文化旅游节”两大农旅节会活动。

完成广福村马家园污水处理设施修复、两河流域集镇建成区污水管网项目和 25 口黑臭水体整治项目。清理污染沟渠 49 条、河坝 4 条、山塘 4 条，镇域内浔龙河、麻林河及支流 15 个取水断面，11 个点位水质检测达到Ⅳ标准。签订减量退养协议 450 余份，生猪退养 1.5 万余头。

铺排“微建设·微民生”项目 5 个，危房改造 26 户。建档立卡贫困户 221 户，户均增收 5000 元以上。完善“最多跑一次”政务服务体系，288 项服务事项“就近办”“帮代办”；1980 户签约家庭医生服务；镇财政为 19782 名居民统一投保农村集体聚餐食品安全责任险。新成立党总支 4 个，调整设置基层党支部 20 个，刘少奇天华调查纪念馆少奇讲堂被湖南省教育厅定为“湖南省终身学习品牌项目”。

【2018 长沙县春节旅游惠民活动发布会暨首届“青山铺子”乡村年货节】 2 月 10 日，由长沙县旅游局、农林局、青山铺镇人民政府共同主办的“欢乐过大年，爱上长沙县”长沙县旅游惠民活动发布暨首届“青山铺子”乡村年货节在青山铺镇天华山景区盛大开幕。活动现场分青山铺子、爱心市集、村民土菜、乡邻优品、本地特产、红包放送、新年许愿、年俗体验、年猪盛宴 9 个展示和活动区域，吸引众多游客现场咨询和体验。　（刘瑞清）

安沙镇

【概况】 2018年，安沙镇财税总收入3.12亿元，规模工业（产值2000万元以上）总产值20.5亿元，全社会固定资产投资22亿元，境外招商引资到位资金600万美元，市外境内招商引资到位资金10.9亿元，社会零售品销售总额5亿元。是年，获评长沙市经济社会发展“十快乡镇”、长沙市城乡整洁行动“四星级”镇，安沙工业园入选长沙市首批“现代服务业示范集聚区”。

全年铺排市县重大项目4个，和顺石油星安加油站运营，安沙消防站基本竣工，鑫瑞祥陶瓷建材城、安沙国际建材城二期建设推进，物流大道二期东延线、万家丽互通投入使用。湖南信息学院升本扩建、西气东输等16个项目征地拆迁启动，华辉竞才教育集团艺术中学入驻。

调整农业产业结构271.47公顷，成立新型集体经济合作组织6个。铺排资金245万元推行垃圾分类减量，建设无害化厕所600座；限时整改生猪养殖反弹户72户；农村人居环境改善，谭坊村获评“湖南省卫生村”，万家铺村获评“长沙市卫生村”，和平村获评市级“五星级”乡村。铺排“两河七口”截污治污项目18个，投资1.68亿元。

三润燃气至杨梅公路改造、邓家坝集中居住区道路工程等项目竣工，建设农村公路16条，共9.449千米；镇财政“以奖代补” 1800万元，硬化组级次干道和入户道路1581条，里程185千米；安排288万元专项资金治理道路安全隐患。铺排唐田德惠文化公园等“民生立县”项目5个，申报危房改造137户，新建高压线路142.495千米。拆除违规设置广告牌等531个，规范店外经营782家，完善市政设施465处，拆除历史违法建筑4.3万平方米。

全镇低保人口1229人，特困供养367人，医疗门诊救助309人次，申报慈善助学55人。城乡居民养老保险参保缴费19128人，共648.71万元。开展民办教育专项治理，摸排整改无证培训机构11家。举办大型文化活动55场，5月20日“益家汇”首届公益节由湖南经视“优家大排档”网络直播平台全程直播。卫计工作代表长沙县迎接国家计划生育服务项目和国家基本公共卫生服务项目评估组验收，青松公寓计生协会“3+”模式推荐为市计生协会创新项目。

【安沙物流集聚区入选“长沙市现代服务业示范集聚区”】 2018年1月，安沙物流集聚区通过长沙市发展和改革委员会审核，入选为长沙市第一批“长沙市现代服务业示范集聚区”。安沙物流集聚区有规模以上企业32家，产值1亿元以上企业2家，初步形成以恒广物流为龙头企业的物流集散中心，以弘广智能仓储为代表的仓储中心，以生产线服务业为辅助配套的产业发展体系。（孔艳辉）

北山镇

【概况】 2018年，北山镇财政收入3330万元，固定资产投资23亿元，规模工业产值4.6亿元，新增规模以上企业2家。政府投资项目7个，房屋拆迁12户，腾地20.99公顷，安置103户。110千伏变电站投产，金山大道、北山大道沿线燃气主管网铺设完成，提质改造派出所、卫生院、敬老院等一批公共服务设施。申创“北山梅”国家农产品地理标志，超级杂交水稻生产示范与人才培养建设项目一期工程通过竣工规划核实，提质常家寨景区，完成新桥旅游环线建设。

环境建设。复绿6万余平方米黄土裸露区域，挥发性有机物排放和秸秆焚烧得到管控；4户生猪养殖大户做到粪污“零排放”；启动白沙河河道治理工程，水下工程全部完工，各河湖水体实现全覆盖；修复治理426.67公顷重金属污染耕地和调整种植结构。卫生改厕350余座，实施日常化集镇管理和垃圾分类整镇运行；整改违章建筑及卫片图斑80余处；开展污染源普查，实施“两河七口”截污提质项目7个，修复维护23个人工湿地。

民生建设。全镇产业扶贫覆盖率89%，贫困户家庭医生签约全覆盖，建档立卡对象12户42人脱贫摘帽。高山生态移民2个移民安置区前期基础设施建设基本完成，63户移民对象实施建房。帮助119户困难群众实施危房改造。巡查整改200余处安全生产问题隐患。创新“路长制”工作，使用信息化管理平台“路巡APP”，全镇道路交通事故数量三连降。开展禁毒和打击“两非”行动，做好非洲猪瘟和松材线虫病等重大动、植物疫情防控工作。（尹　涛）

【“北山梅”获国家地理标志产品保护】 8月30日，第二次农产品地理标志登记专家评审会召开，经中国绿色食品发展中心审查和组织专家评审，“北山梅”符合《农产品地理标志管理办法》规定登记保护条件，农业农村部拟准予登记，依法实施保护。“北山梅”成为长沙县继罗代黑猪后第二个获得国家农产品地理标志保护登记产品。

【长沙山歌收录入全国文化信息共享工程音像库】11月16日，“湘音乡韵”湖南原生态民族民间音乐展演湘北专场在娄底市艺术馆举行，长沙市文化馆、湖南省花鼓戏剧院、湘西州民族歌舞团等13家单位选送14个山歌、民歌、花鼓小调节目参加展演。长沙山歌《相亲》为长沙市文化馆选送两个节目之一。该山歌节目影像资料收录入全国文化信息共享工程音像库。

（罗慧涓）

星沙街道

【概况】2018年，星沙街道税收总收入9亿元，基础税源收入6.2亿元，规模工业产值4.5亿元，全社会固定资产投资64亿元；招商引资（内资）13亿元，外资4000万美元；全社会消费品零售总额17.40亿元。是年，湘龙街道获评省级卫生计生“依法办事示范窗口”和市级流动人口均等化示范街道；牛角冲社区被评为“长沙市垃圾分类示范社区”“长沙市两型示范社区”；望仙桥社区获评“长沙市卫生示范社区”；杨梅冲社区获评“长沙市和谐精品社区”；封刀岭社区获评“长沙市示范妇女儿童之家”；金牛湾社区获评“长沙市绿色示范社区”；杉仙岭社区创建市级“12365”服务品牌。

全年20个拆迁项目中，拆迁腾地项目9个，推进项目4个，PPP项目4个，计划新启动项目3个；推进长沙松雅湖吾悦广场项目、湖南卡丁车培训中心项目、世景国际广场项目、奥凯花园项目、1～6区旧城改造5个市级重大项目；在谈招商引资项目中5个为总部经济项目、1个高端精品酒店项目、1个世界500强公司投资商业综合体项目，预计总投资47亿元。凉塘路、开元路等9个社区提质提档，总投资8107.14万元，验收4个。

整改店外经营、店外堆物等145515家次，整改流动摊贩9639人次，暂扣经营工具、物品490件；审批广告832件，拆除大型违章广告18块，破损广告、违规广告100块，清理耳招、落地海报等违章广告4000余块；全年查处违建507处，拆除违建面积16609平方米。确定牛角冲、开元路等6个垃圾分类试点社区，蝴蝶谷资源化处理站运行；引入专业公司辅助居民实施厨余垃圾分类，1768户居民绑定“亲分类”APP；清运厨余垃圾657.342吨。为老旧小区安装家用餐厨油烟净化设备2000台；督促碧桂园公司投资1000多万元治理其16处内河水体。开展安全生产联合执法72次，下达执法文书126份，取缔非法经营场所12处；制定“四分一跟”培训计划，培训单位76家，开展“三小”场所上门培训1800余家，居民入户宣传3000余户，督促整改隐患1200余处。开展酒类无证作坊清理整治、“一桌餐、私房菜”无证无照餐饮单位专项整治等多项工作。以“平安社区”“平安家庭”“平安物业”等活动为载体，开展大型综治宣传活动6次；开展交通整治行动200余次，检查车辆30万余台次。

居民养老保险参保3862人；开展慈善助学、贫困残疾人居家托养服务、“光明·关爱”视力救助等项目。开展大型文体活动18场，社区文化艺术活动10场，文艺培训60多次；利用16个社区书屋开展全民读书活动，成立“星沙文悦学习社”。组织召开无证办学清理整治会6次，关停、办证、整改文化培训机构81家。

（周晓芬）

湘龙街道

【概况】2018年，湘龙街道财政总收入9亿余元，到位外资3068万美元，外贸进出口额1613万美元，社会零售品销售额增速5.7%。是年，街道3个提质提档社区顺利通过市级年度考核验收。湘景社区获评示范社区，湘滨社区、湘郡社区获评优秀社区；新增南塘冲社区、湘贸社区；湘龙街道社区卫生服务中心获评全国“优质服务示范社区卫生服务中心”。

征地拆迁项目24个，在拆项目21个，腾地10余公顷。高沙学校、湘龙路西沿线、碧桂园（荣盛二期）、骏豪小学、骏豪雅苑、广汽品牌园、绿野路等14个项目建设推进，签订拆迁协议182户，腾地面积69.07公顷；国防科大二期、通途公司6.67公顷储备用地、原晟象地块、安全职院、机电职院扩征等项目有序推进。

投入100余万元改造城郊结合沿线边坡绿化带；投资36.4万元建设湘龙西路洗车平台；投入150万元推广垃圾分类减量，打造垃圾分类示范社区1个，建设“小蓝屋”10个。检查单位和企业256家（次），完善安全生产“一企一档”422家，推进创建长沙市安全生产标准化企业56家。提质改造小餐饮透明厨房25家。开通安全生产有奖举报平台，取缔20处，兑现举报奖励2.9万元。开展打非治违联合执法85次，排查2025处，取缔倒气黑窝点2个，查处无证经营储存危化品场所14处，查获危化品23.37

吨，取缔无证经营储存烟花爆竹场所19处，罚没金额64570元，消防安全协助立案78起，罚没金额1.76万元。

2018年春节慰问288户，慰问金额53万余元。全年大病医疗救助13人次，共39万余元。督促14个社区成立红白理事会；开展拥军优抚活动，八一建军节慰问320人，共6.4万元；退伍军人及其他优抚对象信息集中采集完成。全年城乡居民养老保险参保1695人，金额99万余元；参加2019年城乡居民医疗保险2万余。开展精准扶贫，3户入股分红、11户自主发展种植养殖业，增收3万余元，9户稳定就业，湘龙商会副会长李强获评“湖南省2018年最美扶贫人物”；16家商会爱心企业与16户建档立卡户“一对一”结对帮扶，捐赠物资及帮销农产品6万余元。开展物业管理，指导监督5个小区业主大会工作、2个小区业主委员会成立，9个小区业主委员会筹备组成立。推进“最多跑一次”改革，就近办业务量6435件，湘龙街道获评2018年长沙县“最多跑一次”先进集体。组队参加长沙县第二届全民才艺大赛并获二、三等奖，组队参加长沙县第八届健身广场舞比赛并获金奖；打造“田汉大舞台”文化品牌，举办大型文体活动4场、社区艺术节6场，主题文艺晚会及体育活动15余场。中南社区创建市级示范性文体活动室。（戴玉英）

泉塘街道

【概况】2018年，泉塘街道税收总收入80654万元，基础税源收入29904万元；全社会固定资产投资363585万元，外贸进出口总额4800万美元；规模以上工业总产值同比增长3%，社会商品零售额同比增长17%，市外境内投资形成固定资产投资额42463万元，实际到位外资3000万美元。

集体土地拆迁项目22个，忠武燃气管道改造项目泉塘段征拆清零，实拆房屋87户，腾地16.67公顷。13个民生工程立项，预计投资10500万元。丁家岭社区居家养老中心和吉祥养老（日间照料）中心建成投用，可服务5000名老人；长桥社区停车场及2处生态停车场建成，新增车位400余个；安置区内雨污水、强弱电（管线下地）等改造投入9000万元；自行车道、人行道提质改造6000米。

发放城市低保、居民低保和特困金额44.3万元，发放春节慰问金49.02万元；救助补助19人次，计15.4万元。打造“健康车厢”项目，3月22日所承办的长沙县结核病防控进高校活动在湖南水利水电职业技术学院举行；11月29日，所承办的长沙县2018“世界艾滋病日”高校防治艾滋病宣传活动在湖南现代物流职业技术学院举行；在长桥社区、泉塘社区试点购买公共卫生服务进社区的医联体新模式。总投资2.5亿元的天达中学、天华二小投入使用；整改或关停68家无证办学机构。推进“最多跑一次”改革，组建“帮帮团”小分队，为居民提供80余项“帮代办”服务。举办文化公益课堂系列活动，大型文体活动11场次。

构建街道区域性、网络化、社会化、信息化的智慧城市管理平台，建成智慧泉塘网格化指挥中心，在泉塘社区、星港社区探索“1+N”+C网格化实施模式，在3个社区创新推广警务综合服务站；拆除违章广告2305余处，规范门店广告16830余家，修复设施4250余处。开展拆违控违行动40余次，即查即拆新增违建1113平方米，拆除历史违建8559.05平方米；探索社区居民多元自治，泉塘社区“红润泉塘”、星港社区“五微一体”、向星社区“幸福港湾”特色品牌形成。创建泉星社区无烟示范美食街和梨江社区党建引领垃圾分类减量示范社区。开展大型打击传销行动14次，捣毁传销窝点314处。引入企业安全生产风险分级管控和隐患排查治理平台，503家规模以下企业和辖区内327家“四小场所”均通过APP管控。开展“打非治违”联合行动50余次，关闭取缔非法生产经营单位35家。

2018年1月26日，长沙图书馆泉塘分馆开馆（林　畅　摄）

【长沙图书馆泉塘分馆开馆】2018年1月26日，设在泉塘街道综合文广站二楼的长沙图书馆泉塘分馆正式开馆，藏书7000余册，全部免费开放。长沙图书馆泉塘分馆与长沙图书馆集成管理系统联网，实行数字化管理、信息资源共享、长沙地区“一卡通”服务，馆内免证提供阅览。凭读者证，在总分馆体系内的成员均可享受“一馆办证，多馆借书；一馆借书，多馆还书”服务。（李成竹）

榔梨街道

【概况】2018年，榔梨街道财政税收12.6亿元，固定资产投资91.63亿元；工业总产值42亿元，其中规模工业总产值36亿元；招商引资（内资）8.32亿元，招商引资（外资）1000万美元；对外贸易交易额1.14亿美元；社会消费品零售总额2.15亿元；新增“四上”企业24家。是年，街道获评“湖南省安全生产示范街道”。

年内引进工业企业9家，湖南长平车身制造有限公司打造“智能制造创新产业园”工业地产平台，120余家企业获资金支持1000万元；14家高新技术企业产值12亿元；金托村创建星沙农商行“信用村”。街道帮扶企业60家，收集、处理问题165个；推进第四次经济普查单位清查，企业云平台注册310家；举办大型公益性综合招聘会，提供就业岗位3000余个。推进长沙经开区片区续拆项目13个，腾地37.44公顷，房屋拆除面积3万余平方米。园区在拆项目11个，世通纸塑等6个项目完成。推进市二福利院整体迁址，处置龙华村、檀木桥社区8%生产留地收益金处置遗留问题。完成3个项目招拍挂手续，摘牌用地10.67公顷；办理4个项目用地红线26.47公顷、2个项目临时用地9.07公顷；解决已批未供用地9个项目27.12公顷用地。创聚家具建材商业中心项目通过招商引资前置会，年度招商引资到位资金4亿元。市重大、新增社会投资工程项目申报34个，年度申报资金7.3亿元。政府投资项目58个，总投资4亿元，拉通大园路东延线，榔梨水厂并网工程全线竣工，新增停车位2000余个。提质高峰社区、陶公庙社区等。

成立浏阳河流域“4+2”水体专项治理组，推进“一河四港”日常巡查、截污治污、监管执法等工作，全年投入2000万元，推进梨江市政箱涵、上调蓄湖等榔梨水环境综合治理项目，完成花园港、梨江港截污治污工程项目20余个，小微水体整治8处，企业雨污改造60家。

升级网格化管理体系，重新划分网格55个，开发APP 4款，整理入库各类数据2万余条，接收案件5479条，其中自处置事件3846条。拆除违章建筑72处，面积6.6万余平方米；拆除卫片32处，面积4.2万余平方米；开展晚间渣土巡查110余次；硬化道路4000米，增加标识标牌30余块，开展道路专项整治行动100余次；推进长珠高速环城绿带项目，流转土地33.67公顷；开展重点区域排查整治、扫黑除恶专项斗争等行动40余次。全年检查安全生产100余次，组织各类执法行动200余次，下达责令限期改正指令书211份，责令停产停业整顿80家，立案查处25起，取缔、关停小作坊20家，停业整改门店200多家。是年，榔梨街道获评“长沙县食品安全示范创建先进单位”“长沙市创建食品安全示范城市先进单位”。

开展大病医疗救助、临时救助、贫困助学等社会救助200余人次；脱贫86户285人，危房改造6户。推进家庭医生签约全覆盖，高峰社区成功申报“市级2018年基层群众自治示范村（居）创建点”。（毛　敏）

长龙街道

【概况】2018年，长龙街道固定资产投资69.25亿元，规模工业总产值46.177亿元，外贸进出口额12274万美元；新增规模企业5家，到位内资1.4亿元；招商引资（外资）2512.7万美元；社会消费品零售总额289.4万元。完工并验收5个“民生立县”项目，发放春节慰问金33.8万元，临时救助金2.52万元，办理特困医疗救助27人次共26.9万元，贫困残疾人家庭子女助学10户3万元，养老保险收缴135.94万元，新增创业主体117家，带动城乡就业252人，扶持大学生创业11人。

完成“奋战100天，腾地8000亩”长龙片区拆迁任务，签订征地协议87户，动迁254人，腾地82.8公顷；市重点项目开元东路双向加油站建成运营；万明渠污水管道项目、东十一线（开元路以北）、东十一线跨线桥和蓝田路下穿项目征地拆迁完成，长永高速公路南北两侧开建；全年拆迁腾地106.67余公顷，拆除房屋120余户，地铁3号线张公塘停车场、洋湖中学等项目在建。

拆除、处置违建29处，共39508平方米，覆绿1.5万平方米；拆除违章广告1832.9平方米；规范夜市经营秩序，巡查户外烧烤、流动摊点，处置城管数字化案件1175条。

推进垃圾分类减量、回收和宣传

工作，完成4650吨总目标，推进农村“厕所革命”，改造旱厕101座。在机关、学校和幸福家园小区试点“四分法”强制分类；启动中培港清淤等3个截污治污项目建设，投入500余万元重建两所一队污水处理厂，关停、取缔散乱污企业、作坊12家。

开展平安村（社区）、平安企业、平安校园、平安机关、平安家庭5大创建活动，启动星工场安全生产“智慧园区”建设。检查安全生产150人次；交通集中整治30余次，消防检查80余次；调处民事纠纷115件，成功创建2018年全县安全生产先进单位和市级信访工作“三无”街道，龙井社区获评“市级‘三无’社区”。发放扫黑除恶宣传册2000册，长界社区获评“全县禁毒宣传示范社区”。

组织37对夫妇完成孕前优生健康检查，慰问7户计划生育困难家庭，共20500元；对辖区内65岁以上老年人进行免费健康体检，组织417人参加“两癌”筛查工作。成立长沙市首个镇街融媒体工作室；9月5日，长龙街道“讲习所”开讲，1.5万余人在线观看直播。

【长界社区揭牌】 7月5日，长龙街道长界社区支部委员会、居民委员会揭牌仪式举行，所辖范围东起长界北路、西至绕城高速、北连长峰路、南接开元东路，面积1.6平方千米，常住户1197户，计9437人。（王　川）

2018年7月5日，长界社区支部委员会、居民委员会揭牌仪式举行
（长龙街道 提供）

责任编辑　周进银

人物

Figures

先进模范人物

皮　青

皮青，女，汉族，1961年8月生，湖南长沙人，湖南慧润农业科技有限公司董事长。曾获评“世界创客大会杰出贡献奖”“中国乡村旅游模范户”“长沙县最美新乡贤”“湖南省‘三八红旗手’”和“首届湖南省旅游行业创业创新奖”等。2018年3月8日，被授予“全国三八红旗手”荣誉称号，是长沙市年内唯一获此荣誉的女性。创办湖南旺和贸易有限公司，带领1万多名下岗人员重新走上工作岗位；2006年与香港客商合资成立湖南宜和雅洁清洁工程有限公司，安排就业农民工500余名；2011年打造湖南慧润农业科技有限公司，推进开慧镇旅游资源开发，经过七年建设和运营，建成板仓国际露营基地、开慧锡福村乡村民宿、湘丰度假帐篷酒店、慧润蝶梦山谷4个度假基地。开发建设高桥慧润·农科新城科普基地与福临影珠山避暑度假营地。创立“板仓人家”农产品品牌，设计开发拥有自主知识产权“慧享游”互联网平台。其所创办企业在长沙县投资5000余万元，带动产值1亿余元。2017年，其企业接待国内外游客100余万人次，为村集体经济增收600余万元，解决当地劳动力就业100余人。

刘飞香

刘飞香，男，汉族，1963年出生，湖南湘阴人，中共党员，高级工程师，西南交通大学兼职教授，享受国务院特殊津贴专家，任中国铁建重工集团有限公司董事长、党委书记、国家级企业技术中心主任、湖南省机械工业协会会长，是第十三届全国人民代表大会代表。曾获评“全国优秀企业家”“中国铁建杰出科技创新带头人”和“长沙市科技创新领军人才”等。2018年4月被授予“全国五一劳动奖章”。长期从事企业经营管理、工程施工管理、高端地下工程成套装备研发、高速铁路轨道设备研发等工作，主持国家级科研项目3项，主编国家标准1项、行业标准1项，获中国专利优秀奖1项、中国好设计银奖1项、省部级科技奖励9项。2007年，他从零起步创建铁建重工，瞄准非标、个性化、定制化装备需求，专注工程技术与装备、高端地下工程成套装备、高速铁路轨道设备等高端装备研发；长期坚守研发一线，突破多项关键核心技术，主持研发一系列填补国内外空白的国产重大装备，带领铁建重工发展成为全球规模最大的高端地下工程装备制造企业。2018年，铁建重工位列中国工程机械制造商10强第5位、全球工程机械制造商50强第33位，工程机械行业资产回报率全球排名第二，创造行业发展奇迹。他提出“两型三化九力”发展战略，总结提炼出包括“十大管理体系”的“铁建重工模式”，提出“兵种＋战区”的研发项目组织模式，创造每周研发2个科技成果的业界传奇，成为行业创新标杆。他长期致力于隧道工程新型工法研究、隧道施工装备关键技术研发与成套装备研制，是中国隧道施工机械化和高端隧道装备国产化的主导者，创建钻爆法隧道智能建造与装备配套体系，丰富隧道智能建造“中国法”理论的核心内涵；是中国立井全断面开挖技术创新与装备研制的主要开创者，也是中国软土地层隧道开挖新型工法的主要发明人及工程应用推动者，主导建立的国产全断面隧道掘进装备产业位居全球第一。

社会新闻人物

何天利

何天利，女，长沙县人，曾任长沙县黄龙小学校长，是湖南省特级教师。2018年10月，获评“敬业奉献·湖南好人”。

“俯首甘为孺子牛”是何天利的座右铭。从青涩的教学新手到经验丰富的校长，37年的教育生涯中，她曾担任13年班主任、15年大队辅导员、3年图书管理员、4年教导主任、11年校长（部分岗位工作年限有重合）。无论身处哪个岗位，她都兢兢业业，将学生和学校利益放在第一位。“一扑到工作上，她就可以什么都不顾。”何天利担任黄龙小学教导主任期间，为完成《中小学心理健康教育》中“个★心理”的写作，春节都没有休息，终于完成5篇文章的编写任务，并发表《孩子倔犟而意志不坚强怎么办》《孩子胆怯怎么办》《孩子说谎怎么办》《面对不合群的孩子怎么办》4篇文章。

2016年，为使黄龙小学办学条件再上台阶，她再次迎接挑战——负责食堂、礼堂、教学楼的提质改建。2016年12月15日，因体力透支，刚结束完布置教室、生活用房搬迁工作的办公室主任工作会议之后，她突然口吐鲜血。但何天利始终认为：“命运是一只很沉重的脚，人是可怜的蚂蚁。”她就是以“蚂蚁”的身份，凭借自己刚毅的搏击、不息的奋进一路前行。即使躺在医院的病房里，她始终心系工程，电话信息不断：询问工程进度，询问周边的群众关系，询问孩子们的学习生活状况，询问教师的教育教学情况。

柳中辉

柳中辉，男，汉族，1974年生，长沙县果园镇人，任长沙县果园镇浔龙河村党总支第一书记，湖南浔龙河投资控股有限公司董事长、长沙市农业创业者联合会会长，曾被授予第九届“全国农村青年致富带头人”荣誉称号。2010年8月，开创浔龙河生态特色小镇“市场主体投资、政府主导推动、基层组织全程参与、民本民生充分保障”的新型城镇化建设新模式。2017年9月28日，长沙县供销社浔龙河村惠农综合服务社由长沙县供销社与浔龙河村集体企业、浔龙河农业科技公司共同注册成立，开创湖南省首家标准化农村新型供销综合服务社。该社主要负责浔龙河村项目区内北部农产品展厅、超市、24小时无人购物店、浔鲜餐厅的经营，通过农产品电商平台，实现农产品基地与消费者无缝对接。2018年1月带领浔龙河村企业团队获评“2018年特色小镇博览会‘优秀示范案例’”，被中小城市发展委员会授予“百强县产业投资联合体‘创始成员单位’”称号，2018年6月被中国财经智库评为“中国新经济年度领军企业”，2018年9月在中国乡村产业博览会被评为“十佳乡村产业发展模式”，2018年11月被中国民族研究会授予“十大乡村振兴示范村”称号。

朱豫刚

朱豫刚，男，汉族，1962年3月生，长沙市雨花区人，长沙三珍林业科技开发有限公司董事长。2018年9月，入选“中国好人榜”诚实守信类好人。

在1981年对越自卫反击战一场战斗的前夜，18岁的朱豫刚遇见战友王幼连，两人约定：如果谁在战斗中活下来，以后谁就负责照顾死去的战友的父母、家人，每年去给战友扫扫墓。两人又将这个约定告诉战友周幸福等。于是，4位战友定下这样一个生死之约。惨烈战斗后，其他3位战友长眠边陲，朱豫刚身负重伤，成为唯一幸存、肩负重诺的人。1987年大学毕业后的第一个清明节，朱豫刚踏上赴广西烈士陵园扫墓的千里之行。从此，每年清明节，朱豫刚都会赶赴广西给战士扫墓，陪战友“聊天”，30余年从未间断，给战友扫墓已经成为其生命的一部分。将战友家人当成自家人，朱豫刚与王幼连的母亲以母子相称，一直照顾30多年。王幼连的弟弟患脑瘤，生活拮据，朱豫刚出钱出力尽心照顾。周幸福的哥哥去世后，他将其子带至身边，视如己出。

张立志

张立志，男，汉族，1968年9月生，长沙县供电公司榔梨供电所所长，曾获评国网公司“供电所管理提升先进个人”“国网湖南省供电公司‘抗冰保电功臣’”“农电安全生产特殊贡献奖”。2018年9月，获评长沙文明委第三季度“长沙好人”。2014年，张立志任榔梨供电所所长。至2018年，他争取资金改造投入2亿元，新建台区98个，改造10千伏线路51千米，让辖区1.6万户低电压客户用上放心电、安全电。2016年4月24日，中南地区最大综合性农产品物流枢纽中心——黄兴海吉星市场群开园运营，为保障海吉星生鲜蔬菜运输、储存用电需求，张立志带头成立专项攻坚小组，参与规划、设计和施工。2017年，长沙遭遇特大洪灾，旱涝急转，从防汛抗洪到抗旱保电，张立志始终带头冲在最前线。

张远银

张远银，男，59岁，长沙县星沙街道金茂路社区居民。2018年8月，被评为“见义勇为·湖南好人”。2010年7月26日凌晨零时许，张远银正在家中与人闲聊，突然听到隔壁沅江绝味嗦螺店里传来一阵吵闹声，张远银立即跑出屋子看个究竟，只见五名男子手持凶器，正和店主王某吵闹，原来这几人想吃霸王餐。王某是从外地到星沙创业，全家收入都靠这个小本经营夜宵店，生性老实的他，只得跟这几名男子讲好话，可是这几名男子还要持刀向王某行凶。作为邻居，张远银连忙上前劝阻、制止。不料几名歹徒转身棍打张远银，将其打倒在地，可歹徒还不罢休，两名歹徒甚至使用随身携带的刀具砍向张远银。张远银举手就挡，并将歹徒引向店外。当时店内还有店主一家老小，因为张远银奋不顾身，店主王某一家避免财产和人身损失。张远银在与歹徒徒手搏斗过程中，虎口、背部、手部均不同程度受伤。之后歹徒开始仓皇逃窜。身负重伤的张远银在正义感的驱使下，忍住全身剧痛，奋不顾身仍继续追赶歹徒，终因伤势过重而倒地。在警察和周围群众的帮助下，最后抓住一名行凶歹徒的女伴，随后五名行凶歹徒全部归案。张远银被送往医院急救得以保住性命。

责任编辑　周进银

统计资料

表 3

2018 年综合统计资料

指标名称	计算单位	2018 年	2017 年	为 2017 年的百分比（%）
一、行政区域	—	—	—	—
乡镇（街道）个数	个	18	18	100.0
街道	个	5	5	100.0
镇人民政府	个	13	13	100.0
村民委员会	个	114	114	100.0
居民委员会	个	89	89	100.0
二、土地面积	平方千米	1756	1756	100.0
年末耕地面积	万公顷	5.14	5.17	99.5
其中：水田	万公顷	4.71	4.74	99.4
粮食播种面积	万公顷	7.77	8.07	96.3
三、人口情况	—	—	—	—
年末总人口（户籍人口）	万人	80.6	78.6	102.5
其中：城镇人口	万人	44	43.4	101.4
乡村人口	万人	36.6	35.1	104.3
年末总人口（常住人口）	万人	108.9	104.1	104.6
其中：城镇人口	万人	74.5	67.9	109.7
四、地区生产总值（当年价）	万元	15093258	14310877	105.5
第一产业	万元	640105	759220	84.3
第二产业	万元	9300788	9180085	101.3
其中：工业	万元	7729639	7769451	99.5
第三产业	万元	5152365	4371572	117.9

说明：“年末耕地面积”“水田面积”两项数据由自然资源局提供，暂为过程数据，非最终数据。

续表 3

指标名称	计算单位	2018 年	2017 年	为 2017 年的百分比（%）
五、地区生产总值（可比价）	万元	15607130	14222539	109.7
第一产业	万元	621190	726797	85.5
第二产业	万元	11119192	9959674	111.6
其中：工业	万元	9727474	8661124	112.3
第三产业	万元	3866748	3536068	109.4
交通运输、仓储及邮电通讯业	万元	420007	394003	106.6
批发和零售业	万元	421116	419612	100.4
住宿和餐饮业	万元	216800	201329	107.7
金融业	万元	278398	203387	136.9
房地产业	万元	430471	419473	102.6
其他行业	万元	2055328	1872797	109.7
六、地区生产总值构成	%	100	100	—
第一产业	%	4.2	5.3	79.2
第二产业	%	61.6	64.2	96.0
其中：工业	%	51.2	54.3	94.3
第三产业	%	34.2	30.5	112.1
七、人均生产总值	元 / 人	141721	144045	98.4
八、工农业总产值（当年价）	万元	28667943	30635984	93.6
农业总产值	万元	1044933	1027130	101.7
其中：农业	万元	731858	702866	104.1
林业	万元	41865	37869	110.6
牧业	万元	187052	206702	90.5
渔业	万元	24238	24453	99.1
农林牧渔专业及辅助性活动产值	万元	59920	55240	108.5
工业总产值	万元	27623010	29443974	93.8
其中：规模工业总产值	万元	24517665	26625966	92.1
九、粮食总产量	吨	498940	510495	97.7
按播种面积亩平	千克	428.3	439.3	97.5
十、全社会固定资产投资	万元	—	9559273	—
十一、社会消费品零售总额	万元	5198810	4794592	108.4
十二、进出口总额	亿美元	71.5	46.5	153.8
其中：出口总额	亿美元	39.7	22.8	174.1
十三、实际到位外资	万美元	84058	75894	110.8
十四、财政一般预算收入	万元	1022134	885005	115.5
财政一般预算支出	万元	1705048	1609320	105.9
十五、全体居民人均可支配收入	元	40226	36977	108.8

表 4

2018 年人口情况

地 区	年末总户数（户）	年末总人口数（人）		
		合计	合计中	
			城镇人口	乡村人口
长沙县	270121	806327	440158	366169
星沙街道办事处	26651	66097	66097	0
榔梨街道办事处	11904	33758	26207	7731
湘龙街道办事处	18716	45583	45583	0
泉塘街道办事处	8628	21651	21651	0
长龙街道办事处	3953	10938	10938	0
黄兴镇	26995	88127	41427	46700
江背镇	19848	61429	33279	28150
黄花镇	26369	78359	25136	53223
春华镇	13982	46913	21217	25696
果园镇	7712	25811	16617	9194
路口镇	9567	29365	17026	12339
高桥镇	9038	29812	8646	21166
金井镇	18984	65906	17352	48554
安沙镇	20894	56050	26414	29636
北山镇	17689	53714	20228	33486
青山铺镇	7176	19893	6773	13120
福临镇	9523	29549	17037	12242
开慧镇	12492	43372	18440	24932

表 5

2018 年人口变动情况

地 区	本年度人口变动（人）					
	出生			死亡		
	合计	男	女	合计	男	女
长沙县	12258	6351	5907	6347	3655	2692
星沙街道办事处	1505	801	704	230	124	106
榔梨街道办事处	426	219	569	229	142	87
湘龙街道办事处	1140	571	262	107	63	44

续表 5

地　区	本年度人口变动（人）					
	出生			死亡		
	合计	男	女	合计	男	女
泉塘街道办事处	547	285	87	64	30	34
长龙街道办事处	192	105	207	68	39	29
黄兴镇	1443	759	684	679	392	287
江背镇	766	388	378	574	331	243
黄花镇	1293	682	611	626	383	243
春华镇	609	281	328	510	299	211
果园镇	368	183	185	244	150	94
路口镇	399	203	196	331	188	143
高桥镇	335	178	157	241	138	103
金井镇	795	419	376	466	272	194
安沙镇	760	389	371	618	342	276
北山镇	579	320	259	493	288	205
青山铺镇	276	142	134	180	97	83
福临镇	313	175	138	274	163	111
开慧镇	512	251	261	413	214	199

表 6

2018 年人口和计划生育情况

指标名称	计算单位	2018 年	2017 年	为 2017 年的百分比 %
一、人口自然变动情况	—	—	—	—
1. 年内出生人数	人	15528	17218	90.2
2. 出生率★	‰	20.3	22.7	89.3
3. 年内死亡人数	人	5956	5309	112.2
4. 死亡率★	‰	7.8	7	111.0
5. 年内自然增长人数	人	9572	11909	80.4
6. 自然增长率★	‰	12.5	15.7	79.6
二、计划生育情况	—	—	—	—
1. 政策内生育率	%	98.4	99	99.4
2. 已婚育龄妇女	人	149276	152445	97.9
3. 已落实节育措施人数	人	104420	111424	93.7

续表 6

指标名称	计算单位	2018 年	2017 年	为 2017 年的百分比 %
4. 节育率	%	70	73.1	95.7
5. 有一子女育龄妇女人数	人	86026	91947	93.6
6. 政策内（原计划内）出生人口	人	15276	17042	89.6
其中：二孩数	人	8781	9927	88.5
7. 政策外（原计划外）出生人口	人	252	176	143.2
其中：一孩数	人	14	9	155.6
二孩数	人	35	24	145.8
多孩数	人	203	143	142.0
8. 计划生育率	%	98.4	99	99.4

说明：以上数据由县卫健局提供。*“出生率”“死亡率”“自然增长率”均按照计生统计情况测算

表 7

2018 年财政收支情况

指标名称	计算单位	2018 年	2017 年	为 2017 年的百分比 %
财政总收入	万元	3563969	2859438	124.6
1. 一般预算收入	万元	1022134	885005	115.5
上划税收	万元	1381740	1358834	101.7
2. 一般预算支出	万元	1705048	1611920	105.8
一般公共服务	万元	192462	156989	122.6
国防	万元	2620	1838	142.5
公共安全	万元	79831	79684	100.2
教育	万元	219240	189744	115.5
科学技术	万元	39357	24270	162.2
文化体育与传媒	万元	20834	20301	102.6
社会保障和就业	万元	142342	100496	141.6
医疗卫生	万元	98115	90978	107.8
节能环保	万元	103701	129961	79.8
城乡社区事务	万元	328849	261277	125.9
农林水事务	万元	176299	164516	107.2
交通运输	万元	47379	153944	30.8
资源勘探电力信息等事务	万元	137726	158001	87.2
其他支出	万元	116293	79921	145.5

说明：以上数据由县财政局提供

表 8

2018 年银行保险证券情况

指标名称	计算单位	2018 年	2017 年	为 2017 年的百分比 %
银行机构各项存款余额	万元	11836725	11201369	105.7
城乡居民储蓄存款余额	万元	5463019	4966036	110.0
银行机构各项贷款余额	万元	11605152	9261603	125.3
银行机构营业收入	万元	369380	314516	117.4
银行机构网点数	万元	182	182	100.0
银行机构职工人数	人	2261	2194	103.1
人均储蓄存款	元	50165	47704	105.2
驻县银行	家	22	22	100.0
各类保险机构网点数	个	97	76	127.6
国有控股保险公司保费收入	亿元	13	9.7	134.0
证券公司营业部	家	9	8	112.5

说明：以上数据由县金融办提供

表 9

2018 年外贸和旅游情况

指标名称	计算单位	2018 年	2017 年	为 2017 年的百分比 %
一、贸易情况	—	—	—	—
进出口总值	亿美元	71.5	46.5	153.8
其中：出口总额	亿美元	39.7	22.8	174.1
进口总额	亿美元	31.8	23.7	134.2
二、外经情况	—	—	—	—
1. 实际到位外资	万美元	84058	75894	110.8
2. 引进市外资金形成固定资产投资	万元	2038613	1811472	112.5
三、旅游情况	—	—	—	—
1. 接待游客人数	万人次	1300	1075	120.9
2. 旅游总收入	亿元	140	115	121.7
3. 旅行社总数	个	10	6	166.7
4. 星级乡村旅游点	个	39	43	90.7
5. 星级饭店个数	个	3	3	100.0
其中：五星级	个	1	1	100.0
四星级	个	2	2	100.0
6. 星级饭店客房总数	间	848	1038	81.7
7. 等级景区个数	个	7	5	140.0

说明：以上数据由县商务局、县旅游局提供

表 10

2018 年教育事业情况

指标名称	计算单位	2018 年	2017 年	为 2017 年的百分比 %
一、中等专业学校数	所	1	1	100.0
1. 中等专业招生数	人	1346	1543	87.2
2. 中等专业毕业生数	人	979	724	135.2
3. 中等专业学校在校学生数	人	3838	3630	105.7
4. 中等专业学校教职工数	人	220	206	106.8
二、普通中学学校数	所	46	40	115.0
1. 普通中学招生数	人	15969	14423	110.7
2. 普通中学毕业生数	人	13353	13076	102.1
3. 普通中学在校学生数	人	44840	41542	107.9
4. 普通中学教职工数	人	4225	3822	110.5
三、小学学校数	所	144	144	100.0
1. 小学在校学生数	人	84366	74759	112.9
2. 小学教职工数	人	4375	4083	107.2
四、特殊学校数	所	1	1	100.0
1. 特殊学校在校学生数	人	128	146	87.7
2. 特殊学校教职工数	人	34	32	106.3
五、幼儿园数	所	301	276	109.1
1. 幼儿园在园幼儿数	人	49653	46904	105.9
2. 幼儿园教职工数	人	5704	3670	155.4
六、学龄儿童入学率	%	100	100	100.0
其中：女童入学率	%	100	100	100.0
农村学龄儿童入学率	%	100	100	100.0
七、初中入学率	%	100	100	100.0
初中巩固率	%	100	100	100.0
初中升学率	%	100	100	100.0
八、高中阶段毛入学率	%	98.6	98.6	100.0
高中阶段辍学率	%	1.8	2	90.0
高中升学率	%	98.6	98.2	100.4
高考参考人数	人	4502	4449	101.2
九、农村中小学危房改造面积	万平方米	500	18500	2.7
其中：C 级危房改造面积	万平方米	500	0	0.0
B 级危房改造面积	万平方米	0	18500	0.0
十、农村现代远程教育普及率	%	100	100	100.0

说明：以上数据由县教育局提供

表 11

2018 年科技发展情况

指标名称	计算单位	2018 年	2017 年	为 2017 年的百分比 %
高新技术产业企业数	个	286	214	133.6
高新技术企业总产值	亿元	1880	2040	92.2
高新技术产业增加值	亿元	419.2	551	76.1
高新技术产业研究与试验发展经费	亿元	90.1	95.7	94.1
省级工程技术研究中心	家	23	20	115.0
市级工程技术研究中心	家	28	26	107.7
全社会研究与发展活动经费	亿元	66	64	103.1
实施本级科技计划项目	项	82	162	50.6
全年申请专利数	件	6258	4987	125.5
当年获专利授权数	件	3571	2837	125.9
其中：发明专利数	件	479	483	99.2

说明：以上数据由县科技局提供

表 12

2018 年文化体育事业情况

指标名称	计算单位	2018 年	2017 年	为 2017 年的百分比 %
一、文化事业	—	—	—	—
1. 图书馆（室）情况	—	—	—	—
图书馆个数	个	1	1	100.0
图书室（农家书屋）个数	个	280	280	100.0
藏书	万册	156	153.4	101.7
发放借书证	万个	1.1	1.5	73.3
图书流通人次	万人次	132	138.6	95.2
本年新购图书	册	13049	37927	34.4
阅览室坐席数	个	1300	1300	100.0
图书馆（室）场地面积	平方米	18544.8	14720	126.0
其中：公共图书馆（室）面积	平方米	11932.8	13000	91.8
其他图书管（室）面积	平方米	6612	1720	384.4
2. 文化馆情况	—	—	—	—
文化馆个数	个	275	218	126.1
其中：群众艺术馆个数	个	1	1	100.0
镇街文化站个数	个	21	20	105.0

续表 12

指标名称	计算单位	2018 年	2017 年	为 2017 年的百分比 %
社区文化活动室个数	个	252	197	127.9
文化馆面积	平方米	123512.1	123512.1	100.0
其中：群众艺术馆面积	平方米	21440.9	21440.9	100.0
镇街文化站面积	平方米	38341.1	38341.1	100.0
社区文化活动室面积	平方米	63580	63580	100.0
3. 演艺中心情况	—	—	—	—
演艺中心个数	个	131	129	101.6
其中：艺术表演场馆个数	个	5	5	100.0
歌舞娱乐场所个数	个	126	124	101.6
演艺中心面积	平方米	60935.8	58486.8	104.2
其中：艺术表演场馆面积	平方米	1475	1475	100.0
歌舞娱乐场所面积	平方米	59460.8	57011.8	104.3
4. 网吧情况	—	—	—	—
网吧个数	个	220	269	81.8
网吧面积	平方米	67867.1	102642.7	66.1
5. 文化广场情况	—	—	—	—
文化广场个数	个	198	184	107.6
文化广场面积	平方米	1012839	997399.2	101.5
6. 文化公园情况	—	—	—	—
文化公园个数	个	4	4	100.0
文化公园面积	平方米	50000	50000	100.0
7. 百家文艺团队	家	74	65	113.8
8. 年内电影放映场次	场	3400	3032	112.1
二、体育事业	—	—	—	—
1. 体育场馆个数	个	113	113	100.0
体育场馆面积	平方米	609917	609917	100.0
2. 游泳跳水场馆个数	个	7	7	100.0
游泳跳水场馆面积	平方米	6670	6670	100.0
3. 综合房（馆）及专业训练房管个数	个	202	123	164.2
综合房（馆）及专业训练房管面积	平方米	52408	49008	106.9
4. 室外专项体育场个数	个	465	405	114.8
室外专项体育场面积	平方米	652767	441739	147.8
5. 年内举办运动会	次	18	18	100.0
参加运动会运动员	人	42000	42000	100.0

说明：以上数据由县文旅局提供

表 13

2018 年卫生事业情况

指标名称	计算单位	2018 年	2017 年	为 2017 年的百分比 %
卫生机构	个	536	495	109.9
其中：医院、卫生院	个	35	31	112.9
妇幼保健院（所、站）	个	1	1	100.0
专科疾病防治院（所、站）	个	1	1	100.0
卫生计生综合监督局	个	1	1	100.0
社区卫生服务中心	个	5	4	125.0
诊所、医务室	个	208	187	111.2
村卫生室	个	211	212	99.5
门诊部	个	74	61	121.3
床位数	张	6203	5246	118.2
卫生人员	人	8616	8084	106.6
1. 卫生技术员	人	7677	7182	106.9
（1）执业（助理）医师	人	604	461	131.0
（2）执业医师	人	2027	1904	106.5
（3）注册护士	人	4135	3950	104.7
（4）药师	人	306	299	102.3
（5）技师	人	295	278	106.1
（6）其他	人	310	290	106.9
2. 其它技术人员	人	305	291	104.8
3. 管理人员	人	299	286	104.6
4. 工勤人员	人	335	325	103.1
疾病预防控制中心（防疫站）	个	1	1	100.0
疾病预防控制中心（防疫站）卫生防预人员	人	70	69	101.5
村级医生和卫生人员	人	211	212	99.5
5 岁以下儿童死亡率	‰	4.67	4.6	102.6
婴儿死亡率	‰	3.32	2.76	120.3
产妇住院分娩比例	%	100	100	100.0

说明：以上数据由县卫健局提供。卫生监督所，于 2018 年改为“卫生计生综合监督局”

表 14

2018 年劳动就业和社会保障情况

指标名称	计算单位	2018 年	2017 年	为 2017 年的百分比 %
城镇新增就业人员	人	17906	17701	101.2
城镇登记失业率	%	2.99	2.8	106.8
安排下岗失业人员再就业	人	1557	3405	45.7
其中：大龄就业困难对象再就业	人	3968	1401	283.2
下岗失业人员再就业培训	人	570	850	67.1
农村富余劳动力转移就业增加人数	人	4000	4282	93.4
农村劳动力转移培训	人	2471	1627	151.9
企业基本养老保险参保人数	人	195248	179410	108.8
机关养老保险参保人数	人	19719	19432	101.5
城乡居民养老保险参保人数	人	414500	415701	99.7
基本医疗保险参保人数	人	830383	791599	104.9
其中：城镇职工基本医疗保险参保人数	人	192216	161265	119.2
城乡居民基本医疗保险参保人数	人	638167	630334	101.2
失业保险参保人数	人	160785	140656	114.3
工伤保险参保人数	人	138567	134000	103.4
生育保险参保人数	人	148511	127637	116.4
社会保险基金总收入	亿元	65.8	51.2	128.5

说明：以上数据由县人社局提供。“基本医疗保险参保人数”“生育保险参保人数”数据由医保局提供

表 15

2018 年民政工作和社会救助情况

指标名称	计算单位	2018 年	2017 年	为 2017 年的百分比 %
登记结婚数	对	6834	6169	110.8
登记离婚数	对	2449	2624	93.3
各类收养性社会福利单位床位数	张	5355	4845	110.5
各类收养性社会福利单位收养人员数	人	1851	1617	114.5
财政预算安排“低保”资金增长率	%/ 万元	4082	5073	80.5
社会救济总人数	人	6149	4012	153.3
居民最低生活保障人数	人	149426	13336	—

续表 15

指标名称	计算单位	2018 年	2017 年	为 2017 年的百分比 %
其中：城镇居民最低生活保障人数	人	10649	1106	—
农村居民最低生活保障人数	人	138777	12230	—
特困供养人员人数	人	48117	4049	—
接受社会捐赠资金★	万元	333.9	856.9	39.0
销售社会福利彩票	万元	3200	32000	10.0
基本养老服务补贴覆盖率	%	100	100	100.0
已发放基本养老服务补贴人数	人	362	470	77.0

说明：以上数据由县民政局提供

表 16

2018 年交通运输情况

指标名称	计算单位	2018 年	2017 年	为 2017 年的百分比 %
辖区内通车公路里程	千米	6237	4916	126.9
货运量	万吨	2219	2183	101.7
货运周转量	万吨千米	116042	109898	105.6
客运量	万人次	5027	4320	116.4
客运周转量	万人千米	36138	49205	73.4
公路年末到达数	千米	2806	2421	115.9
县道	千米	463	333	138.9
乡道	千米	712	699	101.9
桥梁年末数	座	261	261	100.0
县道	座	56	56	100.0
乡道	座	100	100	100.0
桥梁年末数	米	6300	6300	100.0
县道	米	2661	2661	100.0
乡道	米	1637	1637	100.0
涵洞	道	2080	2080	100.0
县道	道	927	927	100.0
乡道	道	856	856	100.0

说明：以上数据由县交通局提供

表 17

2018 年房地产管理情况

指标名称	计算单位	2018 年	2017 年	为 2017 年的百分比 %
发放产权证本数	本	56922	61663	92.3
发放产权证面积	万平方米	1150	1121	102.6
房地产交易宗数	宗	31939	37931	84.2
房地产交易面积	万平方米	349.3	392	89.1
房地产抵押宗数	宗	26608	28748	92.6
房地产抵押面积	万平方米	599	502	119.3
物业服务企业个数	家	195	192	103.7
其中：县内注册	家	125	127	104.1
其中：一级资质企业	家	取消资质	—	—
二级资质企业	家	取消资质	—	—
三级资质企业	家	取消资质	—	—
物业管理总面积	万平方米	5103	4895	105.5
物业管理从业人员数	人	19531	15727	105.6
当年归积公积金	万元	125699	106385	118.2
累计归积公积金	万元	660549	534850	123.5
累计归积公积金余额	万元	342230	283423	120.7

说明：以上数据由县自然资源局、县住房和城乡建设局、县公积金管理中心提供。根据中华人民共和国住房和城乡建设部办公厅建办房〔2017〕75 号文件，已取消物业服务企业资质。目前市住建委正在实施物业服务业诚信备案制度。房地产抵押宗数、面积为新房认购贷款抵押与现房抵押数据

表 18

2018 年邮政通迅事业情况

指标名称	计算单位	2018 年	2017 年	为 2017 年的百分比 %
邮政业务收入	万元	23051	20003	115.2
函件收入	万元	112.9	297.8	37.9
包裹收入	万元	8124.4	6758.4	120.2
汇票收入	万元	117.7	4.5	2614.7
报刊收入	万元	452.3	617.3	73.3
邮路总条数	条	121	121	100.0

续表 18

指标名称	计算单位	2018 年	2017 年	为 2017 年的百分比 %
邮路总长度（单程）	千米	4566	4566	100.0
邮政储蓄期末余额	万元	776868	717718	108.2
电信业务收入	亿元	16.4	15.7	104.5
移动电话用户	万户	146.3	163.6	89.4
计算机互联网用户	万户	34.6	33.4	103.6

说明：以上数据由县邮政公司、县电信公司、县移动公司、县联通公司、县邮储银行提供

表 19

2018 年社会治安情况

指标名称	计算单位	2018 年	2017 年	为 2017 年的百分比 %
交通事故件数	件	182	182	100.0
当年交通事故死亡人数	人	26	26	100.0
刑事案件立案数	件	1103	693	159.2
犯罪人数（生效判决确定的犯罪人数）	人	1242	852	145.8
民事案件发案数	件	9155	7964	115.0
火灾事故件数	件	91	103	88.4
当年火灾事故死亡人数	人	3	0	300.0
亿元 GDP 安全事故死亡率	%	0.008	0.016	50.0
生产安全事故件数	件	11	37	29.7
当年生产安全事故死亡人数	人	12	23	52.5
群体性食品安全事故年报告发生数	起	0	0	—

说明：以上数据由县公安局、县法院、县消防大队、县应急管理局、县食安办提供

表 20

2018 年档案事业与馆藏情况

指标名称	计算单位	2018 年	2017 年	为 2017 年的百分比 %
馆藏全部档案全宗	个	228	228	100.0
馆藏全部档案案卷	卷	259474	248205	104.5

续表 20

指标名称	计算单位	2018 年	2017 年	为 2017 年的百分比 %
录音、音像、影片等	盘	170	143	118.9
照片档案	张	10371	10107	102.6
资料数量	册	7699	7598	101.3
利用人数	人次	12046	3012	399.9
利用档案	卷次	19584	4623	423.6
利用资料	册次	47	21	223.8

说明：以上数据由县史志档案局提供

表 21

2018 年工商登记企业（年末数）情况

指标名称	计算单位	2018 年	2017 年	为 2017 年的百分比 %
工商登记年末数合计	户	27097	27857	97.3
1. 农林牧渔业	户	2948	3015	97.8
2. 工业	户	1794	2924	61.4
3. 建筑业	户	2187	1984	110.2
4. 交通运输仓储及邮电通信业	户	1281	1229	104.2
5. 信息传输、计算机服务和软件业	户	900	1015	88.7
6. 批发和零售贸易餐饮业	户	7332	7748	94.6
7. 金融保险业	户	335	554	60.5
8. 房地产业	户	697	703	99.1
9. 租赁和商务服务业	户	4043	3747	107.9
10. 科学研究、技术服务和地质勘察业	户	4090	3773	108.4
11. 水利、环境和公共设施管理业	户	110	107	102.8
12. 居民服务和其他服务业	户	541	516	104.8
13. 教育	户	103	46	223.9
14. 卫生、社会保障和社会福利业	户	46	37	124.3
15. 文化、体育和娱乐业	户	632	452	139.8

表 22

2018 年工商登记个体户（年末数）情况

指标名称	计算单位	2018 年	2017 年	为 2017 年的百分比 %
工商登记年末数合计	户	82910	90927	91.2
1. 农林牧渔业	户	1796	1844	97.4
2. 工业	户	2650	4569	58.0
3. 建筑业	户	139	151	92.1
4. 交通运输仓储及邮电通信业	户	6257	5056	123.8
5. 信息传输、计算机服务和软件业	户	616	848	72.6
6. 批发和零售贸易餐饮业	户	59421	65512	90.7
7. 金融保险业	户	15	16	93.8
8. 房地产业	户	215	243	88.5
9. 租赁和商务服务业	户	3349	3075	108.9
10. 科学研究、技术服务和地质勘察业	户	248	309	80.3
11. 水利、环境和公共设施管理业	户	18	393	4.6
12. 居民服务和其他服务业	户	7057	7635	92.4
13. 教育	户	20	36	55.6
14. 卫生、社会保障和社会福利业	户	244	209	116.7
15. 文化、体育和娱乐业	户	923	1031	89.5

说明：以上数据由县市监局提供

表 23

2018 年环境卫生事业情况

指标名称	计算单位	2018 年	2017 年	为 2017 年的百分比 %
一、完成工作量	—	—	—	—
收运垃圾	吨	323111	307446	105.1
清扫街道	万平方米	1345	1126	119.4
保洁从业人数	人	2198	1988	110.6
二、环卫专用设备	—	—	—	—
垃圾运输车	辆	54	36	150.0
扫路车	辆	47	39	120.5
洒水车	辆	95	76	125.0
三、环卫设施	—	—	—	—

续表 23

指标名称	计算单位	2018 年	2017 年	为 2017 年的百分比 %
公共厕所	座	97	99	98.0
其中：本年新建	座	0	0	—
垃圾站	个	103	86	119.8
其中：本年新建	个	0	0	—

说明：以上数据由县城管局、县环卫局提供。因道路发展规划需要，故在 2018 年拆除公共厕所两座；垃圾站 2018 年增加 17 个，是乡镇垃圾站，而非新建

表 24

2018 年园林绿化情况

指标名称	计算单位	2018 年	2017 年	为 2017 年的百分比 %
园林绿化覆盖面积	万平方米	2202.8	2112.4	104.3
绿化覆盖率	%	40	39.8	100.4
绿地面积	万平方米	2009.8	1955.9	102.8
新增绿地面积	万平方米	53.9	77.2	69.8
绿地率	%	36	36	100.0
公园个数	个	22	18	122.2
公园面积	万平方米	245	220	111.4

说明：以上数据由县城管局、县园林局提供

表 25

2018 年环境污染治理情况

指标名称	计算单位	2018 年	2017 年	为 2017 年的百分比 %
一、环境污染治理本年完成投资总额	万元	78649	66758	117.8
二、环保设施情况	—	—	—	—
1. 地表水在线监测设施数	套	6	4	150.0
2. 空气自动监测站数	座	2	3	66.7
3. 污水处理厂数	座	24	22	109.1
三、工业“三废”排放情况	—	—	—	—
1. 工业废水排放总量	万吨	1173	1303	90.0
工业废水排放达标量	万吨	1155	1282	90.1

续表 25

指标名称	计算单位	2018 年	2017 年	为 2017 年的百分比 %
工业废水排放达标率	%	98.5	98.4	100.1
2. 工业废气排放总量	万标立方米	3133671	2250427	139.2
工业烟尘排放量达标率	%	92.8	92.6	100.2
3. 工业固体废物产生量	吨	345406	76737	450.1
工业固体废物综合利用量	吨	146905	25367	579.1
四、城市环境质量状况	—	—	—	—
1. 地表水质达标率	%	100	100	100.0
地表水水质满足Ⅲ类标准的断面比例	%	100	100	100.0
地表水水质满足Ⅳ类标准的断面比例	%	100	100	100.0
2. 城镇污水处理率	%	98.5	98.1	100.4
城镇污水处理量	万吨	11614	9271	125.3
3. 空气质量达标率	%	83	80	103.8
城市全年空气质量良好以上天数	天	303	292	103.8

说明：以上数据由县环保局、住房和城乡建设局提供

表 26

2018 年资源及能耗情况

指标名称	计算单位	2018 年	2017 年	为 2017 年的百分比 %
行政区域土地面积	平方千米	1756	1756	100.0
城镇建成区绿化覆盖率	%	40.0	38.6	103.6
森林总蓄积量	万立方米	453	435.3	104.1
活立木总蓄积量	万立方米	482	462.9	104.1
森林面积	公顷	75444.4	75372.2	100.1
森林覆盖率	%	49.8	49.8	100.0
林地总面积	公顷	77210.9	77442.9	99.7
能源消费总量	吨标准煤	5521440	5335287	103.5
其中：工业能源消费	吨标准煤	2148924	2240818	95.9
单位 GDP 能耗	吨标准煤 / 万元	0.35	0.38	92.1
单位工业增加值能耗	吨标准煤 / 万元	0.22	0.26	84.6
全年用电量	亿千瓦时	69.4	58.2	119.2
其中：工业用电量	亿千瓦时	39.2	33.9	115.6

说明：以上数据由县自然资源局、县城管局、县统计局提供

表 27

2018 年农业牧渔产值情况

指标名称	计算单位	2018 年	2017 年	为 2017 年的百分比 %
农林牧渔业总产值（现价）	万元	1044933	1027130	101.7
农业产值（现价）	万元	731858	702866	104.1
林业产值（现价）	万元	41865	37869	110.6
牧业产值（现价）	万元	187052	206702	90.5
渔业产值（现价）	万元	24238	24453	99.1
农林牧渔服务业产值（现价）	万元	59920	55240	108.5
农林牧渔业总产值（可比价）	万元	1060494	1040098	102.0
农业产值（可比价）	万元	733707	694510	105.6
林业产值（可比价）	万元	40567	40179	101.0
牧业产值（可比价）	万元	203341	229679	88.5
渔业产值（可比价）	万元	23669	23191	102.1
农林牧渔服务业产值（可比价）	万元	59209	52526	112.7
农林牧渔业总产值速度	%	3.2	3.2	100.0

说明：根据第三次农业普查结果修正 2017 年农林牧渔业增加值、主要农产品播种面积及产量等数据

表 28

2018 年主要农业物生产情况

指标名称	计算单位	2018 年	2017 年	为 2017 年的百分比 %
农作物总播种面积	千公顷	122.9	125.4	98.0
一、粮食作物播种面积	千公顷	77.7	80.7	96.3
总产量	吨	498940	510495	97.7
（一）谷物播种面积	千公顷	70.0	73.9	94.7
总产量	吨	464457	483063	96.1
1. 稻谷播种面积	千公顷	66.1	71.3	92.7
总产量	吨	441046	465137	94.8
（1）早稻播种面积	千公顷	28.9	30.6	94.2
总产量	吨	178272	185295	96.2
（2）中稻及一季晚稻播种面积	千公顷	8.4	9.9	—
总产量	吨	65895	70952	92.9

续表 28

指标名称	计算单位	2018 年	2017 年	为 2017 年的百分比 %
（3）双季晚稻播种面积	千公顷	28.85	30.85	93.5
总产量	吨	196879	208891	94.2
2. 小麦播种面积	千公顷	0	0	—
总产量	吨	0	0	—
3. 玉米播种面积	千公顷	3.3	2.4	134.0
总产量	吨	20874	17326	120.5
4. 高粱播种面积	千公顷	0.5	0.1	662.5
总产量	吨	2360	389	606.7
（二）豆类播种面积	千公顷	3.7	3.0	123.9
总产量	吨	14019	9138	153.4
1. 大豆播种面积	千公顷	1.8	1.4	134.1
总产量	吨	8076	5332	151.5
2. 绿豆播种面积	千公顷	0.2	0.1	271.4
总产量	吨	722	238	303.4
3. 蚕豌豆播种面积	千公顷	1.2	1.4	89.6
总产量	吨	3076	2943	104.5
4. 红小豆播种面积	千公顷	0.03	0.03	100.0
总产量	吨	64	49	130.6
5. 其 wb 杂豆播种面积	千公顷	0.5	0.2	245.0
总产量	吨	2081	576	361.3
（三）薯类播种面积	千公顷	4.0	3.8	104.7
总产量	吨	20464	18294	111.9
1. 红薯播种面积	千公顷	2.2	2.0	108.3
总产量	吨	11586	10183	113.8
2. 马铃薯播种面积	千公顷	1.8	1.8	100.6
总产量	吨	8878	8111	109.5
二、油料作物播种面积	千公顷	9.4	9.2	102.0
总产量	吨	17037	15752	108.2
1. 花生播种面积	千公顷	0.6	0.5	121.3
总产量	吨	1632	1270	128.5
2. 油菜籽播种面积	千公顷	8.5	8.5	100.8

续表 28

指标名称	计算单位	2018 年	2017 年	为 2017 年的百分比 %
总产量	吨	14848	13961	106.4
3. 芝麻播种面积	千公顷	0.15	0.14	107.1
总产量	吨	277	243	114.0
4. 其他油料播种面积	千公顷	0.10	0.11	90.9
总产量	吨	280	278	100.7
三、棉花播种面积	千公顷	0	0	—
总产量	吨	0	0	—
四、烟叶播种面积	千公顷	0.01	0.04	25.0
总产量	吨	19	125	15.2
1. 烤烟播种面积	千公顷	0.00	0.03	0.0
总产量	吨	0	117	0.0
2. 晒（土）烟播种面积	千公顷	0.01	0.01	100.0
总产量	吨	19	8	237.5
五、药材播种面积	千公顷	0.1	0.1	100.0
总产量	吨	750	728	103.0
六、蔬菜播种面积（含果用瓜）	千公顷	26.5	26.1	101.6
总产量	吨	1002834	986201	101.7
七、瓜果类播种面积	千公顷	0.99	1.00	99.0
总产量	吨	31500	33861	93.0
1. 西瓜播种面积	千公顷	0.7	0.8	90.9
总产量	吨	24150	27204	88.8
2. 甜瓜播种面积	千公顷	0.21	0.20	105.0
总产量	吨	6080	6050	100.5
3. 草莓播种面积	千公顷	0.04	0.03	133.3
总产量	吨	720	607	118.6
八、其它农作物播种面积	千公顷	8.2	8.2	99.8
青饲料播种面积	千公顷	1.6	1.6	96.9
绿肥播种面积	千公顷	6.6	6.6	100.5
其他农作物播种面积	千公顷	0.04	0.04	100.0

说明：根据第三次农业普查结果修正 2017 年农林牧渔业增加值、主要农产品播种面积及产量等数据

表 29

2018 年茶叶水果生产情况

指标名称	计算单位	2018 年	2017 年	为 2017 年的百分比 %
一、茶叶产量	吨	29900	26692	112.0
绿茶	吨	19190	15652	122.6
青茶	吨	0	0	—
红茶	吨	7220	7835	92.2
黑茶	吨	2860	2645	108.1
黄茶	吨	0	0	—
白茶	吨	630	0	—
其它茶	吨	0	560	0.0
二、水果总产量	吨	70925	74851	94.8
1. 园林水果	吨	39425	40990	96.2
其中：桔	吨	16054	17700	90.7
柚	吨	4080	4500	90.7
桃	吨	4500	3200	140.6
李	吨	3450	3800	90.8
梨	吨	1491	1500	99.4
葡萄	吨	9800	10500	93.3
2. 瓜果类水果	吨	31500	33861	93.0
三、年末茶园面积	千公顷	5.9	5.9	101.5
其中：当年采摘	千公顷	5.9	5.8	101.4
四、年末果园面积	千公顷	5.0	5.2	96.3
其中：桔园	千公顷	0.6	0.6	100.0
桃园	千公顷	0.5	0.5	90.0
梨园	千公顷	0.4	0.6	78.2
葡萄园	千公顷	0.5	0.6	88.3

说明：根据第三次农业普查结果修正 2017 年农林牧渔业增加值、主要农产品播种面积及产量等数据

表 30

2018 年林业生产情况

指标名称	计算单位	2018 年	2017 年	为 2017 年的百分比 %
油桐籽产量	吨	0	0	—
油茶籽产量	吨	2800	2500	112.0

续表 30

指标名称	计算单位	2018 年	2017 年	为 2017 年的百分比 %
棕片产量	吨	0	0	—
竹笋干产量	吨	5	4	125.0
板栗	吨	6250	6150	101.6
村及村以下木材采伐量	万立方	0.22	0.22	100.0

说明：根据第三次农业普查结果修正 2017 年农林牧渔业增加值、主要农产品播种面积及产量等数据

表 31

2018 年渔业生产情况

指标名称	计算单位	2018 年	2017 年	为 2017 年的百分比 %
水产品产量	吨	13624.2	14460	94.2
1. 淡水产品捕捞产量	吨	57.5	58	99.1
2. 淡水产品养殖产量	吨	13566.7	14402	94.2
淡水养殖面积	千公顷	2.97	2.98	99.7
1. 池塘养殖	千公顷	2.09	2.1	99.5
2. 湖泊养殖	千公顷	0	0	0
3. 河沟养殖	千公顷	0.02	0.02	100.0
4. 水库养殖	千公顷	0.86	0.86	100.0

说明：根据第三次农业普查结果修正 2017 年农林牧渔业增加值、主要农产品播种面积及产量等数据

表 32

2018 年畜牧业生产情况

指标名称	计算单位	2018 年	2017 年	为 2017 年的百分比 %
当年出栏猪头数	万头	95.6	99	96.6
出栏肉猪	万头	95.6	99	96.6
当年出栏和自宰的肉用牛	万头	0.67	0.6	108.1
当年出售和自宰的肉用羊	万只	1.92	1.9	102.1
当年出售自宰的家禽	万羽	198.3	197.8	100.3
当年出售自宰的肉用兔	万只	0.02	0.14	14.3
当年肉类总产量	吨	75843.6	77685	97.6
1. 猪肉产量	吨	71810	73308	97.9
其中：肉猪肉产量	吨	71810	73308	97.9

续表 32

指标名称	计算单位	2018 年	2017 年	为 2017 年的百分比 %
2. 牛肉产量	吨	834.2	769	108.5
3. 羊肉产量	吨	313.0	296	105.7
4. 禽肉产量	吨	2776.5	2793	99.4
当年牛奶产量	吨	632	659	95.9
当年蜂蜜产量	吨	54.9	56	98
当年禽蛋产量	吨	7395	7289	101.5
大牲畜存栏总头数	头	8485	8427	100.7
其中：牛存栏	头	8485	8427	100.7
生猪存栏	万头	65.9	70.5	93.5
其中：能繁殖的母猪	万头	6.1	6.5	93.4
山羊存栏	万只	1.6	1.6	101.3
其中：能繁母羊	万只	0.29	0.3	96.7
家禽存笼	万羽	240.3	238.4	100.8
其中：鸡	万羽	185.2	183.1	101.1

说明：根据第三次农业普查结果修正 2017 年农林牧渔业增加值、主要农产品播种面积及产量等数据

表 33

2018 年农机水电能源情况

指标名称	计算单位	2018 年	2017 年	为 2017 年的百分比 %
农业机械总动力合计	千瓦	1565600	1549341	101.0
其中：1. 柴油发动机总动力	千瓦	1235100	1222101	101.1
2. 汽油发动机总动力	千瓦	134965	131805	102.4
3. 电动机动力	千瓦	190990	190890	100.1
4. 其它机械动力	千瓦	4545	4545	100.0
大中型拖拉机（混合台）	台	1216	1099	110.6
小型及手扶拖拉机	台	3500	3500	100.0
农用排灌柴油机	台	34500	34500	100.0
农用排灌电动机	台	21500	21500	100.0
农用水泵	台	52000	52000	100.0
联合收获机	台	3358	3320	101.1

续表 33

指标名称	计算单位	2018 年	2017 年	为 2017 年的百分比 %
农用运输车	辆	5460	5460	100.0
机耕面积	千公顷	84.4	88.1	95.8
机播面积	千公顷	22.0	23.5	93.5
机收面积	千公顷	73.7	76.1	96.8
农用化肥施用量（实物量）	吨	96945	99500	97.4
1. 氮肥	吨	35200	36800	95.7
2. 磷肥	吨	20295	20780	97.7
3. 钾肥	吨	8800	9000	97.8
4. 复合肥	吨	32650	32920	99.2
农用塑料薄膜使用量	吨	755	745	101.3
农用柴油使用量	吨	8900	8800	101.1
农药使用量（实物量）	吨	1496	1586	94.3

说明：根据第三次农业普查结果修正 2017 年农林牧渔业增加值、主要农产品播种面积及产量等数据

表 34

2018 年规模以上工业基本情况

指标名称	计算单位	2018 年	2017 年	为 2017 年的百分比 %
企业单位个数	个	402	370	108.6
工业总产值（现价）	万元	27623010	24984670	110.6
其中：规模以上工业	万元	24517565	22166662	110.6
规模以下工业	万元	3105445	2818008	110.2
规模以上工业企业产值（现价）	万元	24517565	22166662	110.6
其中：轻工业	万元	1162387	1148670	101.2
重工业	万元	23355178	21017992	111.1
一区七园工业企业产值（现价）	万元	24202283	21834315	110.8
开发区	万元	22440522	20408521	110.0
七园小计	万元	2077043	1758141	118.1
规模工业销售产值（现价）	万元	23174835	21148969	109.6
规模以上工业增加值（现价）	万元	5669953	5001135	113.4

说明：各指标值包含上汽大众、切分单位数据，不包含宁乡三一数据

表 35

2018 年规模以上工业企业主要经济指标

指标名称	计算单位	总计	其中： 1. 国有企业	2. 集体企业	3. 股份制企业	4. 外商及港、澳、台商投资企业	5. 其他经济类型
企业个数（个）	个	402	2	1	342	47	10
资产总计	亿元	3004.6	2.5	0.8	2231.4	766.8	3.2
营业收入	亿元	2295.8	1.2	—	1294.8	997.0	2.8
营业成本	亿元	1789.7	0.8	—	1011.3	774.9	2.6
营业税金及附加	亿元	28.9	0.01	—	9.1	19.8	0.02
营业利润	亿元	125.3	−0.2	—	86.7	38.7	0.1
利润总额	亿元	129.2	−0.1	—	90.6	38.6	0.1

说明：各指标值包含上汽大众、切分单位数据，不包含宁乡三一数据

表 36

2018 年规模以上工业企业经济效益综合指数

指标名称	计算单位	1—12 月	2017 年同期
总资产贡献率	%	8.1	6.3
资本保值率	%	104.7	116.2
资产负债率	%	63.5	61.8
流动资产周转率	次 / 年	1.3	1.4
存货周转率	次 / 年	4.6	5.4
每百元主营业务收入中的成本	元	78.0	79.0
期间费用率	%	12.4	11.7
成本费用利润率	%	6.2	5.1
营业收入利润率	%	5.6	4.7

说明：各指标值包含上汽大众、切分单位数据，不包含宁乡三一数据

表 37

2018 年规模以上工业企业主要产品产量汇总

指标名称	计算单位	2018 年	2017 年	为 2017 年的百分比 %
大米	吨	564	5477	10.3
饲料	吨	163980.6	151965.6	107.9
饮料	吨	165224.1	151182.5	109.3

续表 37

指标名称	计算单位	2018 年	2017 年	为 2017 年的百分比 %
精制茶	吨	17406	19137.8	91.0
单色印刷品	令	277379	239877	115.6
合成洗涤剂	吨	50011	56078	89.2
硅酸盐水泥熟料	吨	350032	1700050	20.6
水泥	吨	346692	3810457	9.1
砖	万块	4366.8	5847.6	74.7
铸铁件	吨	27884.3	49404	56.4
挖掘、铲土运输机械	台	59661	36207	164.8
挖掘机	台	59240	35936	164.8
压实机械	台	3310	2768	119.6
混凝土机械	台	19133	18761	102.0
汽车	辆	245484	246875	99.4
载货汽车	辆	14838	17973	82.6
新能源汽车	辆	13960	23450	59.5
改装汽车	辆	23614	16032	147.3
电力电缆	千米	168927	81698	206.8

表 38 2018 年总承包和专业承包建筑业企业生产情况（3 级以上）

指标名称	计算单位	2018 年	2017 年	为 2017 年的百分比 %
建筑业企业个数	个	118	80	147.5
其中：总承包企业和专业承包企业个数	个	99	76	130.3
劳务分包企业个数	个	19	4	475.0
建筑业总产值	万元	4788071	4633051	103.3
其中：装饰装修产值	万元	286510	315827	90.7
其中：在外省完成的产值	万元	1748507	1873486	93.3
其中：建筑工程产值	万元	3906314	3860882	101.2
安装工程产值	万元	300309	206657	145.3
其他产值	万元	581449	565512	102.8
竣工产值	万元	2218437	2304322	96.3

续表 38

指标名称	计算单位	2018 年	2017 年	为 2017 年的百分比 %
房屋建筑施工面积	万平方米	2863	2530	113.2
房屋建筑竣工面积	万平方米	714	799	89.4
年平均从业人数	人	116452	122690	94.9
从业人员劳动报酬	万元	949896	493916	192.3
年末自有施工机械设备	台	158991	13972	1137.9

表 39

2018 年总承包和专业承包建筑业企业财务状况（3 级以上）

指标名称	计算单位	2018 年	2017 年	为 2017 年的百分比 %
资产总计	万元	2450319	1892158	129.5
所有者权益合计	万元	1121920	885632	126.7
工程结算收入	万元	4631809	3649559	126.9
工程结算成本	万元	4189374	3344023	125.3
工程结算税金及附加	万元	97285	99830	97.5
工程结算利润	万元	345150	205706	167.8
管理费用	万元	106759	75393	141.6
财务费用	万元	9052	7333	123.4
营业利润	万元	213141	144180	147.8
利润总额	万元	213455	143763	148.5
应交所得税	万元	38353	25668	149.4
应付职工薪酬	万元	949896	493916	192.3

表 40

2018 年房地产开发企业投资情况

指标名称	计算单位	2018 年	2017 年	为 2017 年的百分比 %
房地产企业数	个	128	120	106.7
计划总投资	万元	11040684	9277507	119.0
自开始建设累计完成投资	万元	8499209	7087281	119.9
本年完成投资	万元	1774178	1699371	104.4
按构成分：建筑工程	万元	1192237	1242337	96.0

续表 40

指标名称	计算单位	2018 年	2017 年	为 2017 年的百分比 %
安装工程	万元	215717	171496	125.8
设备工程具购置	万元	42565	40474	105.2
其他费用	万元	323659	245067	132.1
按工程用途分：住宅	万元	922183	836031	110.3
办公楼	万元	70277	96183	73.1
商业营业用房	万元	405960	434096	93.5
其他	万元	375758	333064	112.8

表 41

2018 年房地产开发企业资金及土地情况

指标名称	计算单位	2018 年	2017 年	为 2017 年的百分比 %
本年资金来源合计	万元	2477431	3094270	80.1
其中：上年末结余资金	万元	912133	723363	126.1
本年各项应付款合计	万元	662067	354187	186.9
其中：工程款	万元	403166	191371	210.7
待开发土地面积	平方米	564477	697502	80.9
本年购置土地面积	平方米	758506	410572	184.7
本年土地成交价款	万元	315693	107352	294.1

表 42

2018 年房地产开发企业施工及销售情况

指标名称	计算单位	2018 年	2017 年	为 2017 年的百分比 %
房屋施工面积	平方米	14120123	12642302	111.7
其中：新开工面积	平方米	4341015	3853047	112.7
本年房屋竣工面积	平方米	1751630	1657876	105.7
商品住宅竣工套数	套	9581	9213	104.0
竣工房屋价值	万元	648721	420360	154.3
商品房销售面积	平方米	3072318	3012100	102.0
商品房销售额	万元	1784787	1903656	93.8
商品住宅销售套数	套	16119	19430	83.0

表 43

2018 年全社会消费品零售总额汇总

指标名称	计算单位	2018 年	2017 年	为 2017 年的百分比 %
社会消费品零售总额	万元	5198811	4794592	108.4
一、按销售单位所在地分	—	—	—	—
1. 城镇	万元	3067762	2842454	107.9
2. 乡村	万元	2131049	1952138	109.2
二、按行业分组	—	—	—	—
1. 批发业	万元	417162	393783	105.9
限额以上	万元	111118	117697	94.4
限额以下	万元	306045	276086	110.9
2. 零售业	万元	4593003	4239680	108.3
限额以上	万元	2826481	2646079	106.8
限额以下	万元	1766523	1593602	110.9
3. 住宿业	万元	65121	56313	115.6
限额以上	万元	25592	20653	123.9
限额以下	万元	39528	35660	110.8
4. 餐饮业	万元	123525	104816	117.8
限额以上	万元	37475	27190	137.8
限额以下	万元	86050	77626	110.9
全部限额以上企业	万元	3000666	2811619	106.7
全部限额以下企业	万元	2198145	1982973	110.9

表 44

2018 年限额以上批发零售业销售情况汇总（批发业、零售业）

指标名称	法人企业数（个）	从业人数（人）	商品销售额（万元）	批发额（万元）	零售额（万元）
总计	207	12577	8544050	6004326	2539725
一、批发业	84	4606	6044965	5997329	47636
1. 按批发行业小类分	—	—	—	—	—
农、林、牧、渔产品批发	6	174	79093	76759	2334

续表 44

指标名称	法人企业数（个）	从业人数（人）	商品销售额（万元）	批发额（万元）	零售额（万元）
食品、饮料及烟草制品批发	12	710	113842	101970	11872
纺织、服装及家庭用品批发	2	133	20603	20603	—
文化、体育用品及器材批发	2	114	28770	28770	—
医药及医疗器材批发	6	909	634272	634272	—
矿产品、建材及化工产品批发	15	250	155115	152865	2251
机械设备、五金产品及电子产品批发	41	2316	5013270	4982091	31179
2. 按登记注册类型分	—	—	—	—	—
内资企业	83	4325	3948497	3900861	47636
有限责任公司	11	1418	2955100	2939068	16032
股份有限公司	2	10	27054	27054	—
私营企业	70	2897	966343	934739	31604
外商投资企业	1	281	2096468	2096468	—
中外合资经营企业	1	281	2096468	2096468	—
二、零售业	123	7971	2499085	6996	2492089
1. 按零售行业小类分（2017）	—	—	—	—	—
综合零售	11	1542	142057	3958	138099
食品、饮料及烟草制品专门零售	6	213	7401	257	7144
纺织、服装及日用品专门零售	1	29	2153	—	2153
文化、体育用品及器材专门零售	2	52	3401	457	2944
医药及医疗器材专门零售	1	473	24289	—	24289
汽车、摩托车、零配件和燃料及其他动力销售	95	5553	2304742	325	2304418
家用电器及电子产品专门零售	1	21	962	—	962
五金、家具及室内装饰材料专门零售	2	36	4986	746	4240
货摊、无店铺及其他零售业	4	52	9095	1254	7841
2. 按登记注册类型分	—	—	—	—	—
内资企业	119	7316	2202655	6996	2195659
国有企业	1	12	4207	—	4207
集体企业	1	10	5222	—	5222
有限责任公司	23	1781	695555	—	695555
私营企业	1	12	2704	—	2704

续表 44

指标名称	法人企业数（个）	从业人数（人）	商品销售额（万元）	批发额（万元）	零售额（万元）
港、澳、台商投资企业	93	5501	1494968	6996	1487972
与港澳台商合资经营企业	2	352	250414	—	250414
港澳台商独资企业	2	303	46016	—	46016
外商投资企业	2	303	46016	—	46016

表 45

2018 年限额以上批发零售业销售情况汇总（住宿业、餐饮业）

指标名称	法人企业数（个）	从业人数（人）	营业额（万元）	餐费收入（万元）
总计	55	4453	91850	52170
一、住宿业	23	2621	51841	17054
1. 按住宿业行业小类分	—	—	—	—
旅游饭店	14	2179	44704	15317
一般旅馆	8	395	6391	1462
民宿服务	1	47	746	275
2. 按登记注册类型分	—	—	—	—
内资企业	23	2621	51841	17054
有限责任公司	6	651	15443	3853
私营企业	17	1970	36398	13201
二、餐饮业	32	1832	40009	35116
1. 按餐饮业行业小类分	—	—	—	—
正餐服务	28	1568	32331	28020
快餐服务	3	263	7262	7082
其他餐饮业	1	1	416	13
小吃服务	1	1	416	13
2. 按登记注册类型分	—	—	—	—
内资企业	31	1724	37291	33309
有限责任公司	3	128	3552	2963
私营企业	28	1596	33739	30347

续表 45

指标名称	法人企业数（个）	从业人数（人）	营业额（万元）	餐费收入（万元）
外商投资企业	1	108	2718	1806
外资企业	1	108	2718	1806

表 46

2018 年商品交易额亿元以上市场情况

指标名称	市场数量（个）	总摊位数（个）	年末出租摊位数（个）	营业面积（平方米）	成交额（万元）
总计	5	4918	4918	851471	4812738
一、按市场类别分组	—	—	—	—	—
1. 综合市场	—	—	—	—	—
2. 专业市场	5	4918	4918	851471	4812738
生产资料市场	1	682	682	4200	12703
机械设备市场	1	682	682	4200	12703
农产品市场	1	2903	2903	145239	2860238
蔬菜市场	1	2903	2903	145239	2860238
家具、五金及装饰材料市场	1	237	237	11000	15503
五金材料市场	1	237	237	11000	15503
汽车、摩托车及零配件市场	2	1096	1096	691032	1924294
汽车市场	1	236	236	679032	1881294
机动车零配件市场	1	860	860	12000	43000
二、按营业状态分组	—	—	—	—	—
1. 常年营业	5	4918	4918	851471	4812738
2. 季节性营业	—	—	—	—	—
3. 其他	—	—	—	—	—
三、按经营方式分组	—	—	—	—	—
1. 以批发为主	3	4445	4445	161439	2915941
2. 以零售为主	2	473	473	690032	1896797
四、按经营环境分组	—	—	—	—	—
1. 露天式	—	—	—	—	—
2. 封闭式	3	3999	3999	836271	4784532
3. 其他	2	919	919	15200	28206

表 47

2018 年城乡居民住户调查情况

指标名称	单位	2018 年	2017 年
可支配收入	元	40226	36977
家庭收入	—	—	—
一、工资性收入	元	27229	25261
二、经营净收入	元	5416	4870
三、财产净收入	元	5448	5054
四、转移净收入	元	2132	1792
消费支出	元	27569	25257
其中：食品烟酒	元	7432	5989
衣着	元	1907	1922
居住	元	4980	5126
生活用品及服务	元	1920	1823
交通通信	元	4375	3976
教育文化娱乐	元	5129	4681
医疗保健	元	1537	1462
其他用品和服务	元	289	277
居民文教娱乐服务消费支出占消费总支出比重	%	18.6	18.5
耐用消费品拥有情况	—	—	—
1. 家用汽车	辆 / 百户	75.6	71
2. 摩托车	辆 / 百户	43.1	79.3
3. 助力车	台 / 百户	28.3	28.4
4. 洗衣机	台 / 百户	103.5	109
5. 电冰箱（柜）	台 / 百户	103.8	112.7
6. 微波炉	台 / 百户	33.1	46.7
7. 彩色电视机	台 / 百户	104.5	118.1
其中：接入有线电视	台 / 百户	86.5	107
8. 空调	台 / 百户	202.0	203.3
9. 热水器	台 / 百户	101.0	106.3
其中：太阳能热水器	台 / 百户	7.2	27
10. 洗碗机	台 / 百户	1.2	3.9
11. 排油烟机	台 / 百户	82.8	89.7
12. 固定电话	线 / 百户	7.8	31.4

续表 47

指标名称	单位	2018 年	2017 年
13. 移动电话	部 / 百户	276.4	294.3
其中：接入互联网	部 / 百户	193.3	218.9
14. 计算机	台 / 百户	71.8	75.8
其中：接入互联网	台 / 百户	57.2	72.1
15. 照相机	台 / 百户	10.9	20.7
16. 中高档乐器	架 / 百户	6.8	6.7
17. 健身器材	台 / 百户	3.2	12.3
18. 空气净化器（含新风系统）	台 / 百户	3.5	—
19. 吸尘器	台 / 百户	8.2	—

表 48

2018 年城镇居民住户调查情况

指标名称	计算单位	2018 年	2017 年	为 2017 年的百分比 %
可支配收入	元	46682	43144	108.2
家庭收入	—	—	—	—
一、工资性收入	元	29963	28093	106.7
二、经营净收入	元	5226	4305	121.4
三、财产净收入	元	9272	8771	105.7
四、转移净收入	元	2221	1975	112.5
消费支出	元	32648	31123	104.9
其中：食品烟酒	元	9150	7399	123.7
衣着	元	2313	2492	92.8
居住	元	5492	5973	91.9
生活用品及服务	元	1856	1910	97.2
交通通信	元	5276	4918	107.3
教育文化娱乐	元	6062	5963	101.7
医疗保健	元	2126	2111	100.7
其他用品和服务	元	374	358	104.5
耐用消费品拥有情况	—	—	—	—
1. 家用汽车	辆 / 百户	84.7	72.9	116.2
2. 摩托车	辆 / 百户	13.7	48.8	—

续表 48

指标名称	计算单位	2018 年	2017 年	为 2017 年的百分比 %
3. 助力车	台 / 百户	32.7	18.4	177.7
4. 洗衣机	台 / 百户	100.1	102.4	—
5. 电冰箱（柜）	台 / 百户	98.0	108.3	90.5
6. 微波炉	台 / 百户	37.8	63.8	59.2
7. 彩色电视机	台 / 百户	104.3	114	91.5
其中：接入有线电视	台 / 百户	85.9	105.9	81.1
8. 空调	台 / 百户	224.6	223.7	100.4
9. 热水器	台 / 百户	110.1	111.3	98.9
其中：太阳能热水器	台 / 百户	0.0	29.8	0.0
10. 洗碗机	台 / 百户	2.2	6.7	32.1
11. 排油烟机	台 / 百户	100.2	102.4	97.9
12. 固定电话	线 / 百户	10.2	41.1	24.8
13. 移动电话	部 / 百户	278.3	286.3	97.2
其中：接入互联网	部 / 百户	204.5	213.7	95.7
14. 计算机	台 / 百户	91.2	92.1	99.1
其中：接入互联网	台 / 百户	75.2	89.7	83.8
15. 照相机	台 / 百户	14.0	23.3	60.0
16. 中高档乐器	架 / 百户	10.5	9.5	110.8
17. 健身器材	台 / 百户	4.3	16.6	25.7
18. 空气净化器（含新风系统）	台 / 百户	6.4	—	—
19. 吸尘器	台 / 百户	12.4	—	—

表 49

2018 年农村居民住户调查情况

指标名称	计算单位	2018 年	2017 年	为 2017 年的百分比 %
可支配收入	元	31786	29209	108.8
家庭收入	—	—	—	—
一、工资性收入	元	23655	21692	109.0
二、经营净收入	元	5665	5583	101.5
三、财产净收入	元	450	373	120.6
四、转移净收入	元	2016	1561	129.1

续表 49

指标名称	计算单位	2018 年	2017 年	为 2017 年的百分比 %
消费支出	元	20929	17866	117.1
其中：食品烟酒	元	5186	4213	123.1
衣着	元	1376	1204	114.3
居住	元	4312	4060	106.2
生活用品及服务	元	2002	1714	116.8
交通通信	元	3197	2789	114.6
教育文化娱乐	元	3911	3067	127.5
医疗保健	元	768	644	119.3
其他用品和服务	元	177	175	101.1
耐用消费品拥有情况	—	—	—	—
1. 家用汽车	辆 / 百户	64.4	68.4	94.2
2. 摩托车	辆 / 百户	79.6	121.1	65.7
3. 助力车	台 / 百户	22.7	42.1	54.0
4. 洗衣机	台 / 百户	107.6	118.1	91.1
5. 电冰箱（柜）	台 / 百户	111.0	118.7	108.8
6. 微波炉	台 / 百户	27.3	23.3	117.4
7. 彩色电视机	台 / 百户	104.8	123.7	84.7
其中：接入有线电视	台 / 百户	87.2	108.5	80.3
8. 空调	台 / 百户	174.1	175.4	99.2
9. 热水器	台 / 百户	89.7	99.5	90.1
其中：太阳能热水器	台 / 百户	16.1	23.1	69.7
10. 洗碗机	台 / 百户	0.0	0.0	—
11. 排油烟机	台 / 百户	61.3	72.3	84.8
12. 固定电话	线 / 百户	4.8	18.2	26.6
13. 移动电话	部 / 百户	273.9	305.1	89.8
其中：接入互联网	部 / 百户	179.4	226.0	79.4
14. 计算机	台 / 百户	47.8	53.5	89.3
其中：接入互联网	台 / 百户	35.0	48.1	72.8
15. 照相机	台 / 百户	7.1	17.2	41.1
16. 中高档乐器	架 / 百户	2.3	2.9	80.7
17. 健身器材	台 / 百户	2.0	6.4	30.4
18. 空气净化器（含新风系统）	台 / 百户	0.0	—	—
19. 吸尘器	台 / 百户	3.1	—	—

表 50

2018 年规模以上服务业企业单位基本情况

指标名称	计算单位	2018 年	2017 年	为 2017 年的百分比 %
单位个数	个	159	170	93.5
年初存货	万元	2468988	2406069	102.6
流动资产合计	万元	3815101	3337581	114.3
固定资产原价	万元	2077934	1847981	112.4
本年折旧	万元	100879	96768	104.2
资产总计	万元	6087507	6331333	96.1
营业收入	万元	1076219	967962	111.2
营业成本	万元	897714	796507	112.7
营业税金及附加	万元	11901	11326	105.1
营业费用、管理费用、财务费用合计	万元	130431	126447	103.2
营业利润	万元	84740	55077	153.9
利润总额	万元	92702	90062	102.9
应交所得税	万元	19493	18518	105.3
应交增值税	万元	16615	12573	132.2
应付职工薪酬	万元	220213	186623	118.0
从业人员平均人数	人	31943	31363	101.8

表 51

2018 年商品交易额亿元以上市场情况

指标名称	2018 年	2017 年	增长（%）	本期能耗构成（%）	同期能耗构成（%）
能源消费总量	5521440	5335287	3.49	100	100
第一产业能源消费	115400	158903	−27.38	2.09	2.98
第二产业能源消费	2585713	2690052	−3.88	46.83	50.42
工业能源消费	2148924	2240818	−4.1	38.92	42
规上工业	1226535	1285134	−6.97	22.21	24.71
规下工业	922389	955684	−3.48	16.71	17.91
建筑业能源消费	436790	449234	−2.77	7.91	8.42
第三产业能源消费	1875309	1620916	15.69	33.96	30.38
第三产业不含交通运输	1152574	894159	28.9	20.87	16.76
交通运输业能源消费	722735	726757	−0.55	13.09	13.62

续表 51

指标名称	2018 年	2017 年	增长（%）	本期能耗构成（%）	同期能耗构成（%）
居民生活用能	945018	865416	9.2	17.12	16.22
城市居民生活用能	487362	417616	16.7	8.83	7.83
农村居民生活用能	457656	447799	2.2	8.29	8.39
单位 GDP 能耗	0.35	0.37	−5.55	—	—
单位工业增加值能耗	0.22	0.25	−13	—	—
单位规模工业增加值能耗	—	—	−23.23	—	—
单位 GDP 电耗	444.94	408.97	8.95	—	—

表 52

2018 年规模以上工业能源购进与库存情况

能源名称	计量单位	年初库存量	购进量
原煤	吨	7591.7	36184.9
煤制品	吨	0	62.2
焦炭	吨	0	1771
天然气（气态）	万立方米	0.2	7196.2
液化天然气（液态）	吨	0	848.3
汽油	吨	69.1	8458.7
煤油	吨	0.4	99.2
柴油	吨	1105.2	15379.76
石脑油	吨	0	0
液化石油气	吨	0	91.9
润滑油	吨	24.6	3761.1
溶剂油	吨	0	7.1
其他石油制品	吨	655.3	7222.5
电力	万千瓦时	0	345005.9
煤矸石用于燃料	吨	1360.8	32520.5
生物燃料	吨	271.5	13173.4
余热余压	百万千焦	0	0
其他工业废料用于燃料	吨	0	0
其他燃料	吨标准煤	0	0
能源合计	吨标准煤	0	0

表 53

2018 年规模以上工业能源消费与库存情况

能源名称	消费量				年末库存量
	合计	1. 工业生产消费	用于原材料	2. 非工业生产消费	
原煤	40299	40285	0	14.8	3297
煤制品	61	61	0	0	1.2
焦炭	1771	1771	0	0	0
天然气（气态）	7196	6937	0.5	259.7	0.6
液化天然气（液态）	848	846	0	2	0
汽油	8472	2773	21.3	5698.1	34.9
煤油	99	88	0	11.3	0
柴油	15896	11131	323	4765.1	769.9
石脑油	0	0	0	0	0
液化石油气	92	83	0	8.7	0
润滑油	3770	3770	4.97	0	15.5
溶剂油	7	7	0	0	0
其他石油制品	7215	7214	2880	0	663.2
电力	345006	336326	0	8680	0
煤矸石用于燃料	32131	32131	0	0	1750
生物燃料	13159	13151	0	8	285.5
余热余压	0	0	0	0	0
其他工业废料用于燃料	0	0	0	0	0
其他燃料	0	0	0	0	0
能源合计	634743	605281	0	29461	0

表 54

2018 年乡镇资料

单位名称	居民委员会个数（个）	村民委员会个数（个）	乡镇行政区域面积（公顷）	乡镇总户数（户）	乡镇总人口（人）	财政总收入（万元）	财政支出（万元）
星沙街道	17	0	2453	26651	66097	52926	17307
泉塘街道	14	0	2084	8628	21651	23199	13340
湘龙街道	14	0	2263	18716	45583	51947	12967
榔梨街道	5	4	3471	11904	33758	1168	6513
长龙街道	3	3	2900	3953	10938	26087	11454
黄兴镇	5	14	15722	26995	88127	20784	16328

续表 54

单位名称	居民委员会个数（个）	村民委员会个数（个）	乡镇行政区域面积（公顷）	乡镇总户数（户）	乡镇总人口（人）	财政总收入（万元）	财政支出（万元）
江背镇	4	9	17452	19848	61429	12388	10115
黄花镇	6	13	14083	26369	78359	29120	14441
春华镇	1	8	12534	13982	46913	2320	8208
果园镇	3	4	6858	7712	25811	955	14610
路口镇	2	5	8828	9567	29365	1734	6549
高桥镇	1	5	11200	9038	29812	1675	8562
金井镇	2	12	20957	18984	65906	2997	16802
福临镇	1	6	8222	9523	29549	525	7542
青山铺镇	1	4	4619	7176	19893	433	5204
安沙镇	5	11	15942	20894	56050	13898	12122
北山镇	3	8	14500	17689	53714	3330	16048
开慧镇	2	8	11474	12492	43372	1009	13233

说明：1. 财政数据来源县财政局；2. 以上数据为初步汇总数

表 55

2018 年长沙县全面建成小康社会考评实现程度

指标名称	单位	目标值（2020 年）	权重	2018 年	
				数值	实现程度
一、经济发展	—	—	33	—	98.2
1. 人均地区生产总值 (按 2010 年不变价)	元	≥ 110000	5	136452	100.0
2. 税收占财政收入的比重	%	≥ 80	6	91.9	100.0
3. 经济结构指数	%	—	10	—	96.9
二、三产业增加值占 GDP 比重	%	≥ 96	—	95.8	99.7
高新技术产业增加值占 GDP 比重	%	≥ 30	—	27.8	92.6
4. 产业投资占固定资产投资比重	%	≥ 40	4.5	72.0	100.0
5. 防范和处置非法集资指数	%	=100	3	100.0	100.0
6. 开放型经济发展指数	%	—	4.5	—	94.0
利用内外资增长率	%	≥ 50	—	60.2	100.0
进出口总额增长率	%	≥ 75	—	60.0	80.0
7. 规模以上企业农产品加工产值与农业产值比重	%	—	—	—	—

续表 55

指标名称	单位	目标值（2020 年）	权重	2018 年	
				数值	实现程度
二、人民生活	—	—	21	—	98.0
8. 居民收入水平	元	—	7	—	95.5
城镇居民人均可支配收入	元	≥ 50000	—	46682	93.4
农村居民人均可支配收入	元	≥ 25000	—	31786	100.0
9. 贫困发生率	%	≤ 2	6	0.1	100.0
10. 农村自来水普及率	%	≥ 85	3	85.1	100.0
11. 农村卫生厕所普及率	%	=100	3	96.9	96.9
12. 建制村通客车率	%	≥ 98	2	100.0	100.0
三、社会发展	—	—	16	—	100.0
13. 社会保障发展水平	%	—	4	—	100.0
城乡医保参保率	%	≥ 95	—	96.0	100.0
基本养老服务补贴覆盖率	%	≥ 70	—	100.0	100.0
每千老年人口养老床位数	张	≥ 35	—	35.7	100.0
14. 教育发展水平	%	—	4	—	100.0
高中阶段毛入学率	%	≥ 95	—	98.0	100.0
劳动年龄人口平均受教育年限	年	≥ 11.5	—	15.0	100.0
15. 医疗卫生水平	%	—	4	—	100.0
每千常住人口医疗机构床位数	张	≥ 3.5	—	5.1	100.0
每千常住人口执业（助理）医师数	人	≥ 1.7	—	2.4	100.0
16. 人均拥有公共文化体育设施面积	平方米	≥ 3	4	4.3	100.0
四、民主法治	—	—	15	—	96.1
17. 基层党建指数	%	=100	4	99.8	99.8
18. 廉政指数	人 / 万人	≤ 8	3	1.5	100.0
19. 社会安全指数	%	=100	5	90.5	90.5
刑事犯罪率	%	—	—	7.136	71.0
交通事故死亡率	—	—	—	0.244	100.0
火灾事故死亡率	—	—	—	0.028	84.9
亿元 GDP 生产安全事故死亡率	—	—	—	0.008	100.0
群体性食品安全事故年报告发生数	—	—	—	0	100.0

续表 55

指标名称	单位	目标值（2020 年）	权重	2018 年	
				数值	实现程度
20. 社会治安综合治理满意度	%	≥ 90	3	86.8	96.5
五、生态文明	—	—	15	—	99.8
21. 单位 GDP 能耗降低率	%	≥ 16	4	16.1	100.0
22. 环境质量指数	%	—	8	—	99.6
城镇污水处理率	%	≥ 75	–	98.0	100.0
农村生活污水处理率	%	–	–	–	–
优良以上空气质量达标率	%	≥ 83	–	83.0	100.0
Ⅲ类或优于Ⅲ类水质达标率	%	≥ 95	–	93.6	98.5
农村垃圾集中处理率	%	–	–	–	–
23. 绿化水平	%	—	3	—	100.0
森林蓄积量增长率	%	≥ 3	–	4.0	100.0
城镇建成区绿化覆盖率	%	≥ 26	–	39.8	100.0
全面建成小康社会总实现程度	—	—	100	—	98.4

表 56

2018 年长沙县重点民生实事项目完成情况

类别	序号	考核项目		计量单位	工作目标	累计完成工作量	完成工作进度（%）	提供单位
一圈	1	●	“15 分钟生活圈”社区	个	22 个（含示范社区）	22 个	100.0%	规建局
	2	●	新改扩建公办幼儿园	所	4 所	4 所	100.0%	教育局
	3	●	绿色示范村庄	个	11 个	11 个	100.0%	农林局
		●	绿色示范社区	个	1 个	1 个	100.0%	农林局
	4	●	群众性体育设施	处	60 处	60 处	100.0%	文广局
	5	●	基层工作平台应用	–	“互联网 + 政务服务”平台与基层工作平台对接，“互联网 + 政务服务”下沉基层应用	平台使用已达到 100%	100.0%	大数据中心
两场	6	●	停车场	个	14 个	14 个	100.0%	交警大队
	7	●	农贸市场新改扩建	处	新建 2 处，改建 2 处	新建 2 处，改建 2 处	100.0%	商务局

续表 56

类别	序号		考核项目	计量单位	工作目标	累计完成工作量	完成工作进度（%）	提供单位
三道	8	●	自行车道新改建	千米	改建 17.32 千米，新建 14 千米	改建完成 24.105 千米，新建完成 20.1 千米，共完成 44.205 千米	116.6%	规建局
	9	●	人行道提质改造	千米	27 千米	27 千米	100.0%	城管局
		●	人行道建设	千米	14.36 千米	14.36 千米	100.0%	城管局
	10	●	历史文化步道	千米	1.7 千米	1.7 千米	100.0%	文广局
省考项目	11	★	城镇新增就业	人	16000 人	城镇新增就业人数 17906 人	119.1%	人社局
	12	★	自然村通水泥（沥青）路	千米	28 千米	110 千米	393.0%	交通局
	13	★	开展县级饮用水水源地环境整治	个	13 个	13 个	100.0%	执法局
	14	★	农村饮水安全巩固提升（贫困人口）	万人	0.92 万人	解决饮水不安全人口 0.92 万人	100.0%	水务局
	15	★	行政村配电网改造	万	总投资额 800 万元	总投资额 800 万元	100.00%	长沙县供电公司
	16	★	城镇黑臭水体整治	个	2 个	2 个	100.0%	规建局
	17	★	农村危房改造	个	900 个	990 个	100.0%	规建局
		★	城镇棚户区改造	个	2203 个	2487 户	112.8%	住保局
	18	★	基本消除义务教育超大班额	个	51 个	51 个	100.0%	教育局
省考项目	19	★	孕产妇免费产前筛查	个	5800 个	6982 个	120.4%	卫计局
	20	★	困难残疾人生活补贴和重度残疾人护理补贴发放标准提高	元 / 月	不低于 120 元 / 月和 80 元 / 月	已按照生活补贴 120 元 / 月，护理补贴 80 元 / 月的标准发放	100.0%	民政局
	21	★	城乡低保标准和救助水平提高	元 / 月	标准不低于 480 元 / 月和 3200 元 / 年；月人均救助水平不低于 320 元和 170 元	标准达到 550 元 / 月和 6600 元 / 年；月人均救助水平达到 401 元和 283.8 元	100.0%	民政局
市考项目	22	▲	标准化母婴室	个	1 个	1 个	100.0%	总工会
	23	▲	0−14 岁残疾儿童抢救性康复救助	名	80 名	80 名残疾儿童从 3 月份起正在接受康复训练	100.0%	残联

说明：备注栏中“●”表示“一圈两场三道”项目；“★”表示省考核项目；“▲”表示市考核项目。全县共有考核项目 23 个，“一圈两场三道”考核项目 9 个，省考核项目 11 个，市考核项目 2 个，分别由 17 个县直主要责任单位或驻县垂直管理主要责任单位牵头承办。

表 57

2018 年长沙分区、县（市）主要经济指标情况对比

地区	地区生产总值（亿元）		第一产业增加值（亿元）		第二产业增加值（亿元）		其中：规模以上工业增加值	第三产业增加值（亿元）		一般公共预算收入（亿元）		地方一般公共预算收入（亿元）		固定资产投资	社会消费品零售总额（亿元）	
	绝对额	增长（%）	绝对额	增长（%）	绝对额	增长（%）	增长（%）	绝对额	增长（%）	绝对额	增长（%）	绝对额	同口径增长（%）	增长（%）	绝对额	增长（%）
芙蓉区	1326.7	8.4	0.02	−68.0	87.6	−13.6	1.0	1239.1	10.7	103.8	3.1	29.3	1.0	8.0	890.4	7.5
天心区	1019.2	9.6	1.4	−8.5	270.9	5.5	3.1	746.8	11.4	137.9	9.9	41.3	2.0	11.1	550.4	9.7
岳麓区	1120.2	10.0	10.2	−3.2	425.5	9.2	8.5	684.6	11.1	116.9	15.6	34.0	8.4	12.3	400.6	9.1
开福区	1045.2	9.3	1.1	−11.9	150.8	0.9	5.2	893.2	11.0	134.9	9.1	40.9	1.1	12.0	737.5	11.0
雨花区	1888.2	7.8	5.3	−4.5	944.2	4.7	5.5	938.7	11.5	158.3	7.1	54.7	2.6	10.0	761.2	8.4
望城区	671.4	8.6	40.4	3.8	444.6	8.6	9.2	186.4	10.1	90.3	12.8	49.7	7.8	11.3	196.1	17.6
长沙县	1509.3	9.6	64.0	3.3	930.1	9.8	10.2	515.2	10.0	240.4	19.0	102.2	15.5	15.3	519.9	8.4
浏阳市	1342.1	8.6	95.4	4.6	864.5	8.7	10.3	382.2	9.3	113.3	13.1	69.2	11.0	16.7	348.8	13.0
宁乡县	1113.7	8.0	100.9	3.5	659.6	7.7	9.2	353.2	10.3	80.6	12.9	47.3	7.3	12.0	360.2	13.2

微信公众号选录

微星沙

星沙时报

掌上星沙

产经周刊

长沙县党建 020

平安长沙县

星沙微警

文明长沙县

长沙县市场监管

长沙县融媒体中心

长沙县图书馆

星沙人才

星沙教育

长沙县乐和社工协会

文旅星沙

长沙县妇幼保健院

健康星沙

吃喝玩乐在星沙

浔龙河生态艺术小镇

湖南湘绣城

责任编辑　张　娜

名人传奇

清末管学大臣、京师大学堂创办人：张百熙

张百熙（1874—1907），长沙县沙坪乡（今属长沙市开福区）照壁屋人。曾任清代礼部、工部、刑部、户部、吏部、邮传部六部尚书及左都御史、管学大臣等要职，是中国近代教育改革的先驱、京师大学堂的创办人。

张百熙出身书香门第。父亲张启鹏，字幼溟，号蔗泉。居春华镇洞田村（今百熙村），道光十五年（1835年）举人。曾在总督裕泰将军幕府做过幕僚，后隐退，从事儒学研究与教育，先后主讲于安陆、澧阳、渌江、石鼓等书院，著有《梅墅诗钞》《心言约编》《无垢静室时艺》等。长子祖同，又名雨珊，是湖南著名词人，有《湘雨楼词》；次子曼生，早逝；三子即百熙，字埜秋，一作冶秋。

张百熙自幼温良谨厚，勤奋好学，成绩优异，颇受父兄喜爱。六七岁时，因遭兵灾避居永州，奔走于山崖石窟间，“仓卒鞞鼓来，徒跣惊逃奔”，历经了磨难，且目睹了民间疾苦，他早年就读于长沙妙高峰城南书院，与清末政坛著名人物瞿鸿禨是同窗，聆听过郭嵩焘的教诲，接受了经世致用学风的熏陶，从而奠定了积极用世、忧国忧民的思想。其《退思轩诗集》中有《归述》诗曰“方我少小时，读书气嶙峋。常怀四海志，放眼横八垠”，表明他少年时即胸怀大志，想做一番顶天立地的大事业。

同治十三年（1874年），张百熙中进士，授翰林院编修，从此开始了30多年的官宦生涯。

南书房行走，交友预政

光绪五年（1879年），张百熙首次从翰林院派任山东乡试副考官，光绪七年（1881年）即任提督山东学政。光绪九年（1883年），父死丁忧，居家服丧三年。光绪十四年（1888年），派任四川乡试正考官。在这段时期，张百熙读书交友，在京师过从甚密的有湖南同乡郭嵩焘、王先谦、王闿运。他后来之所以同情维新变法、积极推行新政，在一定程度上是受了郭氏的影响；而对经史的关注，则因之曾向王先谦请教；诗歌唱和则多受益于王闿运。

光绪十七年（1891年），是张百熙仕途的一个重要转折，他由翰林院编修荣幸地入值南书房，随侍皇帝，任文学侍从。在这里他可与闻国家机密，拟写谕旨制诏，又可结识高层人物，以至接近光绪、慈禧。他能入值南书房，一是因为他擅长书法，文笔好，二是由于潘祖荫与王先谦的推荐，但关键还是慈禧太后最喜欢其写的字，故宫中的春联和四壁张贴的条幅等，多出自他的手笔。乃至慈禧叫人代笔绘画赏给大臣，也要张百熙代笔题诗。有一年秋天，太后画菊赐臣僚，多至千百幅，命南斋翰林题诗，张百熙实在忙不过来，只好请门人马叙五代作一部分。

张百熙在入值南书房期间，确实结交了一些权贵。据其子张叔平诗作自注回忆，张百熙与肃亲王爱新觉罗·善耆也较亲近。张带叔平到南书房，亲王觉得叔平很可爱，遂认作义子。有一次肃亲王带叔平到南书房，碰上了光绪帝，“仓卒皆下跪。德宗笑颔之，赐玉佩一，意殊温”。可见当时张百熙与皇帝、亲王的关系密切，非同一般。也就在那个时候，张百熙认识了时以道员衔在天津小站训练“新建陆军”的袁世凯。此人乖巧野心大，他知道张百熙与光绪、慈禧接近的机会多，为能得到宫中机密，或有人在皇帝、太后面前为他讲好话，便千方百计与张百熙拉关系、交朋友。后来两人竟成了亲家，袁的第三子克良聘张的女儿为妻。

光绪二十年（1894年）四月大考，张百熙获翰詹列二等，升侍讲，十二月转侍读，旋充文渊阁校理。这一年朝鲜发生东学党之乱，日本趁机借事端向中国挑衅，朝议多主战。张百熙亲见光绪帝为即将发生的战争日夜忧思、焦劳愁苦，乃向光绪帝连上十余疏，陈“兵事集师接济之法，固本捍卫之方，捐助军输之策，拘治奸细之律”，都得到光绪帝的肯定或采纳。后战争爆发，清军接连挫败，北洋舰队全军覆没，以致辽东失陷，威海失守。张百熙上疏弹劾李鸿章阳为战备，阴实主和，植党营私，贻误君国。又弹劾礼亲王世铎争权纳贿，贻误战机。还与翰林院侍讲学士陆宝忠等，联名弹劾军机大臣孙毓汶等“朋比误国”十大罪。时值慈禧太后六旬大寿，承办典礼者犹竞尚华饰，“张皇其事”，张百熙毅然不避犯上之嫌，奏罢了此事。这些都表明了他不畏权贵、仗义执言和刚正不阿的爱国主义精神与民族气节。

甲午战争之后，张百熙深感朝政无序，国事艰危，“以为欲挽艰危，非亟召亲贤不可”，乃与侍郎李文田等联名请求起用恭亲王奕䜣掌管军机处，后恭亲王果然复入军机。虽然此举也难能挽救清朝衰败的大势，但张百熙蒿目时艰、迫切干预朝政的忠心与胆识，日益为朝野所知晓。

支持新政，举荐康有为

光绪二十三年（1897年），是张百熙仕途大有起色的一年。前几年虽在南书房行走，还任过国子监祭酒，但官阶不过是正四品。而这一年，他于六月充江西乡试主考官，八月命提督广东学政，十月迁内阁学士兼礼部侍郎衔，官阶逐步升到了从二品。他仍留广东学政任，在那儿主持创办了时敏学堂，坚决杜绝按家庭宗派录取人才的弊病，甚得舆论好评。

次年回京后，曾参加重修《清会典》，任总纂。但很快他就满腔热情投身戊戌维新的变法自强运动。他上《敬陈大计疏》，胪陈变通科举、广建学堂、创立官报、翻译书籍、经理财政等五大事，认为“以上五条，皆今日之急务，时势所趋”。同时，他还以礼部侍郎、主考官的身份推荐康有为为经济特科。该科人员为经国济世特殊人才，可不经过考试，破格委以重任。六月，他遵议改变武科章程，上奏十二条，曰编团籍、列军省、开创造、颁定式、设学堂、延教习、筹经费、严限制、考舆地、习测绘、勤操练、定考试，可说是一个对清廷陈腐的国防军事教育训练制度进行彻底改革的系统方案，体现了他救亡图存的维新变法思想。

然而，九月戊戌政变发生，张百熙即“以滥保康有为等，部议革职，加恩改为革职留任”，至十二月便“着加恩开复革职留任，处分都察院左都御史”。经此大事，他只受革职留任处分，且不久就开复，只是拟授给他的左都御史暂不授，这可算是不幸中的大幸了。清廷之所以对张百熙的处分较轻，一则因为他只是按例给康有为提名咨送和请示免予考试，本身问题情节较轻，二则由于他跟慈禧和军机大臣刚毅等各方关系较好，慈禧还把他作“里边人”（南书房人）看待。

经过光绪二十四年（1898年）的政治挫折之后，张百熙在原内阁学士与礼部侍郎衔的广东学政职位上待了一年，二十六年（1900年）七月即补授礼部左侍郎，九月又补授都察院左都御史，着回京供职。十二月，奉上谕派他为头等专使前往英国奠唁并致贺。其官位已由从二品提升到从一品的左都御史，可谓仕途走鸿运了。

据陈夔龙《梦蕉亭杂记》记载，这期间他还差一点与同乡同年中举的瞿鸿禨一同成为军机大臣。因1900年义和团事件后，“庚辛之际，两宫驻跸西安，枢臣端邸载漪、刚相毅、赵尚书舒翘、启尚书秀，因庇拳获严谴，枢府乏人”，军机领班荣禄将瞿、张二人“密荐于朝，特旨令迅速来陕，预备召见”。但等瞿鸿禨、张百熙于光绪二十七年（1901年）正月十五日赶到西安时，鹿传霖已经入了军机，原定的瞿、张两人中就只能选择一个了。于是荣禄密奏：“圣驾计日回銮，举行新政，可否令张百熙、瞿鸿禨各抒所见，缮具节略，恭呈御览。再求特旨派一员，较为得力。”两宫准奏，传旨要张、瞿二人各抒所见，写一政见提纲。奉谕后，张百熙“力论旧政如何腐败，新政如何切用，并举欧西各国治乱强弱之故，言之历历，何止万言”，而瞿鸿禨不逞辞华，但求简要，略陈兴利除弊四端，主张择要以图，行之以渐。慈禧太后看后对荣禄说：“张百熙所言，剑拔弩张，连篇累牍，我看去不大明晰。还是瞿鸿禨所说切中利弊，平易近情，不如用他较妥。”这样，便是那位资历比较高的老乡瞿鸿禨入了军机，而张百熙落选了。

创办大学堂，制定新学制

光绪二十七年（1901年）二月，张百熙又受命任南书房行走，清廷恢复了对他的信任。同时，以慈禧太后为首的最高统治集团迫于形势，乃在西安下诏求言，宣布“变法”。如鲠在喉的张百熙率先抗疏陈大计五大端，曰增改官制、整理财政、变通科举、广建学堂、创立报馆；建议在官制方面将总理衙门改为外部、商部、学部。其内容大都是当年康有为、梁启超等维新志士的改革主张。

四月，慈禧与光绪的清廷中央政府决定回京，而被八国联军攻占北京时打得残破不堪的东华门一带，蓬蒿满地，天安门、社稷坛、太庙、天坛、先农坛等均被炮火焚毁，亟待修复。清廷遂命张百熙任工部尚书，与兵部侍郎景澧、桂春与顺天府尹陈夔龙负责这项修理工程。张百熙洁身任事，裁汰回扣陋规，结果完成这一工程，竟省帑金近百万。

七月，张百熙又被调补刑部尚书，为澄清吏治、惩治官场腐败而据实表彰与弹劾了一批官员。清廷上谕肯定他的举措，认为“该尚书此奏，洵能破除情面，举劾大公，深堪嘉

京师大学堂遗址

尚”。九月，他又奏请将京师大学堂改隶国子监，正名大学，以一学术而育真才。正是由于张百熙在人才培养与教育改革方面，多有顺乎人心的进言，故清廷于十月调他任吏部尚书，十二月派充管学大臣，“命妥订学堂章程，随时具奏”，并主持京师大学堂。光绪二十八年（1902年）正月，张百熙向皇太后、皇上上《奏办京师大学堂疏》，陈述了自己“悉心考察，夙夜构思”之后的办学纲领与举措。

京师大学堂本是光绪二十四年（1898年）八月创立的，为戊戌变法的“新政”措施之一。当时第一位管学大臣是状元出身的孙家鼐，聘美国籍丁韪良为总教习。初议设道学、政学、农学、工学、商学等十科，实际仅办诗、书、易、礼四堂及春秋两堂，性质仍与旧式书院相同。究其根由，就是因为丁韪良这个总教习办事懒散，漫不经心，以至大学堂迟迟没有开设农工商医等科学课。所以张百熙上任管学大臣的第一个举动，就是把丁韪良及以往聘用的所有外国教习一律免职。刚开始，张百熙遇到各种保守势力的刁难，为取悦对方、缓解矛盾，他聘请著名学者吴汝纶为总教习。吴汝纶坚辞不就，张百熙竟亲自到吴的住所跪拜说：“吾为全国求人师，当为全国师徒拜请也。先生不出，如中国何？”吴被其诚意感动，终于同意出任总教习之职。管学大臣以卿相之尊在学者面前长跪不起请师，一时传为佳话。

张百熙接任主管京师大学堂后，先是于同年五月派吴汝纶率队赴日本考察教育，随后即对大学堂的教学与管理进行了一系列改革，并大获成效。他积极引进先进的西方自然科学和人文科学作为教学内容，采用西方先进的教学组织形式与方法，即按专业分院、系、科、班级。由于缺乏生源，张百熙乃先办速成科、师范科、仕学馆。他广筹经费，大建校舍，编译教材，购置仪器，并力排众议，请求派员出国留学以培训师资。从1902年1月至1905年11月，张百熙实任京师大学堂校长，把这所大学堂办成了中国第一座具有现代意义且基本符合国际标准的大学（北京大学的前身），他则被世人誉为“中国大学之父”。

在倾力规复、整顿京师大学堂的同时，张百熙主持全国学务兴革大计，倡导废除科举，兴办学堂。对此，他采取先立后破、边破边立的政策，一方面多次上疏请求逐步废除科举考试制度，一方面集中力量制定学堂章程，即新的学制。

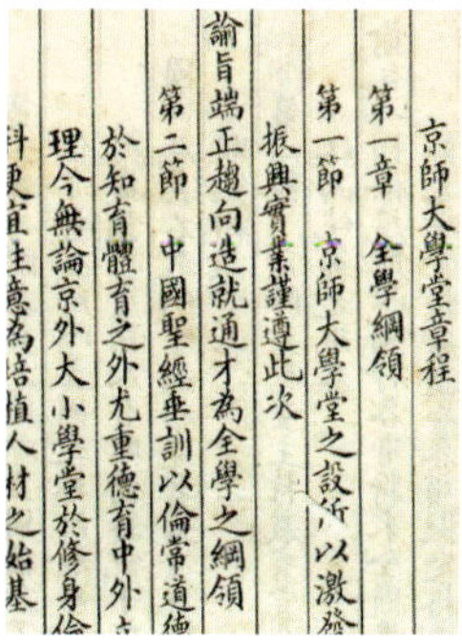
京師大學堂章程
第一章 全學綱領
第一節 京師大學堂之設所以激
振興實業謹遵此次
諭旨端正趨向造就通才為全學之綱領
第二節 中國聖經垂訓以倫常道
於知育體育之外尤重德育中外
理今無論京外大小學堂於修身
科更宜注意為培植人材之始基

张百熙《钦定大学堂章程》

他“上溯古制，参考列邦”，亲自拟定了京师大学堂章程与考选入学章程，以及颁发各省之高等学堂、中学堂、小学堂章程与蒙学堂章程各一份，于光绪二十八年（1902年）七月十二日上奏朝廷。这就是《钦定学堂章程》，因是年为壬

寅年，故又称《壬寅学制》。这就是中国近代教育史上第一次国家法定的各类学校学制，后由于其中的读经内容不够，遭到保守派激烈反对，而使章程虽曾公布，但无法实施。不过，由于张百熙办事雷厉风行，这一年内他以管学大臣的名义，通令各省书院一律改为 1902 年 12 月 17 日，京师大学堂正式开学，政府官员及中外教职员合影大学堂，各府、厅及直隶州均设中学堂，各州县设小学堂并多设蒙养学堂，在全国还是产生了很大成效。

由于清廷对张百熙掌管全国教育心存疑忌，便于光绪二十九年（1903 年）加派满人荣庆为管学大臣。按例规，满汉同官一职，必满人掌权，于是张成了“二把手”。荣庆为推翻张百熙亲订的《钦定学堂章程》，趁湖广总督张之洞进京入觐，挟持张百熙一起请求朝廷留张之洞在京再订学堂章程。经数月，终于拟订出第二个学堂章程，以张百熙、荣庆、张之洞顺序，三人联名上奏朝廷，并得到批准施行。这就是所谓《奏定学堂章程》，因岁在癸卯，故又称《癸卯学制》。

由于荣庆对张百熙的处处刁难，保守派对张百熙的激烈反对与诽谤，朝廷于光绪三十一年（1905 年）四月免去张百熙管学大臣职务，调任户部尚书。但他仍坚持京师大学堂的工作，直到十一月才离开京师大学堂。

光绪三十二年（1906 年）九月，张百熙被任命为新成立的邮传部尚书。随后因与邮传部侍郎唐绍仪之间在人事安排上的分歧和冲突，两人同时遭到清廷的“严行申饬”，即由太监代表皇帝对大臣进行训斥。这次被“申饬”之后，张百熙便因操劳忧郁过度而一病不起，至光绪三十三年二月十七日（1907 年 3 月 30 日）卒于北京，葬在春华洞田村（今百熙村）。清廷追赠太子少保，谥文达。有《退思轩诗集》传世。

上年四月初六日，张百熙六十寿庆，近代古文家、翻译家林纾贺以联曰：

数湘中将相咸由武达，我公独以文章。清标卓立朝端，宜享修龄如潞国。

综天下胶庠所有导师，一老为之领袖。贱子来从海上，居然便坐识荆州。

上联谓张公以文章风采为朝廷重臣，当如北宋潞国公文彦博一样得高寿，下联称他是当时全国所有学校、导师的领袖，有李白《与韩荆州书》中韩朝宗的胸怀。联语所赞，实不为过，张百熙发展中国近代教育的功绩将永载史册。

（原文载于《长沙县历史文化丛书·人物卷》下册第 79 ～ 87 页）

史海钩沉

“怪人”柳午亭

一九五七年春的柳午亭（右）和柳芳慈　（骆霞　提供）

柳午亭何人？是毛泽东“我失骄杨君失柳”那个“柳”——柳直荀的父亲，可称之“老柳”。毛泽东这阕《蝶恋花·答李淑一》，不仅让我们见识了他对爱妻杨开慧的情意，对战友柳直荀的怀念，更为我们讲述柳午亭的故事提供了契机。

柳直荀，李淑一的丈夫。遗憾的是，这个“为巩固和发展（鄂西北）革命根据地做出了巨大贡献”的党的高级干部，1932 年 9 月在湖北监利“肃反”扩大化时被错杀，时年 34 岁。

而老“柳”——柳午亭，可算是毛泽东的“体育老师”。按毛泽东的评价，他“是个怪人”。

“怪”在何处？

3 月下旬，我们采访了柳午亭的外孙女骆霞，她给我们讲了许多老“柳”故事。这些故事折射出一个时代的光和影，也显露出一位正直的知识分子心理坚守。

慧眼识人：“毛泽东不比常人”

毛泽东初识柳午亭是 1916 年的暑假期间。

那一次，毛泽东步行 50 多千米来到长沙县板仓杨家。这个暑假，公子杨开智订婚，作为父亲的杨昌济当然得回家主持。

毛泽东回韶山探望患病的母亲后，就“游学”来到板仓。这既可以饱览恩师的藏书，又可以当面请教。

一个晚上，毛泽东和杨家人等在院子里乘凉闲谈，大家无意中谈起了也回到家乡的柳直荀。这时，杨昌济对毛泽东说：“柳午亭先生也是一位体育运动的热心倡导者和实践者。他从日本留学归来一直住在高桥方塘冲。”

“这里去有多远？”毛泽东问。

“40 多里路。”杨开慧抢着说。

体育是毛泽东悉心研究的问题之一，便决定前去拜访。第二天，他和杨开慧兄妹来到了柳家“黄棠山庄”。

柳家与杨家本来就“相交三世久，春色两家分”，毛泽东和杨氏兄妹到了柳家后，柳直荀恰在家中，父子二人热情地接待了毛泽东。

毛泽东除了请教体育、武术等方面的问题外，还与柳午亭探讨了国家大事及文学历史等方面的学问。

第二天，毛泽东走后，柳午亭对毛泽东赞不绝口，再三对柳直荀说：“毛泽东不比常人，与之交往，以其为榜样，当得大益。”

柳直荀又把他平时所知毛泽东洗冷水浴、露宿等“怪事”告诉父亲，还说：“如今我也像他那样，天天早晨洗冷水浴，晚上露宿阳台，打拳做操……”柳午亭听了，更是赞叹不已。

据骆霞说，她听家人说过，就在“黄棠山庄”楼上，柳午亭还教了毛泽东几招“王拳”（也称“八拳”）。至于这年下半年毛泽东写成《体育之研究》一文，第二年初经杨昌济推荐发表在《新青年》上，是否与“访柳”有直接关系，还有待新的发现。

武林高手，武士、豹子一起打

柳午亭不仅仅是一位“体育运动的热心倡导者和实践者”，还是一位武林高手。

20 世纪 30 年代，湖南武林有“王拳、范棍、向文章”一说。其中“王拳”就是王润生所习的“八拳”。

王润生是长沙县白沙乡东茅坡人。曾拜杨昌济为师学文，后从学于著名武师何延广，学得“八拳”绝技。他曾用此拳法先后击倒过日本柔道家、俄国大力士等。后来，王润生东渡日本留学，继续读书习武。在那里，中国留学生向王学拳的有柳午亭、李肖聃（李淑一之父）、向恺然（平江不肖生）等数十人。

柳午亭向王润生学得“八拳”绝技，在日本曾击败过柔道家吉田道次。

柳午亭在“自传”中如此叙述那场“交战”：吉田道次，在华多年，颇通汉学，听说留学生柳午亭颇懂拳术，便前来挑衅。

他出言不逊：“汝为东亚病夫。”

柳午亭回敬：“吾乃中华勇士！”

吉田摆开架势：“汝敢小试身手？”

午亭也正色道：“吾将大显威风！”。

吉田出拳照午亭的头就打。午亭闪避拳锋，飞脚踢去，吉田躲开；午亭使“推窗揽月”将其打翻在地，未等他站稳，又快速出招“玉巾缠腰”，吉田被摔倒，滚出丈余。几回合下来吉田只得服输。

骆霞在 20 世纪到方家塘收集外公材料时，邻居们向她讲过柳午亭“空手毙豹”的故事：说是 20 世纪 30 年代，50 岁出头的柳午亭从长沙城里回乡下。一只豹子从林中窜出，扑了上来。说时迟、那时快，赤手空拳的柳午亭，用“八拳”应对，几招便制服豹子，将其毙命。不日，长沙的报纸以《昔日武松打虎，今日午公打豹》为题登载了这一新闻。

牵线孙黄，却不加入同盟会

骆霞至今保存着外公手书的“自传”，其中一段是这样写道：“1905 年春，孙中山先生至东京，寄居杨皙子（杨度）寓所。时杨任清国留学生会会长。孙要求杨召集留学生大会，鼓吹排满革命。杨坚持不可。时黄克强先生谋回长沙起义，微行至岳州事泄，预备在内响应之帮会领袖马福益、伏骥等人均惨遭捕杀。黄乃潜归东京，颇不乐。孙又要求开会不已，杨颇苦之，一日谋诸于我。我主张介绍孙黄相见。言于黄，黄诺之。我介绍孙访黄。孙黄两人一见如旧，相识。遂由黄召集大会于神田之锦辉馆，由孙先生发表排满革命之主张。其时黄所领导之革命团体华兴会，孙所领导者名兴中会。此次，决定将两个团体合二为一，更名为同盟会，此国民党之前身也，同盟会之名称之由来也……（孙离开日本后）党务由黄主持。黄喜滥收党员，所收者颇多放纵懒惰之流，我极不谓然，与之议。黄总是说：‘我要他们摇旗呐喊，不要他们做事。’我知其必将愈弄愈糟，故并未正式加入该党。不过，以私人关系，时常参予其事而已。黄 逝后，与该党关系自然断绝。”

孙黄见面，同盟会成立，是中国近代史上一件大事，影响深远。孙黄相见的牵线人是谁，一般人认为是杨度，可柳午亭在这里明确地说是自己。如果过细考究，柳午亭之说有其合理性。杨度当时的身份尴尬，对孙要求开会“颇苦之”

也符合情理，如此情况下还会介绍孙黄见面么？

如此，柳午亭最起码是"孙黄见面"重要事件的参与人、这段重要史实的见证人。

司法人才，却以教体育为业

柳午亭21岁开始教书，在省城做了5年家塾先生。其间，发生了中日战争、义和团运动等历史大事，刺激着这个热血青年，决定投笔从戎救国。

适逢南京陆师学堂招生，时已26岁的柳千亭辞教入学。修学刚满一年，他就对学堂诸事深感失望，恰逢母丧，便滞留长沙，不再归校。此时，恰逢湖南选派20余人赴日本学习警察，柳午亭也在其列。修业一年半后，同去的大多数归国捧了警务饭碗，而柳午亭觉得日本的教育比中国先进，这么短时间学得并不多，立志"研究高等专门学术""先习普通科学"。他进入弘文学院中学部修业三年，毕业后考入早稻田大学政治经济科。毕业后，他又考入研究院学习法律。本来修业期为三年，但此时民国已经建立，他应湘督谭延闿电促于1913年归国。

可是，在他的眼中，除了谭延闿能洁身自好外，政府和其他官员都腐败无能，因而赴京另谋出路。

研究生出身，自然是当时司法的顶尖人才，时任司法总长的梁启超向他颁发"大律师证书"。柳午亭归国近两年，目睹国内纷纭的乱象，不由得感慨："中国无法律！"，拒绝当律师。从京城一走便回到乡间"黄棠山庄"，以译书为业。

后来，他做过长沙师范的校长，也做过大学日文教师，可做得时间最长的还是几所学校（包括中学）的体育教师。

面对胁迫，宁死不当汉奸

1944年6月19日，长沙沦陷。

一天，一小队日军突然来到"黄棠山庄"，领队军官是柳午亭当年在早稻田大学的同学。那军官对柳说："此行目的一来拜望老同学。二来请柳先生出来工作……"柳午亭回答道："我是中国人，我宁愿你用最残酷的刑法把我处死，也绝不会为你们工作。我不当汉奸！不当亡国奴！"

那军官竖起了大拇指道："我佩服你这样的中国人，我们也看不起奴颜婢膝的走狗。"此后，日军也就不再逼柳午亭"工作"。

在日军以后的几次"清剿"中，"黄棠山庄"成了乡亲们的避难所。因为，柳午亭有一个特殊的家庭——娶了一个日本妻子。骆霞告诉记者，自己的母亲就是日本外婆柳芳慈（中国名）生的。

柳芳慈原名小野芳子，生于1890年元月17日，原籍日本秋田县柳汀十一番地，高中毕业后在东京一家纸箱厂工作，与在日留学的柳午亭为邻。两人在交往中，不由得产生了爱情，1911年结婚，并于第二年生下一个女孩。1913年，柳午亭回国，一呆就是9个年头，直到1921年春才再次东渡，旨在接妻子、女儿回中国，因为此时柳的原配肖氏夫人患肺结核去世。

夫妻俩辗转数十日，终于从繁华的东京都来到了长沙东乡方塘冲。32岁的芳子，克服语言不通、生活习惯的困难，以她的温柔善良、宽厚有礼、勤劳聪慧冰释了前妻孩子们的敌意，也赢得了邻里乡亲的赞赏。她很快学会了长沙方言，学会了乡里的生活方式，做剁辣椒、腊八豆、坛子菜，熏腊鱼腊肉、酿米酒甜酒……

日军横行乡里，没想到在"黄棠山庄"遇到障碍，因为柳芳慈一口纯正的日语让他们明白——这里有一个日侨，只得收敛起嚣张气焰。以后，每当日军下乡，那些来不及转移的乡亲都把"黄棠山庄"作为避难所；柳芳慈此时也会站在庄子大门外，用日语劝阻日本兵进入。骆霞记得，20世纪70年代末，医院的同事王工程师得知她母亲是柳家女儿时，还讲起了他几岁时和奶奶一起在"黄棠山庄"躲日本兵的情形。

毛泽东说：他"一世不做官，是个怪人"

毛泽东对这位老师的评价是："一世不做官，是个怪人。"

其实，柳午亭做官的机会很多，无论在谭延闿的湖南都督府，还是民国北京政府，或者南京国民政府。

解放后，他也不做官。20世纪50年代初，毛泽东接他到北京，可他连参事、馆员之类的"官"也没做，最终还是回到了他的"黄棠山庄"。

不过，土改时柳午亭也遇到点"小波折"——划成分。按土地、房产，柳家自然归入"地主"之列，那就意味着柳家财产被分，柳午亭在政治上入"另册"；可柳家是烈属，柳本人还是毛泽东的老师。

官司打到了省政府，也打到了毛泽东那里。省政府主席王首道一句话，大意是柳午亭的家庭成分由中央定。于是，柳家的成分一直未定。骆霞记得，她妈妈每次填履历表时，家庭成分一栏总是两个字——"未定"。

毛泽东一直关心柳午亭。1957年5月11日，他在写给李淑一的信中，叮嘱李：“你如见到柳午亭先生时，请为我代致问候。午亭先生和你有何困难，请告。”可就在这一年的 12 月，柳午亭走完了他的传奇人生，在长沙溘然而逝，享年 81 岁。

（作者：文热心、黄柏强、章庭杰，原载于《湖南日报》2013 年 5 月 4 日第 06 版）

名山秀水

梨江八景

浏阳河流经今榔梨街道（原榔梨镇）的一段亦称梨江，是浏阳河入长沙县后第六道湾的湾顶。梨江向北流至与芙蓉区东湖街道交界处，九十度西转进入长沙市。这里风景秀美、人文荟萃。旧有“梨江八景”，流转甚广，文人墨客多有题咏。

梨江之畔有临湘山。临湘山因西汉时长沙县名临湘县而名。故“梨江八景”又称“临湘山八景”。山上古木参天，风景幽美。临湘山势宛若仰天狮子，故别名“狮岭”。临湘山海拔仅数十米，但“山不在高，有仙则名”，陶公庙就坐落于此，“狮岭仙踪”遂成为旧“临湘山八景”之首。民国时居正《题临湘山》诗云：

河沙明灭淡疏星，古寺临湘护百灵。

一去晓钟惊劫梦，依然严饰独称尊。

民国南社诗人王啸苏和抗日战争时第九战区司令长官薛岳分别作有《咏临湘八景八首》。王诗清雅，薛诗则多了一分军人的阳刚之气和抗日情怀，结合八景分录如下：

狮岭仙踪

狮岭即临湘山，山势宛若仰天狮子，故别名“狮岭”。山上古木参天，风景幽美。西望长堤相接，波光帆影；东眺则远山含岫，野树笼烟。陶公庙就坐落在这座千古名山上，所谓“仙踪”，就是指陶氏叔侄千年不坏的“肉身”。“狮岭仙踪”遂成为旧“临湘山八景”之首。八景图解说词是：“山形俨若啸天狮子。二真人遗蜕正趺坐于狮顶，得天地之正气，历万古而不磨，道貌长存，山以人重，古称蓬莱仙境，仿佛似之。”

王啸苏咏《狮岭仙踪》：

遗蜕千秋尚宛然，我曾膜拜晋时仙。

引书今有吴碑在，应共城隍片石传。

薛岳咏《狮岭仙踪》：

赫赫雄狮首仰天，东西狂吼气无前。

豢龙皇古传名氏，戢暴人间岂有仙。

鹅湖夕照

鹅湖，指河西的黎托，今属长沙市雨花区。这里距陶公庙约四里，八景图解说词称：“其托方广二十余亩，黎氏子孙环托而居，持水灌田，兼蓄鱼苗。明吉王据湘，曾养鹅于此，每当夕阳西照，而鹅影映水，故号曰鹅湖。”

王啸苏咏《鹅湖夕照》：

云桂亭轩迹久荒，居人犹指养鹅场。

联姻为溯吾家世，甥馆吹箫引凤凰。

薛岳咏《鹅湖夕照》：

夕阳初照镜湖平，水接仙源足利耕。

忆否蔡州城下战，故惊鹅鸭乱军声。

梨江双渡

梨江又名葵江，也名槩水，是浏阳河流经槩梨这一段的名称，因河水绕谭阳洲而过，谭阳洲像一朵葵花，更像一只梨子，故获此美名。未通公路以前，槩梨镇是浏阳至长沙这条大路的重要孔道，八景图解说：“地当孔道，市场繁盛，商贾纷驰，故昔分上下两渡。”故名“梨江双渡”。

王啸苏咏《梨江双渡》：

波间荡漾燕双飞，待得轻舫载客归。

一幅画图何处写，春江渺渺柳依依。

薛岳咏《梨江双渡》：

东来浏水入山限，潮杂人声势若雷。

两岸梨江双渡济，天将一水隔蓬莱。

茆港孤舟

这是八景中地貌变化最大的一处，地点即今槩梨街道鸦灵桥。这里是东茅港（茆字通茅）紧连浏阳河的出口处，过去港水宽广，过港要用船，据唐初《太平御览》所载，陶公叔侄在临湘山修道时就利用这条宽港避客，“故旧人山候者，辄移渡涧，莫得近之”。八景图解说：“昔人曾以一舟应渡往来行客，因以是名。”又说：“清初，长桥柳氏出资督修石桥。桥成，适有无数乌鸦飞翔鸣集，应时而至，故名鸦灵桥。”

王啸苏咏《茆港孤舟》：

瞥见群鸦降碧霄，宛然七夕鹊填桥。

含情无限如传语，惆怅盈盈一水遥。

薛岳咏《茆港孤舟》：

孤舟一叶泛烟波，车马纷然唤渡河。

喜有长桥穿柳浪，验功乌鹊得先过。

撑云石笋

此石笋故址位于原槩梨镇政府西侧下岭处。八景图解说：“白衣庵侧，有古玉晶石笋一株，其干峭直，势欲凌云，俨有独立不移之概。”所谓玉晶石笋，并无玉的成分，而只是一块可以摇动的石碑而已。它之所以出名，与一个名叫司马头陀的和尚的一枚印记是分不开的，这枚长方形的印章上刻有绝句：“石笋伴南地，高山落下平。明堂如仰掌，世代出奇英。”

王啸苏咏《撑云石笋》：

奇石凌空翠黛环，似疑筱荡矗林间。

地灵自聚诗书气，高缀蓬莱玉笋班。

薛岳咏《撑云石笋》：

森森石笋郁崔巍，支柱云屏似幛开。

凭汝撑天盖坤轴，不愁滚滚恶尘来。

夹岸桃花

地点在今榘梨街道新街尾的花园港。八景图解称，过去的花园港“每逢仲春，夹岸花开，桃红似锦，缤纷掩映，如入桃源仙境。游览之时，群疑武陵春色，此地平分”。

王啸苏咏《夹岸桃花》：

可曾有地避嬴秦，两岸缤纷二月春。

最忆武陵风景好，桃花带雨笑游人。

薛岳咏《夹岸桃花》：

两岸缤纷景色新，渔郎休作问津人。

须知此是神仙境，流水桃花别有春。

古寺疏钟

此景地点在今榘梨街道梨江学校。这里原为圆通寺，建于唐朝初年。八景图解称：“古圆通寺，乃唐尉迟公所建造”“近为梨江女校课徒之所，寺内旧有古钟，声韵悠扬，发人深省，今虽香烟冷落，时或摇传逸响，天地为清。”

王啸苏咏《古寺疏钟》：

劝学曾经事未忘，只今八景咏临湘。

何时再访山中寺，来听疏钟送夕阳。

薛岳咏《古寺疏钟》：

断续空山何处钟，前唐古寺感尘封。

尉迟尚有遗踪在，名将还期异代逢。

东冈晚眺

东冈即东冈书院，元代教育家许有壬讲学处。因其父熙载，号东冈，仕长沙时曾设义学于此，故立东冈书院，朝廷赐额。地点在今榘梨街道四机床厂。八景图解云：“元许有壬之父东冈先生，曾讲学于此，许有壬建东冈书院于临湘山左，以为课生之所，未不忘也。遗址即今准提庵。内有碑记，文曰东冈书院，又名准提，大明府志许氏修建。”清嘉道间诗人彭开勋题有《东冈书院》诗：“有元兴学校，人说许东冈。此地宫墙远，当年礼乐荒。授经来小市，按席遍穷乡。旧院瞻遗址，春风意不忘。”

王啸苏咏《东冈晚眺》：

元时旧院剩崇基，舒啸东冈向晚时。

八百年来弦诵歇，苔痕深浅认残碑。

薛岳咏《东冈晚眺》：

相偕晚眺上东冈，是处风来草木香。

客指前朝书院址，古碑犹自烂声光。

今日梨江为旅游胜地，陶公庙山下浏阳河开辟有至长沙湘江橘子洲的旅游码头。

（原载《长沙县历史文化丛书·山水卷》上册第 134 ~ 140 页）

责任编辑　周进银

索 引

Index

说 明：

1. 本索引采用分析索引方法，按索引词首字汉语拼音音序排列，首字音序相同者，按第二字音序排列，依此类推

2. 索引词后的阿拉伯数字表示内容所在页码，拉丁字母a、b、c分别表示左、中、右栏（仅有左、右两栏时则分别以a、b表示）；索引词后括注“图”“表”字样的为图或表

3. “特载”“专文”“大事记”“统计资料”“综录”中部分内容未作索引

责任编辑　周进银